T'EN SOUVIENS-TU ?

France Fortin-Milot

T'EN SOUVIENS-TU?

Récit anecdotique de la vie au Lac-Saint-Jean

1930-1951

CARTE **BLANCHE**

Photo de la couverture : En 1939, René, Jeanne d'Arc, Marie-France, Solange et Rolande étaient toujours heureux de se promener en petite *wagine* avec notre chien Marquis.
Photographe : Thomas Boulanger

Les Éditions Carte blanche
1209, avenue Bernard Ouest
Bureau 200
Outremont (Québec)
H2V 1V7
Téléphone : (514) 276-1298
Télécopieur : (514) 276-1349
Courriel : carteblanche@vl.videotron.ca

ISBN 2-89590-023-X
Dépôt légal : 3ᵉ trimestre 2003
Bibliothèque nationale du Québec

Pas si lointaine cette vie au Lac-Saint-Jean
mais si différente de celle d'aujourd'hui.

« Hâtez-vous lentement et sans perdre courage
vingt fois sur le métier, remettez votre ouvrage
polissez-le sans cesse et le repolissez
ajoutez quelques fois et souvent effacez. »

NICOLAS BOILEAU

PRÉFACE

Bien sûr, je m'en souviens...

Ce qui étonne à la lecture de cette méticuleuse chronique d'un mode de vie disparu bien que tout proche, c'est la rapidité et la facilité avec laquelle nous, Québécois, sommes passés d'une vie héroïque, dominée par l'autosuffisance, l'isolement et la survie, à une vie moderne chaque jour plus éclatée et ouverte à tous les progrès du monde.

Il a fallu à ma cousine Marie-France, comme nous l'appelions à l'époque, un grand amour pour sa famille et ses racines, pour décrire avec autant de patience et de précision cette métamorphose invraisemblable d'un peuple.

Le Lac Saint-Jean fut une des dernières régions du Québec à s'ouvrir au peuplement. Plusieurs villages n'ont même pas cent ans. Les « Bleuets » qu'on retrouve aujourd'hui à Montréal, à Québec et un peu partout dans le monde sont les fils et les filles de ces colons acharnés à qui on avait fait miroiter la terre promise.

Si plusieurs d'entre nous, comme France et moi-même, se souviennent avec fierté des bonheurs que nous savions inventer dans cette vie simple, courageuse et proche de la nature, beaucoup des nôtres ont choisi d'oublier cette époque de toutes les peurs et de toutes les misères qui a laissé pour beaucoup, les femmes en particulier, le souvenir d'un cauchemar.

Mais il est toujours dangereux de perdre contact avec ses racines ou de les mépriser. On croit s'être affranchi, mais le déracinement se solde souvent par une perte d'identité, de confiance en soi, et un sentiment d'abandon. À bien des égards, nous sommes des arbres et des animaux pensants, et la relation au territoire, à notre habitat naturel et à la terre natale où se sont enfoncées nos premières racines demeure essentielle à notre épanouissement.

Ces « relations », au-delà des détails familiaux, constituent un témoignage historique, ethnologique même, rigoureux et consciencieux, d'une époque et d'une enfance qui fut aussi la mienne et celle de la plupart de Québécois de plus de 50 ans. Chaque détail de ce passé a laissé des marques en nous. Pour ma part, je dirais que l'étonnante générosité et facilité des Québécois pour s'adapter et s'ouvrir au monde et à l'innovation leur viennent de ces années où ils ont dû chaque jour survivre et s'inventer un bonheur dans des conditions héroïques.

Quant à nos enfants, quand ils auront décanté la drogue de la modernité, ils seront sans doute fascinés par ce récit de nos origines.

ROMÉO BOUCHARD,
Fils de Léon-Paul, frère de Cécile, la mère de France
Président de l'Union paysanne, mars 2003

PROLOGUE

JE DÉDIE CE RÉCIT À MAXIME ET À STÉPHANIE, mes deux petits-enfants qui n'auront vécu que quelques années au xxe siècle. Si je ne leur raconte pas comment les gens vivaient à cette époque et comment j'ai vécu mon enfance et mon adolescence, ils ne pourront jamais l'imaginer.

Mes parents, mariés en 1930 en pleine crise économique, ont commencé leur famille avec pratiquement aucun moyen financier. La majorité des gens de cette époque ont été frappés durement et ont souffert de cette débâcle de la bourse. Heureusement que ceux qui avaient emprunté pour investir dans des valeurs immobilières ont été protégés par le concordat voté en 1933. Nous n'étions pas différents des autres, mais nous avons eu la chance d'avoir des parents intelligents, courageux et surtout généreux qui voyaient grand pour leurs enfants.

Je n'ai pas voulu faire un exercice littéraire, mais seulement rappeler bien simplement certains faits qui ont marqué mon enfance et mon adolescence. J'ai essayé d'être fidèle à ma mémoire et à celle de mes collaborateurs et de mes collaboratrices.

En écrivant ces lignes, parfois j'ai ri aux larmes, parfois j'ai versé des larmes.

Merci à Bernard Lebeuf, Cécile Fortin-Asselin, Gisèle Fortin-Racine, Émile et Michel Fortin, sœur Clémence Fortin, Solange Morissette-Bouchard, Juliette Paradis-Vallée, Aline Dion-Bouchard, Florence Bouchard-Bergeron, Jeanne-d'Arc St-Pierre, Fernande Noël-Bouchard, Hermance, Albert et Marcella Provencher, Geneviève, Rita et Pierrette Milot, Roland Boutin, Lorraine Ménard-Milot et à tous ceux et celles qui ont collaboré à la composition de ce récit. Merci à mes frères et sœurs et tout particulièrement à mes sœurs Rolande et Florence et à mon frère Florent, qui m'ont fait un travail de correction formidable. Merci à mes sœurs Jeanne-d'Arc, Solange et Line qui m'ont rappelé bien des souvenirs ainsi qu'à mon frère René et à sa femme, Jeannine, qui, en plus de me rappeler des souvenirs, ont fait beaucoup de recherches auprès des gens de Normandin et sont même allés consulter les archives pour préciser certains détails. En plus, ils m'ont fourni deux livres d'histoire de Normandin. Un gros merci à mon mari, Michel Milot, mon conseiller de tous les jours.

MA FAMILLE

Mariage de Cécile Bouchard et de Conrad Fortin, le 2 janvier 1930 à Normandin.

ENFANTS ISSUS DE CE MARIAGE		
Nom	Date de naissance	Parrain et marraine
René	23 novembre 1930	Adélard Girard, Évélina Tremblay
Jeanne-d'Arc	10 mars 1932	Ulric Fortin, Évana Savard
(Marie) France	5 octobre 1933	Philippe Bouchard, Blanche Vallée
Solange	23 mai 1935	Armand Fortin, Antonia Blais
Rolande	5 octobre 1937	Roland Fortin, Léontine Mailhot
(A)line	20 juin 1940	Léon-Paul Bouchard, Aline Dion
Diane	6 octobre 1942	Lionel Fortin, Angélina Painchaud
Lucie	1er janvier 1944	Thomas Théberge, Géraldine Fortin
Louisée	29 avril 1946	Antonio Fortin, Germaine Côté
Florent	15 avril 1949	René Fortin, Gisèle Fortin
Florence	15 avril 1949	Antoine Fortin, France Fortin
Yvan	15 mai 1951	Jean-Louis Goudreault, Kilda Bouchard

René est né au Rang Nord de Normandin, dans la maison de mes grands-parents paternels, et les onze autres enfants sont nés au Rang 8 de Normandin.

INTRODUCTION

MALGRÉ MES DEMANDES RÉPÉTÉES quand Maman habitait à la Villa de la Gaieté à Albanel durant les dernières années de sa vie, elle n'a jamais voulu écrire sa vie. Elle me répondait toujours : « Ç'a été trop dur, ça ne se raconte pas. J'ai trop souffert physiquement et moralement. Tu sais, chez mes parents, j'étais *gaspillée* (gâtée). Quand je me suis mariée, j'étais jeune, j'avais vingt ans, et ç'a été très difficile. » Maman nous en racontait des bouts, mais arrêtait soudainement, devenait pensive et disait : « Quand vous aurez fait le tour de mon jardin, vous comprendrez. ».

Sans avoir fait le tour de votre jardin, Maman, nous avons peut-être compris.

Maman, vous étiez trop fière pour vous confier et raconter vos problèmes. Devant les amis et la parenté, vous ne vous plaigniez jamais. Vous restiez muette ou évasive, mais toujours stoïque. Dans le fond de votre cœur, vous aviez votre plan, oui un plan à long terme. Qui l'aurait deviné ? Pour le réaliser, vous étiez prête à vous priver du nécessaire, peu importe la lourdeur des sacrifices. Votre vie, vous l'avez consacrée à vos enfants qui étaient votre raison de vivre. Très peu de gens, autres que vos enfants, ont eu la chance d'apprécier la dimension de votre intelligence et de votre largeur d'esprit. Tous les talents dont la Providence nous a gratifiés ne sont pas tombés du ciel.

Papa, vous avez été un père aimant et courageux. Plein de talents, vous avez su faire valoir vos qualités naturelles de négociateur et de psychologue. Plusieurs associations ont profité de votre altruisme. Lors de conflits, vous prôniez la négociation plutôt que l'affrontement. De vous, nous avons appris à communiquer et à nous faire connaître en exploitant nos dons naturels. Vous nous avez tracé une voie vers un avenir meilleur en suivant des principes de vie qui nous ont menés à l'épanouissement de chacune de nos personnalités.

MERCI MAMAN ! MERCI PAPA !

MAMAN M'A RACONTÉ

MAMAN nous parlait souvent de leur déménagement à l'hiver 1932, du Rang Nord vers le Rang 8, dans une maison qui avait appartenu à oncle Lionel, frère de Papa, déménagé au Rang 10 de Saint-Edmond-les-Plaines. Ils ont mis tout leur avoir sur une *sleigh* de portage. Ça consistait en un coffre de vêtements, d'objets de première nécessité et d'un lit. Avec Maman enceinte de Jeanne-d'Arc, et René encore bébé, Papa installait sa petite famille dans la maison où allaient naître onze autres enfants. Maman était tellement heureuse de s'en aller enfin vivre dans sa maison à elle et manifestait sa joie. Tante Clémence la calmait et lui disait de ne pas trop le faire voir aux yeux des autres, que ça pourrait être mal interprété. C'est facile de s'imaginer qu'elle n'avait pas grand mot à dire dans cette maisonnée pleine de belles-sœurs et de beaux-frères.

J'avais environ dix mois, c'était le temps des framboises. Maman aimait beaucoup aller cueillir ces petits fruits qui poussaient naturellement le long du ruisseau dans le champ des vaches. Rendue à destination, elle me couche à l'ombre sous une talle de framboises et je m'endors. Pour ne pas me réveiller, elle s'éloigne un peu et, avec Jeanne-d'Arc et René, ramasse des framboises en leur racontant des petites histoires. Leur cueillette terminée, elle revient me chercher. Je dormais toujours. Quelle ne fut pas sa stupéfaction, quand elle a aperçu un énorme nid de guêpes suspendu au-dessus de ma tête ! Faisant des efforts suprêmes pour garder son calme, elle me tira très doucement de ma fâcheuse position. Elle a manœuvré tellement lentement qu'aucune guêpe ne nous a piqués. Elle a dit : « J'ai eu tellement peur que j'en suis restée marquée. J'ai eu peur des guêpes toute ma vie. Après cela, je t'assure qu'avant d'entrer dans une talle de framboises, je vérifiais attentivement et j'avertissais bien les enfants. »

Quand arrivaient l'automne et l'hiver, Maman allait ramasser les œufs et traire la seule vache qu'elle gardait en lactation pour nourrir la famille. Mais, comme nous étions jeunes, je n'avais que quatorze mois, et qu'il faisait froid, elle ne nous amenait pas avec elle. Quand je la voyais s'habiller pour aller à l'étable, je commençais à pleurnicher. Alors, elle me plaçait debout sur une chaise devant la fenêtre qui donnait vers la grange et elle me disait : « Pleure pas, pleure pas, je ne serai pas longtemps. Regarde-moi, je vais marcher dans la neige. » Malgré tous ses mots de consolation, je continuais à pleurer jusqu'à son retour. C'était toujours le même petit pleurnichage.

TANTE ALINE M'A RACONTÉ

TANTE ALINE SE RAPPELLE TRÈS BIEN de l'année où je suis née. Le 5 octobre 1933, elle avait 19 ans et venait de se marier à oncle «Ti-Paul» (Léon-Paul). Grand-Maman Girard (Girard est le nom de son deuxième mari) est venue aider Maman pendant une semaine. Tante Aline était restée la seule femme pour s'occuper de toute cette maisonnée qui comprenait encore neuf personnes : son jeune mari Léon-Paul, Grand-Papa Girard, ses quatre beaux-frères célibataires : Adrien, Louis-Ovide, Jean-Charles dit Théodore et les deux jeunes enfants orphelins de Blanche : Henri, six ans, et Juliette, trois ans. Kilda, encore célibataire, s'était engagée au presbytère parce qu'il n'y avait plus de place pour elle dans la maison familiale. Elle devait coucher sur un lit pliant dans la cuisine. Tante Aline n'est pas sûre, mais elle croit que Kilda a demandé un congé au curé et est venue aider Maman pendant quelques semaines. Dans cette grande maison, tante Aline faisait le travail ménager et la nourriture pour toute la maisonnée.

Elle a ajouté : «Cécile était très superstitieuse et pieuse. Elle avait entendu toutes sortes d'histoires sur les femmes qui se faisaient opérer : qu'une femme était finie, qu'elle perdait le génie, que ça portait malheur, que ça attirait la malédiction du bon Dieu. Cécile était tellement croyante qu'elle avait peur d'être punie.»

Quand Cécile était célibataire, le curé disait : «Ceux qui feront leurs neuf premiers vendredis du mois consécutifs sont sûrs d'aller au ciel après leur mort.» Comme elle voulait s'assurer d'aller au ciel, elle faisait les fameux premiers vendredis du mois. Ce qui voulait dire aller se confesser et communier le matin de bonne heure. Pour cela, il fallait être à jeun depuis minuit. De plus, la famille Bouchard habitait à trois milles du village et il fallait s'y rendre en voiture à cheval. Elle amenait Ti-Paul, son frère plus jeune qu'elle. Rendu au neuvième premier vendredi du mois, Ti-Paul lui dit : «Ç'a besoin d'être le dernier, moi je suis tanné de prier pour que tu te trouves un mari.»

JEANNE-D'ARC M'A RACONTÉ

Même si elle n'avait que quatre ans, Jeanne-d'Arc se souvient très bien qu'en 1936, un an après la naissance de Solange, Maman est partie pour Québec avec Papa. Jeanne-d'Arc St-Pierre, 14 ans, est venue prendre soin de nous pendant leur absence. Maman avait fait prendre une photo de ses quatre enfants debout près de la tonne à eau, au coin de la maison. Elle voulait pouvoir les regarder dans son lit d'hôpital. Maman disait : « Je m'en vais mourir à Québec. » En pleine crise économique, Papa avait emprunté 30 $ de son frère Roland pour faire le voyage. Mes parents étaient partis en train. Papa avait apporté un oreiller pour que Maman puisse s'appuyer la tête et dormir. Jeanne-d'Arc dit s'être tellement ennuyée de Maman. Malgré les recommandations des médecins de Québec, Maman n'avait pas voulu se faire opérer pour la *grande opération* (hystérectomie) parce qu'elle trouvait le risque trop grand. Les techniques d'opération du temps étaient très peu perfectionnées et plusieurs femmes en mouraient. Elle ne voulait pas laisser quatre orphelins à Papa. Elle aimait mieux souffrir. Papa nous a parlé souvent de ce pénible voyage à Québec. Pendant que Maman était à l'hôpital, Papa logeait chez sa tante Marie-Louise, mariée à un M. Verreault. Après être revenu à Normandin, Papa avait essayé de se faire rembourser par la municipalité une partie des frais d'hôpital. Mais quand le secrétaire de la paroisse lui a dit que pour cela il devait être déclaré indigent, Papa a été blessé profondément et a rétorqué : « Non, il n'est pas question que je passe pour un indigent, je retire ma demande. »

GENEVIÈVE MILOT M'A RACONTÉ

Durant la crise économique, dans les villes, il y avait 30,9 % de chômage. Dans les campagnes, les cultivateurs ont vu les prix de leurs produits baisser de 50 %. M. Ovila Milot était *jobbeur* dans les chantiers. Pour l'aider à diriger les hommes, il avait demandé à son frère Ernest, le père de Michel, de venir travailler avec lui comme grand *foreman*. Par solidarité pour son frère, M. Ernest a accepté de travailler dix heures par jour, six jours par semaine, pour 4,62 $, soit 77 ¢ par jour, logé et nourri. Sa saison, commencée en novembre, s'était terminée en mars. Il n'était pas venu dans sa famille aux Fêtes parce que ça coûtait trop cher et qu'il perdrait du temps. En partant à l'automne, il avait laissé 10 $ à sa femme Gilberte pour passer l'hiver. Incroyable, mais au retour de son mari, elle avait encore un peu d'argent en réserve. Heureusement que leur ferme leur fournissait les principaux aliments de base. Les cultivateurs ont eu moins de misère que les ouvriers en ville. Au moins, ils pouvaient se nourrir adéquatement avec les produits de leur ferme. Les Milot avaient huit enfants.

CHEZ NOUS ÇA SE PASSAIT DE MÊME

Le 23 mai 1935, le nouveau bébé, Solange, vient prendre ma place de petite dernière de la famille. À cette occasion, Jeanne-d'Arc St-Pierre était venue tenir maison, le temps que Maman se remette de *sa maladie* et ait ses quarante jours (que le bébé ait quarante jours). J'avais environ vingt mois. Un matin, la servante m'habillait et, quand est venu le temps de mettre mes petites culottes, impossible ! Je m'y refusais catégoriquement et je me suis sauvée dehors. Pour éviter qu'elle me rattrape, je me suis faufilée pour aller rejoindre Papa et les autres hommes qui faisaient les semences à l'autre bout du champ. Tout surpris de me voir arriver, Papa me dit : « Qu'est-ce que tu fais-là ? » En me prenant dans ses bras, il s'est aperçu que je n'avais pas de culottes. Il m'a donné une petite tape sur les fesses et m'a dit : « Va-t-en à la maison, va mettre tes culottes ! » Je suis revenue à la maison, mais très lentement.

Un peu avant cette naissance, je suis allée coucher en haut avec Jeanne-d'Arc. Nous couchions sur une paillasse placée directement sur le plancher de bois. Dans ce grand sac de coutil rayé bleu-gris et blanc, mes parents mettaient de la paille nouvelle à chaque automne. Sur cette paillasse, nous avions un lit de plumes, des oreillers de plumes, des draps et des couvertures de laine et, par-dessus tout ça, une douillette de plumes. C'était enveloppant et ça nous tenait bien au chaud. Mais mes parents avaient bien hâte de pouvoir nous acheter un vrai lit et un vrai matelas.

Durant l'hiver, lorsque les travaux de la ferme étaient moins accaparants, dans la famille de mon père, les Fortin jouaient aux cartes, au bridge, beaucoup, beaucoup... Beaucoup trop à mon goût. Mes parents avaient invité Achille Dallaire, ce grand spécialiste du bridge. Ce célibataire vivait au Grand-Rang avec ses trois frères, célibataires comme lui. Le jeu de bridge était son gagne-pain. Il avait une main coupée et avait un support spécial pour placer ses cartes. Les gens l'invitaient à jouer aux cartes et lui fournissaient la nourriture et le logement. Cette fois-là, les six frères de Papa, Ulric, Armand, Roland, Lionel, Antonio et Gérard, étaient aussi invités. Maman faisait partie des équipes de joueurs. Sa réputation de championne lui donnait l'occasion de se mesurer aux plus grands qui aimaient être son *partner*. Grâce à sa mémoire prodigieuse, elle se souvenait de toutes les cartes qui passaient sur la table, de celui qui avait joué chaque carte et pourquoi il avait joué comme cela. Avec son intuition, elle devinait où étaient les cartes clé et *escomptait*. Elle gagnait son pari presque à tout coup. Ça épatait tout le monde. Après chaque partie, les joueurs discutaient fort pour expliquer le jeu et justifier leur façon de jouer. Achille Dallaire pouvait reconstituer les jeux au complet et discuter d'une voix forte un long moment sur la façon dont ç'aurait dû être joué. Parfois Achille continuait de ruminer la partie pendant qu'il classait ses cartes pour la prochaine brasse. Il parlait tout seul et si vite que, souvent, il s'étouffait avec sa salive et mettait du temps avant de reprendre son souffle.

Cette fois-là, Maman avait misé fort. Achille Dallaire, du côté adverse, avait doublé et elle avait redoublé. Les spectateurs se tenaient debout autour de la table et surveillaient le jeu en silence. Le moment était grave. Ce n'était vraiment pas le temps de déranger. Assise par terre, je dis : « Maman, j'ai faim. » Aussitôt, j'entends : « Chut ! Chuuuut ! » Quelqu'un me donne son paquet de papier à cigarettes Vogue. En me donnant ce supposé jouet, il croyait acheter la paix et espérait que je m'amuserais à sortir seulement les papiers du paquet et que je serais tranquille pour un bon bout de temps. C'est vrai que ça m'a intéressée quelques minutes. Mais après avoir sorti tous les petits papiers, je me suis mise à en faire des boulettes et à les enfoncer dans mes narines jusqu'à ce que je sois obligée de respirer par la bouche et que les narines me fassent mal. Me voilà tout en pleurs. Ce n'était vraiment pas le temps de pleurer. J'entendais : « Fais-la taire cette enfant-là ! Chuuuut !!! » Aussitôt sa partie finie, Maman s'est empressée de me dégager le nez. Mon oncle Antonio, encore célibataire, dit : « Mon Dieu qu'elle est donc malcommode cette enfant-là ! » Cet oncle qui s'est marié sur le tard, nous faisait ce reproche chaque fois qu'il nous visitait. Après son mariage avec Germaine Côté, à son tour, il a eu plusieurs enfants : Louis-Marie, Philippe, André, Louise, Nicole, Michel et Brigitte. Il a vite appris ce que c'était des jeunes enfants et ç'a été fini les remarques sur les enfants des autres.

Le bridge était un des rares loisirs de Maman. Cette fois-là, elle avait gagné sa partie contre ce génie des cartes, Achille Dallaire. Elle était tellement émue et fière d'elle-même qu'elle en avait tremblé une bonne partie de la nuit. Sa grande habileté aux cartes lui valait l'admiration des meilleurs joueurs. Oncle Armand, le Grand Patriarche, la dispensait même du lavage de vaisselle quand elle allait jouer chez lui. Quel honneur !

Les Fortin aimaient jouer aux cartes et ils auraient bien aimé jouer à l'argent, mais c'était défendu par l'Église. Comme ils se disaient très catholiques, ils n'auraient jamais osé, s'ils voulaient avoir l'absolution au confessionnal. Malgré cela, quelques-uns auraient bien aimé jouer une petite brasse. Quand les femmes avaient connaissance des intentions secrètes de leurs maris, elles couraient vers leurs manteaux pour leur enlever leur porte-monnaie et le cachaient. Pour contourner cette interdiction, chacun leur tour, ils achetaient un quart (baril) de pommes et invitaient leurs amis et leurs frères. Au début de la veillée, chaque visiteur s'achetait quelques douzaines de pommes qui servaient de mise sur leur jeu. Maman n'aimait pas bien cela, elle disait : « Les pommes arrivent toutes *machées* (*mashed* = meurtries). » Papa gagnait beaucoup à ce jeu et nous mangions des pommes tout l'automne. En ce temps de crise, même les plus petites douceurs prenaient l'allure de gâteries.

Tout ce dont je me souviens de la naissance de Rolande, c'est que Solange est venue se joindre à Jeanne-d'Arc et moi, dans notre chambre en haut. Mes parents nous avaient acheté un lit de fer peint en brun sur lequel était posée la paillasse où nous dormions toutes les trois ensemble : Jeanne-d'Arc et moi, à la tête du lit, et Solange, de travers, à nos pieds. Tout allait bien, nous étions encore petites : cinq ans, quatre ans et deux ans et demi.

Durant la crise, mes parents ne pouvaient pas nous acheter de jouets, mais nous nous amusions avec peu. Quand nous n'avions pas de poupées, nous prenions des morceaux de bois que nous habillions et enveloppions avec du linge de bébé que Maman nous prêtait, ce qui nous donnait l'illusion que nous avions une belle poupée.

Nous observions les adultes et les imitions. Jeanne-d'Arc m'a raconté que, très jeune, probablement que mes parents m'avaient amenée à des noces quelques jours auparavant, j'étais revenue de la petite maison, où nous jouions *de la madame,* habillée d'une robe de Maman, du tissu enroulé autour de la tête, en guise de voile, et un bouquet de fleurs des champs dans les mains. En entrant dans la maison, je lève les deux bras en l'air et je crie : « Vive la mariée ! » Papa, assis à son secrétaire, se cachait le visage pour rire.

Sur la ferme, les activités ne manquaient pas. Âgée d'environ cinq ans, j'étais allée avec René qui creusait un petit fossé. Sans expérience, je me tenais debout en arrière de lui. La terre était dure, mouillée et très lourde. Il forçait beaucoup, sa pelle glisse, passe tout droit par-dessus son épaule, me frappe au front et me coupe au sourcil droit. Je saignais abondamment. En voyant tout ce sang sur mon visage, René était inconsolable. En pleurant, il me ramena à la maison et dit à Maman : « J'ai tué Marie-France. » J'en porte encore la cicatrice. Même après cette expérience, j'ai toujours aimé faire des petits canaux pour faire couler l'eau au printemps. Ça faisait sécher le terrain plus vite. Encore aujourd'hui, j'en fais le printemps sur le bord du trottoir, en avant de la maison. Ça fait bien rire Michel et Hedda, ma voisine qui a commencé à en faire, elle aussi. L'eau qui coule m'a toujours fascinée. Une chute ou une cascade, ça m'émerveille au point d'en oublier le temps. Je pourrais admirer ce spectacle des heures et des heures, en rêvassant.

Quand j'ai eu cinq ans, le 5 octobre, on me disait que ce serait mon année chanceuse. Étant la deuxième fille, j'avais rarement de vêtements neufs. Mais, à cette occasion, Maman m'avait acheté des souliers spécialement pour moi. C'était la première fois de ma vie que j'avais quelque chose de neuf et c'était de beaux petits souliers en cuir *patent* (verni) noir, qui brillaient. Je marchais penchée par en avant pour les regarder et je passais souvent la main dessus pour enlever la poussière. Quand on avait de la visite, j'allais m'asseoir dans les marches de l'escalier et me croisais la jambe, tout en regardant si les autres remarquaient mes beaux souliers luisants, tout neufs. Ç'a été l'un de mes plus beaux cadeaux de fête.

Comme je m'appelais Marie-France, le nom d'un pays, Maman me disait souvent, en me passant la main dans les cheveux : « Mon pays mes amours, toutes les *gueuses* qualités du monde. » Alors plusieurs, surtout mon oncle Ulric, m'appelaient *Pays*. Il était fort pour donner des sobriquets, plusieurs de ses enfants en avaient. Mais quand j'ai commencé l'école à cinq ans, ç'a été fini ce surnom. Après, on m'a appelée surtout Marie, comme René m'appelle encore souvent. Mon nom au complet, c'était presque exclusivement à l'école que je l'entendais.

Quand venait le temps de laver le plancher, Maman nous demandait d'aller jouer dans nos chambres en haut. Le plancher ciré, elle ouvrait la porte de l'escalier. Chaussées de gros bas de laine à Papa, nous nous lancions toutes à l'assaut de cette patinoire intérieure, imaginaire. Nous glissions et imitions les patineurs, en faisant des pirouettes, nous dansions, souvent sur le derrière, c'était la fête. Même si Maman nous disait de frotter dans les coins, ça finissait toujours que c'était elle qui était obligée de le faire. Solange, la plus espiègle du groupe, avait inventé une nouvelle façon de nous épater. Elle partait du milieu de l'escalier, prenait un bon élan et glissait sur ses genoux nus jusque sous la table. Personne d'autre qu'elle ne réussissait cet exploit. Elle était vive comme un chat et passait partout sans qu'on s'en aperçoive. Ça exaspérait Maman qui l'appelait *Minou*. Moi, c'était *la Noire*.

LE DEUIL

Au printemps 1938, notre fromager, M. Napoléon Lebeuf, époux de Léontine Théberge, est décédé. Il était le père de Thérèse, Fernand, Florence, Éliette, Joseph et Paul. Son beau-père, M. Siméon Théberge, notre voisin, avait une maison immense qui comprenait un grand salon double. C'est là que la dépouille mortelle de M. Lebeuf a été exposée. Papa, qui ne manquait pas une occasion de nous faire participer à des événements nouveaux, a eu l'idée de nous amener au *corps*. René avait sept ans, Jeanne-d'Arc, six ans et moi, quatre ans. Avant que nous n'entrions dans la maison, Papa nous a dit : « Remarquez, il y a une grosse boucle de ruban noir accrochée près de la porte d'entrée, ça s'appelle un crêpe. Ça veut dire qu'il y a un mort exposé dans la maison. Il ne faut pas parler fort et être bien sages. Suivez-moi et faites ce que je fais. » Nous sommes entrés bien tranquillement. Quand j'ai vu le cercueil placé dans le salon double à droite, j'étais très intriguée. La maison était bondée de monde et un silence funèbre alourdissait l'atmosphère. Tous les yeux tristes de la famille éplorée étaient fixés sur le cercueil vers où Papa nous dirigeait. Comme c'était mon premier contact avec la mort, j'étais figée, j'avais peine à avancer. Le cercueil était fermé par une vitre, car le défunt pouvait être contagieux, il était mort d'un mal de gorge et il n'y avait pas d'embaumement dans ce temps-là. Papa nous dit tout bas : « Montez sur le petit banc du prie-dieu pour voir dans la tombe. » Malgré mes efforts, je n'étais pas assez grande pour voir le défunt par la vitre. Papa m'a prise dans ses bras et m'a penchée au-dessus de la vitre. Me voilà face à face avec le mort. J'ai eu un vrai choc. Je suis devenue raide comme une barre et je voulais m'en aller. Papa, voyant que je me sentais très mal à l'aise, nous a ramenés à la maison. Maman n'allait jamais visiter les morts, elle en avait une peur terrible. Dans sa famille, on racontait toutes sortes d'histoires de morts qui, pour obtenir des prières afin d'entrer plus vite au ciel, venaient sur la terre la nuit pour tirer les orteils des gens ou bien pour arrêter les horloges ou pour faire bercer les chaises inoccupées ou pour marcher dans la cave et dans le grenier, etc. Selon eux, les morts continuaient leurs stratagèmes tant qu'ils n'avaient pas obtenu ce qu'ils voulaient. Donc, Maman croyait que nous aurions peur nous aussi et n'était pas d'accord avec cette visite qu'elle ne trouvait pas nécessaire. Papa lui disait : « C'est bon qu'ils voient ça quand c'est un étranger. Quand ce sera un parent, ça sera moins pire. »

Après que nous avons tous été couchés, Papa est retourné veiller au corps de M. Lebeuf. Il ne voulait pas manquer cela. C'était l'occasion de revoir ses parents et amis pendant trois jours et trois nuits. Comme la maison était immense, il y aurait bien une place où il pourrait aller discuter. Autant Maman était silencieuse, autant Papa était jasant. Même si, à toutes les heures, les sympathisants récitaient une dizaine de chapelet, il restait bien du temps pour prendre des nouvelles de tout le monde. Dans les campagnes, cette tradition d'exposer le corps du défunt dans les résidences privées a persisté jusqu'à la fin des années 1950. Les gens veillaient le corps toute la nuit. Plusieurs femmes amies de la famille éprouvée se chargeaient de préparer la boustifaille pour toute la durée de l'exposition du défunt. Sur les petites heures du matin, il ne restait plus que quelques personnes épuisées qui s'endormaient parfois sur leur chaise. Cependant, quand la mort du défunt ne tirait plus les larmes, cette dernière partie de la nuit tournait en *party*. Pour tenir le coup, les gens s'apportaient de la bière et du *fort*. Ils se racontaient des histoires et riaient aux éclats, surtout s'il y avait un membre de la famille Doucet dans le groupe.

Lors d'un décès, tous les parents proches portaient le deuil : le mari ou la femme, le père, la mère, les frères, les sœurs et tous les enfants. Sauf les hommes qui ne portaient que des brassards noirs au bras gauche, tous devaient être entièrement vêtus de noir pendant le grand deuil qui durait un an. Pendant les six mois suivants, c'était le demi-deuil, alors les gens éprouvés pouvaient porter du bleu marine, du violet, du gris ou du blanc. Les chants, la musique et la danse leur étaient interdits. De cette façon, ils étaient sûrs de vivre leur deuil dignement. Les gens observaient généralement ces consignes, sauf lors des morts en série comme à la grippe espagnole. Ceux ou celles qui dérogeaient, surtout les femmes, s'exposaient à être montrés du doigt. La veuve devait absolument attendre que ses deuil et demi-deuil soient terminés pour sortir dans les veillées de danse et surtout se remarier. Autrement, elle était qualifiée de veuve joyeuse. Les gens disaient : « il faut qu'elle le laisse refroidir. » Pour le veuf, les gens étaient plus indulgents, vu qu'il avait souvent plusieurs enfants à sa charge et une maison à entretenir. Ce nouveau mariage était souvent très prosaïque. La nouvelle venue devait avoir un courage sans borne pour faire face à toute une maisonnée déjà remplie de jeunes enfants. Quand le veuf ou la veuve ne pouvait pas ou ne voulait pas se remarier, très souvent c'était l'aîné ou l'aînée des enfants qui, même très jeune, prenait la relève et assumait les tâches du conjoint décédé. Ainsi il ou elle sacrifiait parfois sa jeunesse et sa carrière pour subvenir aux besoins de ses frères et sœurs.

~

Quand Papa et Maman allaient à la messe ensemble, ils nous faisaient garder par notre voisine, tante Évana, la femme d'Ulric, un frère de Papa. Un été, je devais avoir trois ou quatre ans, je jouais dehors avec les petits cousins et cousines et nous avions bien chaud. Tiraillée par la soif, j'entre dans la cuisine d'été pour boire. Près de la pompe à eau, il y avait un liquide transparent dans une *can* de tôle. Je crois que c'est de l'eau et j'en bois une bonne gorgée. Ce liquide, c'était de l'huile de charbon. Un poison vif. Vous pouvez imginer l'affolement de ma tante Évana. Vite, elle m'a fait boire du lait pour neutraliser le poison. Bouleversée et terrifiée par l'angoisse que je provoquais, je pleurais sans arrêt. J'étais inconsolable. Tante Évana et Gaby et les autres enfants, tous étaient autour de moi et s'activaient. Ensuite, Jeanne-d'Arc est restée dans la grande maison avec moi et elle me faisait boire du lait. Abasourdie et penaude, j'ai pleuré jusqu'à l'arrivée de mes parents. Tante Évana parlait très fort, de l'autre côté, dans la cuisine d'été, et demandait à tous : « Qui a laissé ça là ? » Je ne me souviens pas très bien du reste, mais je n'ai pas oublié les visages angoissés de mes parents quand tante Évana leur a raconté ma mésaventure.

EN VOITURE

AVANT QUE ROLANDE NAISSE LE 5 OCTOBRE 1937, nous étions quatre enfants. L'été, Maman nous amenait souvent chez sa mère, en voiture avec sa vieille jument, Noire. Quand nous étions rendus au milieu du Rang 8, nous prenions l'ancien chemin régional qui passait au coin de la ferme de Claïr et Thaïs Trottier. Ce vieux garçon et sa sœur vieille fille vivaient dans une maison de bois non peint et noirci par le temps. Ça nous intriguait et nous posions bien des questions à Maman qui nous répondait : « Je ne les connais pas beaucoup. » Par ce raccourci, nous traversions la rivière Ticouapé en passant sur le vieux pont des Bronsard, nommé en l'honneur des cultivateurs qui vivaient là, avant les Trottier. Nous arrivions au Rang Nord au coin de chez Georges Vallée où vivaient plusieurs grandes filles. Ensuite, nous passions devant chez monsieur Simard, puis chez monsieur Mailloux, les grands-parents maternels de Ginette Pellicelli, la femme d'Alain Fortin. Et nous voilà arrivés. Grand-maman, Évélina Tremblay, était mariée en secondes noces avec Adélard Girard. Ils vivaient dans une maison située tout près de la *ligne des chars*. Cette voie ferrée a été construite à l'automne 1927 entre Saint-Félicien et Dolbeau en passant par Normandin, pour desservir la Lake-St-John-Paper, un moulin à papier nouvellement bâti le long de la rivière Mistassini. Henri et Juliette Paradis étaient un peu plus vieux que René. Quand ils étaient certains que ce n'était pas l'heure des *chars*, nous allions ensemble marcher sur cette *track des chars* qui nous semblait sans fin. Par contre, nous avions toujours hâte d'entendre le bruit strident et de voir l'épaisse fumée blanche qui s'échappait de ces énormes engins à vapeur.

Leurs grosses roues de fer faisaient trembler la terre sous nos pieds. Quand nous entendions le Chou! Chou! nous courions pour aller faire des *Bye, Bye* aux conducteurs qui nous envoyaient gentiment la main. Ça nous fascinait. Le train n'arrêtait pas toujours à la petite station du Rang Nord, seulement si le conducteur voyait le *flag* rouge indiquant qu'il y avait un passager. Pour enjamber la rivière Ticouapé, le train passait sur un *tracel* (tressle), un pont en bois et en fer, très haut au-dessus de l'eau, la hauteur nécessaire pour maintenir le même niveau d'une voie ferrée. Ce pont nous impressionnait beaucoup, surtout quand nous allions tout près pour ramasser des fraises ou pour faire des pique-niques. Quand Papa était garçon (célibataire), il avait travaillé à la construction de ce *tracel* pour 2 $ par jour et il se trouvait bien chanceux d'avoir pu gagner un tel salaire.

Nous aimions bien aller chez *Mémère* Girard où il y avait bien des activités différentes des nôtres. Ils élevaient de très beaux renards argentés, mais qui dégageaient une odeur forte. Nous ne nous en approchions pas trop, surtout que Maman nous l'interdisait parce que nous étions très tentés de mettre nos doigts à travers la broche pour vérifier s'ils viendraient nous mordre. Jeu très dangereux, mais qui ne l'a pas fait? Dans son jardin de l'autre côté de l'entrée de la maison, tante Aline avait de très belles fleurs. Nous admirions ses cœurs saignants, ses cosmos, ses rosiers et ses soucis jaunes. En plus, à côté de la maison, de beaux lilas embaumaient l'atmosphère au début de juillet.

Grand-maman vivait, avec son mari, dans la même maison que son fils *Ti-Paul* (Léon-Paul), marié à Aline Dion, et notre nouveau cousin Roméo, né en 1936. Toute cette maisonnée comprenait aussi ses autres grands enfants: Adrien, Kilda, Louis-Ovide, Théodore et les deux jeunes enfants orphelins de mère: Henri et Juliette. Une maisonnée de onze personnes.

Après la mort de sa femme Blanche en 1930, oncle Philippe Paradis est retourné à Jonquière retrouver ses frères. Il a laissé ses deux enfants aux bons soins de grand-maman Évélina et de grand-papa Adélard qui ont joué le rôle de parents substituts. Il n'est revenu qu'en 1937. Il avait un cancer de la bouche. En plus d'être douloureuse, cette maladie l'humiliait en lui causant des difficultés pour parler et pour manger. Un large pansement blanc couvrait sa plaie et cachait une partie de son visage. Donc, il préférait se retirer seul à l'écart pour ne pas incommoder les autres. Cette triste image est restée gravée dans ma mémoire. Il est décédé en 1940, à l'âge de 42 ans. C'était le 5 octobre, jour de mon septième anniversaire de naissance. Henri, 13 ans, et Juliette, 10 ans, n'avaient plus ni père ni mère.

NOTRE PIANO

En 1936, la crise commençait à être moins dure pour les cultivateurs qui pouvaient enfin vendre leurs produits à un prix raisonnable. J'ai lu dernièrement dans un vieux journal trouvé dans les ravalements de notre maison au Rang Nord qu'à ce moment-là, les gens trouvaient que le porc se vendait bien, soit à 9 1/2 cents la livre !

Nous étions pauvres comme la majorité des gens du temps, mais mes parents aimaient la musique. Maman était de santé fragile et Papa a dit : « On va mettre de la vie dans la maison. » Alors, il est allé acheter un piano. C'était en 1938, René avait sept ans et Jeanne-d'Arc, six ans. Encore aujourd'hui, ils voient arriver le camion qui venait livrer le piano, payé 60 $ chez Légaré. Ce piano noir, plus petit que la moyenne, de marque Bell, avait une très belle sonorité (photo n° 4).

Pour célébrer l'arrivée de notre piano, mes parents avaient organisé une soirée pour réunir la parenté et les amis du coin, Rang 8 et Rang Nord. C'était pendant l'Avent. En attendant l'arrivée des invités, notre homme engagé, Adolphe Lavoie, jouait du piano et chantait avec des trémolos dans la voix. Mal à l'aise, craignant que les passants croient que l'on festoyait durant l'Avent, Papa s'est présenté dans la porte du salon et lui a dit à la blague : « Adolphe, penses-tu que ça serait pas mieux que tu attendes que le tout le monde soit arrivé pour nous faire profiter de ton talent de chanteur ? » Adolphe, bien insulté, est parti et n'est pas revenu de la soirée. Malgré cette ombre au tableau, la réunion a été très joyeuse. Naturellement, le nouveau piano a été le clou de la soirée. Pour accompagner les chanteurs et chanteuses, chaque joueur de piano essayait cette nouvelle petite merveille et vantait sa belle sonorité. C'était le premier piano qui entrait dans une maison des enfants mariés du clan Georges Fortin et Marie-Louise Vézina. À la vieille maison, ils avaient déjà un harmonium depuis longtemps. Cet instrument à vent, muni d'un clavier et de clés, ressemble et fonctionne à peu près comme un orgue. Pour produire un son, il fallait à la fois jouer sur le clavier et pédaler. Mais quand nous étions très jeunes, c'était trop dur pour un seul enfant de faire les deux mouvements en même temps. Alors pour aider la musicienne, un autre enfant, à genoux en dessous du clavier, pédalait avec ses mains. Comme je jouais moins bien que mes sœurs, la tâche de pédaler me revenait souvent. Mais ces séances musicales étaient plutôt courtes, je me *tannais* vite de ce rôle plutôt ingrat.

Ce nouveau piano, c'était une fortune pour des gens comme nous. Mais Papa espérait que nous ayons les mêmes dons pour la musique que plusieurs membres de sa famille. Son flair ne l'a pas déçu. Nous aimions tous la musique, même René, bien qu'il chantait un demi-ton à côté de la note, il chantait toute la journée. Vers l'âge de quatorze ou quinze ans, quand il conduisait les chevaux en labourant, c'est là qu'il chantait le plus fort. Au Rang Nord, les jeunes chez mon oncle Roland l'entendaient et disaient : «Écoute René qui chante, ç'a l'air de bien aller.» Après le souper, il se berçait près de la porte du salon et chantait des chansons de Willie Lamothe. Rolande et moi, nous avions moins l'oreille musicale que mes autres sœurs, mais ça ne diminuait en rien notre intérêt pour la musique. Notre piano jouait sans relâche, parfois un seul piano ne suffisait pas. Il y a eu souvent de vives disputes pour déterminer qui jouerait. De temps en temps, ça prenait un arbitre. Mais toutes avaient les mêmes droits et, surtout, il était interdit aux plus performantes de rire des moins talentueuses musicalement. Souvent, ça prenait beaucoup de patience pour supporter nos séances musicales. Les plus habiles les qualifiaient de séances de *piochage*. Maman était très patiente et, contrairement à ce que nous observions dans d'autres familles, elle ne nous a jamais dit d'arrêter de piocher. Même, quand elle voulait nous distraire, elle nous disait souvent : «Va donc jouer un peu de piano, ça va te changer les idées.» C'est Diane qui a pianoté la plus jeune. À environ dix mois, tout en suivant un rythme parfait, elle imitait le jeu d'une pianiste avec ses deux mains sur le bord de sa bassinette ou sur le bras de Papa qui lui servait de piano imaginaire. De temps en temps, elle jouait en croisant ses mains, pour simuler une pièce plus compliquée. Papa *turlutait* et *accordait* du pied. À deux ans, elle jouait au piano : *Ô Jésus mon mignon que tu es aimable*. Elle jouait sans regarder ses notes, en se couchant la tête sur le banc du piano et s'étirant pour atteindre les pédales avec le bout de ses pieds. Parfois, on la surprenait à rêver dans cette position. Elle jouait ainsi plusieurs airs connus, mais ses petits doigts étant trop courts, elle ne pouvait pas faire l'accord complet avec la main gauche. Quand tante Clémence venait, elle la prenait dans ses bras et la faisait chanter. Elle était épatée par cette petite qui chantait si juste. Quand tante Antonia et oncle Armand venaient nous visiter avec leur fille Cécile, Diane était toujours celle qui donnait le spectacle au piano. Jouer si bien alors qu'elle était si petite soulevait l'admiration de nos visiteurs.

Papa aurait tant aimé que tous les enfants puissent apprendre à chanter. Ma cousine Juliette Paradis, orpheline, a confié dernièrement à Jeanne-d'Arc : «Mon meilleur souvenir de ton père, mon oncle Conrad, c'est sa patience à me montrer à chanter quand j'étais petite. J'aimais bien cela aller chez vous parce que ton père me faisait chanter cette chanson :

C'est la complainte de trois petits enfants (bis)
Sa mère, elle était morte, son père se remaria
Avec une femme très dure pour ses enfants (bis)
Un soir, à manger un enfant lui demanda
Un gros coup de pied, elle lui donna, par terre il tomba.»

Et Juliette ajouta: «Mon oncle Conrad semblait tellement ému que je voyais des larmes couler sur ses joues. »

Souvent, le soir après souper, Papa se mettait au piano et nous chantait:

La bonne sainte Anne
Elle est notre patronne
Puissante aux cieux
Elle exauce nos vœux
Pour ses enfants
Elle est toujours si bonne
Invoquons-la
Nous la verrons aux cieux

En s'accompagnant elle-même au piano ou accompagnée par Papa, à son tour, Maman nous interprétait:

À Saint-Denis près des grands bois
Un soir d'orage et de batailles
Je mis pour la première fois
Mon chapeau de paille

Quand oncle Louis-Ovide, un frère de Maman, venait nous visiter, même s'il chantait faux, il nous interprétait avec cœur sa chanson préférée:

Si vous aimez les fleurs
Vous aimerez les femmes
Si vous regardez leurs âmes
Vous verrez qu'elles sont sœurs
Car leur unique blancheur
Vous grise et vous enflamme

Si vous aimez les femmes
Il faut partager son cœur
Entre les femmes et les fleurs.
Ma vie est sans mélange
Car mon épouse est un ange
Elle s'appelle Marie-Ange

Même si Maman avait moins eu l'occasion de mettre son talent musical en valeur, elle jouait de la *musique à bouche* (harmonica). Ça nous amusait beaucoup, surtout le soir après souper. Pour tromper sa solitude après le décès de Papa, en 1972, elle a recommencé à en jouer, mais cette fois en improvisant des airs. Durant ses dernières années à Albanel, à la Villa de la Gaieté, elle jouait encore des airs connus au grand plaisir de ses amis. Nous avons quelques vidéocassettes où elle interprète de ses propres compositions dont quelques pièces accompagnées à la harpe par Lucie.

Le dimanche, au retour de la messe, c'était le concert hebdomadaire de mes parents. Papa sortait son violon et jouait *à l'oreille*, des *reels*, des airs de chansons connues ou des valses comme *La Paloma* ou *La Colline aux Oiseaux*. Maman l'accompagnait au piano, mais seulement chez nous, jamais ailleurs. Papa était un excellent musicien et avait un style bien particulier. Line l'imite très bien au violon. Elle veut écrire la musique de ces airs de notre enfance pour que sa fille Anouk puisse les jouer au violon. Nous étions très fiers que nos parents soient musiciens. Ce talent était très apprécié dans le temps. Lors des veillées de danse dans les résidences privées, les musiciens étaient toujours les bienvenus. On comptait sur eux pour faire danser les invités. Même si le curé Tremblay interdisait de danser, il en parlait souvent en chaire, les gens ne s'en occupaient pas. L'été, il y avait des soirées de danse, surtout dans les rangs, presque à tous les samedis soir. Papa nous a raconté que le soir de ses noces, c'est lui-même qui s'était occupé de la musique en jouant du violon. Tante Clémence l'accompagnait à l'harmonium pour faire danser les invités. D'ailleurs, les noces, c'était la seule occasion où la danse était permise par l'Église catholique.

Dernièrement, en ricanant, tante Clémence racontait ses expériences passées. Elle nous disait : « Quand je faisais ma jeunesse, à la fin des années 1920, j'étais allée à confesse. Je m'étais accusée au curé d'avoir dansé avec les garçons. Avant de me donner l'absolution, pour ma pénitence, le curé m'avait fait promettre de ne plus jamais danser. J'ai tenu ma promesse, mais en jouant du piano dans les veillées, j'en ai fait danser à mon goût des garçons et des filles. » Elle a précisé : « J'ai appris à jouer du piano sur la *gazette* où ils donnaient, par écrit, des leçons de piano ». Dans cette famille, ils aimaient tellement la musique que certains soirs, en revenant de veiller, les jeunes s'installaient dans le salon et jouaient de la musique et chantaient. Grand-maman Marie-Louise se relevait et jouait de l'accordéon avec eux. Ils rivalisaient de virtuosité et d'improvisations, créant ainsi un esprit de famille qui est resté très fort pendant toute leur vie. Ce concert familial se prolongeait parfois jusqu'aux petites heures du matin.

Bien savoir danser était un atout important pour les *jeunesses*. Quand une jeune fille dansait bien, ça se savait et tous les garçons libres se présentaient, chacun leur tour, pour l'inviter à danser. Dans le cas contraire, si elle n'avait pas de cavalier, la soirée était longue et ennuyeuse. Selon les coutumes, une jeune fille qui se respectait n'allait pas prier un garçon pour danser. Celle qui le faisait passait pour une dévergondée.

Ma cousine, Irène Théberge, a épousé son grand amour Thomy Potvin, d'Albanel. Un joueur de violon d'un talent exceptionnel. Quand il se présentait dans une veillée, il était reçu à bras ouverts. Les gens ne se lassaient pas de l'entendre interpréter avec brio les airs les plus à la mode. Thomy adorait jouer du violon. Mais, souvent, il était victime de son immense talent et il lui était presque impossible d'arrêter de jouer pendant toute la veillée. Les danseurs le réclamaient continuellement.

À Normandin, nous avions aussi nos vedettes. Mon cousin, Fernand Fortin, et mon *chum* de la petite école, Émile Théberge, formaient un duo bien connu des danseurs de plusieurs villages à la ronde. Fernand jouait du piano et Émile, du violon. Ils avaient un rythme bien à eux qui soulevait les danseurs aussitôt qu'ils amorçaient un air à la mode. Ils attiraient les foules aux veillées de danse, surtout aux noces. Si les organisateurs voulaient faire un succès de leur soirée, ils n'avaient qu'à les demander comme musiciens.

Plusieurs garçons et certaines filles apprenaient très jeunes à danser la gigue simple. Cette danse individuelle exigeait une grande agilité des jambes et beaucoup de rythme. Les bons danseurs se distinguaient facilement des amateurs : les épaules immobiles, seules leurs jambes agiles bougeaient à un rythme endiablé. Les spectateurs avertis les surveillaient de près. Quand le danseur réussissait cet exploit, les applaudissements étaient retentissants. À chaque veillée de danse, il y en avait toujours un ou une qui, à force de se faire prier, consentait à exécuter une petite gigue. Mais quand le maître danseur Albéric Gagnon de Dolbeau était là, personne n'osait se mesurer à ce champion de toute la région.

Notre piano occupait la place d'honneur dans le salon, la pièce où nous recevions les visiteurs. C'était comme un sanctuaire où il fallait être bien sages, bien assis sur sa chaise. On ne jouait pas dans le salon, seulement du piano. Les plus beaux meubles laqués noirs étaient là : une causeuse de style ancien, dont le siège et le dossier étaient recouverts de velours rouge vin, et quatre chaises de même style. Pour décorer le salon, Papa avait acheté de la famille Boulay deux beaux grands tableaux, encadrés de bois laqué noir. Dans l'un, figuraient une belle grande dame assise et deux petites filles debout à ses côtés qui écoutaient un jeune violoniste, vêtu comme un petit page. Elles étaient toutes richement vêtues. La dame portait une belle robe longue, couleur jonquille, et les deux petites filles, chacune une ravissante robe longue turquoise. Dans l'autre, cette même grande dame était vêtue cette fois d'une élégante robe longue turquoise et à ses côtés, une petite fille portait une belle robe longue rose. Un fauteuil rembourré de velours rouge vin, comme celui de notre causeuse, s'harmonisait avec le riche décor de la pièce. Une guitare était appuyée sur le bras du fauteuil.

Papa aimait beaucoup ces deux illustrations. Pour lui ça représentait son art préféré : la musique qui occupait une large place dans notre vie quotidienne. Ces deux tableaux font partie du patrimoine familial. Actuellement, c'est Jeanne-d'Arc qui en bénéficie.

Pour aider à la tranquillité des lieux, deux portes coulissantes et vitrées fermaient cette pièce toujours bien propre. Ces portes avaient plusieurs petites vitres souvent bien difficiles d'entretien, toujours pleines de marques de doigts d'enfants. Pour régler le problème, Maman avait appliqué sur ces vitres un liquide semi-transparent qui, en imitant le givre, estompait les taches. Le problème a été réglé.

LE TEMPS DES FÊTES

DANS LE SALON, nous faisions l'arbre de Noël que nous allions couper avec Papa, l'autre bord du ruisseau, dans le bois en arrière de la grange. À l'automne, nous allions choisir d'avance notre sapin que nous identifiions avec un ruban rouge pour ne pas avoir à le chercher s'il y avait beaucoup de neige, la semaine avant Noël. Souvent, Marquis, notre chien, attelé à la traîne, servait de moyen de transport. Cette activité nous enthousiasmait et nous faisait rêver de cadeaux que nous imaginions toujours plus beaux que la réalité.

Quand nous étions très jeunes, nos parents nous disaient qu'à Noël, c'était le petit Jésus qui nous donnait des bonbons, que le petit Jésus, qui est partout et qui voit tout, venait lui-même remplir nos bas à Noël, si nous avions été sages. Nous ne tendions pas des bas, ça nous déplaisait que les bonbons collent dedans. Nous mettions plutôt des petits plats, tous différents les uns des autres. Une fois, j'avais cinq ans, Maman avait placé le *petuchon* près de l'arbre de Noël et elle nous avait dit d'y déposer nos petits plats. Il me vient une idée. Je cache mon petit plat dans une poche du *petuchon* en me disant que si c'est vrai que le petit Jésus voit tout, il va voir mon petit plat caché. Le lendemain matin j'avais encore plus hâte que d'habitude de me lever pour vérifier mon test. Quel ne fut pas mon désespoir de trouver mon petit plat vide ! Je pleurais à chaudes larmes. Ce matin-là, Maman pouvait dormir un peu plus longtemps, vu que nous avions de quoi nous amuser en nous levant. En entendant mes pleurs qui annonçaient une tragédie, elle se lève en vitesse. Quand je la vois arriver dans la porte de sa chambre, je crie en pleurant : « Ce n'est pas vrai que le petit Jésus voit tout, si ç'était vrai, il aurait vu mon petit plat caché dans une poche du *petuchon* ». Maman, toute désemparée, me dit : « Attends, le petit Jésus m'en a laissé en surplus. » Elle retourne dans sa chambre et revient avec du bonbon identique à celui du petit Jésus. Je ne voulais rien savoir de ce bonbon-là. Ce n'était pas du vrai bonbon du petit Jésus. Mais cette aventure m'a bien intriguée. Par la suite, je me suis mise à écouter aux portes pour découvrir la vérité.

Le bonbon dur multicolore était le plus courant, un genre de bonbon mélangé, vendu en petite chaudière de cinq livres. Nous adorions ces saveurs fortes et piquantes. En plus, nous avions le choix entre du bonbon français, des *caramels* enveloppés, des *kisses* (papillotes), des jujubes, du chocolat à *piton* et des capuchons au chocolat.

Le 31 décembre, fête de la Saint-Sylvestre, nous nous levions toutes de bonne heure. Maman nous disait que celui qui se lèverait le dernier serait surnommé, pour toute l'année qui vient, Saint-Sylvestre, le paresseux. Encore jeunes, nous faisions toutes un effort pour nous lever de bonne heure, sauf René le plus vieux, qui avait compris que c'était un truc de Maman, une lève-tôt.

Quand Maman était encore à Bagotville, un de ses voisins avait l'habitude, au jour de l'An, d'aller tôt le matin chez son ami François Boily et de le réveiller en disant : « Bon jour de l'An François ! » C'était immanquable, à tous les jours de l'An, tôt le matin, Maman, d'une voix solennelle, nous répétait : « Bon jour de l'An François ! » C'était toujours aussi drôle.

Le temps des Fêtes, c'était le temps fort pour la musique. Papa était enchanté de nous faire profiter de ses talents musicaux. Il chantait et, au violon, il jouait :

C'est dans le temps du jour de l'An
On se donne la main et on s'embrasse
C'est le bon temps d'en profiter
Ç'arrive rien qu'une fois par année

Il en profitait pour nous interpréter joyeusement les pièces préférées de son vaste répertoire. Au début, Maman l'accompagnait au piano, ensuite elle a été remplacée par Jeanne-d'Arc, puis Solange et les autres. Nous en profitions pour chanter et danser dans le salon et dans la cuisine. Bien sûr, c'était des sets carrés. Souvent nous *swingions* trop vite et nous nous ramassions sur le derrière.

Ah ! Du plaisir, y en avait, comme le chantait la Bolduc.

Mary Travers, dite la Bolduc, cette Gaspésienne, mère de quatre enfants, s'est investie beaucoup durant la crise économique. En composant, chantant et turluttant des chansons humoristiques, elle voulait, et réussissait, à remonter le moral des Canadiens français. Elle s'inspirait des curés, des vendeurs d'assurance, des livreurs de glace, des touristes des USA, du chômage, de la colonisation, de la prohibition, de l'émancipation des jeunes filles, etc. C'était une véritable chronique du temps. Elle était très populaire. Les gens chantaient et turluttaient ses chansons partout.

Le matin du jour de l'An, conformément à la tradition, Papa nous donnait la bénédiction paternelle. L'un de nous lui en faisait d'abord la demande, ensuite nous nous mettions tous à genoux, même Maman : Papa levait la main droite et tout en faisant le signe de croix dans les airs, il disait d'un air solennel : « Que la bénédiction du Dieu tout-puissant descende sur vous et demeure à jamais, au nom du Père et du Fils et du Saint-Esprit. » Nous faisions notre signe de croix en même temps et répondions : « Ainsi soit-il. » Ensuite nous nous embrassions en nous offrant les souhaits d'usage. Souvent, nous en profitions pour offrir à notre frère et à nos sœurs des vœux amusants. Nous préparions nos farces d'avance et c'était à qui arriverait avec le souhait le plus drôle.

En général, les gens reconnaissaient au père de famille une autorité qui lui venait de Dieu, ce qui lui conférait des droits et des pouvoirs supérieurs. Quand le père parlait, c'était l'autorité après le curé, ça ne se discutait pas. Il valait beaucoup mieux avoir son approbation que sa réprobation. Assez que, dans plusieurs familles, pour s'assurer de son assentiment, le matin de ses noces, la jeune fille se mettait à genoux devant son père et lui demandait sa bénédiction. Souvent, les gens immortalisaient ce geste en prenant une photo.

Selon la tradition, dans plusieurs familles les cadeaux se donnaient seulement au jour de l'An. Une année, Papa était au chantier comme assistant *colleur* (mesureur). Il était arrivé juste la veille du jour de l'An, donc pas à temps pour aller nous acheter des cadeaux. Maman n'était pas allée au village dans le mois de décembre. Nous avions toujours très hâte de déballer nos cadeaux, mais cette fois-là, ça s'annonçait mal. Aurions-nous des cadeaux ou non? Nous étions bien inquiètes. Le matin du jour de l'An, Maman sort du coffre du *bed* (un banc dont le dossier avait été fabriqué avec une tête de lit), derrière la table, les cadeaux achetés par René. Tout étonnées, nous nous empressons de les déballer. Mais quelle déception! Les larmes étaient proches. Les plus vieilles, nous avions eu chacune un cahier, un crayon, une gomme à effacer et une règle. Jeanne-d'Arc, l'aînée des filles, était tellement déçue et fâchée de ces cadeaux très utilitaires, qu'elle disait en pleurant de rage: «Ce n'est pas des cadeaux ça.» La journée fut plutôt triste.

Au jour de l'An, quand nous étions très jeunes, tous les membres du clan Fortin se réunissaient chez leur frère aîné, Ulric, notre voisin. Les années suivantes nous festoyons chez un autre frère, Roland, marié à Léontine Mailhot. Leur immense maison était voisine de la maison paternelle de Papa, au rang Nord. Tante Léontine était un vrai cordon-bleu. Nos parents nous réveillaient en pleine nuit pour partir en voiture à cheval, afin d'arriver pour minuit à la grande rencontre. Les plus jeunes pleuraient, les plus grands se bousculaient, mais hop en voiture! Il faisait froid, il faisait noir, nous étions tous les cinq assis les uns contre les autres, sur la peau de carriole étendue sur la *sleigh* de portage. Pour sauver du temps, Papa empruntait un raccourci qui nous menait au pont de glace de la rivière Ticouapé. Une fois, *l'écore* (la rive très escarpée) de la rivière était tellement à pic qu'en remontant de l'autre côté, la peau de carriole avait glissé et nous avions failli tomber tous en bas de la *sleigh*. Notre cheval, Sweed, s'était embourbé dans la neige molle. Papa criait pour l'encourager, tandis que Maman s'affairait à nous tenir ensemble dans la *sleigh*. La neige *r'volait* partout. Nous étions arrivés chez oncle Roland tout mouillés. Je tremblais autant de peur que de froid.

Quand les familles sont devenues trop nombreuses, la grande rencontre n'avait plus lieu à minuit, mais plutôt à l'heure du souper. Ils appelaient ces rencontres des *pétards*. Chaque famille du clan Fortin et du clan Bouchard faisait son *pétard* à tour de rôle. Ces fêtes, qui se prolongeaient une bonne partie du mois de janvier, réunissaient toutes les familles et une trentaine d'enfants, sinon plus. Ça brassait fort. Quand nous entrions dans les maisons, nous arrivions face à deux grandes tables montées avec la plus belle vaisselle des hôtes, souvent celle qu'ils avaient eue en cadeau de noces en plus de celle que les femmes se prêtaient à tour de rôle pour la circonstance. Chaque service pouvait servir environ trente convives et il fallait faire plusieurs tablées. Pour asseoir tous ces invités, ils avaient une série de bancs de galerie, sans dossier, recouverts d'une catalogne. Les plus âgés mangeaient à la première tablée, les plus jeunes, en dernier. Ce qui veut dire que nous étions condamnés à attendre notre tour en regardant *le grand monde* manger toutes sortes de bons mets, surtout de la tourtière du Lac-Saint-Jean, alors que notre estomac criait famine. En plus, devant chaque convive, il y avait une bouteille de *liqueur* aux fraises, une *crème soda* ou une orangeade *Sun Kist*. Les premières fois, je me demandais si ce serait comme ça à chaque tablée. Bien oui ! De la *liqueur*, il y en avait pour tout le monde, même pour les enfants. Après le premier service, trois ou quatre femmes, qui avaient déjà mangé, lavaient la vaisselle dans des grands plats à vaisselle en fer blanc. Au fur et à mesure que la vaisselle était prête, elles remettaient la table pour accueillir les invités du service suivant.

Le repas terminé, la place libérée, les adultes commençaient à s'amuser. Une année, pour que les plus jeunes se tiennent tranquilles, un oncle avait acheté plusieurs grosses poches de *peanuts* dans l'écale et les avait vidées dans une chambre en haut où il avait enlevé un lit. Assis là-dessus, nous mangions des *peanuts* : ça nous piquait les fesses, mais c'était *le fun*. Pendant ce temps-là, les parents pouvaient jouer aux cartes, prendre un p'tit coup ou jouer de la musique et danser. Souvent, Gaby Fortin dansait le petit bonhomme. Accroupie, les mains sur les hanches, elle se faisait aller les jambes en avant et en arrière au rythme de la musique. Une nièce de tante Léontine, Françoise Gravel, avait une voix extraordinaire et chantait à chaque veillée. Nous l'admirions d'avoir ce talent qui la mettait en vedette partout où elle allait. Ces soirées étaient bien remplies de toutes sortes de divertissements. En plus, les marraines, pour celles qui étaient du côté des Fortin, en profitaient pour donner leurs cadeaux à leurs filleuls et filleules. Moi, je trouvais le temps long, car pour avoir mon cadeau, il me fallait attendre de voir ma tante Blanche du côté des Bouchard.

Nos parents ne nous amenaient pas toujours aux *pétards*. Avant de partir, ils avaient l'habitude de se faire une petite *ponce*, avec du *gros gin*, du miel et de l'eau chaude. Ils disaient que c'était pour les tenir au chaud pendant le voyage en *cutteur* (voiture d'hiver à patins ajourés). René, Jeanne-d'Arc et moi, nous connaissions la recette de leurs petites *ponces*. Après leur départ, dès que les plus jeunes étaient couchés, nous nous en préparions chacun une, tout en prenant bien soin de ne pas mettre trop de gin pour éviter que nos parents s'en aperçoivent. Assis tous les trois près de la petite fournaise qui dégageait une chaleur intense, l'effet venait vite dans nos corps d'enfants. Au début, nous étions pris de fou rire, mais comme j'étais la plus jeune, et que l'effet se faisait sentir encore plus vite chez moi que chez les autres, Jeanne-d'Arc venait me coucher en haut, avant que je tombe endormie sur ma chaise. Je ne sais pas la suite, il faudrait la demander aux deux autres !

Lors de ces fêtes familiales, les gens rencontraient parfois des étrangers. C'était la coutume de faire connaissance en essayant de se trouver des liens de parenté ou des connaissances communes. De cette façon, le nouvel arrivant, s'il s'était trouvé un lien quelconque avec des gens de la place, était très bien accueilli et les gens le considéraient comme un des leurs. Autrement, il restait toujours un étranger.

L'hiver, quand nous étions un peu plus vieux et que nos parents partaient seuls en visite, Maman nous disait : « Soyez tranquilles, laissez pas mourir le poêle et couchez-vous de bonne heure. » Aussitôt qu'ils avaient tourné le coin de l'entrée, René disait : « On va jouer au hockey. » René sortait du caveau les hockeys qu'il s'était fabriqués à partir de branches d'aulne naturellement courbées à un bout. Il avait équarri la partie recourbée en guise de *palette*. Nous étions tout heureuses de profiter de son ingéniosité. Alors nous tassions la table près de la huche. En arrière de la table, le *bed* servait de but où Solange *goalait*. Rolande, elle, *goalait* du côté du divan de cuir noir. René jouait seul contre Jeanne-d'Arc et moi. Les plus jeunes, assis dans l'escalier, jouaient le rôle de spectateurs et nous encourageaient par leurs cris. René faisait attention pour ne pas trop nous bousculer, de peur que nous ne voulions plus jouer avec lui, mais surtout pour ne pas que nous bavassions à Maman. Nous jouions tant, qu'à la fin, nous étions à bout de souffle. Épuisés, nous nous assoyions sur le *prélart*, c'est là que nous voyions toutes les marques noires sur le plancher. Maintenant, il fallait nettoyer ça pour éviter que Maman devine nos pratiques interdites. La partie la moins drôle commençait.

OUVERTURE DE NOTRE PETITE ÉCOLE N° 11

En septembre 1937, une nouvelle école a été ouverte, près de chez-nous au Rang 8, l'école n° 11 (dessin n° 5). Auparavant, Arthur, Gabrielle et Marcella, les trois enfants aînés d'oncle Ulric Fortin, devaient aller à l'école au Rang Nord, située à plus d'un mille quand ils passaient par le raccourci. Ils traversaient la rivière Ticouapé, en chaland l'été et sur la glace, l'hiver. Mais avec l'ouverture de cette nouvelle école, leur jeune frère, Antoine, et leur sœur, Rachel, pouvaient se joindre à eux. Chez nous mon frère aîné, René, six ans et demi, et ma sœur, Jeanne-d'Arc, cinq ans, commençaient eux aussi à aller à l'école cette année-là. Il y avait douze élèves, tout juste le nombre nécessaire pour justifier l'embauche d'une maîtresse d'école. Même si les familles étaient nombreuses, les maisons étaient clairsemées. Leur première maîtresse d'école, Béatrice Hamel, avait peur d'habiter seule dans cette petite école isolée dans le Rang 8. Elle avait amené avec elle sa jeune sœur, Éliette.

En septembre 1939, dans notre arrondissement scolaire, il n'y avait que dix enfants d'âge scolaire. Il y avait les enfants de Roméo Théberge et d'Oliva Michaud : Gérard, André et Émile. Ces jeunes enfants devaient marcher un mille et demi pour venir à l'école. Chez nous : René et Jeanne-d'Arc. Chez oncle Ulric : Marcella, Antoine, Rachel et Alberte, plus Benoît Doucet, fils de Joseph Doucet et Alma Painchaud du Rang Nord de Saint-Méthode (à deux milles de l'école). Pour atteindre le nombre requis d'élèves, les gens du Rang 8 ont décidé que Marie-Louise qui allait avoir six ans le 28 mai 1940 et moi, le 5 octobre 1939, irions à l'école, quitte à ce que nous redoublions l'année suivante. Il fallait absolument garder notre école ouverte. Au début, les deux jeunes recrues, nous n'avions pas de pupitre pour écrire. Nous étions assises sur le banc qui se baissait en avant de la rangée des filles et nous nous balancions les jambes. Nous observions attentivement tout autour de nous, surtout notre maîtresse, Béatrice Hamel. Après un certain temps, nous avons eu nos pupitres et nous avons pu faire des exercices scolaires. J'ai fait ma première année et je suis montée en deuxième. Marie-Louise, beaucoup plus jeune, a fait sa première année l'année suivante (photos nos 5, 5A).

En milieu rural, en 1939, le salaire annuel des maîtresses d'école diplômées était de 300 $, celui des maîtresses non diplômées, de 250 $, alors que les filles qui travaillaient dans les usines pour l'effort de guerre gagnaient annuellement 1300 $ et les filles qui travaillaient comme domestiques dans les maisons privées gagnaient 185 $, logées et nourries. À Normandin, dans les années 1920, il n'y avait pas toujours le nombre suffisant de maîtresses d'école diplômées pour répondre au besoin. En 1925, M. Siméon Théberge, président de la commission scolaire de Normandin, est allé à la grande réunion des présidents des commissions scolaires à Québec. Il y a rencontré M. Edouard Morin, président de la commission scolaire de Saint-François de Montmagny, son village natal. Par la même occasion, il a fait part à Monsieur Morin de son urgent besoin de maîtresses d'école diplômées. Fièrement, celui-ci lui a répondu : « Justement j'ai ma petite fille qui a son diplôme. Elle s'appelle Antonia Blais. Une fille très talentueuse. En plus, elle est sténodactylo bilingue. » M. Siméon lui a répondu : « Ça m'intéresse, parle lui de ça. » Quand M. Morin a fait part de cette proposition à la jeune Antonia qui aimait l'aventure, elle n'a pas hésité une minute. Elle s'est engagée pour aller enseigner à l'école n° 7 de Normandin, située à deux maisons de celle de grand-papa Georges Fortin. Quand elle est arrivée dans ce nouveau milieu où les beaux garçons se comptaient à la douzaine, elle a eu le choix. Tous s'efforçaient, par des ruses de toutes sortes, d'attirer son attention. Elle était distinguée, réservée, mais elle avait l'œil vif et intelligent. Oncle Armand Fortin, vingt-six ans, avait décelé en elle la perle rare. Il ne ménageait pas ses attentions pour la nouvelle venue. Comme il était déjà propriétaire de son magasin au village, il se trouvait bien loin pour veiller à sa vie sentimentale. Ça lui prenait une bonne ambassadrice. Donc, sa jeune sœur Éléonore, huit ans, allait à cette école n° 7 et pouvait jouer ce rôle délicat. Cette nouvelle responsabilité la gênait beaucoup. Son grand frère la chargeait d'offrir à Mademoiselle Antonia de belles boîtes de chocolat Laura Secord. La ténacité et les égards amoureux d'Armand ont porté fruits. Il a été l'heureux élu. Deux ans plus tard, en 1927, Armand et Antonia se mariaient à Québec. Son geste a eu un effet d'entraînement. Une autre jeune fille de la même région, Emma Racine, s'est aussi laissée convaincre de venir enseigner à Normandin et, un peu plus tard, elle se mariait à Jessy Painchaud. Ce n'était pas toujours facile pour ces jeunes filles de faire du missionnariat dans les campagnes. Elles devaient s'adapter à une toute nouvelle mentalité. Mal payées, loin de leur famille, elles ne retournaient chez elles qu'aux vacances des Fêtes et à celles de l'été. En plus d'enseigner, elles devaient entretenir l'école : balayer le plancher de bois peint gris, plein de fentes, chauffer le poêle et voir au bon fonctionnement de tout.

Notre école n'était pas chauffée en fin de semaine. Comme pour la plupart des maisons, les murs de l'école étaient mal isolés. Le lundi matin, l'hiver, l'eau était gelée dans la chaudière et l'encre l'était aussi dans les encriers. Souvent, dans la classe, la buée nous sortait de la bouche. Par grands froids, nous gardions nos mitaines et nous devions nous regrouper autour du poêle pour réciter nos leçons. Parfois, pour pouvoir travailler dans nos cahiers d'exercices, nous approchions nos bancs près du poêle. Nous n'enlevions nos manteaux qu'à l'heure du midi. Quand les maîtresses ne demeuraient pas à l'école sur semaine, Ernest Langevin, le régisseur de notre école, venait allumer le poêle vers 7 h le matin pour que l'école soit moins froide à 9 h, lors de l'arrivée des élèves. Un gros poêle à bois à deux ponts réchauffait toute l'école d'environ 32 pieds sur 24. Une fois par mois, quelqu'un venait laver le plancher.

Naturellement, il n'y avait ni eau courante, ni électricité, ni toilettes, encore moins le téléphone. Nous allions aux toilettes dans un hangar attenant à l'école où il faisait un froid intense pendant l'hiver. Nous accédions à ces cabinets par la porte arrière de la classe. Nous passions dans un étroit corridor pas chauffé. Les garçons allaient d'un côté, les filles de l'autre. Ces *bécosses* étaient un genre de banc de bois d'environ dix-huit pouces de hauteur, dont le dessus était percé d'un trou rond d'environ dix pouces de diamètre, par où nous faisions nos besoins naturels. L'été ça ne sentait pas la rose et l'hiver c'était glacial. Le vent soufflait par en dessous et nous gelait les fesses. Nous y allions seulement quand nous ne pouvions vraiment plus attendre. Comme il y avait des fentes entre les planches du mur extérieur, souvent il s'accumulait de la neige devant les portes, ce qui en rendait l'accès difficile. Dans la première partie de ce hangar, il y avait tout le bois de chauffage que les garçons avaient cordé pour l'hiver.

Notre école, cette modeste bâtisse de bois, était recouverte à l'extérieur de bardeaux de bois peints en vert. À l'intérieur, elle était divisée en deux parties : la grande partie, pour la classe, et la petite pour loger la maîtresse d'école quand elle le voulait. Cette petite partie était divisée en trois sections : le corridor où nous suspendions nos vêtements ; la cuisinette d'environ huit pieds sur huit, meublée d'une petite armoire, d'une table et d'une chaise ; et, finalement, au fond, la chambre à coucher mesurait aussi environ huit pieds sur huit. La maîtresse devait apporter son lit et son bureau. Grâce à une ouverture, d'environ trois pieds sur quatre, pratiquée dans le mur vis-à-vis du poêle, placé du côté de la classe, la chaleur pénétrait dans les deux pièces réservées pour la maîtresse d'école. Au besoin, selon qu'il faisait chaud ou froid dans la classe, il était possible de fermer cette ouverture au moyen d'une grande tôle amovible. Tous les murs intérieurs de l'école étaient peints en vert pâle, le plancher en gris. Le plafond, à neuf pieds de hauteur, était blanc. (dessins nos 5 et 6)

Les maîtresses d'école devaient être célibataires et avoir une vie privée irréprochable. Ce n'était pas une profession, c'était une vocation. En milieu rural, les filles qui s'engageaient dans cette profession devaient avoir une âme de missionnaire et avoir comme idéal de se dévouer pour instruire les petits enfants canadiens-français. Pour elles, le salaire ne devait pas être important, autrement elles seraient allées travailler dans les usines. Des règlements sévères indiquaient même comment elles devaient se vêtir pour enseigner. Leurs robes devaient être assez longues pour couvrir les genoux. Elles devaient porter des manches longues et un collet au cou. Aucun maquillage n'était toléré. Comme de raison, elles ne devaient pas fumer. Elles jouissaient d'une grande autorité morale dans l'arrondissement, ce qui les obligeait à une vie presque monacale.

Les gens épiaient toutes leurs activités, leurs fréquentations et surtout leurs pratiques religieuses.

Même si elles devaient être payées tous les mois, en milieu rural, les maîtresses d'école recevaient toujours leurs payes en retard. Rita Milot m'a dit qu'elle avait enseigné toute une année et qu'elle n'avait été payée que durant les vacances d'été qui ont suivi. Le secrétaire de la commission scolaire attendait l'octroi du gouvernement, qui arrivait habituellement en février, pour payer son personnel enseignant. Laure Gaudreault, une maîtresse d'école de la région de Baie-Saint-Paul, a travaillé sans relâche pour faire reconnaître la valeur du travail de ses consœurs. À cette fin, elle a commencé par fonder, en 1936, une association des institutrices dans sa région. Ensuite, elle s'est occupée des autres régions de la province. Elle en était la présidente générale. Le 30 mai 1937, elle a fondé, à Roberval, l'Association catholique des institutrices rurales (ACIR) de Louis Hémon. Les premières officières élues ont été Aurore Ouellette de N.D. de la Doré, présidente, Thérèse Boulet de Normandin, vice-présidente, Blanche Paradis de N.D. de la Doré, secrétaire et Annette Vachon de Saint-Félicien, trésorière. Elles ont été les pionnières à se dévouer pour cette cause avec quelques autres institutrices célibataires de la région qui ont consacré toute leur vie à l'enseignement.

Plus tard, elles ont eu la chance que le premier ministre de la province Adélard Godbout ait été très sensible à leurs conditions. Sa femme, Dorilda Fortin, était une ancienne institutrice. À la fin de son mandat, il a haussé leur salaire annuel de 400 $ à 600 $. En 1946, tous les enseignants et enseignantes se sont regroupés pour former L'Association des instituteurs et institutrices. Elles ont pris les choses en main et dorénavant leurs salaires ont été payés à temps. Les augmentations annuelles étaient plus équitables et sont devenues proportionnelles aux années de scolarité de l'enseignante. Ce qui les encourageait à se perfectionner pour hausser à la fois leur niveau de compétence et leur salaire. D'une vocation, c'est devenu une profession.

Comme récompense pour ses succès scolaires, René avait eu une belle petite *waguine* que Papa avait payé 5 $ à la boutique Arthur Dion. En fait, c'était un cadeau pour toute la famille. Nous y attelions notre chien, Marquis, qui aimait tellement travailler avec nous. C'était très utile pour transporter les choses légères. Nous avons trois photos où nous voyons cette petite voiture à quatre roues. Dans celle prise en 1939 par le photographe Thomas Boulanger, nous voyons René, debout près de Marquis, et Jeanne-d'Arc, moi, Solange et Rolande assises dans cette petite *waguine*. Jeanne-d'Arc nous regarde, nous, ses trois jeunes sœurs, d'un air maternel. Sur la deuxième photo qui date de 1947, on voit Aline, Diane et Lucie qui y sont assises (photo n° 9). Elles sont placées devant l'épinette en avant de la maison. On peut constater que cette photo a été prise durant le temps des foins, en juillet, car on voit les *vailloches* dans le champ, en arrière-plan. Finalement, dans la photo (n° 33) prise en 1950, c'est Toto qui y est attelé. Aline, dix ans, est à ses côtés. Cette fois la petite *waguine* est pleine de foin. Louisée, alors âgée de quatre ans, y est assise et tient Florent dans ses bras. Aline portait de très grands pantalons de golf. Pour que ces pantalons, dont le bas allait habituellement aux genoux, lui aillent jusqu'à la cheville, elle les avait achetés de grandeur dix-huit ans. Ils étaient tellement grands, ils auraient pu loger deux petites filles de sa grosseur. Surprenant, mais à cet âge-là, pour elle, l'apparence physique ce n'était pas important, pourvu qu'elle soit à l'aise dans ses mouvements et protégée contre les éraflures.

Tous les ans, au début de l'année scolaire, le docteur Poisson passait par les écoles pour vacciner les élèves de première année contre la variole. Nous avions peur de cette piqûre qui nous rendait un peu malades et formait par la suite une grosse galle noire qui nous démangeait. Ce médecin nous faisait une petite égratignure en haut du bras gauche avec une aiguille qu'il tenait ensuite au bout de ses lèvres pendant qu'il déposait le vaccin sur l'égratignure. J'avais tellement peur qu'il l'avale! Cette séance de vaccination provoquait tout un concert de pleurs de plusieurs enfants, sauf de ceux et celles qui voulaient faire les braves. Ceux-là restaient stoïques et ne versaient pas de larmes.

LES DENTS

Dans la famille Fortin, les gens aimaient beaucoup les desserts. Comme dans bien des familles, l'hygiène dentaire laissait à désirer. Les dents se cariaient facilement et le médecin les arrachait. Les dentistes étaient rares. On entendait rarement parler de plombage des dents. De plus, l'hiver, il n'y avait pas d'oranges dans les magasins locaux. Plusieurs ont souffert de pyorrhée, cette grave infection des gencives qui affligeait ceux dont l'organisme ne réussissait pas à accumuler des réserves de vitamines C. Ils ont dû se faire enlever toutes les dents. Certains enfants, même aussi jeunes que douze ans, se sont retrouvés édentés.

Dans certaines familles, le père se chargeait lui-même d'arracher les dents de ses enfants. À cette fin il utilisait un davier ou simplement des pinces. Ce n'était pas une caresse, selon certains témoignages. Papa ne nous arrachait que les petites dents de lait. Quand une dent branlait beaucoup, il l'attachait avec un fil à coudre et toc! La dent était partie. On venait les yeux ronds et c'était fini. L'orthodontie n'était pas encore connue dans notre milieu à cette époque.

En 1939, mes parents se sont fait enlever les dents (photo n° 6). À trente-trois ans, maintenant édenté, Papa a dû se faire ajuster deux dentiers. Maman, trente ans, n'avait plus que les dents du maxillaire inférieur. Dans son dentier, elle avait un filet d'or à son incisive droite. C'était la mode du temps. Maintenant ils ne souffriraient plus du mal de dents et c'était le seul moyen pour avoir de belles dents blanches, bien alignées. Les gens disaient : « Chaque enfant coûte une dent à sa mère. » Jeanne-d'Arc se souvient très bien d'avoir vu Maman, assise près du poêle, pleurer du mal de dents. Tante Clémence ou tante Léontine venait lui donner un coup de main en faisant la nourriture, le lavage et le ménage de la maison. Nous, ses cinq enfants, observions la scène en silence.

Cet été-là, mes parents avaient fait prendre une photo de notre famille par le photographe du village Thomas Boulanger. Il nous avait placés debout devant une épinette en avant de la maison. Après avoir vérifié le cadrage de la future photo sous son voile noir attaché à son *kodack*, Thomas plaçait son index en avant de son appareil et nous disait : « Regardez le petit oiseau qui va passer ici. » Rolande, qui n'avait que vingt mois, cherchait partout pour voir le petit oiseau. Sur la photo, on la voit qui cherche le petit oiseau dans le ciel. Pour avoir une photo claire, il nous plaçait toujours face au soleil. C'est pour cela que nous faisions toujours la grimace. Je portais une robe que tante Blanche m'avait confectionnée. Le bel habit de René était une création de la mère de Jeannine, Madame Ida Vézina-Painchaud. Cette femme cousait à la perfection. René était toujours heureux de porter ses habits qui lui allaient à merveille. Il le mentionne encore avec fierté.

SOLANGE, L'ESPIÈGLE

SOLANGE, plutôt petite, espiègle, agile et très rapide, se faufilait partout. Un jour, Maman trouva Solange couchée sous le gros poêle à bois. Même si l'espace était très restreint, elle avait réussi à s'y glisser. Maintenant, il lui fallait en sortir. Je vois encore très bien sa petite face malcommode qui nous regardait par la courbe en métal chromé entre les pattes du poêle. Maman disait : « Sors de là. » Solange essayait, mais n'arrivait pas à retrouver la façon par laquelle elle s'y était introduite. Maman disait encore : « Sors de là, il faut que je chauffe le poêle et tu vas avoir trop chaud, tu vas te brûler. » Je ne me souviens plus comment, elle non plus d'ailleurs, mais il faut croire qu'elle en est sortie…

Solange n'allait pas encore à l'école. Elle jouait avec Rolande dans leur chambre en haut. Après une bonne dispute, Rolande était allée se plaindre à Maman qui lui avait répondu d'un air distrait : « Encore elle, attends donc un peu, je vais monter. » Solange ne perd pas de temps, saute sur le buffet, ouvre le tiroir du haut, entre dedans et le referme sur elle en poussant avec ses pieds. La voilà couchée très à l'étroit, à la noirceur, avec très peu d'air pour respirer. Le temps passe… Quand Solange s'aperçoit que Maman ne vient pas, elle essaye d'ouvrir le tiroir. Impossible ! Elle était toute recroquevillée et n'avait plus d'appui pour tirer ni pour pousser. Solange crie, mais son cri, étouffé par le manque d'espace, est à peine perceptible. Maman, qui avait l'oreille très fine, entend ce faible cri de détresse. Elle monte et cherche, cherche, jusque dans le grenier, partout. Solange criait toujours. Maman revient dans la chambre des filles en disant : « Pourtant, ça vient de cette chambre-là. » En entendant parler Maman, Solange voyant sa délivrance approcher, frappe sur le devant du tiroir avec le peu d'énergie qui lui reste. Maman ouvre le tiroir. Solange en sort comme poussée par le ressort d'une boîte de surprise et crie : « Délivrance ! » C'était le cri qu'on lançait quand on jouait à la cachette, sauf que cette fois-là ce n'était pas un jeu.

En janvier 1940, j'avais six ans, Solange en avait quatre et demi. Nous avions eu chacune une *catin* comme cadeau du jour de l'An. Ma *catin* avait de beaux grands cheveux blonds que je pouvais peigner. Celle de Solange avait des cheveux, mais seulement dessinés, moulés à même la tête. Quand elle a constaté la différence, elle a jeté sa *catin* par terre et s'est mise à bouder. Mes parents étaient bien déçus de sa réaction. Dans la famille, quand nous étions plus jeunes, nous avions des cadeaux moins beaux que ceux des plus vieux. Après les vacances des fêtes, je suis retournée à l'école. Solange n'y allait pas encore. Sans que Maman s'en aperçoive, ma sœur s'empare de ma *catin* et saute en arrière du piano placé en coin dans le salon. Elle saute à pieds joints sur la tête de ma *catin* jusqu'à ce qu'elle soit sûre de l'avoir bien écrasée. Elle reste cachée là, croyant que personne ne découvrirait la coupable. Incapable de sortir de sa cachette, elle attend. Maman s'aperçoit que Solange est disparue. Elle se dit : « Quel mauvais coup elle a encore fait ? » Tout à coup, elle entend bouger en arrière du piano. Elle découvre Solange toute recroquevillée, assise sur ma *catin* fracassée. « Qu'est-ce que tu fais là, encore un mauvais coup ? » En la sortant de là, Maman s'est rendu compte du désastre. « Ah ! Ma petite *vlimeuse* ! Attends que Marie-France arrive de l'école ! » Quand j'ai vu le gâchis, quelle peine et quelle colère ! Je pleurais de rage et je donnais des coups de poing à Solange qui me lança sa *catin* et me dit : « Prends la mienne, j'en veux pas. » Je continuais à la brasser et à crier. Je n'en voulais pas de sa *catin*, c'était la mienne que je voulais. Je lui ai tenu rancune longtemps pour cette vengeance d'enfant.

IL PLEUT

LE TOIT DE TÔLE DE NOTRE MAISON nous empêchait parfois de dormir. Quand un orage éclatait, dans nos chambres en haut, nous en étions rapidement avertis. Cette pluie qui tambourinait sur la couverture de tôle, je ne peux pas l'oublier. Quand le tonnerre et les éclairs s'en mêlaient, c'était assourdissant, ça nous effrayait. Parfois, nous descendions rejoindre nos parents dans leur chambre. Par contre, une petite pluie fine était comme une musique douce à nos oreilles qui nous aidait à dormir.

À l'âge de sept ou huit ans, quand il pleuvait, j'aimais me promener dehors, sous la pluie. Je prenais un grand manteau à Papa, je m'en faisais un parapluie en le tenant les bras tendus en avant de moi après l'avoir passé au-dessus de ma tête. Je courais partout dans la cour, pieds nus dans l'eau. L'été ce n'était pas froid. J'avais l'impression que je volais comme un oiseau. Je les trouvais donc chanceux de pouvoir s'élever dans le ciel pour voir tout du haut des airs et surtout d'aller partout facilement et rapidement. Je rêvais de voyager plus tard. J'avais dit à Madame Milot, lors d'un cours de géographie où elle nous parlait du pont Golden Gate de San Francisco, que j'irai un jour visiter cette merveille du monde. Elle aimait beaucoup voyager et nous a transmis cet intérêt. Mon désir s'est réalisé bien plus tard. En 1959 avec Michel, Monique Fortin de Saint-Jérôme et Annette Tremblay de Chicoutimi, lors d'un voyage autour des États-Unis, nous avons visité et traversé ce pont. J'ai de très belles photos en souvenir de ce voyage extraordinaire. Madame Milot nous montrait des photos et nous situait ces sites sur les grandes cartes géographiques qu'elle avait fait venir, grâce à une annonce parue dans la revue *L'Enseignement primaire*. La compagnie de chocolat Neilson's offrait gratuitement ces belles cartes en couleurs aux maîtresses d'école qui en faisaient la demande. Bien entendu leur annonce de chocolat apparaissait dans chaque coin de la carte géographique. Madame Milot surveillait toutes ces occasions pour en faire profiter ses élèves. J'ai encore ces cartes géographiques qu'elle a laissées, à Michel et à moi, en souvenir de nos années à la petite école du Rang 8.

MAMAN, COIFFEUSE ET BARBIÈRE POUR HOMMES

MAMAN ÉTAIT HABILE DE SES MAINS. Quand elle s'est mariée à Papa, en 1930, grand-papa, Georges Fortin, était mourant. Après que Maman lui fit la barbe une fois, il n'en voulut plus d'autres pour s'occuper de ce détail de sa toilette. Il lui demandait aussi de lui couper les cheveux. Il lui disait : « Cécile, tu as les mains si douces. » Maman était belle femme. Cette qualité aidait sûrement à remonter le moral de ce malade en phase terminale. Par la suite, Maman a toujours continué à exploiter ce talent. Elle maniait son *clipper à main* avec adresse. Elle coupait les cheveux à Papa, à René et à plusieurs hommes du voisinage : Désiré et Trefflé Michaud, Arthur et bien d'autres. Une sœur de tante Blanche, Yvonne Vallée, une amie d'enfance de Maman, venait aussi avec sa fille Gaétane, son fils Éloi et son mari Adélard Doucet qu'elle appelait Dollard. Madame Vallée était aussi forte que son mari. Elle faisait les mêmes tâches que lui sur leur ferme située à environ deux milles de chez nous. Elle parlait vite et nous ne la comprenions pas toujours. Elle disait tout ce qu'elle avait à dire dans si peu de temps que, parfois, elle restait silencieuse à nous regarder. Un jour, c'était le temps des foins, elle racontait ses multiples occupations à Maman et a terminé par : « Moi pi Dollard, ça mène. » Ça nous a fait tellement rire. Cette femme très généreuse a rendu de grands services à Maman après la mort de Papa, surtout quand notre mère a eu un accident d'automobile alors qu'elle se rendait au bingo avec Madame Aubé et d'autres amies. Maman ne coiffait pas seulement les hommes, elle coupait aussi les cheveux de chacun de ses enfants. Si j'analyse les photos de notre enfance, elle réussissait assez bien.

Avant de se faire donner une permanente tous les ans, Maman se frisait les cheveux avec un fer à friser qu'elle faisait chauffer sur le poêle à bois. En tenant son miroir, nous la regardions se coiffer. Ce fer très chaud brûlait les cheveux, la fumée montait et ça sentait le brûlé. Je faisais la grimace, j'avais toujours peur qu'elle se brûle les oreilles ou le cou. Son travail de coiffure terminé, elle avait une multitude de petits rouleaux bien serrés partout sur la tête. Avec le peigne, elle réussissait tant bien que mal à réunir toutes ces frisettes en une chevelure frisottée serrée. C'était la mode du temps.

Papa se faisait la barbe avec un rasoir à manche. La lame de ce rasoir qui avait environ cinq pouces de longueur, se pliait et se refermait dans son manche en corne blanche. Pour garder cette lame bien coupante, Papa l'aiguisait sur une *strap* (courroie) de cuir noir d'une largeur de deux pouces sur seize de longueur. Elle avait deux côtés : l'un plus rude pour débuter et l'autre très doux pour raffiner l'aiguisage. Cette *strap* était suspendue au mur près du miroir, au-dessus de l'évier de la cuisine. Dans plusieurs familles, elle avait une autre utilité. Elle servait de menace correctionnelle envers les enfants désobéissants. Quand le père disait : « Si ça fait pas, je vais me servir de la *strap* », les enfants devenaient subitement très dociles.

~

Maman dessinait comme une artiste. Comme elle n'avait pas de fusain, elle utilisait un crayon à la mine de plomb. Avec seulement quelques coups de crayon, nous pouvions reconnaître quel animal elle représentait. Elle nous faisait deviner. Parfois, elle nous jouait des tours, c'était une maison ou une voiture. Ça nous émerveillait de voir qu'elle pouvait faire une ligne droite sans règle. Dans mon livre de lecture, pour illustrer que le pain venait du blé, on voyait un homme, avec sur son dos une poche de jute remplie, qui montait vers un moulin à farine. Elle l'avait dessiné, mais en beaucoup plus grand. Tout son dessin était fait de petites hachures, avec des ombres et des lumières qui illustraient la scène avec beaucoup de réalisme. Mais il n'y avait pas une ligne de contour. Un vrai chef-d'œuvre. Un autre soir, elle avait dessiné notre poêle à bois, avec tous les détails des plaques de céramique et toutes les arabesques de métal nickelé. Ce qui m'avait le plus intriguée, c'était les ronds du poêle qu'elle avait tracés en ovales, mais qui paraissaient ronds. J'ai bien regardé cela et je lui en ai fait la remarque. Alors, elle me dit : « Regarde bien. Quand on est assis ici, les ronds, on ne les voit pas ronds. Je dessine ce que je vois. » D'instinct, elle appliquait les principes de la perspective. Plus tard, nous avons appris ces principes au couvent dans nos cours de dessin. Nous admirions ses talents d'artiste. Dommage que nous n'ayons pas conservé ces chefs-d'œuvre ! Rolande croit que c'est lors du déménagement au Rang Nord en 1953 que nous avons perdu ces souvenirs précieux.

Nous aimions tous dessiner et nous étions en compétition entre nous. Oui ! J'en ai dessiné des oiseaux en couleurs, surtout des merles d'Amérique (rouge-gorge). J'aimais tellement cet oiseau qui arrivait au printemps. Plusieurs, dans notre famille, ont développé leurs talents en dessin. En plus d'être une pianiste de grand talent, Diane est actuellement peintre et sculpteure. Plusieurs de ses œuvres ont été publiées dans trois livres écrits par l'historien et critique d'art Sam Aberg. Actuellement, cette facilité de m'exprimer par le dessin m'est très utile dans ma carrière en architecture de paysage.

Aussi, ça m'a permis de dessiner de mémoire la ferme familiale et ma petite école du rang afin de les joindre à mes photos souvenirs.

DÉBUT DE LA GUERRE 1939-1945

L E 10 SEPTEMBRE 1939, le *postillon* Paul-Émile Bergeron arrête son cheval et la première nouvelle qu'il nous annonce est : « La guerre est déclarée. Le Canada s'est joint aux Alliés qui ont déclaré la guerre à l'Allemagne, le 3 septembre. » Tout le monde était peu loquace, l'air triste. Dans nos petites têtes d'enfants, la guerre se passerait tout près de nous. Nous avions horriblement peur. Nous ne savions pas où c'était l'Allemagne, l'Angleterre et l'Europe. Tout le monde ne parlait que de cela. Jeanne-d'Arc et moi, nous disions à nos parents : « On devrait aller se cacher dans le bois. » Ils essayaient de nous rassurer, mais nous faisions des cauchemars dans notre sommeil.

Après avoir été écarté du pouvoir pendant cinq ans, le premier ministre du Canada, William Lyon Mackenzie King, dirigeait de nouveau le pays depuis 1935. Pour se faire réélire en 1939, il avait promis qu'il n'y aurait pas de conscription. Il affirmait que l'enrôlement volontaire suffirait à l'effort de guerre.

L'atmosphère de la guerre ne nous quittait pas. Le soir, Maman nous racontait des histoires de la guerre 1914-1918 qui avait sévi en Europe pendant son enfance. Quand elle demeurait encore à Bagotville, ses frères, Ludger et Philippe, avaient atteint l'âge d'aller se battre à la guerre. Pour éviter d'être amenés de force à l'entraînement, ils se cachaient le long de la rivière Saguenay. Son père, Johnny Bouchard, allait leur porter de la nourriture seulement la nuit pour éviter les soupçons. Lors de la Première Guerre mondiale, Maman, née en 1909, avait à ce moment-là le même âge que moi lors de cette deuxième guerre. Elle comprenait que nous ayons peur. Jeune enfant, elle avait vécu cela. Elle nous expliquait que l'Allemagne, l'Angleterre et l'Europe c'était les vieux pays, que c'était très loin et qu'il n'y avait pas de danger que la guerre se rende ici. Elle essayait de diminuer notre crainte dans cette situation inconnue que nous considérions comme une tragédie. Mais c'était inévitable, nous posions souvent des questions sur ce sujet toujours brûlant d'actualité.

Nous vivions cette Deuxième Guerre mondiale qui a engendré le rationnement, un système de timbres pour contrôler les achats de tout le monde. La quantité de timbres qui nous parvenaient du gouvernement fédéral à chaque mois était proportionnelle au nombre de personnes dans la famille. Ça prenait des timbres pour acheter du sucre, du thé, du café, du beurre, du porc, du bœuf, de l'essence et des pneus d'automobile. Les gouvernements gardaient le caoutchouc pour la guerre. Il n'y avait de disponible que des pneus synthétiques qui éclataient facilement. Cependant chaque cultivateur pouvait acheter au maximum quatre pneus par année à condition de mentionner son numéro d'enregistrement de cultivateur. Tandis que pour l'essence, à 32 ¢ le gallon, les cultivateurs qui avaient un tracteur pouvaient en avoir à volonté. Ils étaient supposés mettre eux-mêmes de la couleur dans l'essence utilisée pour leurs machines de la ferme, afin de la distinguer de celle disponible pour les automobiles. Cette essence était exempte de taxes parce que les véhicules de la ferme ne vont pas sur les routes. Plusieurs cultivateurs déjouaient le règlement et mettaient de cette essence dans le réservoir de leur automobile.

Quant au sucre, nous le remplacions par du miel et il y avait toujours moyen d'en avoir en contrebande chez Jessy Painchaud, en échange de fraises, de framboises, de cerises ou de noisettes. En plus, il était interdit de manger du fromage avant qu'il ait 90 jours. Cela afin de permettre au gouvernement fédéral d'en exporter plus en Angleterre. Permis, pas permis, nous mangions du fromage frais. Pour le rationnement du beurre, du porc et du bœuf, les cultivateurs pouvaient déjouer la loi très facilement.

Même les élastiques (à base de caoutchouc) étaient introuvables. À cause de cette pénurie, nous avions un bouton pour tenir nos petites culottes à la taille. Quand le bouton sautait, c'était la catastrophe… Jamais je n'oublierai l'anecdote d'un pèlerinage au sanctuaire du Lac-Bouchette. Pour le dîner, plusieurs avaient apporté leur lunch, mais allaient s'acheter des bouteilles de boisson gazeuse aux cantines du site. Nous étions tous assis à une table de pique-nique pour manger. Tout à coup, je vois une fille qui se tient debout près d'un comptoir de service, les jambes bien serrées. Elle est figée là, la pauvre, l'air timide et bien embêté. Elle avait cette position bizarre depuis quelque temps. Je dis aux autres : « Voulez-vous bien me dire ce qu'elle fait, plantée là comme un piquet ? » Tout à coup j'éclate de rire. J'avais ma réponse. Ses petites culottes descendaient tranquillement en bas de sa jupe. Pauvre elle ! Le bouton de la ceinture de ses bobettes avait dû sauter. Après un moment, je me suis tue d'un coup sec. J'ai pensé : si ça m'était arrivé à moi, est-ce que j'aurais eu l'air plus intelligent ?

Tout le transport de marchandises par bateau, autres que pour l'effort de guerre, était interdit de l'Europe vers l'Amérique du Nord. Les femmes riches osaient même se plaindre d'être privées de leurs tissus luxueux importés. Pauvres femmes riches ! En plus, elles ne pouvaient pas porter de robes longues pour aller au bal. Pour économiser le tissu, le gouvernement interdisait de porter des robes qui allaient en bas des genoux. Même les larges collets, les poches appliquées, les ceintures décoratives des manteaux, les revers de pantalons d'homme ont été supprimés. Plus encore, la mode des *zoot suit* est apparue. Ces pantalons étaient tellement étroits du bas qu'il était parfois difficile d'y passer le pied. Un autre malheur pour les gens privilégiés : les *records* 78 tours des nouvelles chansons étaient introuvables. Il était interdit de produire des enregistrements musicaux sur disques. Le matériau de base était réquisitionné pour l'effort de guerre. Tout ce qui n'était pas de première nécessité était taxé : le vin, l'alcool, la bière, le café, le tabac, les cigarettes manufacturées, le poisson en conserve, l'électricité, etc. En 1941, le gouvernement fédéral avait décrété le gel des salaires et de tous les prix à la consommation.

Cette guerre a cependant eu l'avantage de créer une demande de produits qui laissait présager la fin de la crise économique. En ville, les femmes ont eu l'occasion de s'émanciper en allant travailler dans les usines dédiées à l'effort de guerre. Tous les emplois que les femmes pouvaient occuper étaient interdits aux hommes. Les inspecteurs du gouvernement fédéral surveillaient toute la liste des employés masculins pour qu'il n'y ait que ceux qui étaient indispensables à l'effort de guerre. Donc, les hommes, sans emploi, ne voyaient qu'une solution : s'enregistrer comme volontaires dans l'armée. Alors, pour les femmes, les offres d'emplois se sont multipliées afin de remplir les commandes du gouvernement fédéral. Des garderies ont été ouvertes dans les usines d'armements où les mères de famille ont pu travailler, même la nuit. Les politiciens fédéraux parlaient continuellement de l'effort de guerre. Les femmes sont devenues plus indépendantes et plus exigeantes. En l'absence de leurs maris, elles ont exploité de nouvelles capacités et elles ont mis en valeur leurs talents.

Les hommes célibataires et les veufs sans enfants étaient appelés à la guerre avant les pères de familles. À Montréal, les dirigeants de la Jeunesse ouvrière catholique (JOC) avaient organisé des mariages collectifs au stade Delorimier. Les couples de jeunes s'y mariaient par centaines, principalement pour être exemptés de l'enrôlement, mais il fallait qu'ils se marient avant le 15 juillet 1940. Les fréquentations n'étaient pas longues ! Pour les garçons, il ne s'agissait que de trouver une volontaire pour leur servir de femme. À Normandin, plusieurs garçons, dont les Doucet et les Piquette qui étaient des grandes familles de garçons, se sont cachés dans la forêt et ils n'en sont sortis qu'en 1945. Gonzague Guillemette a acheté une ferme au Rang 8 pour faire dispenser son fils aîné, Benoît. Même s'il était cultivateur, Paul-Armand Bouchard a reçu son avis d'engagement militaire le 15 mai 1942, un mois avant la date prévue pour son mariage à Fernande Noël. Son père Eugène est allé demander à son député d'intervenir. Celui-ci a réussi à le faire exempter. Les jeunes promis se sont mariés à la date prévue. Comme la majorité des gens, nous avons vécu bien des inquiétudes et des privations, mais c'était bien peu en comparaison avec l'horreur qu'ont vécue certaines familles européennes.

LA FROMAGERIE

LES CULTIVATEURS ÉTAIENT EXEMPTÉS DE LA GUERRE, et ceux qui avaient les moyens financiers pouvaient faire exempter leurs fils de dix-huit ans et plus, en achetant à chacun d'eux une ferme de cent acres au minimum. Le gouvernement fédéral leur demandait de produire du porc, du bœuf, des œufs et du fromage pour expédier ces produits en Angleterre afin de nourrir les soldats. Les seize cultivateurs qui alimentaient la fromagerie de notre arrondissement avaient des vaches qui produisaient l'été seulement. En retour de leur livraison de lait, ils remplissaient leurs *canisses* de *p'tit lait* provenant du fromage fabriqué la veille. Ce sous-produit du lait n'entrait pas dans la fabrication du fromage. Les cultivateurs utilisaient ce liquide, moins riche en valeur nutritive, mais suffisant comme base pour engraisser leurs porcs et leurs petits veaux. En pesant le lait, le fromager en prenait un échantillon pour calculer le pourcentage de gras. Ces deux éléments déterminaient le montant de la paye.

La traite des vaches se faisait manuellement. Les trayeuses électriques n'étaient pas encore disponibles. La propreté du lait laissait parfois à désirer chez certains cultivateurs. Pour éradiquer ce problème, l'inspecteur Dominique Saint-Pierre faisait le tour des fromageries. Sans avertir, il arrivait tôt le matin à la réception et vérifiait le lait apporté par chaque patron, comme on appelait le cultivateur fournisseur. Il en prenait un échantillon qu'il passait à travers un tissu fin. Il exposait les échantillons dans la fromagerie. Ceux dont le lait ne correspondait pas aux normes de propreté étaient avertis. Pour ceux qui se faisaient avertir, c'était sérieux. Les récidivistes pouvaient voir leur lait refusé. Ce qui était toute une épreuve et surtout toute une honte en plus de couper la paye. Ça se colportait parmi les patrons et ça faisait jaser.

Les cultivateurs s'entraidaient beaucoup. Papa, son frère Ulric et le deuxième voisin, son cousin Ernest Langevin, s'étaient entendus pour aller à la fromagerie chacun leur semaine en emportant la production de lait des deux autres. De cette façon, ils sauvaient beaucoup de temps, car ce trajet en voiture à cheval prenait au moins une heure pour l'aller-retour.

Le matin, quand un patron retardait pour apporter sa production de lait, le fromager lançait trois coups de sifflet pour l'avertir de se presser. Ce sifflet fonctionnait avec la pression de la vapeur de la grande bouilloire. De plus, tous les jours à midi tapant, le fromager donnait un coup de sifflet prolongé qui était entendu dans tout l'arrondissement. C'était le signal du dîner. Tous les travailleurs aux champs se dirigeaient vers la maison. Les cuisinières se tenaient prêtes pour nourrir ces estomacs affamés.

Le fromager ne fabriquait pas le dimanche, jour du Seigneur, jour de repos obligatoire pour les catholiques. Alors plutôt que d'attendre au lundi, il fabriquait le samedi soir de six à onze heures environ. S'il avait attendu au lundi, les cultivateurs auraient perdu le lait de la traite du samedi soir, car ils n'avaient que l'eau froide pour le conserver, et lui, ses bassins n'auraient pas pu contenir toute la quantité de lait accumulée au cours du samedi, du dimanche et du lundi matin. Ce soir-là, la fromagerie était un bon point de ralliement pour les jeunes, garçons et filles. Parfois, il se formait des groupes assez imposants, surtout durant les vacances d'été. Les fromagers aimaient cela, les gens jasaient et le temps passait plus vite à rire et à taquiner tout le monde. Ils parlaient souvent de la guerre, de ceux qui s'étaient portés volontaires et de ceux qui se cachaient pour ne pas y aller.

Chez nous, il y avait un meuble que très peu de gens de l'arrondissement avaient : un secrétaire. Ce meuble de bois naturel était placé entre les portes vitrées du salon et la porte de chambre de mes parents. En ouvrant le panneau, qui servait de table de travail, apparaissaient plusieurs petits compartiments où s'alignaient toutes sortes d'articles d'écriture et de feuilles qu'il était interdit de déplacer. C'était les papiers très importants de Papa qui était le secrétaire de la fromagerie de l'arrondissement. Nous suivions docilement ce règlement, car nous étions très fiers de dire : « C'est Papa qui fait la répartition des payes de la fromagerie. »

Au-dessus du secrétaire, un gros pince-feuilles rassemblait toutes les feuilles de répartition du lait pour les futures payes des patrons. C'était capital, il fallait que ces feuilles restent intactes, car elles étaient retournées aux patrons avec leur argent. De cette façon, les cultivateurs pouvaient à la fois vérifier s'ils avaient bien reçu leur dû et suivre la fluctuation du prix de la livre de gras. En plus, Papa inscrivait tous ces détails dans un grand livre, un *Ledger*. Papa recevait un chèque de la Halle de Vente et calculait la paye hebdomadaire de chaque patron. Ensuite il mettait la paye en argent comptant dans les enveloppes. Cette tâche se faisait toujours avec Maman qui vérifiait si les montants étaient exacts. Ils ne cachetaient jamais les enveloppes avant de s'assurer que tout arrivait juste. Pendant cette opération très importante, c'était silence dans la maison. Mieux, s'il faisait beau, nous devions aller jouer dehors. Quand le montant total ne pouvait pas être divisé également entre les patrons et qu'il restait quelques cents, Papa les reportait sur la paye suivante.

Un printemps, Papa, toujours secrétaire de la fromagerie, attendait du gouvernement fédéral un chèque qui contenait la prime offerte aux patrons afin de les rétribuer pour la qualité de leurs produits laitiers, c'est-à-dire de leur haute teneur en gras. Ce chèque retardait, Papa s'inquiétait, les autres patrons aussi. Vu que c'était le printemps, il supposait que le chèque était peut-être tombé hors de la *boîte à malle* et parti au vent ou parti au courant avec l'eau du dégel. Après bien des recherches, Papa reçoit comme réponse du gouvernement un affidavit accompagné d'une photocopie du chèque endossé de son nom et endossé en deuxième par le secrétaire d'une autre fromagerie. Le postillon, par mégarde, avait livré cette lettre à la mauvaise adresse. Cet autre secrétaire avait forcé sa fille à imiter la signature de Papa et l'avait endossé lui-même une deuxième fois pour l'encaisser. Papa est allé consulter ses avocats. Ils lui ont affirmé que c'est la jeune fille qui avait imité sa signature qui irait en prison, parce qu'elle était majeure. Papa n'a pas intenté de poursuite. Il a eu pitié de cette jeune fille dont la réputation aurait été ruinée. L'argent lui a été remboursé. Papa a dû déployer énormément d'énergie pour rétablir les faits et répandre la vérité. Ce scandale a fait jaser bien du monde. Cette épreuve a été très dure pour mes parents. Parce qu'il avait protégé une jeune fille, Papa en est sorti grandi aux yeux de ses amis, mais à quel prix ! Il en a parlé longtemps avec amertume, mais quand il voyait cette jeune fille mariée entourée de ses enfants, il disait : « Je ne regrette pas de lui avoir évité le déshonneur. » Malgré l'exceptionnelle compassion que Papa avait eue pour cette jeune fille, certaines de ses sœurs nous ont gardé rancune d'avoir révélé la fraude de leur père. L'une d'elles était mariée à un garçon dont la famille avait son banc à l'église en arrière du nôtre. Pendant le sermon du dimanche, quand nous étions assises, elle nous donnait des coups de pied dans le dos.

Papa était l'homme instruit parmi les cultivateurs du coin. Le fait qu'il sache compter mieux que les autres lui donnait du prestige. En plus de savoir additionner et soustraire, il savait multiplier, faire ses règles de trois, calculer le pourcentage et les fractions, et surtout faire la preuve par 9 des multiplications et aussi des additions. Madame Milot, notre maîtresse d'école, qui était aussi secrétaire de la fromagerie au Grand Rang, était bien instruite pour le temps, plus que Papa, mais ne savait pas faire la preuve par 9 des additions. Papa était très content de pouvoir enfin lui montrer quelque chose. De plus, Papa écrivait un bon français et avait une belle écriture, bien formée et il en était fier. Quand les gens des alentours voulaient écrire une lettre importante, sans avoir recours au notaire, ils venaient le demander à Papa qui aimait bien passer pour un homme instruit. Quand les problèmes discutés dépassaient ses compétences, il suggérait aux gens d'aller voir son frère Armand et sa femme Antonia Blais. Elle avait été maîtresse d'école, cultivée, bilingue et très renseignée. Elle prodiguait généreusement ses conseils à ceux qui lui en faisaient la demande.

Papa conseillait à tout le monde de faire un testament tôt dans la vie, que ça ne faisait pas mourir et que ça évitait bien des casse-tête inutiles. Il disait : « Notre père est mort sans testament en 1930 en pleine crise économique et ç'a causé d'énormes problèmes. » Quand lui-même est décédé en 1972, René a cherché son testament, mais ne l'a pas trouvé tout de suite. Ça nous intriguait beaucoup que notre père n'ait pas fait de testament, il l'avait conseillé aux autres toute sa vie. René le cherchait chez le notaire Georges Villeneuve à Mistassini, un grand ami de Papa dans les dernières années de sa vie. Ce fameux testament était chez le notaire Lévesque à Roberval, un ami de Papa au début de son mariage.

Notre fromagerie a vu passer bien des propriétaires. Après la mort de M. Napoléon Lebeuf en 1938, son beau-frère, Sylvio Clément, marié à Célestine Théberge, l'a remplacé, suivi par Conrad Provencher marié à Corinne Michaud, ensuite oncle Gérard Fortin marié à Georgette Côté et leurs deux enfants, Jacques et Jacqueline. En 1953, oncle Gérard l'a ensuite revendue à mes parents pour s'en aller demeurer au Nord de l'Ontario, mais il est revenu au Lac-Saint-Jean peu de temps après.

L'EAU COURANTE

DANS LES ANNÉES 1930, nous n'avions pas l'eau courante à la maison, ni à l'étable. En été, pour la maison, nous avions une tonne en bois qui recevait l'eau de pluie des gouttières, c'est pour cela que le toit de la maison était en tôle. De cette tonne placée au coin extérieur ouest de la maison, l'eau passait par un tuyau qui aboutissait dans la cuisine. Mais l'hiver l'eau gelait. Papa charroyait l'eau du ruisseau Rouge avec une tonne de bois placée sur une *sleigh* tirée par un cheval. Dans la glace sur le ruisseau, il creusait un trou d'environ deux pieds de diamètre pour atteindre l'eau claire. Avec une chaudière, il puisait l'eau et en emplissait la tonne. Avant de quitter les lieux, il prenait bien soin de couvrir le trou avec un couvercle de bois pour éviter que l'eau regèle. Il recouvrait le tout de neige pour faire un isolant. En plus d'alimenter la maison, il fallait en transporter pour abreuver les animaux à l'étable. C'était un travail pénible et long. C'était parfois difficile de prévoir la quantité requise. Pour nous dépanner, quand nous en manquions, Maman faisait fondre de la neige dans de grosses marmites sur le poêle. Avec ce système d'approvisionnement d'eau, je ne sais pas si on peut dire potable, il est certain que nous avons développé des anticorps très forts qui nous immunisaient contre bien des maladies. Heureusement qu'à cette époque la pollution atmosphérique ne venait pas empirer la situation.

Les gens des deux bouts du Grand-Rang et du village de Normandin avaient dû attendre jusqu'en 1928 pour avoir un système d'aqueduc et un système d'égouts municipaux. Ces systèmes avaient été installés par Louis

Dallaire, un entrepreneur général de Normandin. Il en faisait aussi l'entretien par l'entremise de son employé, Paulo Roy.

Pour nous, ç'a pris beaucoup plus de temps avant d'avoir ce service. J'avais six ans, soit en 1940, quand Papa a décidé de faire *planter* l'eau. J'avais entendu parler de cela et ça m'intéressait beaucoup. J'étais plus attirée par les travaux des hommes que par ceux des femmes. Papa disait que Monsieur Cyprien Villeneuve, le père d'oncle Ernest, avait le don de sourcier. Il expliquait que, muni d'une branche de coudrier (noisetier) en forme de Y, le pied du Y dirigé vers le haut, le père Cyprien marcherait dans le bas de la côte, près du ruisseau. Quand le pied du Y de sa branche de coudrier serait fortement attiré vers le bas, ce serait le signe qu'il y a une source d'eau souterraine. À cet endroit précis, Papa ferait enfoncer dans le sol un petit tuyau d'un pouce de diamètre environ. Quand ils auraient atteint la veine, l'eau jaillirait au bout du tuyau. J'avais très hâte d'assister à cette mystérieuse opération. Mais, Oh! Malheur! Ç'a tombé un jour d'école. J'ai demandé à Papa la permission de rester pour observer ce travail qui m'intriguait. Papa, très sévère sur l'assiduité à l'école, a refusé fermement. J'ai eu beau le supplier, rien à faire. Je suis allée à l'école, René et Jeanne-d'Arc aussi. En plus, nous avons dû dîner à l'école pour soulager Maman qui avait tous ces hommes à servir pour ce repas. Mais les enfants chez oncle Ulric, nos voisins, sont allés dîner chez eux et sont allés, pendant quelques minutes, voir faire ce travail en même temps. Quand ils sont revenus à l'école, ils se vantaient d'être allés voir *planter* l'eau chez nous. Ils savaient que ça nous ferait de la peine d'avoir manqué cet événement et en profitaient pour tourner le fer dans la plaie. Cette journée d'école n'a pas servi à grand-chose. Je n'ai rien écouté des explications de la maîtresse. J'étais toujours dans la lune. Je me demandais bien comment ils allaient faire pour trouver de l'eau et la faire monter en surface. La classe terminée, nous sommes revenus à la maison rapidement, espérant qu'ils n'auraient pas encore terminé leurs recherches. Mais, comble de malheur pour nous, Papa affichait un grand sourire: l'eau coulait au bout du tuyau. Puis, ils avaient placé temporairement une tonne de bois à côté pour recevoir cette eau. Ensuite, ils avaient installé le bélier hydraulique et construit un réservoir de béton. Avec la pression de l'eau venant de ce réservoir placé un peu plus haut, cette pompe hydraulique faisait monter l'eau à l'étable dans une tonne de bois logée sur le fenil. C'était très pratique parce que ça fonctionnait sans électricité que nous n'avions pas encore. Ce bélier hydraulique faisait un petit bruit régulier: Clouc! Clouc! Nous l'entendions, même du haut de la côte. Mais, même si ce bélier hydraulique était protégé par une cabane de bois en forme de pyramide couverte de paille, il gelait souvent pendant l'hiver et il fallait aller le déglacer et le repartir plusieurs fois.

J'ai eu beau poser des questions sur cette opération mystérieuse, personne ne semblait intéressé à me répondre. Ils étaient bien trop occupés par leur projet. Ça semble bénin, mais cette frustration, j'y ai pensé souvent dans ma vie. En 1974, quand Michel et moi avons fait construire notre maison sur le boulevard Queen, mon fils Éric, qui n'avait que onze ans, s'intéressait beaucoup à ce projet. Il me dit : « J'aimerais bien voir travailler les ouvriers. » Mais ceux-ci ne travaillaient pas en fin de semaine. Michel n'étant pas un bricoleur, Éric n'a pas vu souvent faire de construction. Un certain matin, Éric me dit : « Je suis malade, j'ai mal à la tête, je ne veux pas aller à l'école. » Je comprends immédiatement que c'est une ruse pour aller voir travailler le constructeur. Me rappelant cette histoire de mon enfance, j'ai joué le jeu. Je lui dis : « Tu es malade, mais pas assez pour passer la journée dans la maison. Je vais te donner une liste de détails à surveiller sur le chantier, ça va t'occuper. » Son visage s'est illuminé d'un grand sourire. Il avait oublié qu'il était supposé être malade, et m'a répondu avec enthousiasme : « Oui ! Oui ! Je vais faire ça. » J'ai fait semblant de ne m'apercevoir de rien. Lui, il a eu sa journée de construction

Dans la plupart des maisons où habitaient de grosses familles, comme celle de grand-papa Georges Fortin et celle de Joseph Mailhot, ils avaient l'eau à la maison. Mon oncle Roland Fortin avait épousé Léontine Mailhot, fille de Joseph, leur voisin, veuf depuis plusieurs années. Ces jeunes mariés sont donc allés s'installer dans cette grande maison confortable, donc ils avaient l'eau à la maison. Cette eau venait d'un puits creusé près de la rivière Ticouapé en arrière de leur maison. Une grande roue à vent, placée en haut d'une tour en métal gris, tournait selon la vitesse du vent et pompait l'eau de ce puits jusqu'à l'étable et à la maison où une pompe manuelle contrôlait la sortie d'eau. Cette grosse pompe verte installée au-dessus du *sink* (évier) de la cuisine nous fascinait. Il fallait pomper quelques coups avant qu'un mince filet d'eau en sorte et tombe dans l'évier. Ordinairement, nous étions deux pour prendre de l'eau. Un qui pompait et l'autre qui mettait son verre sous le bec de la pompe. Quand nous pompions inutilement, oncle Roland attendait un peu et puis disait : « As-tu fini de boire de l'eau ? Faut pas gaspiller l'eau ici. »

Je crois que c'est en 1941 que nous avons eu l'eau courante à la maison. Quelle belle nouvelle ! Entre la grange et la maison, il y avait environ 200 pieds. À la pelle à main, il a fallu creuser une tranchée de six pieds de profondeur, à l'épreuve de la gelée. Un travail énorme. En pareille occasion, les gens faisaient un *bee*. C'était une corvée où quelques parents et amis s'entraidaient en donnant leur temps. Plusieurs jeunes gens accompagnaient leur père pour faire tout le travail dans une journée. René se rappelle qu'il faisait très chaud. Mon oncle Philippe, le frère de Maman, était venu avec ses garçons, dont l'aîné, Maurice. Dans l'après-midi, les travailleurs s'aperçoivent qu'il manque des volontaires. Après quelques recherches, quelle surprise ! ils découvrent Maurice et un compère sous l'épinette, paisiblement endormis, entourés de bouteilles de bière vides. Ces deux jeunes rusés avaient profité d'un moment d'inattention des autres, s'étaient faufilés par le soupirail dans la cave où Papa entreposait sa bière du pays (de la charpette) durant l'été, et étaient allés en cacher quelques bouteilles sous l'épinette. Au moment propice, ils sont disparus du chantier. Ç'a été la première *brosse* de notre cousin Maurice Bouchard.

Ce nouveau système d'aqueduc était très pratique, mais cette eau était dure et salée. Alors il était très difficile de laver le linge pour qu'il conserve sa blancheur. De plus, elle faisait rouiller presque tout ce qui était en métal. C'était beaucoup d'entretien et, souvent, il fallait acheter des ustensiles neufs. Elle faisait ternir la coutellerie. Quand arrivait le printemps, Maman nous faisait frotter les ustensiles dans la terre à côté de la maison et ça redevenait bien brillant. Tout l'été, nous entretenions cela, mais l'hiver ça se gâtait. Aussi, cette eau dégageait une odeur spéciale et avait un goût qui ne plaisait pas à ceux qui n'y étaient pas habitués. Par contre cette eau salée avait un très grand avantage. Selon le dentiste, Yves Morin, c'était grâce à cette eau spéciale si nous avions des dents saines, avec un émail blanc et dur. Ce dentiste Morin, natif de Normandin, a été le premier à avoir le courage de convaincre ses patients qu'il valait mieux conserver leurs dents au lieu de tout arracher et de se faire poser un dentier. Il leur suggérait fortement un plombage pour conserver une dent qui n'était pas complètement cariée. Il leur expliquait qu'une bonne hygiène dentaire était absolument nécessaire. Petit à petit les gens ont compris et ont suivi les bons conseils de cet excellent dentiste très apprécié de toute la population. Dernièrement, un dentiste disait à Jeanne-d'Arc que la population de gens âgés du Lac-Saint-Jean est la plus édentée du monde. Est-ce possible ?

Voici une comparaison avec nos conditions de vie à l'époque. Durant l'été 1954, soit treize ans après que nous ayons eu l'eau courante à la maison, Michel, alors étudiant à l'École Polytechnique de l'Université de Montréal, a fait l'évaluation des résidences de Jacques-Cartier, maintenant une partie de Longueuil. Il a pu constater que cette ville, d'alors 30 000 habitants, n'avait ni eau courante, ni égouts sanitaires. Ce n'est que cette année-là que les autorités municipales ont installé ces services dans la plus grande partie de cette ville de la Rive-Sud de Montréal.

LA RELIGION CATHOLIQUE OMNIPRÉSENTE

QUAND NOUS AVIONS L'ÂGE de fréquenter l'école, il fallait aussi aller à la messe le dimanche. Pour tous les catholiques, il était obligatoire d'assister à cette cérémonie religieuse, seuls les malades en étaient exemptés. Comme nous étions plusieurs, nous y allions chacun notre tour. C'était agréable, ça nous faisait voir toutes sortes de nouveautés. Comme le moyen de transport était la voiture à cheval, Papa avait réservé une place pour dételer son cheval à l'écurie publique, chez Rémi Mailhot. Ce bâtiment était situé en arrière de chez Jessy Painchaud dont la résidence était attenante à ce magasin général où nous faisions la majorité de nos provisions d'épicerie et de produits pour la ferme avant que le magasin de la coopérative agricole existe. Quand nous arrivions un peu avant la messe, Papa nous amenait à la salle publique qui était en même temps la salle des conseils municipaux. C'était aussi dans le même édifice que se trouvaient le bureau de poste, la résidence du bedeau, M. Eugène Laprise, et la salle paroissiale au deuxième étage. Cet édifice était l'ancienne église de bois déménagée en bas de la petite colline, à environ 100 pieds de l'église de pierre bâtie en 1917. Dans cette salle publique, les hommes se rassemblaient et plusieurs fumaient la pipe. Pour accommoder ces fumeurs, il y avait des crachoirs placés ici et là. La fumée, la senteur de la pipe et le chauffage au charbon rendaient l'air irrespirable. S'il faisait beau, nous préférions de beaucoup rester dehors. Après la messe, René accompagnait Papa qui aimait beaucoup jaser avec ses amis sur le perron de l'église ou dans la salle publique. Souvent, les gens en profitaient pour s'inviter mutuellement. Tout le monde se connaissait et se racontait le nouveau. N'ayant pas de téléphone, c'était un bon moyen de se tenir au courant des faits divers de la paroisse.

Habituées d'attendre longtemps avant que Papa revienne de ses assemblées, nous étions certaines d'avoir le temps de rester dans l'église immédiatement après la messe pour faire notre chemin de croix qui était illustré par de grandes peintures en couleurs accrochées aux murs des églises et qui remémoraient les quatorze stations que le Christ avait franchies à partir de sa condamnation par Ponce Pilate jusqu'à sa crucifixion. En passant dans les allées, devant chaque illustration nous faisions un salut et, après avoir lu l'inscription, nous récitions, en silence, des prières spéciales. Nous faisions ainsi tout le tour de l'église. Nous avions appris le rituel de Madame Milot qui en avait découpé les quatorze photos en couleurs dans un journal. Elle les avait protégées avec du *clin clin* (mica) et encadrées de rubans gommés en couleurs, que nous appelions du passe-partout. Comme à l'église, elle les avait accrochées aux murs de la classe. Le vendredi après-midi, au lieu de réciter le chapelet avec les mystères joyeux, douloureux et glorieux, nous faisions le chemin de croix. Chacun à notre tour, nous dirigions les prières et les autres élèves répondaient.

Après avoir terminé nos dévotions, en attendant Papa, les filles, nous allions chez Rémi Mailhot. Son épouse, Alphonsine, bonne mère de famille très accueillante, nous donnait de la soupe quand Papa retardait trop. Une fois, Cécile, l'aînée de cette très grande famille, cirait les chaussures pour tous les enfants. J'avais été très impressionnée par le nombre de chaussures toutes alignées le long du mur dans la cuisine.

Nous allions aussi chez Jessy Painchaud. Le dimanche, le magasin était fermé. Quand il faisait beau temps, nous attendions sur la galerie, sinon, à l'intérieur de la maison privée. Plusieurs familles attendaient là, mais nous étions toujours les derniers à retourner chez nous. Au restaurant Raoul Simard, en face de chez Jessy, avec cinq cents, nous allions nous acheter un *cassot de crème à glace*, une *liqueur* aux fraises ou une *crème soda*. Avec la bouteille de *liqueur*, il nous fournissait une paille pour la boire. Au début, pas habituées à cette façon de boire, la *liqueur* me remontait par le nez. Mes grimaces faisaient rire les enfants chez Jessy. Papa nous accordait ces petites gâteries pour nous amuser en l'attendant. Sur le tennis, à côté du restaurant, le fils de Raoul Simard se promenait dans sa petite auto. Assis dedans, il pédalait par l'intérieur. Nous avions l'impression qu'elle fonctionnait comme une vraie automobile. Cette merveille faisait notre envie.

Une autre attraction nous aidait à passer le temps en attendant Papa. Le voisin de Jessy Painchaud, Thomas Boulanger, était un habile bricoleur. Il était photographe, bijoutier, horloger, réparateur de bicyclettes et autres. En avant de sa bijouterie, il avait installé une cage en broche dans laquelle un écureuil courait à toute vitesse à l'intérieur d'un cylindre de deux pieds de diamètre environ. C'était le même système que les gens utilisaient pour faire pomper l'eau par un chien. En tournant très vite, le cylindre faisait un grincement qui attirait l'attention des passants et plusieurs arrêtaient, fascinés par ce petit animal si agile. Nous étions parmi ses grands admirateurs. Quand l'écureuil nous voyait arriver, il sautait dans la roue et la faisait tourner à toute vitesse, car il savait qu'en partant, nous lui donnerions des *peanuts*.

Maman n'avait pas le temps de lire beaucoup, mais ses annales de la bonne sainte Anne, elle les lisait d'un couvert à l'autre. Elle y trouvait des prières, des récits de guérisons miraculeuses par sainte Anne, des encycliques du pape, des histoires de missionnaires en pays lointains, des adresses de lieux de pèlerinage, des conseils pour la vie familiale chrétienne, etc. En plus, au début de chaque année, elle recevait le calendrier de la bonne sainte Anne, qu'elle affichait dans la cuisine.

La religion occupait une très grande place dans notre vie. Quand nous n'étions pas de bonne humeur le matin, Maman nous disait : « Qu'est-ce qui marche pas là ? As-tu fait ta prière en te levant ce matin ? » Ou quand nous ne voulions pas faire un travail qui nous déplaisait, elle nous disait : « Fais-le pour l'amour du bon Dieu, tu vas voir comme c'est moins difficile et en plus tu te ramasses des grâces qui vont t'être utiles plus tard. » Elle nous disait souvent : « Moi, je ne vous vois pas toujours, mais le bon Dieu vous voit toujours. »

À l'école, devant nos yeux, en arrière de la maîtresse, on pouvait lire : « DIEU ME VOIT. » Avant de commencer la classe le matin, nous faisions une prière, précédée et suivie d'un signe de croix. Après le son de la cloche, pour la récréation, nous sortions en rang deux par deux et, pour aller jouer, il fallait attendre que la maîtresse nous ait dit : « *Benedicamus Domino* » et que nous ayons répondu : « *Deo Gracias* ». Après la récréation, nous entrions toujours en rang et, encore là, une petite prière avant de nous asseoir. Avant de partir pour dîner, nous récitions l'Angélus. Après dîner, à 1 h, c'était le chapelet de cinq dizaines de « Je vous salue Marie » et à la fin de la classe, encore une courte prière. Et quand nous quittions l'école l'après-midi, nous disions tous ensemble : « Au revoir, bonsoir Mademoiselle, merci ! ». Elle nous répondait : « Bonsoir et à demain ! »

Quand nous récitions l'Angélus, il y avait un verset où il fallait répondre : « Et Il a habité parmi nous. » Solange ne répondait jamais à ce verset et venait le visage tout rouge et crispé. Je me demandais bien pourquoi. Elle m'a avoué, il n'y a pas très longtemps, que c'est parce qu'elle pensait que c'était « par Minou ». Ça la choquait. Elle ne voulait pas que les enfants d'école sachent que Maman l'appelait Minou, car elle craignait que par la suite le surnom « Minou » lui reste collé.

Le crucifix et la croix noire étaient les principaux symboles de la religion catholique. Quand je regarde des photos de ma jeunesse, j'y vois presque toujours un crucifix au mur, que ce soit dans la cuisine, dans une chambre à coucher, dans le magasin ou dans le salon. Typique de toutes les résidences des fidèles, le crucifix occupait la place d'honneur partout : dans l'église bien sûr et dans tous les édifices publics. Dans chaque école, il était placé bien en évidence en avant de la classe afin que les élèves ne le perdent pas de vue. Les membres du clergé, les religieux et les religieuses en portaient un, en argent, suspendu à leur cou. C'était tellement un symbole utilisé que souvent les gens en donnaient un en cadeau de noces, en cadeau de Noël ou en prix de fin d'année scolaire (photo n° 23).

Selon la tradition, tous les soirs, avant d'aller au lit, il fallait réciter la prière en famille. Nous nous mettions tous à genoux devant la croix noire pour réciter une longue prière et souvent un chapelet. Cette coutume était tellement répandue que l'abbé Charles-Émile Gadbois avait composé la musique de la chanson « La prière en famille ». Les paroles étaient de Blondin Dubé, s.j. Nous la chantions souvent accompagnées au piano par Jeanne-d'Arc. Elle débutait comme ceci :

Quand notre Laurentie se glisse dans la nuit (bis)
Vers le ciel blanc d'étoiles, comme en un pré fleuri,
Monte un bruit de prières que le vent reconduit.

Un chapelet, c'était un article que les filles gardaient toujours dans leurs sacs à main. Quand j'ai eu un chapelet en cristal de roche comme cadeau à Noël, j'étais fière de le montrer à mes amies qui l'avaient trouvé magnifique. Nous suivions le rituel de la messe dans notre missel et quand nous avions un beau chapelet, nous le laissions pendre entre nos doigts pour que ses reflets lumineux attirent l'admiration des gens. J'ai encore ce beau chapelet dans mon coffre à bijoux.

Plus tard, pensionnaires au couvent de Normandin, le soir, sœur Sainte-Cécile nous faisait réciter une prière en groupe au dortoir avant de nous coucher ; le matin, elle nous réveillait rapidement avec sa cloche qui me faisait sursauter. Tout endormies, nous récitions, pour ne pas dire marmonnions, une courte prière, sous sa direction. Ensuite nous partions toutes frileuses pour nous rendre à l'église, assister à la messe de six heure et demie et communier. Pas habituée à me lever si tôt et à rester si longtemps à jeun, j'avais souvent mal au cœur. Mais les sœurs étaient imperturbables, ça prenait une raison très sérieuse, prouvée par un billet signé par nos parents, pour en être dispensée. Ces pratiques religieuses étaient fortement encouragées et surveillées par les sœurs, même pour les élèves externes qui demeuraient souvent loin de l'église.

Au couvent, tous les lundis matins de l'année scolaire, le vicaire venait nous donner une demi-heure d'instruction religieuse. Il transmettait ainsi son message aux élèves dans toutes les classes. Il donnait le même enseignement aux garçons du collège.

Un rituel auquel nous étions aussi habituées, c'était de dire le *benedicite* avant chaque repas : « Bénissez-nous mon Dieu ainsi que la nourriture que nous allons prendre et donnez du pain à ceux qui n'en ont pas. » Après le repas, c'était les grâces : « Nous vous rendons grâce, Seigneur, de tous les bienfaits que vous nous avez accordés. »

Le 2 février, la fête de la Chandeleur rappelle la présentation de l'Enfant Jésus au temple et la purification de la Vierge Marie. Cette fête tire son nom de la bénédiction des chandelles que les gens apportaient à la messe. Ces cierges bénits servaient à l'occasion de l'administration des derniers sacrements et étaient supposé chasser les mauvais esprits. Ceux qui avaient peur du tonnerre et des éclairs allumaient ces chandelles qui leur donnaient l'illusion d'être protégés.

Le Mercredi des Cendres marquait le début du carême. À la messe, ce jour-là, nous nous présentions à la Sainte Table où un prêtre nous mettait un peu de cendre sur la tête pour signifier que : « Nous sommes poussière et que nous retournerons en poussière. » C'était le commencement de quarante jours de privations. Toute la semaine, sauf le dimanche, les gens en santé devaient jeûner, c'est-à-dire manger très peu, seulement le nécessaire pour survivre. Chez nous, pas de bonbons et pas de dessert sur semaine était le seul jeûne que nos parents nous imposaient. Le 10 mars, en plein carême, c'était la fête de Jeanne-d'Arc. Quand sa fête tombait sur semaine, pas de gâteau de fête ce jour-là, il lui fallait attendre au dimanche pour y avoir droit. Oui! Elle a pleuré souvent d'être privée de gâteau le jour de sa fête! Les enfants, les malades, les vieillards, les femmes enceintes et celles qui allaitaient, les bûcherons et ceux qui faisaient un travail dur physiquement étaient dispensés du jeûne. En plus, les vendredis, comme tous les vendredis de l'année, les catholiques étaient tenus de ne manger que du poisson ou des fèves au lard, mais pas le lard. Maintenant, pour faire *in*, on appelle ça des repas végétariens.

Au milieu du carême, on fêtait la mi-carême. Le samedi soir, les gens formaient des petits groupes, se déguisaient et changeaient leur voix de façon à ne pas être reconnus. Ils faisaient du porte-à-porte en jouant de la musique, et en prenant un p'tit coup. Même, certains profitaient de leur déguisement pour proférer des insultes aux gens qu'ils détestaient. Ils s'amusaient souvent un peu fort. Ça faisait peur aux enfants qui se réfugiaient dans les bras de leurs parents. Les gens qui accueillaient ces visiteurs plutôt joyeux essayaient toujours de découvrir qui se cachait sous ces accoutrements. La démarche, la grosseur, la grandeur étaient des indices révélateurs. Gaby Fortin aimait faire la mi-carême, mais nous la reconnaissions toujours par sa délicatesse et sa démarche gracieuse. Si les gens de la maison réussissaient à découvrir les fêtards, ils les nommaient et les mi-carêmes déguerpissaient. Mais certains rusés aimaient recevoir les mi-carêmes et, faisant semblant de ne pas les reconnaître, les encourageaient à jouer de la musique longtemps et leur donnaient de la boisson.

Le lendemain soir, c'était la soirée des fantômes. Cette coutume était beaucoup moins populaire. Les gens se couvraient la tête d'un grand drap blanc qui traînait jusqu'au sol. En entrant dans les maisons, ils s'assoyaient et poussaient des Hou! Hou! Hou! Ça terrifiait les enfants. Ces personnages mystérieux ne parlaient jamais. S'ils étaient reconnus, ils sortaient rapidement. Mais comme ils prenaient moins de boisson et ne jouaient pas de musique, c'était moins drôle et les adeptes étaient plutôt rares.

Le dimanche des rameaux, une semaine avant Pâques, Papa achetait une palme dans les magasins ou à la porte de l'église, pour la faire bénir durant la messe. De retour à la maison, il fallait accrocher cette branche de palmier à la croix noire, la croix de tempérance, qui occupait la place d'honneur au mur des maisons des paroissiens. Plusieurs femmes tressaient ces feuilles longues et étroites en guise de décorations. Oncle Ulric n'achetait pas de palme, il disait que ça venait des autres pays, qu'il fallait utiliser les produits de chez nous. Il apportait une branche de sapin à la messe pour la faire bénir.

Ensuite c'était la Semaine sainte. Nous passions une bonne partie des jeudis, vendredis et samedis à prier à l'église et à en profiter pour faire nos Pâques, c'est-à-dire aller à confesse et communier. Ceux qui ne s'étaient pas acquittés de ce devoir religieux obligatoire avaient encore une semaine pour le faire. On appelait cela faire des Pâques de renards. Le vendredi saint, à 3 h précise, Maman nous faisait mettre à genoux et réciter un chapelet pour commémorer la mort de Notre Seigneur Jésus-Christ sur la croix.

Enfin Pâques! La grande fête. Le matin, avant le lever du soleil, Papa allait chercher de l'eau de Pâques qu'il disait miraculeuse. Avec une chaudière, il allait la puiser dans un courant fort de notre ruisseau, mais à rebours du courant. Chacun de nous devait en boire au moins un verre. Maman conservait le reste dans des bouteilles pour en donner à ceux qui étaient malades au cours de l'année. Encore aujourd'hui, plusieurs personnes sont restées fidèles à cette tradition. À tous les ans, jusqu'à la mort de Maman en 1999, René allait lui en chercher. Pâques, c'était la journée des changements. Le jeûne du carême terminé depuis le samedi midi, pour le dîner du dimanche, nous avions un bon jambon et comme dessert, du chocolat et des noix de coco.

Dans l'entrée de l'église, au début de chaque rangée de bancs, il y avait un bénitier en marbre blanc, rempli aux trois-quarts d'eau bénite. À chaque fois que nous entrions dans l'église, nous y plongions le bout des doigts et, avec cette eau, nous faisions notre signe de croix, d'abord sur le front, sur la poitrine et sur chaque épaule, en disant: Au nom du Père et du Fils et du Saint-Esprit, ainsi soit-il. Ensuite nous nous dirigions vers notre banc. Arrivés, nous faisions une génuflexion en nous baissant la tête, avant d'entrer dans notre banc où pouvaient s'asseoir quatre adultes ou deux adultes et trois enfants. Les enfants se plaçaient au fond, ensuite la mère. Le père, chef de famille, s'assoyait toujours au bord. On ne voyait jamais un homme assis au fond, sauf s'il n'y avait que des hommes dans le banc. Chaque citoyen digne de ce nom payait environ 12 $ par année pour un banc qui lui était assigné dans l'église. Le prix variait selon l'endroit choisi. Si un citoyen quittait la paroisse, le curé annonçait en chaire que tel banc était à vendre aux enchères à la sacristie après la messe. Oncle Antonio, qui habitait toujours la vieille maison, a conservé le banc familial dans l'allée centrale de la nef de l'église. Oncle Roland et sa famille occupaient le banc voisin.

Les gens considéraient ceux qui allaient à confesse et communier seulement une fois par année, comme des personnes qui ne faisaient pas leur religion. Il y avait des périodes de confessions régulières et d'autres spéciales annoncées d'avance. Il fallait aller se confesser à un prêtre dans un confessionnal. Un genre de placard à trois portes. Celle du centre donnait sur un banc où le prêtre s'assoyait pour entendre les confessions. Les deux autres, de chaque côté, étaient pour nous, les pénitents. Dans ce petit compartiment, à la noirceur, il fallait se mettre à genoux et attendre que le pénitent de l'autre côté ait fini de se confesser. Quand le prêtre ouvrait notre guichet grillagé et voilé, il fallait réciter une formule apprise par cœur : « Bénissez-moi mon père parce que j'ai péché. Ça fait (disons un mois) que je ne suis pas venu à confesse. Je me confesse à Dieu Tout-Puissant et à vous mon père d'avoir… » suivie de la liste de nos péchés mortels d'abord, puis des véniels. Ensuite le prêtre nous disait : « Dis ton acte de contrition », ensuite il nous donnait l'absolution, notre pénitence et nous disait : « Allez en paix. » Il fallait répondre : « Merci mon Père. » Cette pénitence consistait à réciter une dizaine d'Ave ou deux Notre Père, selon la gravité de nos péchés. Nous retournions à notre banc dans l'église pour faire notre pénitence tout de suite avant d'aller communier. Aller à confesse au vicaire, ce n'était pas trop pire, mais pas un enfant ne voulait aller du côté du curé Joseph-Edmond. Il nous faisait peur. Il ouvrait le guichet avec fracas et pour sauver du temps, il disait tout de suite, d'un ton sec : « Dis tes péchés. » Tous les enfants figeaient net. Et là, il disait encore plus fort : « Dis tes péchés. » Souvent, nous sortions de là en pleurant. Jeannine Painchaud avait trouvé le truc de dire ses péchés en entrant dans le confessionnal et de sortir avant que le prêtre ouvre le guichet. À un moment donné, sa mère trouvait que c'était rapide à son tour. Quand elle a découvert le pot aux roses, elle a réprimandé Jeannine qui lui a répondu : « Le curé n'a pas d'affaire à savoir ça. » Une fois, Jeanne-d'Arc avait été tellement traumatisée qu'elle en est restée muette. Elle en est ressortie sans avoir dit un mot. Par la suite, quand elle allait à confesse, elle était incapable de parler distinctement, elle ne faisait que bredouiller. Il faut croire que ça faisait pareil… Chez nous, quand nous avions fait un manquement que Maman considérait grave, elle nous disputait et finissait en disant : « C'est mal ce que tu as fait là, tu t'en confesseras. »

Il y avait quatre confessionnaux dans notre église. Souvent ils étaient tous occupés jusqu'à la communion à la fin de chaque messe, moment où les prêtres distribuaient la communion sous la forme d'une hostie blanche consacrée durant la messe. Tous les fidèles présents s'avançaient en rang dans les allées pour aller communier, recevoir le bon Dieu dans leur cœur. Mais pour recevoir cette communion, il fallait être à jeun depuis minuit et être en état de grâce, c'est-à-dire ne pas avoir de péchés mortels sur la conscience. Quand nous avions reçu l'hostie, il ne fallait absolument pas qu'elle nous touche les dents. Ça aurait été une profanation des Saintes Espèces. Ça nous causait parfois de gros problèmes. Cette petite rondelle de pâte blanche nous collait au palais et souvent, elle fondait là alors que nous étions supposés l'avaler pour vraiment recevoir la communion. Quand j'avais cette difficulté, je me demandais si j'avais communié ou non. Je n'ai jamais osé en parler, mais ça me tracassait. Tous les fidèles rassemblés dans l'église allaient communier. Autrement, ça aurait été le signe qu'ils avaient commis un péché mortel depuis leur dernière confession et c'était une porte ouverte au commérage dans la paroisse.

L'Ascension, fête célébrée quarante jours après Pâques, était précédée par les Rogations. Ces cérémonies, qui se déroulaient pendant trois jours de prières, avaient pour but d'attirer les bénédictions divines sur les récoltes et sur les travaux des champs. Papa apportait un petit sac de graines de semence à la messe célébrée pendant la semaine. De retour à la maison, il mélangeait ces graines bénites avec l'ensemble de ses semences. Ensuite, il nous réunissait tous et, à genoux dans l'herbe, en avant de la maison, nous récitions un Pater et un Ave. Puis, il commençait ses semailles.

En mai, le mois de Marie, nous la priions d'une façon spéciale durant tout ce mois. À l'école, nous dressions un autel et nous décorions la statue de la Vierge avec des *courants verts* que nous allions ramasser dans les sous-bois chez Ernest Langevin. C'est quoi ça des *courants verts* (nom scientifique : lycopode) ? C'est une plante typique des sous-bois du Lac-Saint-Jean et des régions nordiques. D'une longueur variable entre cinq et dix pieds, sa tige, qui court (d'où son nom) sur le sol, a la grosseur d'un fil électrique. Tout le long de sa tige, poussent, droites vers le ciel, des branchettes d'environ trois pouces de hauteur. Le tout, recouvert d'une fine mousse verte légère. Nous trouvions cela très beau. En plus des *courants verts*, nous mettions des branches d'aulnes garnies de chatons fraîchement éclos, tout ce que nous pouvions trouver dans la nature qui nous semblait décoratif. Nous y ajoutions des fleurs de papier crêpé de toutes les couleurs. De chaque côté de la statue de la Vierge, nous faisions brûler des lampions pendant que nous récitions le chapelet de midi. Quand nous avions une très grande faveur à demander dans nos prières, nous récitions une dizaine de chapelet les bras en croix. C'était épuisant, nous avions peine à résister jusqu'à la fin.

Le dimanche, Maria, la femme de Ludger Painchaud qui demeurait sur le bout de la pointe du Rang Nord, organisait le mois de Marie dans sa maison. Elle dressait un autel qu'elle décorait avec du coton à fromage, pour imiter des nuages, dans lequel elle piquait des fleurs en papier crêpé et des *courants verts*. Comme nous, elle utilisait les produits de la nature pour compléter son décor. C'était fascinant. Ses réunions attiraient les garçons et les filles du coin. Elle avait eu dix-sept enfants, donc bien des *jeunesses* à marier, d'abord ses fils aînés, les jumeaux Nenor (Léonard) et Midas (Léonidas), puis Luciennette et Lydia ses deux grandes filles qui s'engageaient dans les maisons privées. Parmi les plus jeunes, il y avait Pelou, Pichon (Émile), Bébé, Marie-Blanche, Rose-Yvonne et Rolande. Les autres, j'ai oublié leur nom. Les jumeaux étaient très imaginatifs, ingénieux et bons musiciens. Ils avaient sculpté un petit bonhomme en bois avec les bras et les jambes mobiles. Au rythme de la musique, ils le faisaient danser sur une petite planche en bois. C'était amusant. Les dimanches du mois de mai, la maison de Maria était pleine de *jeunesses*. Elle récitait le chapelet au complet. Mais tous s'amusaient ferme le reste de l'après-midi. Les jeunes chantaient et jouaient de la musique. J'y suis allée quelques fois avec Jeanne-d'Arc et René. Nous étions émerveillés par le décor et toute l'activité dans cette maisonnée.

À peu près en même temps, le fils aîné de tante Aline et d'oncle Léon-Paul, Roméo Bouchard, âgé de 10 ans seulement, organisait aussi la récitation du chapelet pour le mois de Marie. Il invitait le voisinage et dirigeait la cérémonie. Très jeune, Roméo a démontré son sens de l'organisation et son engagement social. Depuis le tournant du millénaire, il est le président fondateur de l'Union paysanne, une organisation qui prône la culture artisanale chez les cultivateurs.

Dans plusieurs rangs, les rencontres pour la récitation du chapelet lors du mois de Marie se faisaient au pied de la croix de chemin que les gens décoraient pour la circonstance. Cette grande croix de bois peinte en blanc, haute d'environ dix pieds, se dressait le long de la route, ordinairement à la croisée des chemins. Dans un espace d'environ dix pieds sur dix, elle était entourée d'une petite clôture de bois peinte aussi en blanc. Durant l'été, des lilas, des rosiers sauvages et des marguerites poussaient en liberté dans ce minuscule enclos et enjolivaient ce symbole de piété du milieu rural. Les propriétaires de la ferme avoisinante se chargeaient de bien entretenir ce lieu qui faisait leur fierté.

Ensuite, la Fête-Dieu. Ah! Là! C'était le grand spectacle: la procession. Cette fête se préparait longtemps d'avance pour planifier l'ordre que les associations religieuses et sociales suivront dans le défilé. Les organisateurs et les organisatrices devaient donner la préséance à tous les groupes d'hommes et de femmes selon leur importance. Les adeptes surveillaient qui étaient placés les premiers et qui étaient avant et après eux. C'était toujours une organisation d'hommes qui fermait la marche. Tous les fidèles chantaient des cantiques et récitaient des chapelets. Les membres des associations religieuses se regroupaient pour suivre leurs bannières auxquelles quatre longs rubans de couleurs, suspendus au cadre, étaient tenus dignement par les membres de leur conseil d'administration respectifs: les Dames de Sainte-Anne, les Enfants de Marie, les filles d'Isabelle, les Lacordaire, les membres de la ligue du Sacré-Cœur, etc. Tous les paroissiens décoraient leurs demeures de drapeaux jaunes du Saint-Siège qui symbolisaient le pouvoir du pape en illustrant une tiare et deux clés placées en X. Un paroissien du village organisait un reposoir qui se tenait une année à un bout du village, l'année suivante à l'autre bout. Ça donnait une parade d'un quart de mille environ. Du côté Est, c'était souvent chez Jessy Painchaud, mais plus tard quand les trottoirs ont été construits, c'était chez oncle Armand Fortin. Cet autel temporaire était dressé sur la galerie d'en avant, toute décorée de rubans, de fleurs, de banderoles et de branches de sapin. Un tapis rouge marquait l'entrée et montait les marches. Les plus beaux enfants du village, souvent les plus fortunés, vêtus tout en blanc, portaient des ailes blanches en papier glacé et se tenaient debout autour de la table de l'autel. Au milieu de la messe, le célébrant sortait de l'église sous un beau baldaquin doré porté par quatre membres de la ligue du Sacré-Cœur. De ses deux mains recouvertes de l'amict (longue bande rectangulaire de tissus précieux) suspendu à son cou, le prêtre tenait l'ostensoir qui contenait une grande hostie blanche consacrée. Il dissimulait son visage derrière cette pièce d'orfèvrerie richement dorée. Suivi de ses assistants, il passait d'abord dans une grande porte d'arche toute décorée de branches de sapin. Une banderole, avec une inscription religieuse, en ornait le demi-cercle du haut. Ensuite, l'ecclésiastique marchait en procession dans la rue, entouré des servants de messes et suivi de ses paroissiens. Tous les fidèles mettaient leurs toilettes à la dernière mode pour parader. Si nous n'avions pas de toilettes neuves, nous aimions mieux ne pas y aller. C'était l'occasion pour surveiller s'il n'y avait pas de nouveaux venus dans la paroisse. Nous apportions un beau mouchoir blanc pour mettre sous notre genou, car au reposoir, lorsque le prêtre nous bénissait avec l'ostensoir, tous ne mettaient qu'un seul genou par terre, surtout les hommes. Chacun avait toujours un mouchoir sur soi. Durant la semaine, les gens qui travaillaient surtout manuellement avaient ordinaire- ment un mouchoir à carreaux ou à pois, rouge et blanc ou bleu et blanc. Le mouchoir blanc c'était pour le dimanche ou pour ceux qui avaient une fonction non manuelle. Les papiers mouchoirs n'étaient pas encore disponibles, pas plus que les papiers essuie-tout, les couches jetables, etc.

Au cours de l'été, le père Le Lièvre, un prédicateur renommé, passait par les paroisses. Dans le kiosque en avant du presbytère, à l'aide d'un microphone branché sur des haut-parleurs que M. Alfred Picard installait sur son auto, il nous faisait un sermon. Les paroissiens se regroupaient dans la rue de l'église et dans celle du presbytère pour l'écouter. Il terminait toujours son sermon par : « L'essentiel, c'est le ciel. » Ensuite, des bénévoles passaient la quête pour une œuvre de charité. Un dimanche, sa visite s'est déroulée en l'absence du curé Joseph-Edmond Tremblay. Celui-ci, mécontent, a reproché longtemps aux paroissiens d'avoir donné trop d'argent à ce père visiteur.

Le curé Joseph-Edmond Tremblay voulait que l'argent des paroissiens serve au développement de la municipalité de Normandin. Il était très vaillant et il s'occupait pour que son village et sa paroisse progressent. Il encourageait et aidait les institutions qui pouvaient améliorer les conditions de vie de ses ouailles. Il prenait à cœur le développement des associations, comme l'UCC, la Coopérative et autres. Il a collaboré activement, avec le notaire Turcotte et l'agronome Brouillard, à l'implantation de la ferme expérimentale fédérale à Normandin en 1935. Il a multiplié les démarches pour faire construire le collège pour garçons en 1929 et un pensionnat en septembre 1943. Pour les jeunes filles, à force de ténacité, ce curé a réussi à convaincre les sœurs du Bon Conseil de Chicoutimi à revenir, en 1938, prodiguer leur savoir académique qu'elles avaient interrompu en 1920, après six ans d'enseignement. Il a continué à travailler dans la même veine et a obtenu l'instauration d'un pensionnat pour jeunes filles en septembre 1940. Les cinq premières pensionnaires ont été Florence Milot, Anne-Marie Bergron, Lucille Bernard, Mariette Côté et Irène Simard. Ce pensionnat paroissial a été le premier du genre dans la région.

Chaque été, le curé faisait sa visite paroissiale. Le dimanche, il annonçait en chaire quel rang ou quelle partie du village il visiterait durant la semaine, afin que les gens se préparent et soient présents lors de sa visite. Ça énervait bien Maman. Nous mettions tous nos vêtements du dimanche, sauf Papa qui gardait son habit de travail. Elle aurait tellement voulu le recevoir avec de belles décorations, mais elle devait se contenter de ce qu'elle avait. Elle sortait son plus beau tapis pour mettre à l'entrée, sa plus belle nappe pour mettre sur la table, mais le curé restait à peine dix minutes. En entrant dans la maison, il se mettait à genoux avec nous, récitait un « Notre Père » et nous bénissait rapidement, puis il prenait l'enveloppe que Papa avait placée sur la table. C'était la dîme que chaque paroissien devait payer pour subvenir aux besoins du curé et des vicaires. Ensuite, il s'informait à nos parents et jasait avec eux de choses mystérieuses que nous ne comprenions pas très bien quand nous étions très jeunes. Plus tard, nous nous sommes rendu compte que quand le curé voyait que le dernier enfant marchait et que Maman n'était pas enceinte, il demandait pourquoi. Selon l'Église catholique, il était interdit d'*empêcher la famille*. Les femmes devaient avoir des enfants à tous les ans ou au plus tard aux 18 mois. Certains prêtres de l'Église catholique terrorisaient les femmes avec ces exigences inventées de connivence avec les dirigeants de la province de Québec pour augmenter la population au plus vite. Ils leur en faisaient un cas de conscience religieuse. Cette terrible pratique a détruit bien des vies de braves femmes qui se croyaient obligées de suivre ces directives.

Lors d'un accouchement difficile, si le médecin devait choisir entre la vie de la mère et celle du bébé à naître, il devait, sous peine de péché mortel, sacrifier la vie de la mère. La très grande majorité des médecins se soumettaient à cette directive *morale* de l'Église, tandis que d'autres médecins se servaient de leur jugement pour sauver une mère de famille dont dépendaient déjà plusieurs enfants.

Pour espacer les naissances, les deux seuls moyens approuvés par l'Église étaient l'abstinence totale ou la méthode Ogino-Knaus, appelée la méthode du calendrier. Très peu de gens connaissaient les contraceptifs qui étaient utilisés surtout par les gens de la classe aisée et instruite qui osaient défier ces principes religieux. La pilule contraceptive n'existait pas encore, mais le condom et le diaphragme étaient connus. Les anciens combattants avaient rapporté des condoms et montraient cela à leurs amis surpris et intrigués de savoir qu'ils pouvaient s'en procurer dans la section des articles de maison dans le catalogue

Eaton's. Bien des Canadiens anglais protestants utilisaient couramment ces empêchements à la famille.

Quand une personne était très malade, en danger de mort, les gens allaient chercher le bon Dieu. C'était le curé qui venait administrer les derniers sacrements, l'Extrême Onction. Le curé montait dans la voiture du paroissien avec tout le nécessaire pour offrir ce dernier secours religieux au malade à la maison. Il apportait avec lui une clochette que le conducteur agitait devant les habitations pour signaler leur passage. S'il se trouvait des gens sur la voie publique, les gens s'inclinaient, les hommes enlevaient leur chapeau et faisaient leur signe de croix, par respect pour le bon Dieu qui passait. Comme tout le monde se connaissait, ils observaient qui conduisait la voiture et la nouvelle de la mort prochaine d'une personne qui avait été administrée alimentait les conversations du voisinage.

Le 26 juillet, la fête de Sainte-Anne, pour aller à la messe, toutes les dames de Sainte-Anne portaient leurs rubans violets sur lesquels était cousue la médaille de leur sainte patronne. Ce ruban, passé en bandoulière, était le signe distinctif des membres de cette congrégation, soit la totalité des femmes mariées. Encore là, il y avait une procession, mais seulement à l'intérieur de l'église.

Une association dont j'ai fait partie, les Enfants de Marie, était destinée aux jeunes filles. Il y avait la section des jeunes écolières et une autre qui s'adressait à celles qui avaient terminé leurs études et se destinaient au mariage. Dans la sacristie, à chaque premier dimanche du mois, après la grand-messe, nous avions une réunion. Le vicaire, qui présidait l'assemblée, nous entretenait de toutes sortes de religiosités. Moyennant une contribution annuelle de 50 cents, nous avions droit à la grande décoration bleue sur nos bancs et sur la sainte table, lors de notre messe de mariage. Heureusement qu'il y avait cet avantage pour avoir des recrues !

Au début de l'année scolaire, accompagné d'oncle Roland Fortin, commissaire d'écoles, le vicaire Michel Lavoie faisait le tour des écoles de la paroisse et questionnait les élèves sur la religion. J'avais environ huit ans. Il demande à toute la classe : « Que fait le pape ? » Je réponds aussitôt : « *Y run* ! » Le vicaire se retourne vers la maîtresse et oncle Roland et ils ont ri de bon cœur. L'histoire a fait le tour de la paroisse.

Oncle Roland s'intéressait à l'instruction et aurait bien aimé que, dans nos écoles, nous ayons plus de livres à notre disposition. Il aimait lire et a été le premier dans le clan Georges Fortin à s'acheter une encyclopédie Grolier, alors que ses enfants étaient encore en bas âge. Il intriguait souvent ses frères et sœurs en leur donnant des informations qui étaient le fruit de ses lectures. Son sens de l'observation lui faisait découvrir des détails qui échappaient parfois aux autres.

Octobre, le mois du rosaire. Pour réciter un rosaire, nous devions dire trois chapelets de suite en l'honneur de la Vierge Marie. Pour Rolande, Diane et Moi, c'est le plus beau mois, c'est celui de notre fête. Gisèle Fortin enseignait au Rang 8, Rolande avait neuf ans. L'inspecteur Boily, lors d'une visite, avait demandé : « Quelle est la fête la plus importante du mois d'octobre ? » Rolande s'était empressée de répondre : « Ma fête. » Gisèle riait d'un rire étouffé, l'inspecteur avait souri. Pas facile à faire rire celui-là ! Il avait cependant précisé qu'il y en avait une autre le 2 octobre, c'était la fête des saints anges gardiens.

L'Halloween ? Nous ne connaissions même pas le mot.

Vers la Toussaint, le 1er novembre, il y avait la retraite paroissiale de trois jours pour les gens mariés. Le curé, le vicaire et un prédicateur invité faisaient peur aux paroissiens avec le purgatoire, mais surtout avec l'enfer. Ils en profitaient pour sermonner les femmes qui n'avaient pas d'enfants tous les ans, les femmes qui *empêchaient la famille*. Ils leur disaient qu'elles ne devaient pas refuser leur mari, que si leur mari était infidèle, c'était de leur faute, etc. Après avoir été terrorisés au maximum, ces fidèles devaient aller se confesser à ces mêmes prédicateurs et ensuite communier.

Les idées qui circulaient étaient très rigides : « La religion, ça ne se discute pas. » « Hors de l'Église, point de salut. » « Quand le curé parle, c'est la voix de Dieu, il faut obéir. » « Celui qui mange du curé en crève. » Les curés répétaient souvent : « Faites votre religion comme il faut et soyez tranquilles, la Providence va s'occuper du reste. » « Rivons nos mains à la charrue, c'est ce qui va sauver notre foi et notre race. » Il était interdit de lire la Bible. Les prêtres prétendaient qu'ils étaient les seuls à avoir la compétence pour l'interpréter. Maman a avoué à Jeanne-d'Arc qu'elle l'avait lue en cachette. C'est pour cela qu'elle nous parlait de Job, des glaneuses, de Ruth, de Joseph vendu par ses frères, etc.

Dans le mois de novembre, venaient « Les Quarante Heures » où le Saint-Sacrement était exposé dans l'ostensoir au-dessus de l'autel, vingt-quatre heures sur vingt-quatre, pendant quarante heures. Il fallait toujours avoir quelqu'un dans l'église, même la nuit, pour garder le Saint-Sacrement. Les directeurs de la Ligue du Sacré-Cœur dressaient une liste des personnes et des groupes de personnes qui devaient aller monter la garde à tour de rôle, pour adorer le Seigneur. Ce n'était pas toujours facile d'aller prier en pleine nuit l'automne, dans l'église où il faisait froid. Le curé disait au bedeau de ménager le chauffage. Les tuyaux d'eau chaude faisaient du bruit, on disait qu'ils pétaient. Ça nous faisait sursauter, surtout Solange.

Le 8 décembre, c'était l'Immaculée Conception. Cette fête de la Sainte Vierge tombait durant l'Avent. Pendant quatre semaines environ, jusqu'à Noël, il fallait encore faire pénitence, en vue de la venue de l'Enfant Jésus. Ces quatre semaines rappelaient les quatre millénaires d'attente qui ont précédé la venue du Messie. Il n'y avait pas de chants à l'église et les ornements liturgiques étaient violets. Toutes les statues dans l'église étaient recouvertes de draps violets. C'était une période de réflexion et d'abnégation. Quand nous étions très jeunes, dans la semaine qui précédait Noël, Maman nous faisait réciter les mille Ave. Nous priions sans arrêt, en travaillant, en nous berçant, tout le temps. Elle nous disait qu'avec cela, nous nous préparions une belle place au ciel.

Certains prêtres mettaient en garde les fidèles contre les dangers de la lecture, car, disaient-ils, les lecteurs s'exposaient à des idées subversives qui les détourneraient de la bonne voie. Alors, comme dans la majorité des familles, nous n'avions pas beaucoup de livres autres que nos livres de classe, notre missel et ceux que nous avions reçus en prix de fin d'année. Ainsi toute autre source de lecture faisait l'objet de notre curiosité. Nous recevions par la poste trois catalogues. Celui de Simpson's et celui de Dupuis et Frères étaient en brun et blanc. Celui de Eaton's tout en couleurs, le plus beau, était celui que nous regardions très attentivement, surtout les pages des vêtements et des jouets. Nous nous choisissions des cadeaux qui nous étaient inaccessibles. Ça nous faisait rêver et nous nous disions: «Quand je vais être riche, je vais m'acheter ceci ou cela.» Mais c'était interdit de le découper, car Maman voulait qu'il soit entier pour placer ses rares commandes. Malgré cela, il devenait tout tordu et quand arrivait le nouveau, il était grand temps, car le dernier était dans un piteux état.

Une année, Maman nous avait fait venir, dans le catalogue d'Eaton's, une belle crèche de Noël avec plusieurs personnages en plâtre de couleurs. Nous en étions très fières. Nous l'avions placée bien méticuleusement au pied de notre arbre de Noël que nous avions décoré toutes ensemble. Nous étions tellement contentes que nous nous étions mises à danser dans le salon, en avant de l'arbre. Voilà que Jeanne-d'Arc s'accroche un pied dans la crèche et casse plusieurs personnages. Des Oh! et des Ah! ont arrêté la danse net. Nous avions toutes la mine basse. Notre belle crèche neuve était déjà à moitié démolie. Heureusement le petit Jésus, Joseph et Marie avaient survécu. Recoller tous les personnages qui n'étaient pas en miettes, une autre tâche qui attendait Maman. Un berger à qui il manquait une épaule, l'autre à qui il manquait un pied, un roi mage qui avait perdu sa boîte de myrrhe et un mouton qui n'avait plus que trois pattes, nous rappelaient que nous devions danser loin de notre bel arbre. Pour que le petit mouton puisse se tenir debout quand même, nous avions remplacé la patte manquante par une allumette de bois. Nous sommes restés longtemps avec une crèche partiellement dépeuplée.

Après un certain temps, nos boules de Noël, très fragiles, étaient de plus en plus rares. Avec le papier de plomb que nous ramassions dans les paquets de cigarettes toutes faites et dans les boîtes de thé Salada, nous nous faisions d'autres boules brillantes. De plus, nous en taillions de fines lisières pour en faire des glaçons que nous suspendions aux branches de notre beau sapin. Sur du papier de couleur, nous dessinions d'autres belles décorations. Nous formions des papillotes de toutes les couleurs. Avec de la pâte et beaucoup de sel, nous modelions des petits anges blancs. Notre arbre, nous le voulions rempli comme celui chez Jessy Painchaud où c'était si beau. Nous avions toujours hâte d'aller voir cet arbre richement décoré pour nous donner des suggestions afin de mieux garnir le nôtre. Ce qui nous fascinait surtout, c'était qu'au pied de cet arbre féerique, un grand papier, imitation de rocher gris, entourait la crèche et montait graduellement jusqu'au mur. Parmi toutes ces grosses roches artificielles, il y avait tout un village de maisons miniatures illuminées et recouvertes d'une imitation de neige et de petits brillants. Aussi, dans ces montagnes enneigées, il y avait beaucoup de beaux petits moutons blancs, mais eux, ils avaient leurs quatre pattes originales. Partout, dans l'arbre et dans les petites maisons au pied de l'arbre, de minuscules lumières clignotaient alors que chez nous, nous n'avions même pas l'électricité. Des boules de toutes les couleurs, ornées de multiples dessins chatoyants, tournaient au bout de leurs fils dorés. Mais ce qui nous intriguait le plus, c'était la quantité de cadeaux au pied de l'arbre, enveloppés avec du beau papier et de belles grosses boucles de ruban rouge et doré. Je me demande encore comment mes parents se sentaient quand ils nous voyaient admirer toutes ces richesses qui nous étaient inaccessibles.

Enfin Noël la plus grande fête de l'année! Nous allions à la messe de minuit, mais vraiment à minuit. Quand nous étions plus jeunes et que nous y allions en voiture à cheval, nous quittions la maison vers huit heure du soir. Nous attendions l'heure de la messe encore chez Jessy Painchaud. Papa en profitait pour aller ailleurs, discuter avec ses amis. Il disait: « J'ai du monde à voir. » Les magasins étaient ouverts jusqu'à minuit. Certaines gens passaient la soirée à faire le tour des magasins pour ramasser le plus de calendriers possibles. C'était les seules images qu'ils avaient aux murs dans la maison. Aussi, ça cachait la peinture défraîchie... Attendre trois ou quatre heures, nous trouvions le temps long et, souvent, nous dormions sur les bancs du magasin chez Jessy. Mais nous étions prêts à subir cet inconvénient pour participer à l'enthousiasme provoqué par l'activité dans notre église toute décorée et toute illuminée. C'était mystérieux. Cette grande fête inaugurait la période des fêtes que nous attendions avec fébrilité. Nous voulions absolument arriver dans l'église vers minuit moins quart pour être sûrs d'entendre le « Minuit, chrétiens » chanté cinq minutes avant la messe de minuit, car il n'était pas considéré comme un chant religieux, donc il ne pouvait pas être chanté durant la messe. Chanter le « Minuit, chrétiens », c'était tout un honneur. Les plus belles voix masculines de la place espéraient toutes être choisies pour l'interpréter. Tous les chants de Noël étaient joyeux et engendraient la bonne humeur dans l'assistance. Au retour à la maison, Papa nous faisait toujours sa critique, pas toujours élogieuse, de l'interprétation de ce chant populaire qu'il aurait bien aimé chanter mais sa voix, même si très juste, n'était pas assez puissante.

Selon les croyances du temps, l'officiant devait dire trois messes, mais ne pas terminer complètement les deux premières pour empêcher le démon de venir s'emparer des âmes de la paroisse. La première messe était une grand-messe, donc chantée. Les deux autres étaient des messes basses, donc dites. C'était le curé Joseph-Edmond Tremblay qui disait ces trois messes, je vous assure que ça roulait. C'était comme dans un film tourné en accéléré. À la communion de la grand-messe, les vicaires commençaient la distribution de la communion aux fidèles. Souvent, le curé finissait de dire ses trois messes avant que les vicaires aient réussi à donner la communion à tout ce monde. Le curé venait les aider en *bourrassant*. Pendant la distribution de la communion, les chanteurs de la chorale interprétaient des cantiques de Noël. Nous connaissions les airs et savions tous les mots par cœur. Souvent Papa chantait avec eux en allant communier.

Pour aller communier, il fallait être à jeun depuis minuit. Mais là, minuit, c'était tout juste avant le début de la messe. Alors quelques fêtards qui avaient pris un p'tit coup toute la veillée se présentaient pour aller communier, les facultés plutôt affaiblies. Ce n'était pas toujours édifiant de les voir marcher dans les allées de l'église pour aller communier. Mais le prêtre ne pouvait pas leur refuser la communion, ils étaient à jeun depuis minuit. Invraisemblable, mais ils respectaient les règles de l'Église catholique.

Plus jeunes, nous voulions toujours aller communier du côté de la crèche du petit Jésus. Là, sur le bord de la balustrade de la communion, trônait un beau petit ange en plâtre décoré d'or, d'une hauteur environ douze pouces. Il tenait un petit sac entre ses mains, dans lequel nous mettions un cent. Ce petit ange nous faisait des saluts de sa tête mobile, pour nous dire merci. Ça nous émerveillait. Même si l'attente était longue pour avoir leur tour, tous les enfants voulaient passer par là. Bien patient, Papa nous attendait.

En 1949, quand l'église a été terminée à l'intérieur, elle logeait 1900 personnes assises, plus le chœur autour de l'autel. Encore là, devant tout ce monde réuni, c'était la parade. Les filles et les femmes mettaient une petite décoration de Noël épinglée au collet de leur manteau et elles allaient communier par les allées centrales pour être sûres d'être vues. Une fois, Solange devait avoir quatorze ans, elle avait mis son beau petit chapeau vert avec une longue plume placée de côté dans le ruban qui encerclait la base de son chapeau. Quand elle était gênée, elle baissait la plume. Quand elle voulait attirer l'attention, elle remontait la plume. Ce Noël-là, possiblement qu'elle avait détecté un nouveau beau garçon, avant de quitter notre banc pour aller communier, elle remonte sa plume plus que d'habitude et part toute pimpante. En revenant à sa place, elle passe sa main sur sa plume. Plus de plume! Elle regarde autour d'elle. Pas de plume! Elle me regarde d'un air triste. Je ne comprenais pas son inquiétude. C'était interdit de parler dans l'église. Elle ne m'a raconté sa mésaventure qu'à notre retour à la maison. Son gros problème a été de trouver une autre plume aussi belle que celle qu'elle avait perdue.

Après cette messe au milieu de la nuit, nous devions attendre que Papa ait attelé le cheval. Tout emmitouflés dans nos fourrures, nous revenions chez nous vers une heure et demie du matin, par des froids souvent sibériens. Revenus à la maison, comme réveillon, nous mangions des beignes et des pâtés à la viande que Maman nous avait fait réchauffer, car elle venait rarement à la messe de minuit. C'était trop long, trop tard et trop fatigant pour elle. En plus elle avait presque toujours un jeune bébé dans le berceau.

Tous les deux ans, l'évêque du diocèse, Monseigneur Georges Melançon, passait pour confirmer les enfants de sept et huit ans qui avaient fait leur première communion. Pour la circonstance, nous, les petites filles, étions toutes vêtues de blanc, de la tête aux pieds, avec un voile blanc sur la tête. Les garçons, eux, vêtus de leurs plus beaux habits, portaient au bras gauche un brassard blanc liséré d'or. Chacun notre tour, tous les futurs confirmés, nous allions nous agenouiller aux pieds de l'évêque qui nous faisait une onction sur le front avec le Saint-Chrême, bénissait notre chapelet et notre scapulaire puis nous donnait une caresse sur la joue. Ce geste rappelait le baiser après la cérémonie du baptême. Ce sacrement confirmait le baptême et faisait descendre sur nous le Saint-Esprit.

Par la suite nous, les confirmés, devions porter notre scapulaire bénit composé de deux petits carrés d'étoffe grise, plutôt rude, d'environ un pouce sur deux pouces, réunis par deux cordons, que nous nous passions autour du cou. Nous devions les porter directement sur la peau. Un carré nous pendait sur la poitrine, l'autre dans le dos. Sur ces deux petits morceaux d'étoffe, apparaissaient des images de la Sainte Vierge d'un côté et du Sacré-Cœur de l'autre. Il fallait les porter tout le temps avec nos médailles scapulaires bénites et miraculeuses. Quand nous étions jeunes, nos parents nous astreignaient à porter ce signe religieux, mais, plus vieilles, nous l'avons fait disparaître, prétextant que nous l'avions perdu. Bien des gens portaient continuellement toutes sortes de médailles bénites suspendues à leur cou. Ces médailles représentaient la Vierge Marie, Jésus ou plusieurs saints qui devaient avoir des pouvoirs de protection spéciale.

Le dimanche, jour du Seigneur, jour de repos pour les catholiques, il était strictement interdit de travailler, même de tricoter. Les magasins, les postes d'essence et tous les commerces étaient fermés, sauf les restaurants et les pharmacies. Alors les gens allaient visiter leurs parents et amis. Les seules tâches permises étaient l'entretien de la maison, la préparation des repas et le soin des animaux. Durant le temps des foins, s'il y avait eu beaucoup de pluie et que le dimanche était ensoleillé, le curé donnait la permission de ramasser le foin pour ne pas qu'il pourrisse dans le champ. Autrement, les cultivateurs devaient attendre au lendemain pour l'engranger.

Chaque association ou ligue devait avoir son aumônier, habituellement le vicaire. Cet homme d'Église s'assurait ainsi que la doctrine catholique était respectée. Il pouvait vérifier tous les courants d'idées qui circulaient dans la paroisse. Ça prenait un aumônier, même pour la caisse populaire et l'UCC. Il osait souvent donner des avis dans des domaines où il n'avait aucune compétence. Pour plusieurs, mes parents étaient de ceux-là, quand le curé ou le vicaire avait parlé, c'était l'autorité divine qui avait parlé, donc ça ne se discutait pas. Simonne Chartrand mentionnait dans sa biographie que : «Une certaine élite cléricale se préoccupait davantage de la morale que des problèmes quotidiens des gens.»

Selon le rite de l'Église catholique, le célébrant se plaçait dos à l'assistance pour dire la messe. Les gens suivaient un rituel qui ne leur avait pas été expliqué, mais qu'ils avaient appris par cœur sans en comprendre le sens. Ils savaient quand se tenir debout, s'asseoir ou se mettre à genoux, positions qui changeaient toutes les trois ou quatre minutes, sauf durant le sermon. C'était peut-être une façon pour le célébrant de garder l'attention des gens afin qu'ils suivent le déroulement de la cérémonie même s'ils ne comprenaient absolument rien au latin, langue officielle de l'Église catholique à cette époque. Le curé Joseph-Edmond Tremblay le savait et il disait la messe à une vitesse vertigineuse en marmonnant toutes ces prières. Les petits servants n'avaient même pas le temps de répondre. Les autres prêtres qui l'entendaient en perdaient leur latin! De cette manière, ça lui laissait plus de temps pour son sermon du dimanche qui durait entre quarante-cinq minutes et une heure où il parlait de toutes sortes de banalités, à peu près en ces termes : des filles qui portent des robes courtes et qui se promènent dans le village pour nous montrer leurs gros jambons; des filles qui se promènent en *bicycle* et qui se frottent les cuisses sur le siège et ont l'air d'aimer cela, elles ont le grand sourire; des filles qui vont à la plage, la pointe aux fesses, et qui se mettent du rouge à lèvres; des femmes qui vont les bras à l'air, qui se montrent le *poitrail* et qui portent des chapeaux trop voyants. Celles qui ont les cheveux relevés et des cheveux fous dans le cou. Il avait même dit qu'il refuserait la communion aux femmes qui ne s'habillaient pas décemment pour venir à l'église. Thérèse Poisson, femme de Jean-Baptiste Bussières, portait toujours un fichu sur la tête pour venir à l'église. Un jour, après lui avoir donné la communion, le curé lui avait rabattu son fichu dans le visage. Il parlait toujours des femmes, des femmes, encore des femmes... C'était surtout les femmes qui subissaient ses foudres, en particulier Madame Gilberte Milot. Il ne la nommait pas en chaire, mais tout juste. Il disait : «Les femmes qui ont un restaurant dans un rang, qui conduisent une automobile, qui enseignent et laissent leur mari seul à la maison», etc. Tout le monde la reconnaissait et elle s'en moquait bien. Même, elle le faisait exprès pour le faire parler. Elle suivait toujours la mode de très près et quand elle portait des toilettes extravagantes, elle s'arrangeait pour être sûre qu'il la verrait. Ses sermons étaient la farce du dimanche. C'était surtout les femmes qui racontaient ses incongruités en revenant de la messe, car la plupart des hommes piquaient un bon petit somme. Ça repose, une heure assis bien tranquille, habillé chaudement, quand on a travaillé fort toute la semaine. Certains hommes, dont Papa, ronflaient. Plusieurs *jeunesses* aimaient avoir un banc en arrière de l'église. Durant le sermon, ils sortaient sur le perron pour fumer une cigarette. Mais il fallait absolument aller à la messe. La pression sociale était très forte. De ceux qui n'allaient pas à la messe, le curé parlait souvent comme des damnés, des âmes perdues.

À un moment donné, certains paroissiens en ont eu assez. Ils trouvaient que ce curé tenait des propos scandaleux en chaire. Ils se sont réunis et ont mandaté quelques sages de la place pour aller se plaindre à Monseigneur Georges Melançon. Après les avoir écoutés attentivement, l'évêque leur a dit: «Messieurs, je vous comprends, mais vous êtes déjà habitués à lui. Je ne peux pas l'envoyer ailleurs, ils ne l'endureront pas un mois. Qu'est-ce que vous voulez que je fasse? Pour moi, c'est impossible de le déplacer. Je vais prier pour qu'il s'assagisse.» Le curé Joseph-Edmond Tremblay a fini sa carrière à Normandin. Ce même évêque l'a quand même nommé chanoine en 1948 et aussi prélat domestique. Il a fini ses jours chez les Sœurs du Bon-Conseil de Chicoutimi et il est enterré dans leur cimetière.

Il a continué ses fredaines et, de son côté, Madame Milot a continué à le narguer. Pour prouver jusqu'à quel point elle était prête à le défier, un jour, il lui dit: «Gilberte, c'est pas permis *d'empêcher la famille* et occupe-toi de ton mari. Elle lui répond: «Écoute Joseph-Edmond (elle le tutoyait), j'ai eu huit enfants dans dix ans de mariage, là je prends un *break*.» Le curé reprend: «Si tu continues, je vais te refuser l'absolution.» Puis elle ajoute: «Ton absolution, tu peux la garder, j'en ai pas besoin. À Mistassini, les Pères Trappistes sont pas *r'gardants* comme toi.» Elle n'était pas la seule. Certains citoyens trouvaient que la confession, c'était de l'espionnage, alors ils allaient toujours à confesse chez ces Pères de Mistassini. Madame Milot n'avait pas peur de ses opinions. Elle disait à qui voulait l'entendre: «Les curés n'ont pas d'affaire en dessous des *couvertes*.»

Pour aller à la grand-messe le dimanche, où tous les gens se rassemblaient, il fallait s'endimancher, car le vêtement était le signe extérieur du respect de Dieu, sans oublier celui de ses moyens financiers. Il fallait suivre la dernière mode et en même temps que les autres pour être bien vues, surtout à la grand-messe. À Pâques, Maman sortait son nouveau chapeau de paille alors qu'elle portait encore son manteau de fourrure. Au début d'août, alors qu'il faisait un soleil de plomb, il fallait absolument porter un nouveau chapeau de velours et un costume de laine. Même si c'était complètement déraisonnable, les gens suivaient la sortie de ces nouveautés qui paraissaient dans les magazines en vue de la saison nouvelle. En haut, au jubé où était notre banc, nous avions un bel aperçu de tout ce qui se passait en bas dans la nef de l'église. C'était pratique, nous étions au courant des nouvelles toilettes à la mode, de celles des nos amies et de nos concurrentes. En revenant de la messe, au changement de saison, nous passions nos remarques sur les nouvelles toilettes des gens les plus influents de la paroisse.

J'avais environ onze ans. Arthur Desmeules, fils du forgeron, passait la quête dans le jubé à la grand-messe du dimanche. Avec ses beaux cheveux gris, poivre et sel, toujours bien peignés sur le côté, bien luisants, et beaucoup de *Brealcream* ou du *Wave Set,* il était à la mode du temps. Ah! Qu'il était beau! Je trouvais qu'il ressemblait à un beau renard argenté. Quand je donnais mon cinq cents à la quête, je guettais toujours pour voir s'il me regardait. J'étais le plus souvent déçue.

William Desmeules, son père, faisait lui aussi la quête, mais dans les jubés latéraux que l'on appelait les arcades payantes à dix cents par place. Nous le voyions très bien faire puisque notre banc était dans le jubé central. Un jour, à l'école, René avait fait une composition où il avait décrit la quête du dimanche dans ces arcades. Il s'était exprimé à peu près en ces termes: «Monsieur Desmeules fait la quête avec ses mains sales d'huile et de charbon.» Devant tous les élèves de la classe, la maîtresse Berthe-Alice Mathieu lui avait fait des reproches d'avoir parlé ainsi de ce vieil homme quand même respectable. René était très gêné de ces remontrances dont il ne comprenait pas très bien la raison.

L'ÉGLISE DE PIERRE DE NORMANDIN

La construction de l'église de pierre de Normandin a débuté en 1917, pour se terminer en 1919, à l'extérieur seulement. Tout un monument! Bâtie en grosse pierre de granit rose extrait de la seule colline de la paroisse où elle a été construite, elle dominait toute la paroisse. Pour ériger cette énorme église, le 5 avril 1917 les syndics de l'église ont contracté un emprunt de 338 605 $, dont les paiements se sont échelonnés sur quarante ans. Une dette énorme répartie entre 319 familles, 2038 paroissiens. Pour connaître les détails de la construction de cette église, voir la page en annexe à la fin de ce volume.

En plus de cela, en 1918, une nouvelle souscription a été organisée parmi les paroissiens pour acheter un superbe orgue Casavant au coût de 9669 $.

En 1921, trois cloches ont été installées. Ces cloches, d'une très grande valeur, avaient une sonorité sans égale. Elles ont été fabriquées par la fonderie française Paccard, à Sévrier en Haute-Savoie. Une des dernières fonderies de cloches au monde.

Par leur hauteur de 225 pieds, les deux clochers dominaient tous les environs et le son des trois cloches résonnait à la grandeur de la paroisse. Pour actionner ces grosses cloches placées environ à 100 pi du sol, un peu au dessus du niveau du toit de l'église, le bedeau se servait des trois gros câbles qui descendaient jusque dans le portique du rez-de-chaussée. Chacun de ces câbles était enroulé autour d'une grande roue à gorge, solidaire de chaque cloche. Pour sonner les trois cloches, ça prenait trois solides gaillards. Pour maximiser leurs efforts, aidés par leurs poids, ils se laissaient monter par le câble et redescendaient avec le mouvement de ces cloches qui agissaient comme une âme rassembleuse dans toute la paroisse. De chez nous, à trois milles à vol d'oiseau, seulement par le ton et le rythme des cloches, nous pouvions distinguer quel événement se déroulait dans l'église, que ce soit l'Angélus du midi ou le glas plaintif. Vers 3 h de l'après-midi, à l'occasion d'un baptême, si on entendait les trois cloches sonner, c'est que le parrain avait les moyens, puisque ce luxe coûtait 5 $. Le samedi, par l'écoute de leurs sons joyeux, nous savions qu'il venait de s'y dérouler la célébration d'un mariage. Tous les dimanches, avant la grand-messe dominicale, elles se balançaient à toutes volées pour inviter les fidèles à entrer dans l'église. Une grand-messe était toujours au centre de la célébration de tous les événements importants.

Après l'incendie de 1974, ces cloches ont pu être récupérées et replacées dans le campanile de la nouvelle église construite à peu près au même endroit. Seule la cloche de Sol a été fortement abîmée en tombant du clocher. Ils ont essayé de la réparer, mais elle restait fausse. Alors ils en ont fait fabriquer une nouvelle à Charny près de Québec.

Malgré l'énorme emprunt en 1917, l'argent n'a suffi qu'à construire l'extérieur de l'église. Mais en 1947, le curé Joseph-Edmond Tremblay est revenu à la charge pour finir l'intérieur qui a coûté plus de 1 000 000 $. Très peu de gens ont su le coût exact de cette église. L'abbé Yvon St-Pierre et le curé Tremblay passaient par les maisons pour faire souscrire les paroissiens afin d'en payer la finition intérieure. Pour les pauvres cultivateurs qui devaient s'engager à verser 200 $, c'était presque leur enlever le pain de la bouche.

M. Ouellet de Québec avait été l'architecte pour l'extérieur de l'église, mais pour l'intérieur, ce fut l'architecte Ludger Lemieux, de Montréal. Ce dernier disait que cette église était le plus beau contrat de sa carrière. Tout l'intérieur était décoré avec le plus grand luxe : un dôme azuré et parsemé d'étoiles ; de splendides vitraux décoraient ses très hautes fenêtres qui éclairaient cette immense église digne d'une cathédrale. Chaque station du magnifique chemin de croix déjà en place avait été offerte généreusement par des notables de la place, leurs noms étaient gravés au bas du cadre de la station de leur choix. Grand-papa Georges Fortin était un de ces donateurs. Tout ce luxe pour une population de gens pauvres, en 1948-1949 : 572 familles, 3485 paroissiens. Elle fut terminée pour Pâques, le 17 avril 1949. Le 8 mai suivant, Monseigneur Georges Melançon en a fait l'inauguration officielle en célébrant une messe pontificale en présence de tous les paroissiens et de plusieurs personnalités venues de partout.

Le curé avait déjà accumulé beaucoup d'argent pour finir l'intérieur de son église, mais pour obtenir le montant de 140 000 $ qui manquait et pousser les paroissiens à verser toujours plus d'argent, il avait fait installer, près du presbytère, un gros thermomètre en bois qui indiquait graduellement le rapport entre la somme d'argent recueillie et celle qui restait à venir pour atteindre son objectif final. Chaque dimanche, à la fin de son sermon, toujours en donnant un coup de poing sur le bord de la chaire, il disait : « N'oubliez pas de donner un peu plus pour la finition de votre église. » De temps à autre, il était content d'annoncer : « Samedi soir prochain, à la salle paroissiale, il y aura une soirée dramatique et musicale au profit de l'église. » C'était habituellement la troupe de Jean-Paul Kingslay ou Ti-Gus et Ti-Mousse ou Muriel Millard ou d'autres artistes populaires qui venaient en tournée dans les campagnes. Ces gens de Montréal savaient très bien qu'en donnant de l'argent au curé, celui-ci ne parlerait pas contre leur soirée et qu'en plus, en faisant l'annonce en chaire, tous les paroissiens seraient informés de leur passage. Comme de raison, le curé venait assister à la pièce de théâtre, mais au début seulement. Quand les lumières de la salle étaient éteintes, le curé se baissait pour ne pas que les gens le remarquent et sortait par l'escalier de côté. Les acteurs le savaient et faisaient ouvrir la soirée par un chanteur.

Salomon Weiss, le seul commerçant juif du village, allait visiter le curé tous les ans. Il était rusé, il savait très bien qu'il devait avoir le curé dans sa manche, s'il voulait survivre dans une société de Canadiens français. Lors d'une de ses visites annuelles, il lui avait dit : « M. le curé, à la fin, je vous donnerai la somme qui manquera pour atteindre votre objectif en vue de la finition de votre église. » En effet, il avait donné un montant très important. Le curé était tellement content qu'il l'avait dit en chaire comme ceci : « Vous avez remarqué que le thermomètre a fait un gros saut cette semaine et que nous avons atteint notre objectif. C'est grâce à un généreux donateur. Un commerçant bien connu dans le village, qui n'est pas de la même religion que nous. Il a donné ce gros montant en reconnaissance de la collaboration que les citoyens de la place lui ont apportée. » Tout le monde avait reconnu Salomon.

Au début des années 1930, nouvellement marié, Salomon avait quitté sa Pologne natale pour échapper à la vague antisémite qui sévissait dans son pays.

Depuis leur arrivée à Montréal, les Weiss prenaient le train régulièrement ensemble et venaient à Normandin. Avec deux grosses malles remplies de vêtements, ils s'installaient à l'hôtel Central pour vendre leur marchandise. Les marchands de vêtements de la place regardaient de travers ces Juifs qui parlaient à peine français. Ils voyaient en eux des concurrents redoutables. Après quelques voyages fructueux, les Weiss se sont installés à Normandin sur le boulevard Saint-Cyrille, juste en face du presbytère. Ils ont ouvert un magasin de vêtements pour hommes et pour femmes en plus d'une petite épicerie. Ils logeaient en haut de leur magasin et y ont eu quatre enfants : Harry, Léo, Maurice et Rita. Leurs affaires ont progressé et ils sont devenus très prospères. Ensuite, avec Patrick Hamel, Salomon s'est impliqué dans le commerce du bois où, là aussi, les affaires étaient bonnes. En 1939, il a fondé la Scierie Normandin Lumber Ltée et est devenu le premier millionnaire de Normandin. Mais pour plusieurs, Salomon Weiss est toujours resté Le Juif. Dans un milieu homogène de Canadiens français, un étranger restait un étranger toute sa vie, surtout s'il n'était pas de la même religion, s'il parlait français avec un accent et s'il n'avait aucun lien de parenté dans la place. En plus, les enfants Weiss fréquentaient une école juive de Montréal et ne revenaient qu'aux vacances scolaires. Ils avaient peu de contact avec les enfants de la place. Pour eux, c'était plus difficile de s'intégrer.

En 1923, dans cette paroisse de colons, où les gens avaient peine à survivre, et où il n'y avait même pas de trottoirs, pas de système d'aqueduc municipal, ni de système d'égouts sanitaires dans le village, le curé Didyme Tremblay s'est fait construire un beau presbytère en brique, la seule résidence en brique de Normandin. Elle est encore là aujourd'hui. Une énorme résidence de 40 pi sur 40 pi, plus la partie cuisine qui mesurait 22 pi sur 25. Cette bâtisse comprenait deux étages, plus le sous-sol et une immense galerie qui en bordait deux côtés, où le curé se promenait en lisant son bréviaire. Bien sûr ! Ça lui prenait une grande maison, il gardait avec lui son père, sa mère, ses trois sœurs, plus la servante, et parfois ses deux frères. En plus, à tous les deux ans, il lui fallait recevoir Monseigneur l'évêque qui était habitué de vivre dans le confort. Ce haut dignitaire de l'Église devait être reçu avec tous les égards dignes de son rang. Aux yeux des fidèles catholiques, les gens d'Église vivaient dans une tour d'ivoire.

Après la grand-messe, il y avait *la criée* à la porte de l'église. Philadelphe Ferland montait sur un genre d'estrade grise d'environ trois pieds sur trois pieds, élevée d'environ trois pieds. À cette hauteur, il dominait la foule et criait les nouvelles importantes de la paroisse pour la semaine à venir. De plus, le curé lui demandait de solliciter des dons afin de payer des messes pour les âmes des fidèles défunts. C'était une façon détournée de faire payer aux paroissiens l'entretien d'une église beaucoup trop grande pour leurs moyens. Certains cultivateurs offraient des animaux en don. M. Tremblay, qui n'avait pas compris que l'argent allait au profit de l'église, trouvait que ça se vendait bien, des animaux à la porte de l'église. Il apporte un petit cochon. Son cochon vendu, il voulait avoir l'argent de sa vente. L'histoire a été tournée en ridicule et les gens l'ont baptisé « Tremblay Cochon ». Cette coutume de donner des surnoms aux gens était très répandue, parce qu'il y avait plusieurs familles de Tremblay, de Gagnon, de Fortin, etc., mais qui venaient de lignées différentes.

Le 24 juin, fête de la Saint-Jean-Baptiste, la journée commençait par une grand-messe, suivie par l'officiel coup de canon. Ce canon était placé à côté du kiosque, dans le petit parc, en avant du presbytère. L'unique policier, Jos Dubé, bourrait le canon de toutes sortes de guenilles et d'un peu de poudre à canon. En y mettant le feu, le coup partait et retentissait dans tout le village. Le problème était que toutes ces guenilles en flammes atterrissaient souvent sur le toit de la maison du docteur Ludger Poisson. Une fois, le feu a pris dans les cordes de bois en arrière de sa maison. Des volontaires se préparaient toujours en cas d'un éventuel incendie.

Dans l'après-midi, le défilé était ouvert par la parade des cadets de Normandin, suivie de la fanfare dirigée par un frère mariste. Ça nous impressionnait toujours de voir Fernand Hamel qui marquait le rythme en frappant sur un énorme tambour et qui fermait la marche. Il faisait virevolter ses baguettes et les croisait pour rendre son jeu encore plus spectaculaire. En plus de ce tambour, nous adorions entendre les sons stridents des cuivres qui brillaient au soleil, notamment des cornets, des trompettes, des bassons, des clarinettes, et des cymbales. Tous ces instruments de musique avaient été donnés par l'armée canadienne. Ils ont été bien conservés et servent actuellement à l'Harmonie de Normandin.

Sur leur passage, nous applaudissions et tapions du pied en suivant le rythme. Ça mettait de l'atmosphère et nous préparait pour l'arrivée d'une dizaine de chars allégoriques qui fermaient la parade.

Pour payer une partie de ces dépenses, les organisateurs vendaient des *Tag Day*, dix cents. Sur ces petits rubans en couleurs étaient inscrits le nom et la date de l'événement. Nous portions notre *Tag Day* avec fierté. Ce n'était pas tout le monde qui en achetait !

M. Wilbrod Doucet a habité quelque temps dans la maison près de l'école. Sa très belle épouse, toujours habillée avec élégance, portait des bas de soie. « As-tu vu ? On lui voit les jambes à travers ses bas », chuchotaient les commères du coin, jalouses de la liberté de cette nouvelle venue. Les femmes ordinaires portaient d'épais bas de coton beige. Le curé interdisait les bas de soie. L'été, Maman trouvait ces bas de coton bien chauds, alors elle les roulait jusqu'à la cheville. Quand il nous arrivait de la visite surprise, surtout si c'était un homme, vite, elle les remontait pour ne pas passer pour une femme immodeste.

Les Doucet, pour nous, c'était de la belle visite. En plus, ce couple avait une petite automobile décapotable à deux places. À l'arrière, un coffre ouvrait par le haut, où il y avait un autre siège pour deux passagers. Nous appelions ça un *jumpeur site* (*rumble seat*), par ce qu'il fallait sauter pour entrer dans ce petit compartiment. Comme nous n'avions pas encore d'automobile, pour 25 ¢, M. Doucet nous transportait à la grand-messe. Nous *embarquions* trois, Papa et deux enfants. Ça nous amusait, surtout Papa qui n'avait pas besoin d'atteler la jument. En plus, au lieu de prendre quarante-cinq minutes, ça n'en prenait que quinze pour faire le trajet. Pour klaxonner, M. Doucet mettait un fil en contact avec une plaque de métal. Ce bruit rauque faisait peur aux chevaux des autres voitures et ainsi, comme il allait plus vite qu'eux, il pouvait les dépasser facilement. Assis en arrière, il ventait fort. Nous arrivions au village, dépeignés, souvent même salis par la boue qui revolait des roues. Pour remplir l'obligation imposée à la gent féminine d'avoir la tête couverte pour entrer dans une église, nous apportions notre chapeau, mais nous ne le mettions que rendues au village, pour ne pas le faire salir ou abîmer par le vent. M. Doucet n'immatriculait pas son auto. Pour éviter de se faire arrêter par le *spotter*, il stationnait toujours son auto en bas de la côte avant d'arriver à l'église. Ce qui nous obligeait à marcher au bord du chemin où il n'y avait pas encore de trottoir. Ça salissait nos souliers et nous devions les essuyer avant d'entrer dans l'église. Malgré ces petits inconvénients, nous aimions bien ce transport de fortune.

Au village, en 1928, en même temps que l'installation des systèmes d'aqueduc et d'égouts municipaux, les premiers trottoirs ont été construits en bois, d'une largeur d'environ quatre pieds. De chaque côté de la rue, ils recouvraient les fossés creusés pour faire le drainage. Petit à petit, ils ont été remplacés par des trottoirs en béton en commençant par la rue de l'église et du presbytère. En 1948, il y avait encore des trottoirs de bois en direction de la ferme expérimentale. En 1950, 4000 pieds de trottoirs de béton ont été ajoutés. Cependant, la rue principale et la route étaient couvertes d'asphalte jusqu'à Dolbeau. Par contre, il n'y en avait pas dans le Grand Rang où demeurait la famille dc M. Ernest Milot, et ça jusqu'à Saint-Félicien. La route de quatre milles, entre Saint-Méthode et Saint-Félicien, était toute en *gravelle*. Les automobiles circulaient vite, la *gravelle* se tassait et formait de petites vagues que nous appelions *de la planche à laver*. Ces vagues faisaient vibrer les automobiles et tout ce qu'il y avait dedans. C'était fatigant pour les passagers et dur pour les autos. Mais ça n'empêchait personne de voyager, nous étions tellement contents de voir du monde.

EN 1940, LES FEMMES DU QUÉBEC OBTIENNENT LE DROIT DE VOTE AU PROVINCIAL
Loi votée par le gouvernement libéral d'Adélard Godbout

En 1940, les femmes obtiennent à nouveau le droit de vote qui leur avait été retiré en 1849. Dès 1834, les Patriotes, Louis-Joseph Papineau en tête, se comportent en hommes de leur temps et manifestent le désir de corriger une anomalie historique en retirant le droit de vote aux femmes.

Après son élection du 25 octobre 1939, Adélard Godbout était prêt à tenir sa promesse faite aux femmes, malgré l'opposition du clergé. L'archevêque de Québec, le cardinal Rodrigue Villeneuve, avait fait paraître ce communiqué dans les journaux :

Nous ne sommes pas favorables au suffrage politique féminin :

1- parce qu'il va à l'encontre de l'unité et de la hiérarchie familiales ;

2- parce que son exercice expose la femme à toutes sortes de passions et à toutes les aventures de l'électoralisme ;

3- parce que, en fait, il nous apparaît que la très grande majorité des femmes de la province ne le désirent pas ;

4- parce que les réformes sociales, économiques, hygiéniques, etc. que l'on avance pour préconiser le droit de suffrage chez les femmes, peuvent être aussi bien obtenues, grâce à l'influence des organisations féminines, en marge de la politique. »

Après avoir pris connaissance de ce communiqué, Godbout a téléphoné au Cardinal et lui a dit : « Si vous ne voulez pas que je passe cette loi là, je démissionne et c'est T.D. (Télesphore-Damien) Bouchard qui va me remplacer, c'est un anticlérical et lui, il va la passer cette loi là et bien d'autres. » L'archevêque a repris : « D'accord, d'accord, passe-la ta loi. » Les jours suivants, aucune protestation contre le vote des femmes n'est apparue dans les journaux sous l'influence du clergé. Godbout avait pris la précaution de nommer le juge Frédéric Dorion, un ultra catholique à la tête de ce comité d'étude. De cette façon, il était assuré que les changements au code civil ne seraient pas révolutionnaires. Le 25 avril 1940, après quatorze ans d'effort de la part des féministes, sous la direction de Marie Gérin-Lajoie, de Thérèse Casgrain et d'Idola St-Jean, le Québec a été la dernière province du Canada à accorder le droit de vote aux femmes. Il leur accordait aussi le droit d'éligibilité à tous les paliers de gouvernement : municipal, scolaire, provincial et fédéral. Dans cette lancée, il leur ouvrait la porte au cours et à la pratique du droit. Le journal

L'Action Nationale approuva le projet en se demandant pourquoi les femmes ne jouissaient pas des mêmes droits que les ivrognes et les prisonniers. Au fédéral, les femmes pouvaient voter depuis 1917. En France, les femmes n'ont eu le droit de vote qu'en 1945.

Henri Bourassa, le fondateur du journal *Le Devoir* a même écrit au début du xxᵉ siècle: « Si les femmes votent, elles risquent de devenir de véritables femmes-hommes, des hybrides qui détruiraient les femmes-mères. Elles se métamorphoseraient en *hommasses*. Ensuite, elles voudront devenir députés, sénateurs et pourquoi pas avocats! »... Actuellement, quand on lit cela, on constate que les femmes ont fait beaucoup de chemin, même si elles en ont encore beaucoup à faire.

Pour voter, il fallait avoir vingt et un ans accomplis, l'âge où tout citoyen devenait majeur. Par contre, avec la signature de son père, un garçon pouvait se marier à seize ans et une fille, à quatorze ans. La majorité des filles se mariaient avant vingt ans. La plupart d'entre elles devenaient enceintes peu de temps après leur mariage et avaient souvent de nombreux enfants. J'avais douze ans. Environ six mois après le mariage d'un voisin avec une jeune fille que je trouvais très belle, j'avais demandé à Maman:

« Voulez-vous bien me dire pourquoi une belle fille après qu'elle est mariée, elle dépérit si vite et s'habille pas comme avant? » Maman m'avait regardée longuement sans dire un mot.

NAISSANCE D'ALINE

À CETTE ÉPOQUE, les adultes riaient souvent de situations que nous, les enfants, ne comprenions pas toujours. Ils faisaient des mystères avec des demi-vérités et des cachettes qui nous rendaient très prudents dans nos réactions, de peur de faire rire de nous. Pire encore, selon la culture du temps, les adultes s'évertuaient à cacher la vérité aux jeunes enfants ou leur faisaient croire des niaiseries, comme la corde à virer le vent, le loup-garou, le bonhomme sept heures (*bone setter*), le corbeau à l'étable (quand les animaux mettaient bas). La plupart des adultes portaient des dentiers. Ils nous disaient que quand on devient vieux, on peut enlever ses dents comme ça, que c'est plus pratique pour les laver, que ça va être comme ça quand nous serons plus vieilles. Lors d'orage, quand il tonnait, on nous disait que c'était le bon Dieu qui faisait son grand ménage. Quand un enfant naissait, ils nous disaient que la cigogne était passée ou que le sauvage était venu ou, si c'était l'été, qu'ils avaient trouvé ce bébé dans une feuille de chou.

Un jour, Maman nous dit : « Allez-vous-en trouver Évana tout de suite et dites-lui de venir. » En arrivant là, je demande : « Jeanne-d'Arc, pourquoi on s'en vient tous ici si vite ? » Jeanne-d'Arc, huit ans, me répond : « Je pense que Maman va avoir un petit bébé. » Oncle Ulric reprend d'un ton sévère : « Fais pas de discours simple, là toi. » Jeanne-d'Arc était bien déçue de la réaction de notre oncle. Le lendemain matin, nous avions pourtant une nouvelle petite sœur.

C'était le 20 juin 1940, Aline venait de naître. C'est la première naissance d'une de mes sœurs dont je me souviens. L'arrivée de ce nouveau bébé a été bien soulignée. Tante Clémence est venue nous faire un gâteau crémé. Le parrain et la marraine étaient choisis d'avance. Cette fois, les heureux élus avaient été oncle Léon-Paul un frère de Maman, et tante Aline. Ils savaient que nous nous attendions à avoir des friandises, comme aux autres naissances, et ils sont arrivés chez nous les bras chargés de sacs de bonbons. Les jeunes du coin savaient qu'à chaque *compérage* chez nous, du bonbon, il y en avait et beaucoup. Après le souper, les p'tits Melo venaient au *compérage* pour manger du bonbon avec nous.

Nous étions contents d'avoir la visite d'oncle Léon-Paul et de tante Aline. Des gens merveilleux chez qui nous aimions beaucoup aller. Mon oncle était discret, comme plusieurs frères de Maman, mais tante Aline était très jasante et intéressante. Nous gardons toujours de très bons contacts avec eux et leurs enfants : Roméo est né en 1936 et les autres ont suivi : Florence, Micheline, Nicole, Madeleine, Murielle, Régis et Normand.

À cette naissance, c'est Adrienne Villeneuve du Rang 8 qui est venue aider Maman. Quelle jeune fille douce et aimable ! Rolande, deux ans, l'appelait tante Dienne. Elle était si belle. Le samedi soir, quand Ti-Ric (Ulric) Langevin venait la chercher pour aller veiller, nous la regardions attentivement se *grimer* et surtout se mettre du rouge à lèvres devant le miroir de la cuisine. Du nouveau pour nous. Maman ne se mettait que de la poudre et de la *farde* (fard à joues).

Pour l'arrivée de ce bébé, Rolande avait dû venir se joindre à nous, en haut, dans notre chambre en face de l'escalier. Nous couchions maintenant quatre filles dans le même lit sur un beau matelas neuf. Mais après quelque temps, ça n'allait plus. Nous dormions mal. Maman disait que nous manquions de sommeil. Alors, mes parents ont ajouté un nouveau lit double dans notre petite chambre. Nous étions contentes de ne coucher plus que deux par lit. Ça nous permettait de nous étirer les jambes à notre guise sous nos couvertures. Mais avec ce nouvel aménagement nous avions peine à circuler entre nos lits et la porte de la garde-robe ne pouvait plus ouvrir complètement.

Les grands étuis de plastique pour protéger les vêtements n'étaient pas encore disponibles. En plus, dans nos maisons où il n'y avait pas d'aspirateur, la poussière n'était pas facile à contrôler. Les mites auraient pu se propager facilement. Il fallait être vigilant pour éviter que ces très petits insectes, qui affectionnent particulièrement les lainages et les fourrures, les percent d'une multitude de petits trous qui les rendaient inutilisables. Pour remédier à ce problème, au printemps, quand Maman rangeait les vêtements d'hiver, elle mettait des boules à mites partout entre les rangées de lainages et de fourrures entreposés pour l'été dans l'armoire et la garde-robe du *passage*. À l'automne, quand nous les sortions, il fallait les faire aérer dehors plusieurs heures, sinon plusieurs jours. Autrement l'odeur était insupportable et étouffante. À cette période de l'année, souvent ça sentait la boule à mites dans l'église où tous les manteaux de fourrure étaient rassemblés.

~

Après trois ans d'enseignement à notre petite école, Béatrice Hamel a eu le choix de s'engager dans une autre école plus près de chez elle. En septembre 1940, une nouvelle maîtresse d'école venait se dévouer pour nous, Berthe-Alice Mathieu, la fille du boucher du village. Elle était jeune et à sa première année d'ensei-gnement. Même si elle pensionnait chez Ernest Langevin, elle avait peur de rester seule après les heures de classe pour faire ses corrections et sa préparation de classe pour le lendemain. Donc, elle a amené avec elle son jeune frère Marcel. Pour nous, c'était un étranger. Nous l'observions attentivement, surtout moi. J'avais six ans. Maintenant nous serons trois en deuxième année : Émile Théberge, Marcel et moi. Ce jeune garçon du village avait fait sa première année au collège dans une classe d'une vingtaine de garçons. Il trouvait ça drôle que nous ne soyons que trois dans notre division, garçons et filles. Ce qui l'amusait surtout c'était de voir toutes les divisions, de la 1re à la 6e année, dans la même classe. Mais, il s'y est habitué rapidement.

À la fin de l'année scolaire, pour nous récompenser de nos bons résultats, Papa louait l'automobile de M. Siméon Théberge, notre voisin, et il nous faisait faire un tour d'auto. Maman restait à la maison avec les plus jeunes, comme la plupart du temps. Nous allions à Saint-Edmond. Papa allait jaser avec ses deux frères, Armand et Lionel. Nous étions très contents d'aller passer une partie de la journée pour revoir tante Antonia et sa fille, Cécile. Ensuite nous nous rendions au Rang 10, chez oncle Lionel et tante Angélina, pour visiter nos cousins et cousines. À ce moment là, Papa rêvait d'une automobile, mais il fallait qu'il attende d'avoir payé son prêt agricole.

MAMAN AIMAIT LE TRAVAIL DE LA FERME, MAIS PAPA N'ÉTAIT PAS UN CULTIVATEUR DANS L'ÂME

MES PARENTS AIMAIENT NOUS PARLER DE LEUR JEUNESSE. Papa nous racontait qu'avant de se marier, de santé fragile, il ne travaillait pas sur la ferme de ses parents. Il avait cinq autres frères plus vieux que lui pour le faire. D'ailleurs, il lui restait peu de place parmi ces grands garçons, tous plus autoritaires les uns que les autres. Depuis qu'il était tout jeune, il avait trouvé une façon de se démarquer des autres. Il s'était exercé à lancer la balle de base-ball dans un carré qu'il avait dessiné sur le mur de la grange. Devenu très précis dans ses lancers, à l'âge adulte il faisait partie d'une équipe de base-ball locale. Les Fortin étaient huit garçons et aimaient beaucoup les jeux d'équipe. Leur père, Georges Fortin, ayant vécu toute sa jeunesse aux États-Unis, leur avait montré, ainsi qu'à leurs amis du coin, à jouer au base-ball selon les règles officielles du jeu. Mais leur père ne connaissait que les termes anglais : Papa était *pitcher*, Hector Provencher, *catcher*. *One man out*, *first base*, *home run*, *strak* (*strike*), etc. Tout était *callé* en anglais. Papa se vantait d'être le meilleur *pitcher* de la région. Il n'y avait pas de *back stop* en arrière du frappeur, mais quand c'était Hector Provencher qui *catchait*, il n'y avait pas une balle qui passait tout droit et les adversaires ne faisaient pas de *home run*, nous disait-il. Jeune mariée, Maman aimait aller les voir jouer le dimanche après-midi. Plus tard, mes parents amenaient un ou deux enfants, ça en faisait moins à garder pour René et Jeanne-d'Arc. J'y suis allée quelquefois avec eux à Albanel, en voiture à cheval, un trajet de dix milles environ. Maman a toujours aimé ce sport. Elle s'y est intéressée jusqu'à la fin de sa vie. Elle ne manquait jamais une joute des Expos à la télévision jusqu'à son décès, en 1999. Elle conservait précieusement la balle de base-ball que Lucie lui a donnée sur laquelle des joueurs des Expos de Montréal avaient signé leurs noms.

Papa aimait nous raconter comment il avait été élevé dans une atmosphère de réjouissances, de réunions familiales et d'amis. Leur père était un genre de patriarche, un notable de la place qui avait beaucoup d'influence. Donc, il contrôlait le central téléphonique du Rang Nord (ce système a été démantelé au début des années 1930). C'était un système coopératif. Les appels étaient gratuits. Avec leurs amis, surtout les jeunes de la famille de Simon Boivin qui avait un autre central comme eux, ils s'amusaient à se chanter des chansons au téléphone et à se jouer des tours en changeant leur voix. Ils connaissaient tous les gens de la place et avaient toujours des invités à la maison. Le dimanche et souvent durant la semaine, les jeunes se réunissaient chez eux. C'était une famille de gens très *r'cevants*. Ils avaient un grand sens de la famille élargie. La plupart du temps, leurs cousins et cousines d'Héberville arrivaient pour passer une semaine ou deux. Ensuite c'était à leur tour d'aller fêter à Héberville. Ils chantaient, jouaient de la musique et dansaient. Papa en profitait pour s'exercer à jouer du violon. Les Fortin aimaient être entourés de monde. La table était grande et toujours remplie de gens qui discutaient, se racontaient des histoires et riaient. Ils étaient friands des jeux en équipe. Ils jouaient aussi au hockey. Maman avait une photo où Papa, vêtu du costume de *goaleur* était entouré de ses coéquipiers. Ils jouaient aux cartes, aux dames, au *petuchon,* à tous les jeux à la mode. Ils n'avaient pas été vraiment initiés aux durs travaux manuels. Même après la mort de Victor, ils étaient encore six garçons sur la ferme. Le travail régulier était vite fait et ne nécessitait pas l'apport de tout le monde. Papa en était souvent exempté, vu qu'il avait une santé fragile et qu'il était un des plus jeunes garçons. Mais cet avantage avait un grand inconvénient, son tour d'avoir le cheval et la voiture pour aller veiller ne venait pas souvent.

Par conséquent, Papa n'était pas très attiré par le travail de la ferme. En plus de son mal de dos, il souffrait d'une bronchite chronique. Il fumait et toussait beaucoup. Il n'était pas fort et tous les travaux manuels lui étaient pénibles. Il aurait préféré un travail social, mais encore là, sa santé ne lui a pas permis d'étudier longtemps. Pendant ses deux ans d'études au petit séminaire de Chicoutimi, comme il s'absentait souvent pour cause de maladie, même s'il avait de bons résultats scolaires, ses professeurs ont conseillé à ses parents de le retirer de l'école. Il a eu beaucoup de peine de cela, il en parlait souvent. Les médecins leur avaient dit que Papa ne vivrait pas jusqu'à vingt ans, qu'il ne pourrait pas faire un prêtre, ni exercer une profession libérale. Il est mort à presque soixante-six ans. Avant de se marier, il était commis vendeur au magasin général de son frère Armand, à Normandin, avant que celui-ci vende son commerce à Jessy Painchaud pour aller ouvrir un autre magasin dans la nouvelle paroisse de Saint-Edmond où il fut le seul marchand général. Avec nostalgie, Papa nous parlait souvent de cette période de sa vie. Si ça n'avait pas été durant la grande crise économique, il aurait probablement ouvert un commerce quelconque. D'un autre côté, pendant cette crise, la ferme a permis à mes parents de nous nourrir adéquatement.

Par contre, Maman, qui avait beaucoup participé aux travaux de la ferme chez ses parents, affectionnait particulièrement ce travail. Elle aimait surtout le soin des animaux, sauf les chats, auxquels elle interdisait l'entrée de la maison. Elle aimait surtout les chevaux et se choisissait une jument à son goût, ordinairement élancée, vigoureuse et *de voiture.* Je me souviens d'une de ses juments qu'elle avait appelée Belle. Durant l'été les chevaux étaient en liberté dans le champ des vaches. Un soir, Maman, ne voyant plus Belle parmi les autres chevaux, inquiète, est partie à sa recherche. Elle finit par découvrir sa jument un pied pris dans la clôture chez Polon. La pauvre bête avait tellement forcé pour se tirer de là que son sabot était presque arraché. Mes parents avaient fait venir le vétérinaire et celui-ci avait affirmé que cette blessure était impossible à guérir complètement. Maman a dû se résigner à la faire tuer. Elle a tellement pleuré de voir mourir cette belle bête. Il restait à mes parents leur jument Noire et son poulain Sweed qui était dompté et prêt pour les travaux de la ferme. L'année suivante, Noire a donné naissance à une belle pouliche noire que Maman a nommé Frise. Cette pouliche est devenue une jument racée, de fière allure et très rapide. Maman l'aimait déjà et souvent elle l'a appelait Mienne.

Maman était très attachée à la ferme et prenait tout à cœur. Elle aimait ce travail et voyait à tout. Même malade, elle trayait souvent les huit vaches, seule avec René, Jeanne-d'Arc et moi qui en trayons chacun une, pendant que Papa allait *commencer* les animaux de la ferme, faire de la propagande pour l'UCC ou pour la Coopérative. Il arrivait rarement à temps pour traire les vaches. Notre voisin, M. Siméon Théberge, avait crié à Maman en passant : « *Tire*-les pas, les vaches, quand il sera obligé de les *tirer* plusieurs fois en arrivant après la veillée, tu vas voir qu'il se domptera bien. » Mais Maman n'a jamais osé, elle en était incapable. Elle lui répondait : « Ces pauvres bêtes vont souffrir pour rien. » Personne dans notre famille n'aimait cette corvée qui revenait deux fois par jour. Aline a été la seule à aimer les autres travaux de la ferme. Même René, devenu cultivateur par habitude, n'aimait pas cela, lui non plus. Le commerce l'intéressait et surtout lui rapportait beaucoup plus. Jeannine, sa femme, a plusieurs anecdotes souvent très drôles à raconter à ce sujet.

Quand nous étions très jeunes, l'été, quand la traite des vaches se faisait dehors dans le champ près de la maison, nous nous apportions chacun une tasse pour que Maman nous traie du lait chaud directement dans notre tasse. Le lait venait couvert de mousse blanche. Nous adorions cela et nous nous trouvions bien drôles de nous voir avec de la *broue* qui nous faisait une moustache blanche en dessous du nez.

Le printemps, quand il commençait à faire beau, c'était toute la famille qui se rendait à l'étable pour la traite des vaches. Jeanne-d'Arc restait à la maison pour garder le bébé. Un soir, elle décide que ce ne sera plus elle qui gardera tout le temps le bébé. Avant la fin du souper, elle se sauve dans la coulée. Pensant que je resterais à la maison avec le bébé ce soir-là, elle attend un bon moment dans sa cachette. Quand elle croit que les autres sont tous rendus à l'étable, elle revient à la maison, mais il n'y a plus personne. Mais où est le bébé ? Elle s'en vient à l'étable. Elle m'aperçoit debout près du bébé couché dans une boîte de carton. Pour moi, tout allait bien. Elle me regarde, les yeux ronds, très étonnée de voir comment je m'étais bien tirée de la situation.

Papa a vite compris que les cultivateurs n'étaient pas rémunérés convenablement pour leur travail. Avec plusieurs concitoyens, il cherchait un moyen de faire évoluer cette situation. Ensemble, ils avaient constaté que, pour survivre, il fallait qu'ils se regroupent et s'organisent. Vu que Papa avait plus d'instruction que bien d'autres, on lui demandait souvent de s'occuper d'organisations, la majorité du temps comme bénévole. Il aimait beaucoup ce travail de recrutement où il pouvait faire valoir ses qualités de communicateur et il y investissait beaucoup de son temps. Il était heureux quand il était dans un groupe et que la discussion était très animée. Il voyait que les choses bougeaient et qu'il y avait de l'espoir que la situation s'améliore.

Pour plusieurs familles, ce n'était pas une vie, c'était la survie. En 1941, après la crise, quand l'économie a commencé à mieux fonctionner, le gouvernement fédéral, sous Mackenzie King, a passé diverses lois à caractère économique et social afin d'éviter que la grande misère vécue durant la crise ne se répète. En effet, il a décrété le gel des salaires et des prix à la consommation. Il a voté des allocations pour les aveugles et pour les mères de famille nécessiteuses, des pensions pour les vieillards nécessiteux et, le 1er juillet, l'assurance-chômage.

Les revenus de notre ferme suffisaient à peine à subvenir aux besoins de la famille. Aussitôt qu'un pépin venait perturber notre fragile sécurité, il fallait se sacrifier quelque part. À un moment donné, mes parents ont eu un besoin supplémentaire d'argent. Il a fallu vendre au Dr Dionne, Frise, la jument préférée de Maman. Je n'oublierai jamais comment Maman a pleuré en la voyant s'éloigner. Par la fenêtre, elle l'a regardée partir jusqu'au coin chez *Polon* (Napoléon Théberge) où sa jument est disparue au tournant de la route. Ce médecin avait besoin d'une jument forte et rapide pour aller soigner les malades durant l'hiver, car les chemins n'étaient pas encore tous ouverts à la circulation automobile. Mais Frise nous revenait pour la saison d'été. Quelques années plus tard, quand le docteur Dionne a pu circuler partout en automobile l'hiver, Papa a racheté Frise. Maman était tellement heureuse de ravoir sa jument pour toute l'année.

La majorité des femmes et des filles de cultivateurs participaient régulièrement aux travaux de la ferme, comme traire les vaches, soigner les animaux, faire les foins, semer et entretenir le jardin potager, etc. Par contre, la majorité des maris et des fils n'aidaient pas aux travaux ménagers. En général, les hommes jouissaient d'un statut supérieur dans la société et les femmes étaient leurs subordonnées. En effet, la femme avait appris à devenir la servante de son mari, les filles, les servantes de leur père et de leurs frères ; la priorité était accordée aux hommes. Dans certaines familles, même s'il avait des sœurs aînées, l'aîné des garçons s'arrogeait le droit d'aînesse. Ainsi, il se permettait de donner des ordres à ses sœurs et à ses frères. Lors de la cérémonie du mariage, la femme promettait obéissance à son mari et prenait son nom. Par exemple, de Cécile Bouchard, Maman devenait Madame Conrad Fortin. La femme mariée était réduite à la condition d'une mineure : elle ne pouvait pas contracter ni ester en justice sans la signature de son mari ou d'un autre homme. Si elle devenait veuve, elle redevenait majeure et reprenait ses droits. Quand on pense que le 18 octobre 1929, la Chambre des Lords du Conseil privé de Londres a été appelée à trancher la question à savoir si la femme était comprise dans la définition du mot « personne » dans l'Acte de l'Amérique du Nord Britannique ! Ils avaient oublié de le préciser. La décision de cette cour a établi d'une façon définitive que la femme est indéniablement une « personne ».

Mgr Paul-Eugène Roy, évêque auxiliaire de Québec, a écrit en 1905 : « Il appartient aux hommes de parler, de discipliner, de combattre sur les champs de bataille, il appartient aux femmes de faire des sacrifices. »

Même si une mère de famille avait des compétences égales ou supérieures à celles d'un homme pour occuper certains postes de direction, il était impensable qu'ils lui soient confiés. Légalement, l'homme seul détenait l'autorité familiale et pouvait administrer les biens. Si la femme le faisait, il fallait que ça ait l'air que ça vienne du mari. L'homme devait être capable de faire vivre seul sa femme et ses enfants. Mais en même temps le salaire d'une femme mariée en communauté de biens pouvait, selon la loi, être versé directement à son époux, qui était libre d'en disposer à son gré.

Dans plusieurs familles, quand un garçon voulait épouser une fille, il fallait qu'il démontre au futur beau-père qu'il était un bon parti, qu'il avait de l'argent ou une propriété, sinon il devait attendre d'être solvable. Pour répondre à ces critères, il y a eu des fréquentations qui ont été assez longues et, dans certains cas, elles n'ont jamais abouti.

L'HIVER

AVANT L'ARRIVÉE DES GROS FROIDS, il fallait poser les châssis doubles. Mais ils n'étaient pas étanches, l'air passait autour des cadrages. Il fallait les calfeutrer. Toutes les vitres étaient fixées aux fenêtres avec du mastic. Quand il venait d'être posé, ce matériau mou était étanche, mais à la longue, il séchait, craquait et formait de petites fissures qui laissaient passer l'air froid. Il fallait recommencer l'opération. Les fenêtres thermos n'étaient pas encore connues, mais il y avait moins d'allergies que maintenant, vu que l'air de la maison était changé plus souvent.

Quand venait l'hiver, Papa et René allaient dans notre forêt pour bûcher le *bois de poêle* qui servirait l'année suivante pour le chauffage de la maison et la cuisson des aliments. En plus, comme gagne-pain durant l'hiver, Papa en bûchait jusqu'à 100 cordes qu'il cordait dans la *shed là-bas* pour le faire sécher. L'année suivante il allait le vendre à ses clients du village, car tout le monde chauffait au bois. Pour se rendre à leur chantier, avant que le chemin soit tracé par les chevaux, ils chaussaient des raquettes pour éviter de s'enfoncer dans la neige. Ils apportaient leur fusil et s'ils voyaient une perdrix, Maman nous en faisait une tourtière du Lac-Saint-Jean. De plus, ils nous ramassaient souvent de la gomme d'épinette, résine transparente qui suinte et durcit sur le tronc de l'arbre. Avec son couteau de poche, Papa enlevait les boulettes de gomme et les mettait dans son *mackinaw* (chaud manteau de travail). De retour à la maison, il nous disait : « Les enfants, je vous ai apporté quelque chose. » Et il sortait de son *makinaw* une poignée de boulettes de gomme. Maman les faisait bouillir et les passait ensuite dans un coton à fromage pour enlever les impuretés. Nous mâchions cette gomme dure et un peu amère pendant une heure ou deux, jusqu'au moment où elle devenait granuleuse. Fini, la *mâchée* de gomme.

Bûcher du bois était un dur travail qui les occupait une bonne partie de l'hiver. Le ruisseau gelé leur servait de pont. Avec une *sleigh* à deux chevaux, Papa et René transportaient leur bois de chauffage près de la *shed à bois*. Au printemps, ils le coupaient en morceaux de seize pouces avec un *botteur* (grosse scie) entraîné par un engin Julien à gazoline. Quand il faisait encore froid, ils le fendaient en quartiers, avec une grosse hache. Du bois ça se fend quand c'est encore gelé pour qu'il éclate, autrement c'est trop dur. Aux vacances d'été, une des premières tâches qui nous étaient assignées était de corder le bois dans la *shed* qui mesurait environ dix-huit pieds sur vingt-quatre. Une année, nous le cordions d'un côté de la *shed*, car l'autre côté était occupé par le bois sec de l'année précédente. Et nous alternions comme ça à chaque année. Papa ou Maman venait parfois nous aider à corder pour nous montrer la bonne façon de placer le bois pour éviter que ça déboule et pour nous apprendre à laisser un petit espace entre les cordes afin que l'air circule et éviter ainsi la moisissure. L'été, cette *shed* était complètement remplie. (dessin de la ferme n° 3)

Les hommes bûchaient aussi du bois de sciage de douze pieds de longueur, des billots, qu'ils allaient faire scier chez Albert Nadeau ou chez Meni Noël, pour faire des madriers et de la planche. Ils conservaient les arbres de la bonne grosseur pour en faire des piquets de clôture.

Durant la saison froide, nous rentrions ce bois de poêle sec dans la maison à l'aide d'un traîneau que Papa avait fait fabriquer spécialement chez Arthur Dion. Ce traîneau avait deux ridelles, deux tiges de fer recourbées en forme de « U » renversé, d'environ deux pieds de haut et placées l'une en avant et l'autre en arrière du traîneau. Un câble était passé de l'arrière à l'avant du traîneau, avec un bout qui passait dans un petit trou en avant de la plate-forme et dépassait d'environ cinq pieds pour servir à la traction. Avant de mettre la charge de bois, nous dégagions ce câble de la base du traîneau. Ensuite quand le bois était placé sur le traîneau, nous passions le câble par-dessus pour tenir la charge de bois bien en place. De cette façon, nous pouvions mettre une plus grosse charge. Mais souvent, nous exagérions dans la hauteur et notre charge se renversait en route. Nous voulions toujours remplir le *cavreau* (caveau) au plus vite. Nous n'aimions pas ce travail pénible. De plus, le chemin, qui menait de la *shed-à-bois* à la maison, traversait deux bancs de neige remplis de bosses et de trous. Maman surveillait notre arrivée et mettait de grands cartons pour protéger le plancher et nous rentrions le traîneau chargé dans la maison et le traînions jusqu'au caveau. Ça allait plus vite pour le décharger et nous n'ouvrions la porte de dehors qu'une seule fois. Ça faisait moins de courants d'air dans la maison. À côté du poêle, le caveau était un espace fermé sous l'escalier qui menait en haut. Ça logeait sept à huit traîneaux de bois de chauffage. Et il fallait le remplir presque à tous les trois jours, surtout durant les grands froids. Quand nous étions plus jeunes, c'était la tâche de René, mais après, ç'a été souvent notre tâche, à Solange et moi. En dernier, nous attelions Marquis sur la traîne, c'était beaucoup plus facile. Quelle bonne idée! Maman était très prévoyante. Quand les jeunes enfants étaient trop malcommodes, elle nous disait: «Ils nous sentent une tempête, remplissez le *cavreau* de bois sec. Les jeunes, allez-vous-en en haut, ça va faire de la fraîche sur le plancher.» Plusieurs parmi nos voisins n'avaient pas ce problème, ils avaient une cuisine d'été attenante à la maison. Pour l'hiver, ils cordaient une bonne quantité de bois d'avance dans cet abri. Nous nous demandions bien pourquoi nous n'avions pas de cuisine d'été.

En général, les maisons étaient mal isolées avec du bran de scie qui, à la longue, devenait très sec, se tassait et laissait des espaces vides dans les lambris où les souris se promenaient et faisaient d'autres trous, ce qui n'aidait vraiment pas à la situation. Avec le temps, il n'y avait presque plus d'isolation dans les murs extérieurs, surtout en bas des fenêtres. Maman en calfeutrait le contour avec de l'étoupe, composante fibreuse, un sous-produit du lin ou du chanvre.

Pour éliminer les souris, nous les attirions avec du fromage placé dans différentes trappes placées au grenier et dans la cave. Nous avions plusieurs sortes de trappes. C'était des petites trappes Victor ou des trappes octogonales avec quatre trous ou d'autres très ingénieuses, soit des bouteilles de boisson vides, placées sur le côté. Pour que la souris, attirée par l'odeur du fromage, entre facilement dans la bouteille, nous placions des morceaux de vieux tissus près du goulot. Une fois entrée dans la bouteille, la souris mangeait le fromage, mais ne pouvait plus en ressortir. La surface lisse du verre l'empêchait de s'agripper, elle glissait et redescendait dans la bouteille jusqu'à l'épuisement et à la mort. Nous en attrapions beaucoup, mais il y en avait continuellement. Un matin d'hiver, Maman demande à Solange: «Va me chercher un pain que j'ai fait geler dans le grenier.» En le transportant, Solange le trouvait très léger.

Maman le prend et quelle surprise ! le pain n'avait plus que la croûte percée d'un seul petit trou. La mie avait été complètement mangée par les souris. Nous n'avions pas de chats dans la maison, Maman en avait peur. Dans son enfance, alors qu'elle descendait de son lit, un chat l'avait griffée à une jambe. En plus, elle était superstitieuse et avait peur des chats noirs.

Les caves en terre des maisons étaient humides et froides. Pour remédier à cette lacune, Papa et René *renchaussaient* la maison avec de la neige jusqu'à la hauteur de l'allège des fenêtres. Ça coupait l'air froid qui venait du plancher. Mais dans les chambres en haut, c'était froid. Les têtes de clous se couvraient de givre. Maman chauffait la petite fournaise ajoutée près du poêle à bois. Le soir, avant de se coucher, elle y mettait une grosse bûche de bouleau pour garder la chaleur le plus longtemps possible. Ça durait jusqu'à environ deux heures du matin. Alors, elle se levait et y mettait encore de grosses bûches de bois et elle chauffait ainsi tout l'hiver. Il ne fallait pas laisser trop refroidir la maison, car elle avait toujours un jeune bébé qui aurait pu périr par le froid ou bien elle était enceinte et fragile. Durant les gros froids, les deux poêles chauffaient toute la journée. Le matin, elle allumait le gros poêle à bois. Quand la maison commençait à être assez chaude, elle se penchait au pied de l'escalier et nous disait : « C'est chaud, vous pouvez vous lever. » Mais c'était interdit de marcher nu-pieds dans la maison. Elle disait : « C'est par les pieds qu'on prend son coup de mort. » Arrivés dans la cuisine, nous montions, parfois trois ensemble, debout sur la porte ouverte du fourneau du poêle. Maman commençait à faire le gruau et nous nous faisions des toasts sur les ronds brûlants ou en ouvrant la porte avant du poêle. Mais avec cette dernière méthode, il fallait attendre qu'il y ait de la braise. Souvent Maman nous faisait des crêpes. Délicieux, avec de la cassonade ou du *sirop noir* (mélasse) ! Elle nous faisait aussi des *pets* avec de l'eau, de la farine, un peu de soda et un peu de sel. Elle les faisait cuire directement sur les ronds du poêle très chauds. C'était bon avec du beurre. Pour nous faire des toasts dorés, elle trempait une tranche de pain dans un mélange d'œufs battus dans du lait et la faisait poêler dans du beurre fondu. Délicieux ! Ou encore, elle trempait une tranche de pain dans de la mélasse et la faisait poêler dans du beurre, ça goûtait un peu la tire. Un bon déjeuner avant que nous partions pour l'école, pour elle, c'était très important. Elle nous disait : « C'est en partant pour l'école sans manger que Nenore (Éléonore, sœur de Papa) s'est rendue malade et l'est encore. » Bien manger et être habillés chaudement étaient deux points sur lesquels elle était très stricte.

Quand le temps le permettait, notre activité principale était d'aller glisser dans la côte enneigée du ruisseau. Par contre, s'il faisait tempête, nos parents nous montraient à jouer à différents jeux de cartes qui demandaient de la stratégie. Le jeu de bridge était leur jeu préféré. Mais ils nous montraient aussi à jouer à la dame de pique, au romy 500, au 9, à la poule risquée et à bien d'autres jeux. De plus, Papa nous avait appris à jouer aux dames sur un damier à carreaux rouges et noirs, un jeu où il excellait. Papa aimait beaucoup les jeux d'adresse intellectuelle et il tenait à ce que nous y soyons initiés, mais il n'oubliait pas les jeux d'habileté manuelle. Il nous avait fait fabriquer chez Edgard Larouche un très beau *petuchon*. À ce jeu-là, nous nous amusions pendant des heures et nous y étions devenus très habiles, surtout René. Quand c'était à son tour de casser, il plaçait les vingt-quatre dames en se faisant une combine pour entrer une dame en cassant, ensuite il faisait souvent tout le reste. Ça nous fâchait tellement que nous ne voulions plus jouer avec lui. Il jouait seul ou allait jouer avec son cousin Arthur, de sept ans son aîné, un champion lui aussi. Pour rendre la surface du *petuchon* plus glissante, nous mettions de la farine ou du *corn starch* (fécule de maïs). Ça faisait du dégât par terre, mais Maman, très tolérante, nous permettait de nous amuser à notre guise.

René avait une grosse toupie en bois d'environ trois pouces de hauteur avec à sa base une pointe centrale en métal. Nous appelions ça un *moine*. Un cadeau de Noël que Papa lui avait fait fabriquer chez Arthur Dion. Pour faire tourner cette petite merveille, René enroulait méticuleusement une corde spéciale à partir de sa base jusqu'à la partie la plus large. Ensuite, par un mouvement savamment étudié, il déroulait cette corde qui amorçait un mouvement de rotation et faisait tourner le *moine* à toute vitesse dans une position verticale. Ce *moine* pouvait rester dans cette position et sembler immobile jusqu'à une minute. Nous disions qu'il dormait. Il y avait des concours de *moines*. René s'entraînait beaucoup, mais le problème était que la pointe de métal piquait dans le *prélart* et l'abîmait. Maman n'aimait pas voir son plancher écorché surtout après qu'elle ait eu son prélart incrusté! René s'exerçait donc surtout quand Maman n'était pas là. Pour nous, les filles, Papa faisait des petites toupies avec des fuseaux de fil vides. Il en enlevait un des deux côtés saillants et aiguisait le centre pour en faire un cône. Dans le trou central du fuseau de bois, il insérait un minuscule pieu de bois bien ajusté dont il aiguisait la base pour que sa ligne se marie bien avec celle du fuseau. Ce pieu dépassait de la couronne d'environ un pouce. C'était la queue à laquelle nous donnions un mouvement de rotation, avec le pouce et le majeur. Ce qui faisait tourner la toupie très vite.

Nous nous amusions avec encore plusieurs autres jeux: avec une corde, nous faisions une grande boucle fermée. Par un jeu de passages de cette corde entre nos doigts, nous tissions une structure qui ressemblait à celle du pont de Québec, puis une autre qui ressemblait à des pattes de corneilles et nous en inventions d'autres au fur et à mesure, mais que nous gardions secrètes pour impressionner nos amis. Le jeu le plus facile, c'était celui du bouton. Dans la boucle d'une corde, nous insérions un gros bouton. Nous mettions un doigt dans chaque œil du bout de la corde. En la tenant lâche, nous donnions un mouvement de rotation au bouton, placé au centre, ensuite en tirant et en relâchant la tension sur la corde, nous le faisions tourner à toute vitesse. Le bouton émettait un petit ronronnement. Nous disions qu'il chantait.

Pendant que les enfants les plus vieux jouaient à ces jeux d'adresse, les plus jeunes s'amusaient à glisser dans l'escalier assis sur la peau de carriole. Cette peau de mouton, formée de plusieurs peaux cousues ensemble et doublée d'une couverture de laine à carreaux rouges et noirs, servait à nous couvrir lors de nos sorties en voiture d'hiver. Pour nous tenir bien au chaud, cette peau, gardée à l'intérieur de la maison pour qu'elle soit chaude, était placée sur nous dans la voiture de façon à ce que le poil soit de notre côté. Par une ganse cousue dans chacun des deux coins du haut, nous accrochions cette peau de carriole au dossier du siège de la voiture afin qu'elle reste bien en place. Pour que ce soit moins froid pour nos fesses et notre dos, une peau d'orignal couvrait tout le siège et pendait à l'arrière jusque sur le petit coffre de la voiture, ça faisait *chic and swell*. Quand la voiture n'était pas utilisée, cette peau d'orignal restait dehors, mais était tournée à l'envers sur le siège pour éviter que la neige s'incruste et gèle dans la fourrure. En plus, nous avions d'autres petites peaux de mouton bien chaudes qui étaient placées sur le plancher de la petite *sleigh* rouge avec des briques chaudes pour éviter de geler des pieds lors d'un long trajet par temps très froid.

Quand nous étions quatre passagers, Papa restait debout en avant de la voiture. Il était habillé chaudement avec son casque de loutre, son foulard de laine, son long *capot* de chat sauvage, dont le collet remontait jusqu'en haut de la tête, et ses bottes de feutre couvertes de grosses claques de caoutchouc. Ainsi bien emmitouflé, il pouvait affronter les plus grands froids. Maman portait un manteau de *seal* (phoque) rasé noir avec un chapeau de *crémeur* (Krimmer = de la Crimée = mouton de Perse) et des bottes de velours, doublées en mouton. Puisque les moyens de locomotion d'alors les exposaient aux intempéries, un *capot de poil* n'était pas du luxe. En plus, chaque femme avait son châle gris : une grande couverture de laine qu'elle pliait en pointe, avec laquelle elle se couvrait le visage, la tête et les épaules, au cours du trajet en voiture par froid trop intense, surtout après la veillée.

~

Nous nous éclairions avec une petite lampe à huile qui se vend encore sur le marché. Placée au centre de la table, elle laissait bien des coins de la pièce dans la pénombre. Nous en avions aussi une autre plus puissante, très dangereuse, une lampe au naphta, complètement bannie des magasins actuels. Suspendue au plafond, cette lampe distribuait mieux la lumière partout dans la cuisine. Ses deux petites poches blanches, les manteaux, recevaient le gaz (naphta) qui venait du réservoir placé à la base. Il s'agissait d'amener le gaz jusqu'aux manteaux en mettant de la pression dans le réservoir au moyen d'une petite pompe intégrée et en tournant une clé qui contrôlait l'entrée du gaz. Il fallait être très habitué pour réussir cet allumage, et prendre bien garde pour ne pas que l'allumette touche aux deux manteaux très fragiles. Quand nous nous gardions seuls, il était absolument interdit d'allumer la lampe au naphta. Pour aller à l'étable, nous avions un fanal qui fonctionnait sur le même principe, mais un globe protégeait le manteau. Ce dernier genre d'éclairage se vend encore aujourd'hui pour les endroits sans électricité. Quand je pense comment nous avons gardé seuls souvent et jeunes, je suis encore toute surprise qu'il ne nous soit pas arrivé d'accidents. Mais c'était tout à fait normal à l'époque.

En fin de semaine, vu que nous avions le choix d'étudier à la lumière du jour, nous n'étudiions pas le soir. L'automne, par temps froid et clair, après le souper, à la noirceur, habillés bien chaudement, nous sortions admirer les aurores boréales que nous appelions des clairons, parce qu'une lumière blafarde éclairait le firmament. En regardant le ciel du côté nord, nous ne nous lassions pas d'observer ce mouvement continu. On aurait cru voir une multitude de voiles diaphanes superposés flotter dans l'immensité du firmament. Ce jeu de faible lumière dessinait des vagues. Le mouvement constant de ces ondulations nous offrait des tons nuancés de rose très pâle près de l'horizon, surmontés de teintes d'un jaune très faible qui se transformait en une légère teinte de vert dans les sections les plus élevées du ciel. Ces formes ondulantes changeaient continuellement. Ces faibles lueurs permettaient aux étoiles de se joindre au spectacle pour rendre le phénomène encore plus grandiose. À la campagne, comme il n'y avait que très peu de lumière artificielle, c'était plus facile de les distinguer ainsi que les perséides. Ça pouvait durer des heures comme quelques minutes, selon les jours, les années, bref selon le cycle du soleil.

Durant les soirées d'hiver, lorsque nous étions très jeunes, parfois seulement à la lueur du poêle à bois, Maman nous racontait des histoires : le Petit Poucet, le Petit Chaperon Rouge, l'Ogre qui aimait la chair fraîche, Belle Boule de Neige, Les Trois Voleurs, etc. Elle prenait un ton mystérieux et parlait tout bas. En silence, nous écoutions attentivement. Toutes nos petites têtes étaient tendues en sa direction. Nous buvions ses paroles.

Elle nous parlait aussi de sa tendre enfance sur le bord du Saguenay, dans le Rang du Poste, à Saint-Alphonse-de-Bagotville. Elle nous parlait de la mer. Ce qu'elle appelait la mer, c'était la marée qui montait et qui descendait sur les rives de la grande rivière Saguenay. Avec ses frères et sœurs, elle allait à la pêche et très souvent ils revenaient avec leur panier plein de poissons. Leur mère, Évélina, leur en faisait de délicieux pâtés. Elle nous a transmis ce goût pour les produits de la mer.

Maman en profitait pour nous raconter, souvent avec émotion, comment, en 1917, elle a pleuré à la mort de sa jeune sœur Jeanne-d'Arc qui n'avait que deux ans. Elle était inconsolable. Elle nous disait : « J'avais huit ans, mais je ne l'ai jamais oubliée. » En s'adressant à ma grande sœur, elle ajoutait : « C'est pour ça que toi, tu t'appelles Jeanne-d'Arc. » Elle enchaînait en nous parlant de la naissance de son frère Roméo, le 10 octobre 1918, le quatorzième enfant de la famille. Il n'a vécu que dix mois. Sa mère avait 36 ans. À la fin de la guerre, la pandémie de la grippe espagnole a commencé à faire des ravages au Saguenay. Un mois après la naissance de Roméo, son père, Johnny Bouchard, 39 ans, a attrapé cette terrible grippe et est mort très rapidement, soit le 10 novembre. La jeune femme de Ludger, Marie-Anna Gagné, et son bébé naissant sont décédés deux jours plus tard. Maman nous disait : « Je ne pourrai jamais effacer de ma mémoire la scène où les trois corps étaient exposés ensemble dans le salon : Papa Johnny, dans un cercueil et Marie-Anna avec son bébé, dans l'autre. » Maman faisait une pause. Pensive, elle retenait ses larmes. Puis elle continuait lentement. Nous pouvions lire sur son visage comment ces moments avaient été doulou-reux et que c'était la grande désolation dans la famille. Ce fléau mondial avait fait entre 8000 et 14 000 victimes, au Québec seulement. Cette grippe terrassait les gens d'une manière fulgurante. Une personne en bonne santé une journée pouvait être morte le lendemain soir. C'était l'automne, puis l'hiver. En général, les parents du défunt plaçaient le corps dans un cercueil en bois qu'ils avaient fabriqué eux-mêmes et le déposaient sur la galerie. Les gens qui avaient survécu à cette grippe étaient dorénavant immunisés. Donc, ils sillonnaient les chemins et ramassaient les morts dans des *sleighs* de portage pour aller les enterrer. Pour éviter la contagion, il n'y avait pas de funérailles, seulement une courte prière dehors, devant l'église. Ceux qui n'avaient pas encore attrapé cette grippe mortelle ne sortaient que pour le strict nécessaire.

L'année suivante, le 23 septembre 1919, Ludger, 20 ans, s'est remarié à Laétitia Tremblay et ils eurent 12 enfants au cours des 20 années suivantes. Environ un mois après le remariage de son frère aîné Ludger, soit le 21 octobre 1919, sa mère Évélina s'est remariée à un veuf, Adélard Girard, qui avait seulement un fils adoptif de 21 ans, Philippe Paradis. Ce veuf était originaire du 1ᵉ Rang de Roberval, au Lac-Saint-Jean, mais il est venu habiter avec eux au Rang du Poste de Bagotville. De cette nouvelle union sont nés deux enfants qui sont morts à la naissance.

L'année suivante, en 1920, à l'âge de 17 ans, Marie-Jeanne s'est mariée à son cousin Johnny Bouchard (même nom que celui de son père décédé) avec qui elle a eu quatre enfants : Jacques, Marcel, Henri et Rita. En 1921, alors que Maman Cécile n'avait que douze ans, sa nouvelle famille reconstituée démé-nagea au Rang Nord de Normandin. Ludger et Marie-Jeanne, déjà mariés, sont demeurés à Chicoutimi. Maman nous parlait souvent de son grand frère Ludger, de ses enfants, et aussi de sa grande sœur Marie-Jeanne et de sa famille. Elle voulait que nous les connaissions un peu, même s'ils demeuraient loin et que nous les voyions que très rarement. Elle nous disait : « J'ai trouvé ça difficile d'avoir été séparée d'eux autres si jeune. »

Maman nous racontait aussi comment elle était bien attachée à la vie familiale qu'elle menait sur leur grande ferme au Rang du Poste. Ce déménagement au Rang Nord de Normandin est venu bousculer son adolescence. Ainsi, elle s'éloignait énormément de ses amies, de ses cousins et cousines, de son parrain Thomas Deschesnes et de sa marraine Cécile Boivin. Là-bas, elle visitait souvent sa tante Marie Tremblay, mariée à Almaine Simard, et plusieurs autres oncles et tantes qu'elle aimait bien. Rendue à Normandin, elle s'ennuyait beaucoup d'eux. Elle a dû s'adapter à un nouveau milieu, mais elle s'est vite fait de nouvelles amies, dont Blanche et Yvonne Vallée, des voisines. Elle s'ennuyait aussi de la mer, la grande rivière Saguenay, bien qu'il y ait eu la petite rivière Ticouapé aux limites de leur nouvelle ferme où s'élevait une vieille maison que ses parents ont démolie, après en avoir construit une nouvelle. Malgré l'interdiction de ses parents, elle aimait beaucoup se promener parmi tous ces travaux de démolition où la poussière et le bois pourri ne cachaient rien de bon. Elle avait attrapé la fièvre typhoïde, avait perdu tous ses cheveux et avait été obligée de garder le lit assez longtemps. Elle avait quatorze ans.

Peu après leur mariage, le 2 janvier 1930, Maman et Papa sont passés à travers d'autres très dures épreuves. D'abord, le père de Papa, Georges Fortin, était mourant depuis quelque temps et ses enfants le veillaient jour et nuit. Grand-maman, Marie-Louise, était décédée le 26 avril 1926. Ça prenait quelqu'un pour prendre la direction de la maison. Donc, tante Clémence, 22 ans, qui était entrée au couvent des sœurs Augustines de Roberval au printemps 1929, avait dû revenir à la maison pour s'occuper de ses quatre frères et sœurs plus jeunes qu'elle. Avec Papa, 24 ans, et Maman qui habitaient encore avec eux, ça faisait bien des petits *boss* qui voulaient diriger. Maman, nous disait : « J'avais 20 ans, au milieu de toutes ces *jeunesses*, mon rôle n'était pas toujours clair. J'ai appris vite les bienfaits du silence. » Dans sa famille Bouchard, six jours après son mariage, soit le 8 janvier, sa grande sœur Marie-Jeanne est décédée à Chicoutimi, à l'âge de 26 ans. Elle laissait quatre enfants. La plus jeune, Rita, trois ans, a été conduite à Normandin. Grand-maman Évélina l'a gardée jusqu'à ce qu'à ce que le père de l'enfant se remarie à sa servante quelques mois plus tard et revienne la chercher. Toujours la même année, l'autre grande sœur de Maman, Blanche (Juliette), mariée en 1926 à Philippe Paradis, a donné naissance, le 11 mars, à son troisième enfant : Juliette. Un bébé très frêle qui ne pesait que quatre livres. Trois semaines après son accouchement, soit le 5 avril, Blanche mourait de tuberculose galopante à l'âge de 25 ans. Grand-maman Évélina a pris en charge le bébé, Juliette, et son frère aîné, Henri, trois ans. La deuxième enfant, Henriette, était décédée à l'âge de quatre mois. À 48 ans, en plus de ses cinq grands enfants, Grand-maman Évélina s'occupait de trois orphelins, Henri et Rita, trois ans, et

Juliette un bébé de trois semaines qui était très fragile. Heureusement que grand-papa, Adélard Girard, aimait beaucoup les enfants. D'un autre côté, le 3 mai, grand-papa Georges Fortin mourait entouré de ses enfants dans la maison familiale.

Toutes ces tragédies se sont passées alors que Maman commençait sa première grossesse. Maman aimait beaucoup grand-papa Georges et sa disparition a laissé un grand vide. Souvent les larmes aux yeux, Maman nous disait : «Vous savez, les enfants, perdre mes deux grandes sœurs et le père de Conrad dans quatre mois, ç'a été une très dure *secousse* à passer quand on vient de se marier.» Après ces deuils, sa grande sœur Blanche lui manquait et elle regrettait d'avoir si peu connu sa sœur aînée, Marie-Jeanne. Chicoutimi c'était loin, à 100 milles de Normandin. Dans les années 1920, les moyens de locomotion étaient difficiles. Sur une famille de 14 enfants, ils n'étaient plus que huit, quatre étant morts en bas âge. À Normandin, en plus de ses cinq frères Philippe, Adrien, Léon-Paul, Louis-Ovide et Théodore, elle avait encore sa sœur Kilda qui n'avait que dix mois de plus qu'elle. Maman disait : «Je vous raconte tout ça pour vous faire connaître comment j'ai vécu mon jeune temps.» Mais elle ne nous racontait son histoire de famille que par petites tranches, pour ne pas prolonger la soirée. Elle nous disait : «Je vous en raconterai un autre bout une autre fois.»

Maman aimait se coucher tôt et se lever tôt. Papa préférait se coucher tard, mais il était moins vite le matin. Le seul jour où il se levait très tôt, c'était le 1er avril. En changeant de truc à tous les ans, Maman lui faisait toujours courir le poisson d'avril. Papa tombait dans le piège à tout coup. Aussitôt qu'il sortait de la maison, elle riait tellement que les larmes lui coulaient. Son rire contagieux se propageait à toute la maisonnée. Papa ne revenait pas à la maison avant d'avoir fait tout le ménage à l'étable, espérant que nous aurions oublié qu'il s'était encore fait prendre. Quand il rentrait, nous disions tous ensemble : «Poisson d'avril!» Il ne pouvait faire autrement que de rire lui aussi.

Papa tenait de son père, Georges, un sens de l'humour assez particulier, surtout avec les jeunes. Quand il rencontrait un enfant de quatre ou cinq ans pour la première fois, il lui demandait : «Comment tu t'appelles?» «Bernard.» «C'est un beau nom. Comment ça fait de temps que tu t'appelles de même?» Chaque enfant restait figé et muet, sauf un qui, après réflexion, lui avait répondu son âge. Papa a été bien étonné, car il a été le seul. Si l'enfant avait les yeux noirs, Papa lui disait : «Montre-moi tes yeux pour voir. Mais tu as les yeux noirs, ils sont sales. Comment ça fait de temps que tu ne les as pas lavés? Regarde les miens, des beaux yeux bleu pâle bien propres.» L'enfant devenait inquiet et allait se réfugier auprès de sa mère en lui montrant ses yeux interrogateurs. Quand nous avions égaré un bas et que nous perdions patience en le cherchant, il nous disait : «Prends en un autre, même s'il n'est pas de la même couleur, c'est pas grave, tu mettras le "pas pareil" à gauche.» Habitués à vivre avec un père pince-sans-rire, nous avons appris à nous amuser de situations parfois embarrassantes. Mais avec certains étrangers, même avec des gens de la parenté, il fallait être prudents. Ce n'était pas tous les gens qui entraient dans le jeu de l'humour noir.

L'hiver, alors que les deux poêles chauffaient, mes parents faisaient fermenter leur bière du pays. En arrière du poêle, dans une grande jarre grise en grès glacé, d'environ cinq gallons, ils mettaient de l'orge, de l'eau, du sucre et de la levure. Ils recouvraient le tout d'un coton à fromage pour le protéger de la poussière et laisser échapper le gaz carbonique qui faisait monter le moût en surface. Après environ vingt jours, selon la température ambiante, alors que tout le moût était remonté, il ne fallait absolument pas qu'il redescende au fond longtemps, autrement le tout était gâché, ça surissait, il fallait passer ce produit au tamis très fin, un chapeau de feutre, pour ne conserver que la bière blonde. La drêche (le résidu du moût) était donnée aux animaux. Quand Papa donnait cette drêche aux cochons, s'ils en mangeaient trop, ils devenaient souls et tombaient sur le côté. Nous trouvions cela bien drôle. Les gens aimaient beaucoup se réunir dans leurs maisons. Chaque famille avait sa recette secrète et se faisait une fierté d'offrir *Sa bière* aux invités. «Goûte à ma bière, comme elle est bonne!» Ceux qui avaient les moyens s'achetaient de la bière et du porter Champlain ou Boswell. Ils appelaient cela de la bière de Québec, mais ils allaient l'acheter à Dolbeau.

Oncle Louis-Ovide, un frère de Maman, était joyeux, aimait fêter et il en a profité longtemps. Il s'est marié tard, soit vers l'âge de trente ans. Il aimait bien prendre un p'tit coup, habituellement avec oncle Gérard Fortin, encore célibataire lui aussi. Durant le temps des Fêtes, oncle Louis-Ovide ne manquait jamais sa chance de venir jaser avec Papa qui se faisait un plaisir de lui offrir de sa bière du pays. Quand oncle Louis-Ovide commençait à être chaudette, il chantait fort et faux. Un jour, après avoir pris quelques bières, il commence à chanter sa chanson : «Prendre un p'tit coup c'est agréable, prendre un p'tit coup c'est doux». Maman nous avait bien avertis : «Quand Louis-Ovide entame cette chanson-là, il ne faut plus lui redonner d'autre bière, c'est signe qu'il en a assez pris.» Mais cette fois-là, Papa, qui en avait pris autant que son invité, me dit : «Va nous en chercher deux autres en haut dans la garde-robe du passage.» Moi, qui n'avais qu'environ huit ans, même si je me souvenais de l'avertissement de Maman, je n'ai pas osé lui refuser. En montant l'escalier, je me suis dit : je vais leur jouer un tour. Avant de redescendre avec les deux bouteilles dans les mains, je m'assois en haut de l'escalier et brasse les bouteilles de toutes mes forces. Quand Papa ouvre la première bouteille, avec la pression qui s'était formée par mon brassage, elle se vide complètement. Il est tout arrosé et ça a fait du dégât partout, au plafond, sur le plancher, les armoires, l'évier et tout ce qu'il y avait autour. Papa bougonnait et, avec des gestes de moins en moins précis, il ouvre la deuxième bouteille. Encore la même chose. Ah! Là, Papa ne trouvait plus ça drôle du tout et il dit à son acolyte : « Cécile va être fâchée. » Oncle Louis-Ovide avait cessé de chanter. Les deux fêtards se sont mis à essuyer leur dégât, mais ils faisaient pire que bien. Maman, qui était allée traire la vache à l'étable, arrive sur le fait. Le *party* a coupé court. Ils n'étaient pas des ivrognes, loin de là, mais ils aimaient bien prendre un p'tit coup de temps en temps. Quelques années plus tard, ils ont adhéré au cercle Lacordaire pour les hommes et il y avait aussi le cercle Jeanne-d'Arc pour les femmes. Une association qui interdisait toute consommation de boisson alcoolique.

Cette association a existé de 1942 à 1970 et a eu un effet bénéfique dans un grand nombre de familles qui avaient des besoins beaucoup plus urgents à satisfaire et des endroits plus raisonnables où placer leurs économies et leurs énergies. Papa s'est dévoué énormément pour l'organisation, la direction et le recrutement des Lacordaire. Il en a été le président en 1950. Il y croyait fermement et essayait de convaincre le plus de monde possible d'y adhérer. Tous les premiers dimanches soirs du mois, c'était la soirée Lacordaire. Il n'en manquait pas une et essayait d'y amener toute sa famille.

Pour aller jouer dehors par temps froid, nous portions des souliers de cuir mou, que nous appelions des *pichous,* ou des souliers blancs, vu la couleur du cuir. Mais nous n'aimions pas cela, nous trouvions que ç'avait l'air *quêteux.* Avec les années, les filles et les garçons, nous portions des bottines de feutre rouges ou noires avec les bouts, les talons et le bord des œillets recouverts de cuir (photo n° 7). Nous ajoutions une semelle de feutre à l'intérieur et, avec plusieurs paires de bas de laine, c'était chaud. Le problème, c'est que ça usait très vite, ça durait à peine un hiver. Vers l'âge de quinze ans, les garçons avaient des bottes d'aviateur, d'énormes bottes en cuir doublées entièrement en mouton, avec le pied recouvert de caoutchouc, qu'on appelait du *robeur.* Ils mettaient ces bottes par-dessus leurs souliers C'était très chaud. Ils pouvaient assister aux joutes de hockey dehors, par grands froids, sans geler des pieds.

Pour survivre durant la crise économique, il fallait être débrouillard et limiter les dépenses. Les revenus n'étaient pas forts. Les cultivateurs faisaient eux-mêmes leurs lacets avec de la *babiche,* soit des lanières de peau d'anguille, très résistante et pas chère. La *babiche* servait aussi à tisser des fonds de chaise de bois. Sur la tablette dans le caveau, Papa avait toujours un morceau de peau de vache, d'une épaisseur d'un huitième de pouce qu'il appelait du *goudrier.* Il s'en faisait parfois des lacets et s'en taillait des morceaux pour réparer les harnais de travail des chevaux. Même, il se découpait de nouvelles semelles pour ses souliers blancs quand le reste était encore bon. En plus, il avait une forme en fer pour réparer les souliers. Pour recoudre les articles en cuir, il se servait de son alêne dans laquelle il enfilait du ligneul qu'il fabriquait en prenant un fil de coton formé de plusieurs brins, qu'il tournait pour lui donner du corps et sur lequel il appliquait du brai, un résidu pâteux noir issu de la distillation des goudrons. Ce produit gommant imperméabilisait le fil et le rendait très résistant. De plus, avec sa riveteuse, il pouvait réparer bien des harnais de travail pour les chevaux.

Dans la grange, nous avions une bergerie réservée à l'élevage des moutons. D'une dimension d'environ quinze pieds sur quinze, cet espace fermé servait à protéger ces bêtes contre la pluie, la neige, le verglas et les grands vents. Elles mangeaient du foin dans la bergerie, mais allaient ruminer dehors, même l'hiver. Leur épaisse toison de laine leur permettait de supporter les froids sibériens. Une petite ouverture, pratiquée dans le mur extérieur de la bergerie, leur permettait d'entrer dans l'abri et d'en sortir à volonté. La nuit, nous fermions la porte pour ne pas que les renards et surtout les loups viennent manger les moutons. La forêt était proche et les loups ont le nez fin. Quand venaient les beaux jours du printemps, Papa tondait la laine de ces moutons, ensuite Maman la nettoyait, la lavait puis l'envoyait carder chez M. Tremblay au village. Ce cardeur la préparait en longs cordons ronds d'un demi pouce de diamètre environ. Cette laine cardée, très légère et vaporeuse, était très fragile. Avec son rouet à pédale, Maman filait cette laine blanche, qui se transformait en un fil continu et solide qui s'enroulait sur un petit fuseau qui faisait partie du rouet. Ensuite, elle le transposait sur un dévidoir pour en faire des écheveaux qui étaient à leur tour mis en pelotons prêts pour le tricotage. Elle teignait la laine quand celle-ci était encore en écheveaux. Ce fil assez résistant, mais rude, servait à tricoter des bas, des foulards, des mitaines, des tuques, des *sweaters* (chandails) et des camisoles. Certaines femmes allaient jusqu'à tricoter des caleçons à leurs hommes… Plusieurs femmes tissaient des couvertures de laine ou de l'étoffe du pays pour confectionner des pantalons de travail et des manteaux pour les hommes.

En juin, quand la température le permettait et que l'herbe commençait à pousser, Papa ne nourrissait plus les moutons dans la bergerie. Pour ne pas qu'ils rasent l'herbe dans le pacage des vaches, il les faisait traverser de l'autre côté du ruisseau où les bêtes avaient de l'herbe à volonté. Mais pour cette traversée, il n'y avait pas de pont, les moutons devaient nager. Quand Jeanne-d'Arc voyait tous ces moutons, surtout les agneaux nés du printemps, qui avaient seulement la tête sortie de l'eau, elle s'agrippait à Maman et pleurait à chaudes larmes. Parmi ses sanglots, il était difficile de comprendre qu'elle disait : « Non, non, Maman, ils vont se noyer. » Maman essayait de la rassurer, mais Jeanne-d'Arc criait tant qu'il y avait des moutons dans l'eau. Maman séchait ses larmes, mais l'enfant, les yeux pleins d'eau, restait fixée sur tous les moutons de l'autre côté du ruisseau qui se secouaient le corps pour s'assécher.

En général, durant l'hiver les gens portaient des bas de laine. Les filles aussi, nous portions de longs bas de laine d'habitant tricotés *cossés* (une maille à l'envers, une maille à l'endroit) et teints avec du thé pour leur donner une couleur beige pâle. Cette grosse laine rude nous faisait des marques rouges sur la peau quand nous nous mettions à genoux pour faire une prière. L'été, nous avions des bas de coton ou de fil beige. Pour retenir nos bas qui nous allaient mi-cuisse, nous portions des jarretières, des bandes élastiques qui nous serraient les cuisses. Ces jarretières ne tenaient pas toujours nos bas en place. Souvent ils descendaient et étaient *ravalés* sur nos chevilles. Certaines filles utilisaient des *robeurs à cruchons* (petits anneaux de caoutchouc rouge qui servent à l'étanchéité des pots dans la mise en conserve). Pour les utiliser, il leur fallait d'abord les étirer, autrement ils étaient trop raides et trop petits. Ça serrait trop les cuisses et ça faisait mal.

Durant la crise, tout était recyclé. Les femmes faisaient du neuf avec du vieux et utilisaient tout ce qui pouvait servir. Les poches de farine et de sucre étaient en coton à cent pour cent, mais il fallait faire disparaître les marques en couleurs imprimées par la compagnie. Après les avoir blanchies, décousues et recousues adéquatement, elles en faisaient des taies d'oreillers qu'elles brodaient avec du fil de couleur ou, ce qui était encore plus *swell*, elles les brodaient au richelieu. Cette broderie consistait d'abord à les border à l'hémistiche et ensuite à faire des dessins au point de boutonnière, ajourés et découpés. De plus, elles pouvaient s'en confectionner des tabliers avec des épaulettes qu'elles brodaient avec beaucoup de fantaisie. Certaines femmes allaient jusqu'à en faire des nappes. Elles réunissaient plusieurs morceaux en diagonale et en brodaient les coins. Elles faisaient aussi des essuie-vaisselle. Parfois elles réussissaient à s'en faire des sous-vêtements d'été. À l'école, les culottes blanches de Marguerite dépassaient toujours de sa jupe. Les autres enfants lui disaient : « Marguerite, pourquoi tes culottes dépassent tout le temps ? » Sa réponse était toujours la même : « C'est la poche qui était trop grande. »

Quand un vêtement du père, de la mère ou d'un aîné était trop usé, les femmes le décousaient, souvent le tournaient à l'envers et, avec les meilleures parties, elles en confectionnaient de nouveaux pour les plus jeunes. Les vêtements passaient des plus grands aux plus petits jusqu'à l'usure complète. Entre-temps, comme c'était de la laine pure ou du coton pur, ils avaient été raccommodés et souvent rapiécés. Quand les vieux tricots étaient trop usés pour être raccommodés, Maman les taillait en carrés et nous les détricotions pour en faire des *échiffes* (effiloches). Placées dans de grands sacs, ces effiloches étaient envoyées au village chez Tremblay le cardeur, qui les expédiait dans une manufacture qui nous en tissait de belles grandes couvertures de laine de couleurs. Les vieux vêtements de coton ou de *tricolette* étaient taillés en longues lisières qu'elles tissaient en catalognes. C'était des couvertures qui servaient souvent de couvre-lit. Elles pouvaient aussi en tresser des tapis ronds ou ovales qu'elles mettaient un peu partout pour protéger leur plancher. Avec des retailles de tissu neuf, elles faisaient des courtepointes. Ces couvertures très colorées, confectionnées avec des petits morceaux de tissu de formes géométriques, sont devenues un symbole de l'artisanat québécois. Les religieuses enseignantes encourageaient ces pratiques en nous apprenant l'art du tricotage, de la broderie, de la couture et du raccommodage.

Quand les femmes allaient visiter leurs amies, souvent elles apportaient leur tricot ou leur *brodage* pour ne pas perdre de temps. Celles qui en avaient le talent se dessinaient toutes sortes de patrons qu'elles retraçaient avec du papier carbone sur leur pièce de *brodage*. Les autres se commandaient des patrons de broderie chez Raoul Venat, 3770, rue Saint-Denis à Montréal, où il y avait quantité de beaux articles d'artisanat. Entre amies, elles s'échangeaient parfois des patrons ou elles les gardaient secrets. Elles étaient toujours fières de montrer leur savoir-faire et de prouver ainsi qu'elles étaient de bonnes femmes d'intérieur. Pour être bien appréciées, elles devaient absolument avoir toutes les qualités d'une bonne cuisinière, d'une bonne ménagère, d'une bonne couturière, d'une bonne mère et d'une bonne épouse effacée et soumise. Au début de leur mariage, elles demeuraient souvent avec les beaux-parents et tout le reste de la belle-famille. La belle-mère se chargeait de mettre la nouvelle venue à sa main. La jeune mariée avait toujours hâte de s'en aller vivre dans sa propre demeure, même la plus humble. Là, elle pouvait enfin vivre à sa manière, rencontrer ses amies et s'échanger des recettes, des techniques et des trucs. Quand Maman s'est mariée, ses connaissances culinaires étaient plutôt restreintes. Rendue au Rang 8, elle allait voir sa voisine, Évana, de dix ans son aînée, et a vite appris à se débrouiller. En suivant les conseils d'Évana, elle a réussi son pain du premier coup. Mais elle n'a jamais été une fervente du travail à l'intérieur de la maison, elle préférait de beaucoup le travail sur la ferme. Malgré cela, elle essayait de suivre le courant. Elle savait que l'entraide était la base de l'amitié et indispensable à la survie.

Une voisine avait de jeunes enfants. Mes parents, qui voulaient nous habituer jeunes à faire du bénévolat, lui offraient nos services de gardiennage. Dès que nous avons eu dix ans, chacune notre tour, Jeanne-d'Arc, Solange et moi, nous allions garder gratuitement ses jeunes enfants, parfois même un bébé, pendant qu'elle et son mari sortaient. Nous étions habituées à être prudentes, à nous débrouiller et à nous adapter à toutes les situations.

Après la naissance de plusieurs enfants, épuisée, Maman faisait laver le linge de toute la famille à l'extérieur. Tante Aline a accepté cette lourde tâche pendant cinq ans. Ensuite ce furent Madame Simard, tante Clémence et tante Georgette St-Pierre, femme d'oncle Théodore, qui, chacune leur tour, se sont chargées de cette tâche.

Pétrir le pain et le cuire devenait une tâche trop pénible pour Maman. Alors, il fallait l'acheter à la boulangerie Albert Sénéchal. Il faisait aussi de très bons *buns* (brioches). Par contre, tante Évana, tante Léontine, grand-maman Girard et plusieurs autres femmes avaient chacune à côté de leur maison un four à pain qu'elles utilisaient l'été pour cuire le pain et les pâtisseries. Ce four était construit avec de la glaise mélangée avec de la paille qui servait de fibre liante. De cette façon, les gens pouvaient lui donner une forme creuse demi-sphérique de trois pieds de diamètre environ. Deux portes de fer en fermaient l'ouverture. Construit sur une base de bois, à environ trente pouces du sol, il était recouvert d'un toit pour éviter que la glaise ne se détrempe à la pluie et qu'il s'écrase. Quand la glaise était sèche, il fallait observer une technique bien précise pour les premiers allumages, soit commencer par des petits feux pour ne pas qu'il craque. Quand la mise au point était terminée, les hommes faisaient un gros feu de bois dans le four, les portes entrouvertes pour maintenir la combustion. Quand tout était en braise et que les murs du four étaient très chauds, les gens d'expérience savaient quand il fallait le vider de la braise restante. Comme il n'y avait pas de thermomètre pour lire la température, les femmes mettaient un papier brun dans le four. S'il prenait feu, il fallait laisser les portes ouvertes pour faire baisser la température. Après quelques minutes, elles reprenaient le test du papier brun. S'il ne faisait que brunir, c'était le temps d'enfourner le pain et de fermer les portes. Comme elles cuisaient avec de grosses boîtes à pain en métal blanc, ça prenait environ une heure avant que de beaux pains dorés soient sortis de là à l'aide d'une grande palette de bois. Un arôme irrésistible se dégageait dans toute la propriété et ouvrait l'appétit.

Maman était parfois incapable de suffire à la tâche qu'occasionnait toute sa maisonnée. Chaque fois, elle avait l'aide de tante Léontine ou de tante Clémence. Celle-ci me rappelait dernièrement que, pour elle, venir aider Cécile au Rang 8, c'était une grande joie. Elle aimait voir tous ces enfants pleins de vie et toujours heureux de profiter des bons repas qu'elle nous préparait. En plus de ses fausses couches, Maman a accouché onze fois et toujours à la maisons. Tous ses accouchements ont été pénibles et se déroulaient dans des conditions difficiles. Mais, contrairement à un bon nombre de femmes qui avaient recours à des accoucheuses (sages-femmes), ou des *grafigneuses*, Maman a toujours accouché en présence d'un médecin, d'abord le Dr Ludger Poisson, puis le Dr Jean-Marie Dionne et ensuite le Dr Jean-Charles Lavoie. Dans notre famille, c'était tante Léontine et tante Évana qui venaient assister le médecin aux accouchements de Maman. Même si elles n'avaient que quelques années de plus que Maman, elles étaient très expérimentées.

Vers l'âge de huit ou neuf ans, le soir, je pleurais cachée sous mes couvertures. J'avais peur que mes parents meurent. Maman, souvent malade, et Papa, qui souffrait de bronchite chronique en plus du mal de dos, m'inquétaient. Je connaissais des orphelins qui souffraient beaucoup. Je me demandais bien ce qui nous arriverait. Je me faisais des scénarios. Je me disais, moi ce n'est pas grave, je m'en irais chez ma marraine, tante Blanche. Mais je m'inquiétais pour mes sœurs plus jeunes. Je me disais qu'il serait terrible d'être séparés, nous vivions tellement près les uns des autres.

Ce n'était pas toutes les femmes qui acceptaient facilement d'être soumises, effacées et limitées aux tâches ménagères. Plusieurs prenaient les choses en main, tout en laissant paraître que c'était le mari qui dirigeait. Elles contrôlaient tout, autant sur la ferme que dans la maison. D'autres, plus timides et souvent faute de moyens, se réfugiaient dans la prière et la religion. Quelques-unes, plus vulnérables, sombraient dans la dépression et dans la folie. Parfois elles allaient se confier au curé qui leur répondait souvent de faire leur devoir et d'arrêter de rêver. Les gens disaient qu'elles avaient le mal imaginaire. Dans le temps, les maladies mentales étaient considérées comme des maladies honteuses. Les médecins étaient peu formés pour leur venir en aide. Les psychiatres et les psychologues étaient très rares. Les familles étaient brisées. Ces malheureuses étaient enfermées dans des asiles d'aliénés et y demeuraient parfois jusqu'à la fin de leurs jours.

Plusieurs femmes en bonne santé travaillaient très dur. Quelques-unes faisaient même leur savon au printemps avec du gras animal ramassé au cours de l'hiver, de la soude caustique, de la résine et de l'eau, qu'elles faisaient bouillir dehors dans de grands chaudrons de fer d'environ trente pouces de diamètre et dix-huit pouces de profondeur. Une pâte épaisse remontait sur le dessus, couvrait toute la surface et durcissait. Ce qui formait un bloc de savon beige, d'environ deux pouces d'épaisseur, qui était prélevé et coupé en morceaux. Il ne restait plus qu'à se débarrasser des résidus restés au fond du chaudron. Ce savon d'habitant était très efficace pour laver le linge, mais beaucoup trop fort pour la peau du corps humain. Pour faire leur toilette, les gens s'achetaient ce qu'ils appelaient du *savon d'odeur* : Palmolive, Ivory ou autres. Mais après la guerre 1939-1945, ces savons parfumés ont été supplantés par le savon Lifeboy qui combattait la B.O. (Blessante Odeur de transpiration). À grand battage de publicité, ce nouveau savon a fait un bien énorme pour l'hygiène des gens. Tout le monde en parlait. Personne ne voulait sentir la B.O. !

Durant la saison hivernale, les femmes, qui avaient le temps et la santé, tricotaient des bas de laine à la main. Tante Evana tricotait un bas d'homme dans une veillée. Elle allait tellement vite qu'on n'avait pas le temps de voir passer la laine entre ses doigts et les aiguilles à tricoter. Elle était la championne du coin. Madame Milot, plus rusée, avait acheté une tricoteuse mécanique. Au lieu de prendre quelques heures, ça ne lui ne prenait que quinze minutes pour tricoter un bas. Elle avait apporté cette tricoteuse à l'école du Rang 8. Le soir, après avoir fini ses devoirs et ses leçons, Michel travaillait avec cette petite merveille. C'était pour lui à la fois amusant et payant. En imitant le bruit d'un moteur avec sa bouche, il tournait la manivelle à une vitesse vertigineuse. Lui, sa spécialité c'était de tricoter des camisoles. C'était de longs tubes de tricot, de la largeur commandée par la cliente. Il pouvait tricoter aussi des manches, si la clientèle le désirait. Il y avait deux façons de procéder. Ou les femmes fournissaient la laine à Madame Milot qui leur chargeait tant la verge pour la tricoter, ou Madame Milot fournissait la laine et le travail. En fin de semaine, Michel en faisait la livraison pour avoir sa paye. Sa mère lui donnait dix cents la verge. Ses clientes coupaient ensuite ces tubes à la longueur désirée pour en faire une camisole. Ensuite elles découpaient des échancrures pour le cou, ajustaient et fixaient les manches. Elles bordaient le tout d'un léger tricot au crochet.

Un jour d'hiver, à l'école du Rang 8, Madame Milot avait fait un *bee* (une corvée) pour tailler de la catalogne. Les femmes des environs étaient invitées pour la fin de l'après-midi après la classe. Elle les recevait chaleureusement. Quand elle apercevait un homme qui venait conduire sa femme, elle disait en taquinant: «Pas d'hommes!» Jeanne-d'Arc se souvient de l'attitude de Gérardine qui taillait la catalogne tout croche pour se venger de Madame Milot qu'elle trouvait *évergondée* (dévergondée). Quand Madame Milot a su cela, elle a eu de la peine, mais elle s'était vengée sur tante Clémence qui lui avait demandé de lui tricoter des bas avec sa tricoteuse. Madame Milot avait laissé aller plusieurs mailles sans les remonter. Tante Clémence était très déçue du résultat. Pauvre tante Clémence! S'il y en a une qui ne méritait pas cela, c'était bien elle.

Pendant la saison froide, les chemins n'étaient pas ouverts aux automobiles. Souvent le mauvais temps durait plusieurs jours et rendait les chemins impraticables même pour les voitures à cheval. Les gens qui habitaient dans les rangs n'avaient pas d'autres choix que de rester bien sagement à la maison. Les femmes enceintes qui se préparaient à accoucher se demandaient toujours si le médecin et les sages-femmes pourraient se rendre jusqu'à leur domicile. Elles savaient qu'une tempête signifiait souvent le déclenchement d'un accouchement et que quelques femmes sans secours en sont mortes ou ont perdu leur bébé. Aussitôt après chaque tempête, chaque cultivateur s'empressait de passer une grosse gratte en bois tirée par un cheval. Ce travail aplanissait les bancs de neige, enlevait la neige molle et facilitait le passage aux voitures.

Les gens faisaient souvent d'assez longues distances avec leur voiture à cheval. Quand ils avaient des problèmes en route, ils allaient demander secours aux habitants de la maison la plus proche. Ils étaient toujours bien accueillis. Souvent, les gens leur offraient à manger et même à coucher selon le besoin. Tous les gens se connaissaient et s'entraidaient. Même, certains aimaient cela quand quelqu'un arrivait à l'improviste, ça faisait de l'action et ils en profitaient pour s'informer du nouveau dans le secteur, de parler de leur parenté et de leurs exploits et de ceux de leurs enfants.

Un soir de tempête, c'était le temps des Fêtes, Hilaire Théberge revenait d'une veillée dans sa parenté. Il avait pris un coup un peu trop fort. Sur la route près de chez nous, il avait fait une fausse manœuvre, sa voiture s'était presque renversée. Sa femme, Anne-Marie Michaud, est accourue chez nous avec son bébé qui pleurait dans ses bras. Elle était tout énervée. Papa lui a demandé : « Mais qu'est-ce qui se passe ? » Anne-Marie, au bord des larmes, dépose son bébé sur le divan de cuir et rapidement retourne vers la porte. Papa s'était vite rendu compte de la situation. Inquiet, il lui demande : « Penses-tu qu'il peut s'en sortir ? » Elle a répondu immédiatement : « Bien sûr que c'est dangereux qu'il l'échappe. » Elle n'a rien ajouté, mais son silence et son visage inquiet en disaient long. Maman a repris : « Anne-Marie, approche-toi du poêle avec ton bébé pour te réchauffer un peu. » Tout de suite, Papa est sorti au secours d'Hilaire. Il a dételé le cheval et l'a mené à l'étable pour le faire reposer. Ce bruit a alerté toute la maisonnée. Quand Hilaire est entré dans la maison, il était loquace et sur-excité. Rolande, bébé, debout près de l'escalier, s'est mise à pleurer à chaudes larmes. Elle avait peur de cet inconnu qui avait une démarche mal assurée. Jeanne-d'Arc, toute surprise de voir la réaction de l'enfant, a consolé sa jeune sœur pendant que Maman, pour détendre l'atmosphère, leur a préparé du thé et a sorti des galettes. Manger un peu, ça détend et ça dégrise. Le temps écoulé a permis à Hilaire de se replacer. Un peu plus tard, ils sont repartis en sécurité.

LE PRINTEMPS

POUR RÉPONDRE AUX BESOINS de leur famille nombreuse, les femmes s'organisaient pour économiser leurs efforts en adoptant des mesures pratiques. Sur la grande table de bois de la cuisine, il y avait en permanence un tapis ciré, multicolore, qui servait de nappe pour les repas en famille. Mais après un certain temps, ce tapis se décolorait, se brisait dans les coins et perdait son attrait. À chaque année, ordinairement vers le temps de Pâques, il fallait acheter un autre tapis de table. Ce renouveau faisait partie de la fin du carême et de l'arrivée du printemps.

Solange m'a rappelé que quand le temps se réchauffait, souvent il pleuvait sur la neige qui gelait la nuit. Une croûte se formait, souvent assez dure pour porter une personne. Quand ces conditions atmosphériques avaient lieu le vendredi soir, c'était le bonheur. Ordinairement, le lendemain, un vent noroît sifflait autour de la maison et nous donnait l'occasion de pratiquer un sport très spécial. Sur notre traîneau, nous placions un panneau de bois d'environ trois pieds sur quatre pieds que nous appuyions solidement sur la ridelle arrière. Nous nous placions sur le bord du chemin glacé comme un miroir. Un seul à la fois, assis dans le traîneau, le dos bien appuyé au panneau de bois, les pieds ancrés dans la ridelle d'en avant, l'heureux élu attendait la poussée donnée par le prochain candidat qui avait hâte à son tour. Le vent violent le poussait jusque chez Ernest Langevin, soit environ un quart de mille. Le passager conduisait en se laissant traîner les mains de chaque côté selon les directions que prenait le bolide improvisé, en espérant qu'une voiture à cheval ne vienne pas briser sa promenade fantastique qui durait à peine trois minutes. De plus, il fallait bien contrôler pour ne pas enfiler dans la grande côte chez Ernest Langevin, où il aurait été difficile de diriger et surtout de remonter, car il fallait revenir en faisant face à un vent souvent glacial. Le retour était assez pénible et beaucoup plus long que l'aller, car il fallait ramener le traîneau. Il va sans dire que pour le retour il fallait baisser le panneau de bois. Nous rentrions à la maison avec de belles joues rouges et du bon air plein les poumons.

Le printemps, le côté du chemin fondait plus vite que le milieu durci par le passage des voitures et des chevaux. Les voitures glissaient sur les côtés et formaient des *cants* (mot anglais qui signifie pente sur le côté). Ça rendait l'équilibre incertain et ça pouvait faire renverser les voitures hautes et étroites, comme les *cutteurs* (photo n° 8) les *berlots* (berlines). C'était dangereux que le cheval prenne le mors aux dents, brise la voiture et blesse les passagers. C'est arrivé quelquefois, surtout après la veillée, à la noirceur, quand le cavalier avait pris un verre de trop. De jeunes cavaliers le faisaientmême parfois exprès pour faire renverser la voiture, ça leur donnait l'occasion de prendre les jeunes filles dans leurs bras en leur portant secours. Ce qui ne déplaisait ni à l'un ni à l'autre.

Après avoir consulté les sages de la paroisse, autour de Pâques, le curé annonçait en chaire la semaine où il fallait ouvrir les chemins d'été, de façon à ce que tout le monde utilise la même sorte de voiture en même temps. Dans le Rang 8, les chemins en terre étaient impraticables pour les automobilistes pendant encore plusieurs semaines. Ces routes de rang étaient difficiles. Dans les années 1930, plusieurs étaient encore en terre et entretenues avec des moyens de fortune. Souvent, c'était des troncs d'arbres équarris traînés par des chevaux qui servaient de grattes pour essayer de niveler la terre qui se creusait vers le milieu du chemin. Les fossés peu profonds, souvent inexistants, réussissaient difficilement à évacuer l'eau de la fonte des neiges. L'eau s'accumulait au centre du chemin et formait des marres d'eau qui mettaient bien du temps à s'évaporer. Conduire une automobile sur ces routes de boue au printemps, c'était périlleux. Il fallait prendre un élan et passer rapidement dans ces trous d'eau, et ça, sur le côté du chemin, presque dans le fossé, pour avoir une roue sur le dur. Ça brassait fort et donnait de vilains chocs à l'auto. Parfois un essieu se cassait, et c'était la catastrophe. L'auto restait immobilisée et bloquait la circulation. En plus, un essieu ça coûtait très cher, environ 5 $. Une fortune pour le temps. Papa en a cassé quelques-uns. À la fin des années 1940, les conditions se sont beaucoup améliorées, mais c'était encore difficile au printemps.

Quand nous étions très jeunes, en avril les chemins étaient pleins de boue, ce qui nous obligeait à porter des chaussures de caoutchouc que nous appelions des *p'tits robeurs*. Ces chaussures lacées avaient quatre ou six œillets. Les gens qui avaient trop peu d'argent portaient ces chaussures toute l'année, les gens les surnommaient *les quatre œillets*. Mais ceux qui le pouvaient changeaient de chaussures aussitôt que les conditions le permettaient pour ne pas avoir l'air pauvre. Nous avions toujours très hâte de porter des souliers ou des bottines pour ne pas être qualifiés de *quatre œillets*.

Quand l'eau de la fonte des neiges remplissait les fossés autour de la maison, j'aimais beaucoup aller jouer dans l'eau et j'arrivais très souvent les pieds mouillés. Ça inquiétait toujours Papa qui craignait que je tombe malade. Un bon jour, il me dit : « Tiens, je t'ai acheté des bottes de *robeur* hautes, pas lacées. Avec ça, tu ne pourras plus te mouiller les pieds. » J'étais tellement contente ! Sans perdre de temps, j'enfile mes nouvelles bottes et je me dirige vers le fossé le plus profond, débordant d'eau froide. J'avance lentement en surveillant la hauteur de l'eau en avant de mes bottes. Mais j'oublie de vérifier l'arrière. Ouf ! Un courant d'eau froide qui me lèche les mollets. Voilà mes nouvelles bottes remplies d'eau glacée. Toute penaude, je retourne à la maison au son de l'eau qui faisait flouc ! flouc ! flouc ! dans mes bottes. Mes petites bottes, je les aimais beaucoup. Je les portais même quand ce n'était pas nécessaire.

En revenant de l'école, j'étais allée glisser seule dans la côte. La neige fondait et défonçait à certains endroits. Comme la neige était collante et que ça allait moins loin, mon traîneau s'est arrêté juste au-dessus de l'eau qui coulait sous la neige au fond de la coulée. En descendant de mon traîneau, mes deux jambes se sont enfoncées dans la neige mouillée et je suis restée prise là. Et le pire de tout, c'était que l'eau très froide me coulait sur les pieds. J'avais beau crier, mais personne ne m'entendait. Il faisait déjà noir et j'étais prise de panique. Heureusement, en revenant de l'étable, Papa a entendu mes appels de détresse. J'étais téméraire, j'essayais tout, souvent à mes dépens.

Michel, qui accompagnait sa mère à la petite école, venait souvent chez nous avec elle. Il avait huit ou neuf ans et avait toujours des idées et des projets plein la tête. À la fonte des neiges, l'eau coulait à toute vitesse dans la coulée qui menait du chemin vers le ruisseau. (Justement à l'endroit où j'étais restée prise.) Comme c'était près de la grande courbe du ruisseau, si cette eau pouvait prendre une direction différente, elle se rendrait plus vite au ruisseau et formerait une belle chute. Michel nous dit : « Nous allons construire un barrage pour détourner le cours de l'eau qui vient de la coulée. Ce serait spectaculaire et très intéressant. » Nous voilà à l'œuvre. Nous terminons notre petit barrage juste avant d'entrer souper. Papa ne s'en est aperçu que quelques jours plus tard. Ce fameux barrage a formé une érosion qui a causé beaucoup de dommages irrémédiables.

Quand la terre était dégelée, Papa plantait des nouveaux piquets pour réparer les clôtures brisées par la neige. J'étais assise sur la galerie et, de loin, je le regardais travailler. Une chose m'intriguait. Quand il donnait un coup de masse sur le piquet, je n'entendais le bruit que lorsqu'il remontait la masse pour donner le prochain coup. Je lui ai demandé pourquoi, il m'a répondu : « C'est parce que c'est loin. » C'était partiellement vrai, mais l'explication complète, il ne la savait pas. J'avais aussi remarqué que, quand nous trempions un bâton en diagonale dans l'eau du ruisseau, il paraissait plié au niveau de l'eau. Pourquoi ? Par temps humide, nous nous amusions près de la forêt à nous faire répondre par l'écho. J'ai eu les explications de ces phénomènes quant j'ai pris mes cours de physique en 12e année.

De loin, j'observais les nids de guêpes suspendus aux branches des arbres. Quelle forme parfaite ! Je me demandais bien comment les guêpes faisaient pour le faire tenir là, malgré le vent, la pluie et la neige. Ça semblait si fragile. Les guêpes, qui entraient par une ouverture centrale percée en dessous, m'intriguaient. Comment était-ce construit à l'intérieur ? Mais je n'ai jamais osé briser un nid pour voir, j'avais bien trop peur des guêpes. Heureux hasard, je viens de le savoir cette semaine. J'en ai trouvé un par terre sur le trajet de ma marche quotidienne. Son revêtement extérieur était enlevé. J'ai été éblouie par la perfection et la solidité de cette structure intérieure formée d'alvéoles regroupées en plusieurs étages, tous de dimensions différentes pour épouser la forme ovoïde de l'enveloppe du nid. La facilité de circulation entre ces étages m'a bien étonnée. J'ai ramassé cette partie centrale du nid et l'ai apportée pour la faire observer par Maxime, Stéphanie et toute ma famille. Personne n'avait jamais vu cela. Même aujourd'hui, j'étais tellement contente d'assouvir cette curiosité d'enfant. Tout ce qui était construit m'intéressait. Nous vivions en grande liberté et nous apprenions beaucoup en observant et en écoutant. Cela me sert encore aujourd'hui dans ma carrière en architecture de paysage.

Quand les nouvelles pousses des aulnes apparaissaient, le bois et l'écorce des arbres étaient très tendres et souples. Papa en profitait pour nous faire des sifflets. Il coupait une branche d'aulne et la sectionnait en longueurs de plus ou moins quatre pouces. Il faisait une entaille en V sur le dessus, taillait en biseau un bout du futur sifflet et faisait une incision tout le tour de l'écorce près de l'autre bout. Il battait légèrement l'écorce pour la faire décoller. Ensuite il glissait cette portion d'écorce pour en faire sortir le cœur de la branche. Il y découpait des petits canaux pour faire passer l'air entre les entailles et remettait délicatement l'écorce à sa place. Le sifflet était fait. C'était amusant car, selon la longueur et la grosseur des entailles et des canaux, les sifflets donnaient différents tons. Papa le faisait exprès pour nous montrer que le son d'un sifflet dépend de ces deux détails. Il nous disait : « C'est comme dans un harmonium ou dans un orgue, plus le sifflet est long et mince, plus le son est clair. »

Nous faisions des petits boudins avec la tige de cette belle petite plante à fleur jaune qu'est le pissenlit. Nous cueillions ceux avec les plus longues tiges, nous en séparions la base en deux parties et, avec notre langue, nous roulions ces deux parties au complet pour faire deux petites bobines que nous déroulions ensuite. Et puis voilà ! La jolie fleur jaune coiffait deux petits boudins. Ça avait un goût amer, mais c'était amusant. Nous faisions des compétitions. Qui sera le plus rapide à rouler les plus longs boudins ? Pendant ce temps-là, René se faisait des tire-roches. Il coupait un aulne pour n'en conserver qu'une branche en Y, d'une longueur totale d'environ huit pouces. Aux deux branches de ce Y, il fixait une lanière de caoutchouc taillée dans une *tripe* (chambre à air) de pneu d'automobile. Il gardait souvent cette arme légère accrochée à sa ceinture pour chasser des animaux nuisibles à la ferme. Chanceux, il avait une vue parfaite. Très jeune, il a développé son adresse au tir et est devenu un champion.

Le temps se réchauffait, les oiseaux migrateurs arrivaient et nous égayaient de leurs chants. Papa et Maman aimaient les voir voltiger autour de la maison. Chacun de ces différents visiteurs printaniers arrivait selon des conditions atmosphériques particulières et permettait à mes parents de prédire le temps qui s'en venait. Ces oiseaux servaient aussi d'indices pour décider si c'était le temps des semences ou le temps d'enlever les châssis doubles pour les remplacer par les moustiquaires. Un bon air tiède remplissait la maison et nous sentions la venue prochaine des vacances.

L'ÉTÉ

Avec l'arrivée des vacances scolaires, quand le sol était chaud, nous aimions marcher nu-pieds. C'était la fête. Même si ça nous prenait quelque temps avant de nous endurcir la plante des pieds pour supporter les rugosités du terrain, nous nous efforcions de ne pas le laisser paraître. Comme nous n'étions pas toujours assez prudentes, parfois nous nous plantions, sous les pieds, des clous rouillés laissés sur des planches entassées près du hangar. Quand Maman nous voyait arriver dans la maison en pleurant et en ne marchant que sur un pied, elle ne nous posait pas de questions. Sur la blessure, elle nous mettait de la teinture d'iode qui nous faisait hurler de douleur. Ensuite, elle couvrait la plaie avec une couenne de lard salé retenue par un bandage. Elle disait : « Ça fait sortir *le méchant*. » Équipée comme cela, il fallait marcher en sautillant, seulement sur un pied. Pendant ce temps-là, les autres enfants continuaient à organiser des activités où le blessé était exclu.

Sur la quantité de filles, il y en avait souvent une de malade ou de blessée. Nos jeux n'étaient pas toujours des plus sécuritaires. Dans le hangar, Papa nous avait installé des balançoires avec des câbles suspendus aux poutres du plafond. Avec de bons élans, nous pouvions monter assez haut. D'un côté, la grande porte ouverte nous laissait assez d'espace pour nous étirer les jambes afin de reprendre notre élan au bout de la trajectoire avant. Mais, au bout de la trajectoire arrière, il fallait faire attention. La proximité du mur, où Papa suspendait les harnais des chevaux, nous obligeait à limiter notre mouvement de tête pour prendre un nouvel élan. Ce jour-là, Papa venait d'y ajouter de nouveaux harnais garnis de métal. Lucie, une fervente des balançoires, essayait toujours d'aller plus haut et plus vite. Comme d'habitude, elle se balançait avec ardeur. Mais boum ! sur une plaque de métal. Le sang coulait, Lucie criait. Elle avait une entaille dans le cuir chevelu. Ramenée en vitesse à la maison, Lucie a encore bénéficié des talents de secouriste de Maman qui, habituée à toute urgence, lui a vite fait un pansement. Lucie s'est promenée un bon moment avec un bandeau de coton blanc autour de la tête, mais ça n'a jamais diminué son intérêt pour les balançoires.

Pour les vacances estivales, les Nugent, nos voisins, accueillaient un jeune garçon d'environ dix ans, Jean Brouillard, fils de l'agronome. Vu qu'il n'y avait pas de jeunes enfants chez nos voisins, Jean aimait venir jouer avec nous. Il imaginait toujours de mauvais plans qui tournaient souvent mal. Maman n'aimait pas beaucoup cet enfant hyperactif qui ajoutait à sa tâche déjà lourde. La très grande curiosité de ce garçon du village lui a permis d'apprendre beaucoup de choses sur la ferme, mais c'est quand il a vu d'où venait le lait qu'il a été déçu. Il n'en a plus jamais bu une seule goutte. Il surveillait tout et voulait tout essayer. Il aimait beaucoup monter sur le voyage de foin, mais nuisait beaucoup au travail des hommes. Il était souvent placé au mauvais endroit, c'était dangereux. En plus, inexpérimenté et malhabile, il voulait conduire les chevaux, comme nous le faisions. Alors, les hommes essayaient toujours de ne pas l'emmener. Jean courait en arrière du *rack* à foin. René faisait trotter les chevaux pour qu'il ne les rattrape pas, mais, tenace, Jean se rendait jusqu'en haut du champ à pied. Pauvre Jean ! Il semblait souvent bien seul.

Sa sœur Marthe était beaucoup plus sage. Parfois, nous allions la visiter lorsque Papa allait consulter son père. Nous la trouvions chanceuse d'avoir deux grosses tresses de cheveux qui lui tombaient jusqu'aux fesses. Maman ne voulait pas que nous ayons les cheveux très longs, c'était trop d'ouvrage et ça pouvait ramasser les poux des autres, ce qui aurait été une catastrophe.

Quand il faisait chaud, Jeanne-d'Arc et Solange faisaient des tunnels dans le foin, j'étais incapable de me joindre au groupe, je suffoquais. Elles trouvaient cela drôle et me laissaient poireauter sur le bord du fenil. Malgré tout, je ne me tenais pas loin d'elles. Pour monter là, il fallait grimper dans une échelle fixée au mur de l'étable. Juste avant d'arriver en haut, il manquait une planche dans le mur où de gros rats couraient d'un côté à l'autre du lambris. Alors René eut l'idée de tendre un gros piège Victor. Ce qui devait arriver arriva. Je monte dans l'échelle et me voilà face à face avec un énorme rat pris au piège, encore vivant, qui se débat et qui crie. Terrifiée, je me jette en bas en hurlant. J'ai dû sauter d'une hauteur de quatre ou cinq pieds. Heureusement qu'au sol, il y avait du foin pour amortir le choc. Après cela, même si j'étais toujours craintive à l'idée de monter sur le fenil, j'y allais quand même pour ne pas être seule. Encore aujourd'hui quand j'y pense, je frissonne.

Durant les vacances, j'aimais beaucoup aller me promener chez ma marraine, tante Blanche, et oncle Philippe Bouchard, un frère de Maman. Ils avaient une ferme semblable à la nôtre. J'y restais parfois un mois. Je jouais avec Lucette et Jean-Yves, le filleul de mes parents, du même âge que moi. Nous faisions toutes sortes de jeux nouveaux pour moi et nous allions souvent faire des commissions chez les voisins, M. Wilfrid Painchaud, ou chez M. Joseph St-Pierre ainsi que chez M. Samuel Vallée, deuxième voisin, le père de tante Blanche. J'admirais ses belles fleurs autour de la galerie. D'autres jours, parfois, nous allions assez loin. Même si c'était de l'autre côté de la grande côte, il nous arrivait d'aller chez deux autres frères de Maman; d'abord chez oncle Louis-Ovide Bouchard, marié à Fernande Fortin et qui ont eu dix enfants : Jean-Marc, Marie-Paule, Fleurette, Francine, Michel, Esther, Jeanne-Mance, Bernard, Marcel et Christian; ensuite nous allions chez oncle Théodore Bouchard, marié à Georgette St-Pierre qui, eux aussi, ont eu une grosse famille : Yvon, Claircy, Pauline, Léonce, Claude et Serge. Nous y étions toujours bien reçus et nous avions beaucoup de plaisir à jouer avec nos cousins et cousines.

Mes visites chez ma marraine, c'était pour moi de très belles vacances. Mais les garçons les plus vieux, Maurice, Marcel, surtout Jean-Marie, me taquinaient beaucoup et me jouaient des tours. Ça me déplaisait, mais j'étais trop timide pour me défendre. En vain, mon oncle Philippe les disputait et leur disait : « Laissez-la tranquille. » Quand je trouvais qu'ils me taquinaient trop, j'allais me réfugier auprès de Pierrette ou de Stella, les plus grandes, qui s'occupaient de l'entretien de la maison. Tante Blanche aimait les enfants et en avait encore des jeunes, Germain, Fernand et Ghyslain. En plus de sa chaleureuse hospitalité, tante Blanche, très bonne couturière, me confectionnait de belles robes comme celles de Lucette. Ça me comblait. Je faisais l'envie de mes sœurs quand je revenais à la maison.

Après ces vacances merveilleuses, je racontais mes activités à mes sœurs, surtout le soir quand nous étions couchées. Je leur faisais la description, par le menu détail, de toutes sortes d'aventures et souvent j'embellissais la vérité. Mes sœurs, et même René, m'écoutaient religieusement et en redemandaient d'autres. Après un certain temps, n'ayant plus rien de neuf à leur raconter, pour me rendre intéressante, j'ai pris le truc d'en inventer. Mes sœurs me trouvaient très chanceuse d'avoir une marraine comme tante Blanche et surtout d'être invitée chez elle durant les vacances.

Notre ferme était petite, donc Papa essayait d'agrandir la partie cultivable, en essouchant régulièrement des parties de terrain (dessin de la ferme n° 2). J'avais environ huit ans. Jeanne-d'Arc et moi, nous accompagnions Papa et René qui *faisaient de la terre neuve* sur la batture le long du ruisseau, dans le champ des vaches. Papa attachait les souches avec une chaîne à billots tirée par les deux chevaux conduits par René, onze ans, qui disait parfois : « Papa, j'aime pas ça, faire de la terre. » Papa le regardait avec attention, puis continuait sans dire un mot. Jeanne-d'Arc et moi, nous suivions le travail de très près. Tout à coup, Papa s'est mis à crier : « Sauvons-nous d'ici, vite ! » Un nid de guêpes de terre venait d'être détruit. Par dizaines, les guêpes, furieuses, piquaient tous les envahisseurs : Papa, René, Jeanne-d'Arc, moi et les chevaux. Papa a crié de nouveau : « Frottez-vous avec de la terre, vite. » Jeanne-d'Arc et moi, nous sommes revenues rapidement à la maison. Nous avions des piqûres un peu partout. J'avais une jambe enflée et un œil complètement fermé par l'enflure de ma paupière. Maman nous a enlevé les dards qui étaient restés plantés. Elle nous a appliqué des compresses de lait chaud. Le lendemain tout était revenu à la normale.

Pour avoir des poulets à manger au début de l'été, Maman faisait couver une poule tôt au printemps. Au fur et à mesure que les poussins éclosaient, elle les apportait à la maison et les mettait dans une boîte de carton en arrière du poêle. Aussitôt arrivée à la maison, avec ses doigts, elle leur ouvrait le bec dans lequel elle mettait un peu de sa salive pour les aider à avaler leur premier grain de riz. Après avoir avalé une fois, ils pouvaient se nourrir tout seuls avec le riz que nous leur donnions, en plus de l'eau que nous changions aussi souvent qu'ils renversaient le petit plat. Il fallait remplacer très souvent le papier journal qui leur servait de litière pour éviter les mauvaises odeurs. Maman ne laissait à la poule qu'un ou deux poussins, ce qui était plus facile à surveiller que douze petits en liberté parmi les animaux encore en hivernage dans l'étable. Quand ces poussins élevés dans la maison étaient assez forts, Maman les ramenait à l'étable, mais là, ils devaient se débrouiller seuls, car quand on enlève les poussins à une poule, elle ne veut plus les reconnaître comme les siens et les rejette.

Maman avait vraiment le tour pour dresser les animaux. Nous avions hérité de cette facilité. Un été, nous avions entraîné une poule à venir pondre son œuf, tous les jours, dans la maison. Vers dix heures du matin, la poule blanche montait sur la galerie et bécotait le bord de la porte moustiquaire que nous lui ouvrions toute grande. Cette visiteuse à plumes entrait, traversait la grande cuisine et, à côté de la table, passait par l'espace laissé entre le mur et la huche, placée en coin. Après avoir pondu, elle repartait la tête haute. Avec sa démarche altière, ses ergots pointus faisaient un petit bruit sec sur le prélart ciré, ce qui lui donnait l'allure d'une reine de beauté se pavanant en talons hauts, très heureuse de bénéficier d'un traitement royal. Rendue dehors, elle se plaçait sur le bout de la galerie et chantait de sa plus belle voix de diva de la basse-cour. C'était la Céline Dion de notre poulailler! Ça nous amusait beaucoup. En outre, ça épatait la parenté et les voisins (dessin de la ferme n° 2).

De plus, nous élevions dans notre basse-cour un couple de *bandy* (bantam). Ces petits oiseaux domestiques, coq et poule, avaient un plumage très coloré, particulièrement le coq. Nous les gardions uniquement pour leur beauté, parce qu'ils étaient inutiles. Ils n'avaient presque pas de chair et leurs petits œufs ne donnaient pratiquement rien comme nourriture. Nous nous amusions à faire fâcher le petit coq. Nous imitions son chant, il en prenait ombrage et chantait encore plus fort que nous. Sa colère lui faisait hérisser les plumes sur tout le corps et il se dressait sur ses ergots. Ce coq, fier et susceptible, ne tolérait pas d'être insulté de la sorte. Tout dans son comportement, son chant, sa démarche, sa manière de picorer, démontrait qu'il exigeait un traitement préférentiel. Les gens faisaient souvent des comparaisons entre les humains et les animaux. Quand on parlait de quelqu'un de fier et de prétentieux, on disait : « C'est un vrai petit *coq bundy* » ou « c'est le *coq bandy* du village ».

Durant l'été, nous avions toujours une poule couveuse et ses poussins qui picoraient autour de la maison. Une fois, parmi ses poussins dorés, une poule en avait un petit noir qu'elle refusait de reconnaître comme le sien. Durant la journée, elle le chassait de sa couvée et lui picorait la tête. Jeanne-d'Arc en avait pitié et le protégeait. Le soir, la poule le rejetait encore et l'empêchait d'entrer sous ses plumes pour la nuit. Ce pauvre petit noir attendait dehors, tout frileux, que Maman vienne, à l'insu de la poule, le glisser parmi les autres. En même temps, elle couvrait la poule avec la cuve de tôle qui lui servait d'abri contre les prédateurs nocturnes. À bien y penser, moi qui étais la seule aux cheveux noirs parmi toutes ces têtes blondes comme celle de Papa, j'ai été chanceuse que Maman ait aussi les cheveux noirs !

L'été, les animaux domestiques étaient dehors et les poules en liberté. Elles pondaient un peu partout, sur le fenil, dans les hautes herbes au bord du jardin, dans les hangars, mais rarement dans le poulailler. Une poule blanche avait l'habitude d'aller pondre dans l'étable sur une poutre au plafond où un peu de foin était resté accroché. Ce nid fragile a fini par tomber, mais elle continuait toujours à pondre là-haut. Son œuf tombait par terre et se cassait. Je ne comprenais toujours pas pourquoi elle ne changeait pas d'endroit. Un jour, j'avais environ six ans, j'arrive et vois l'œuf qui sort de la poule. Vite ! Je mets mes deux mains tout juste à la hauteur de ma tête et attends. Inévitablement, en tombant, l'œuf éclate. Me voilà les cheveux tout gommés par le blanc d'œuf, le jaune me coulait dans le visage. Comme toujours, Jeanne-d'Arc était là pour réparer les dégâts et me ramener à la maison.

Maintenant que tous les animaux étaient dehors, en liberté, Papa en profitait pour faire désinfecter le poulailler, avec de la formaline si nécessaire, et pour faire chauler l'intérieur et parfois l'extérieur de l'étable et de la grange. Je m'intéressais beaucoup à cet exercice. Quelques hommes, habillés tout en blanc, arrivaient avec leurs barils pleins de chaux. Avec de l'eau, ils en délayaient une bonne portion pour faire du lait de chaux. Ensuite, à l'aide d'une pompe et d'un fusil spécial, ils vaporisaient cette préparation blanche sur tous les murs et les plafonds du bâtiment. C'était un désinfectant efficace et la couleur blanche éclaircissait l'intérieur de l'étable. Ce produit dégageait une odeur particulière qui sentait le propre. Très attirée par cette activité, j'observais cela de très près, même de trop près. Quand j'arrivais pour dîner, seulement à voir la poudre blanche sur mes cheveux noirs, Maman devinait d'où je venais.

Maman aimait les chevaux et les guidait avec beaucoup d'habileté. Avec notre cheval, Sweed, ou avec notre vieille jument, Noire, elle râtelait le foin coupé pour le mettre en andains. Ensuite, avec des fourches, les hommes les ramassaient en tas pour en faire ce qu'on appelait des *vailloches* (petites meules) (photo n° 9). Aussi, elle conduisait les deux chevaux pour tirer le câble de la fourche à foin (dessin de la ferme n° 2). Cette grosse fourche à deux tiges en fer était suspendue par un long câble à un *p'tit truck* à quatre roues qui roulait sur un rail en bois fixé au haut du toit à l'intérieur de la grange. Par un système de poulies, ce même câble revenait au sol et passait dans une dernière poulie fixée à une poutre de la grange, au coin d'une porte et près du sol, puis sortait à l'extérieur. Après que Papa avait piqué et barré cette fourche dans le voyage de foin, les chevaux tiraient ce câble et, par ce système de poulies, la fourche montait une grosse fourchée de foin sur le fenil. Ce n'était pas facile et dangereux de conduire les chevaux, car il fallait les faire forcer tant que la fourche n'était pas enclenchée en haut dans le *p'tit truck* qui roulait ensuite sur le rail. Aussitôt, il fallait arrêter les chevaux, car avec le choc, le *p'tit truck* roulait rapidement sur le rail avec la fourchée de foin suspendue. Si on continuait, ce poids lourd défonçait l'arrêt au bout du rail et causait de grands dommages. René, déjà sur le fenil, balançait la grosse fourchée de foin pour qu'elle tombe sur les côtés, pendant que Papa, à l'aide d'un petit câble, donnait le *p'tit coup* qui faisait déclencher la barrure de cette fourche et laissait tomber la fourchée de foin. Entre les montées, René se démenait pour étendre le foin à peu près également sur le fenil. Ce manège recommençait tant que le voyage de foin n'était pas complètement déchargé. Ce travail pénible se faisait souvent pendant la canicule. Il fallait boire beaucoup d'eau pour ne pas se déshydrater. Mais ce qui m'impressionnait surtout c'était la grande quantité d'eau qu'un cheval peut boire d'un trait, soit environ le contenu d'une chaudière de vingt livres (9 litres).

Plus tard, pour le déchargement du foin, nos chevaux ont été remplacés par notre automobile placée à reculons. Là, vu que Maman ne conduisait pas encore l'auto, c'était moi qui, à quatorze ans, en avait la charge. J'étais ravie. Ce n'était pas facile avec une auto à transmission manuelle. La tête sortie par la vitre de l'auto, j'écoutais attentivement. Quand la fourche s'enclenchait au *p'tit truck* du rail, je *déclutchais* (débrayais) immédiatement et freinais. René avait mis un billot par terre pour m'aider à immobiliser les roues de l'auto à la bonne distance.

Souvent, nos jeux étaient d'imiter les adultes dans leurs occupations journalières. Jeanne-d'Arc avait onze ans, moi neuf et demi. En l'absence de nos parents, nous sommes allées jouer dans la grange. Nous avons installé Aline, trois ans, sur une petite fourchée de foin. Nous l'avons montée *à bras*, avec le gros câble. Après l'enclenchement de la fourche avec le *petit truck*, nous l'avons tirée jusqu'au bout du rail. Il ne fallait absolument pas donner le *p'tit coup*, sinon Aline serait tombée d'au moins une vingtaine de pieds. C'est quand nous avons vu la petite presque disparue dans le foin en haut du comble de la grange que nous avons constaté avec effroi l'ampleur du danger. Jeanne-d'Arc est montée dans l'échelle, l'a prise dans ses bras et tranquillement l'a descendue. Quelle horreur! Quand Jeanne-d'Arc y repense, elle en frissonne encore. Elle dit que cette mésaventure l'a hantée longtemps.

C'était encore durant le temps des foins, lors du déchargement d'un voyage de foin dans la grange, une grosse fourchée de foin avait été montée en haut sur le rail. Papa avait donné le *p'tit coup*, mais tout était resté suspendu dans les airs. Cette fois là, c'était au-dessus de la *tasserie*, soit à environ trente pieds du sol où il n'y avait pas encore de foin de déchargé. Il était tard, Papa a dit : « Viens René, on va aller dîner, on s'occupera de ça après. » Les filles, nous avions déjà dîné, nous sommes donc restées dans la grange. Notre jeu? Passer le plus vite possible sous la fourchée de foin restée suspendue, avant qu'elle ne tombe d'elle-même. Chacune notre tour, nous passons à toute vitesse. Vient le tour de Rolande, la plus jeune, moins vite que les autres. La fourchée de foin se décroche et Rolande disparaît sous le foin. La pression d'air, provoquée par la chute de cette grosse masse, l'a projetée vers le pourtour, face contre terre. Nous la voyions gigoter et se débattre dans le foin. Vite! Ensemble, nous l'avons dégagée. Rolande, morte de peur, pleurait à fendre l'âme. Nous essayions de la calmer, sans grand succès. Elle se dirigea vers la maison en courant. Nous l'avons suivie, très conscientes d'avoir fait un mauvais coup. Maman et Papa se sont vite aperçus qu'il était arrivé un malheur. Ensemble, ils demandent : « Qu'est-ce qui est arrivé encore? »

Jeanne-d'Arc nous a jeté un coup d'œil et a tout avoué. Nous en avons été quittes pour une bonne remontrance et la promesse de ne plus recommencer. Dieu sait si nous en avons eu de ces aventures dangereuses dans notre enfance !

Au mois de juillet, c'était la saison des arômes à la campagne. Un parfum caractéristique que je ne peux pas oublier, c'est la douce odeur du foin fraîchement coupé, surtout quand le serein tombait le soir après une belle journée chaude. L'humidité, mêlée à l'ensemble des senteurs particulières des plantes qui composent le foin, comme le mil, le trèfle rouge, le trèfle blanc et le jargeau, rendait ce parfum encore plus pénétrant. Le jargeau est une gesse qui produit une belle fleur bleu violacé que nous mangions souvent. J'avais environ huit ans. En ramassant des fraises, je cueille quelques fleurs de jargeau. Sans faire attention, je ramasse un taon avec la grappe. J'avale le tout et, par le goût détecté, j'ai réalisé que j'avais un taon vivant dans l'estomac. En criant et en courant, je suis allée rejoindre Jeanne-d'Arc. J'essayais de lui dire le pourquoi de mon effroi. Je parlais tellement difficilement qu'il a fallu qu'elle devine ce qui m'arrivait. Elle m'a fait asseoir par terre et a essayé de me rassurer en me disant : «Aie pas peur, le taon va mourir vite.» Il n'y avait rien à faire. J'étais tellement angoissée, j'en faisais des cauchemars. Encore aujourd'hui, seulement à y penser, j'en frissonne.

Le curé Joseph-Edmond, souvent comique sans le savoir, monte en chaire un dimanche et dit : «Là c'est le temps des foins. Il va vous arriver bien des jeunes garçons de la ville pour vous aider à faire les foins. Méfiez-vous, ces gars-là ont leurs intentions. Ils restent en bas du voyage de foin et demandent aux jeunes filles avec leurs robes courtes (le port du pantalon long n'était pas encore de mise pour les jeunes filles) de monter sur le voyage pour aider à fouler le foin. Puis ils crient aux filles : Foule au bord. » Un fou rire général éclate dans l'église. Encore une de ses phrases typiques que tous répétaient en ricanant.

Avant d'avoir une automobile, pour les promenades, nous avions une voiture à cheval : un *robeurtaille* (*rubber tire*) ou un *buggy*. Cette voiture légère, à quatre roues encerclées de caoutchouc, d'où son nom, pouvait transporter deux adultes assis, plus les enfants. Nous nous assoyions sur nos parents ou en avant, sur des petits bancs qui se dépliaient. Sur le devant de la voiture, était planté dans un étui spécial un grand *blacksmith* (fouet) de cuir noir tressé, emmanché d'une tige de bois d'environ trois pieds de longueur. Ce fouet était rarement utilisé, mais servait à houspiller un cheval paresseux. Ce *buggy*, peint en noir avec un petit trait décoratif doré sur les côtés, était la voiture du dimanche et des sorties spéciales. Après la grand-messe, c'était la parade sur la route régionale. Dépasser les autres pour montrer que son cheval était le plus rapide et le plus beau, c'était un petit plaisir que plusieurs orgueilleux s'offraient. Habituellement, chez nous, on attelait la jument préférée de Maman : Frise. Elle était racée, belle, rapide et docile. Avec son port de reine élancée, dans sa belle robe d'un noir luisant, elle faisait notre fierté. Le samedi, Maman allait l'étriller et la brosser avec soin pour s'assurer qu'elle aurait un beau poil pour le dimanche, journée où l'on sortait l'attelage léger, bien huilé en noir. Ce moyen de locomotion a servi jusqu'à ce que nous ayons une automobile en 1943. Quelques grosses familles se promenaient en voiture double (deux sièges) qui logeait six adultes assis, plus le charretier. Cette voiture noire se distinguait des autres par son toit noir et ses côtés entourés de toiles noires qui se fermaient en cas de pluie ou de vent. Chez oncle Ulric, cette grande voiture confortable était tirée par Roc, un beau grand cheval alezan rapide qui faisait l'orgueil de la famille. C'était de les voir, les visages épanouis, qui nous dépassaient aussitôt qu'ils gagnaient la route régionale asphaltée, soit la dernière partie de la route qui conduisait au village.

Chacun parlait de son cheval favori avec enthousiasme. Assez qu'un hiver, après qu'oncle Ulric fut déménagé sur sa ferme au coin du Rang Nord, il a organisé une course de chevaux sur la glace de la rivière Ticouapé. Ce cours d'eau, d'une largeur approximative de cinquante pieds, avait un grand bout droit d'environ un mille : de la pointe chez Ludger Painchaud jusqu'au pont chez Nil Villeneuve. Ils ont préparé la surface pour deux voitures de front. Les chevaux devaient porter des fers à glace. Les juges de départ et ceux d'arrivée n'étaient pas précis comme aujourd'hui avec l'électronique... Papa avait concouru avec Lady tandis qu'Arthur l'avait fait avec Roc. Sur le bord de la rivière, les spectateurs criaient et encourageaient leur favori. Comme résultat, chacun s'est déclaré vainqueur. Ça discutait encore plus fort que d'habitude. Ce n'est pas peu dire !

L'été, quand les chevaux, Sweed et Frise, ne travaillaient pas, ils étaient en liberté, et broutaient dans le pacage des vaches (dessin de la ferme n° 2). Ils semblaient bien apprécier ces grands espaces, car il n'était pas toujours facile d'aller les chercher quand nous voulions les atteler. Pour pouvoir les attacher à une laisse, Papa leur laissait toujours un licou. Quand j'ai été assez grande, j'ai dit : « Moi aussi je suis bien capable d'aller chercher Sweed dans le champ. » Papa m'a dit : « Oui, mais il ne faut pas que Marquis te suive, il jappe après les chevaux, ça les énerve et ils partent au galop. » Bien contente de cette nouvelle responsabilité et en suivant la technique de Papa, j'apporte une chaudière dans laquelle j'avais mis un peu d'avoine que je brassais pour leur faire voir leur grain préféré qu'ils n'avaient pas mangé depuis qu'ils étaient au pacage. Je m'approche d'eux. Sweed s'est tout de suite avancé pour se délecter de l'avoine. J'en ai profité pour accrocher ma laisse à son licou. En l'emmenant vers la maison, je lui laisse manger son grain préféré à volonté. Tout va bien. En arrivant près de la barrière de sortie, fière de moi, je regardais Papa qui m'attendait près de la maison. Sweed, sachant très bien le but de l'exercice, donne un bon coup de tête par en arrière. Pas suffisamment attentive, j'ai échappé la laisse et, sous le choc, j'ai failli tomber à la renverse. Voilà Sweed reparti au galop dans le champ. J'étais là, toute penaude avec ma chaudière vide et plus de cheval. Papa, qui observait la scène en secouant la tête, me dit : « Ah ! J'aurais bien dû t'avertir. Sweed c'est un *couillon*. Il connaît son monde et il savait très bien que tu ne te méfierais pas de lui et qu'il aurait beau jeu de te faire échapper ton *cordeau* et qu'il pourrait se sauver. »

Durant la semaine, quand il pleuvait et que les commerces étaient ouverts, les hommes allaient aux commissions et aimaient aussi aller aux nouvelles. Il y avait des endroits spécifiques où les commerçants du village aimaient jaser avec le public. Ils mettaient des bancs à la disposition des *placotteux* pour que ceux-ci se sentent à l'aise de se rassembler d'une manière informelle. Les deux principaux endroits étaient la cordonnerie de Raoul Girard et la boutique de forge chez William Desmeules. Les hommes parlaient de politique, de la coopérative, de l'UCC et, bien entendu, des femmes… Ça remplaçait la publication d'un petit journal local.

Dans les années 1940 à Normandin, pour une population d'environ 3000 habitants, il y avait quatre cordonniers : Raoul Girard, Éliphe Duchesne, René Boivin et Joseph Trottier. Chacun avait ses habiletés particulières et parfois leur femme collaborait au service à la clientèle. Quand j'étais au pensionnat, j'allais toujours faire réparer mes souliers chez le cordonnier Trottier qui était plus âgé que les autres. Rentier, il travaillait uniquement pour rencontrer les gens. Il faisait la réparation immédiatement en ma présence. J'enlevais mon soulier et attendais assise en face de lui. Il me parlait gentiment : « Toi, tu es une fille à Conrad, hein ? Tu vas au pensionnat, aimes-tu ça ? Étudies-tu comme il faut ? As-tu des bonnes notes ? Ton père, qu'est-ce qu'il fait de bon de ce temps-là ? » Il me questionnait pendant qu'il faisait la réparation et souvent il me racontait des histoires pour me faire rire. Quel que soit le temps qu'il prenait pour faire le travail, il me demandait toujours le même prix : dix cents.

René, le seul garçon dans ma famille, me demandait souvent de l'accompagner à la chasse ou faire toutes sortes d'activités de garçon. Par contre, il ne voulait pas toujours que les autres « toupies », comme il appelait les filles, nous suivent. Ça faisait mon affaire, je n'aimais pas jouer *à la madame*. Je préférais aller à la chasse à la perdrix, aller tendre des collets à lièvres avec René, tout ce qui était en dehors de la maison. Les jeux et les « affaires » de filles, sauf la couture, ne m'intéressaient pas beaucoup.

Quand nous n'avions rien à faire, chose rare, Papa nous disait : « Allez donc redresser des clous dans le hangar. » Il avait toujours un petit *quart* (baril) de clous croches qu'il avait arrachés des vieilles planches. Avec un marteau et appuyés sur une planche de bois, à force de marteler le clou dans tous les sens, nous arrivions à le redresser et nous le remettions dans un autre *quart à clous*. Cette tâche ne nous emballait pas plus qu'il le faut. Nous nous trouvions rapidement une autre occupation.

Une autre tâche nous occupait au mois de juillet: ramasser les *bêtes à patates* (coccinelles). Dans le champ de patates qui mesurait environ une acre, ces petits insectes se nourrissaient des feuilles et des tiges des plants et les faisaient mourir. Alors, munis d'une boîte de conserve vide, nous ramassions, à la main, ces minuscules insectes noirs et jaunes. Pour éviter qu'ils sortent de notre petite *can*, aussitôt que nous avions ramassé assez d'insectes pour en couvrir le fond, nous allions la vider dans de grandes chaudières, placées ici et là, dans lesquelles Papa avait mis le feu. De cette façon, il était sûr qu'ils seraient tous détruits au fur et à mesure. En groupe, ordinairement, ce travail nous prenait une journée entière.

Maman avait une mémoire phénoménale et beaucoup d'intuition. Papa, distrait et rêveur, perdait souvent ses outils qu'il laissait là où il s'en était servi. Il venait à la maison et disait: « Cécile, as-tu vu mon marteau? » Elle répondait: « Vas donc voir où tu as réparé telle chose dernièrement. » Immanquablement l'outil était là. Nous étions toujours étonnés de constater son esprit d'observation. Pour ranger ses outils, Papa s'était fabriqué une longue boîte rectangulaire en bois qui se fermait avec un panneau à pentures. Il l'avait fixée au mur dans le hangar à gauche en entrant (dessin de la ferme n° 2). Mais pour trouver un outil dans cette boîte où tout était mêlé, il fallait bien de la patience ou beaucoup de chance. Lorsqu'il a construit son garage pour l'automobile, il y a ajouté un atelier où tous les outils étaient accrochés au mur ou placés sur l'établi. C'était quand il ne les laissait pas là où il s'en était servi !

Comme nous n'avons eu l'eau courante à la maison qu'en 1941, le lavage du linge était toujours une tâche très ardue. Au début, Maman avait un *moulin à laver* qu'il fallait tourner à la main, surmonté d'un *tordeur* (essoreuse) qu'il fallait aussi tourner à la main. L'eau chaude était conservée dans un *boiler* en cuivre intégré au poêle à bois. Afin d'avoir encore plus d'eau chaude pour la journée du lavage, Maman en faisait chauffer sur le poêle dans un autre *boiler* en cuivre. Cette eau supplémentaire servait à faire bouillir le linge blanc dans le caustique, afin de le rendre encore plus blanc. Une autre façon de le faire paraître plus blanc était d'utiliser du bleu à laver. (Ces cubes bleus provenaient de l'extraction d'une plante, la guède, utilisée en teinturerie.) Maman enveloppait un cube de bleu à laver dans un morceau de linge blanc et le brassait dans la machine à laver jusqu'à ce l'eau devienne toute bleue. Après avoir enlevé ce cube bleu de l'eau du lavage, elle y mettait le linge blanc fraîchement lavé. Après un bon brassage, il fallait le sortir de nouveau, le rincer et l'essorer. Passer au bleu, c'était tout un travail.

La journée du lavage, il y avait beaucoup d'humidité dans la maison. L'hiver les vitres devenaient toutes couvertes de givre qui formait de très beaux dessins tout blancs. Comme il faisait trop froid pour utiliser la corde à linge, Maman faisait sécher le linge blanc dehors sur des dossiers de chaises. Quand elle le rentrait, le linge était tout gelé et raide, on aurait cru voir des fantômes, mais ça sentait bon, l'air frais. Ensuite, il continuait à sécher dans la maison. En guise d'humidificateur, les autres jours d'hiver, une *bombe* bouillait sur le poêle. Son ronronnement continuel nous endormait.

Avant que nous ayons l'électricité, Maman utilisait trois fers à repasser en fonte qu'elle faisait chauffer sur le poêle. Avec une poignée de bois amovible qui s'adaptait aux trois fers, elle pouvait alterner au fur et à mesure que celui qu'elle utilisait, se refroidissait. Elle en avait un autre plus petit et plus léger pour les vêtements délicats. Mais sa poignée fixe et en métal obligeait Maman à utiliser une mitaine de coton matelassé pour se protéger la main contre la chaleur. Ces fers servaient aussi à déglacer le seuil de la porte d'entrée l'hiver.

Jeanne-d'Arc m'a dit dernièrement que pour nous occuper durant les vacances, elle avait joué *à la madame* avec nous jusqu'à l'âge de quatorze ans. Ensemble nous nous organisions toutes sortes d'activités. Durant l'été, nous nous faisions des petites maisons dans la *shed là-bas*, située dans le pacage des vaches, sur la butte près de la route (dessin de la ferme, n° 2). Dans ce hangar, Papa remisait les voitures depuis qu'il bûchait moins de bois de chauffage pour vendre. Dans la partie libre, nous divisions nos appartements avec des poches de jute décousues et reliées entre elles avec des clous. Jeanne-d'Arc et Solange tenaient maison et avaient installé un petit poêle dehors pour faire cuire des patates et de la soupe. Elles allaient chercher des *cans* de viande dans la réserve de Maman et préparaient des repas. Maman nous avait appris que creuser un trou dans la terre à l'ombre et y déposer le beurre, le lait et le fromage garderait ces aliments frais, si nous prenions la précaution de fermer le tout avec un couvercle de bois. Rolande, Aline et Diane jouaient le rôle des enfants et devaient obéir aux deux plus vieilles, leurs prétendues mères. Moi, j'ai commencé par jouer à tenir un magasin dont je remplissais les tablettes avec toutes les petites boîtes vides que j'avais ramassées durant l'hiver. Mais je trouvais donc que mes sœurs ne venaient pas souvent acheter à mon magasin où j'étais captive à attendre leurs rares visites. Alors, j'ai décidé de jouer au médecin. Pour vaquer à mes occupations, j'avais une auto imaginaire. C'était un couvercle de métal de couleur dorée qui provenait de chaudière de graisse que mes parents achetaient pour faire des pâtisseries. Je me promenais en m'imaginant que je conduisais une belle automobile neuve. J'allais partout au gré de ma fantaisie. J'arrêtais de temps en temps dans les quatre hangars de la ferme, des maisons imaginaires où je soignais des enfants malades.

Nous avions toujours la tête pleine de projets et notre imagination fertile nous transformait en personnages importants. Nous nous prenions au sérieux dans nos nouveaux rôles et gare à celui qui venait briser nos illusions !

Jeanne-d'Arc s'occupait de nous comme une deuxième mère. Durant la canicule, les plus jeunes voulaient souvent aller se baigner dans le ruisseau.

Jeanne-d'Arc avait bien peur qu'elles soient trop aventurières et qu'elles se noient. Elle leur disait : « N'allez pas au ruisseau sans me le dire. Je vais y aller avec vous autres. Je ne vous refuserai jamais, je vous le promets. » Elle ne jouait pas dans l'eau avec les jeunes. Elle se couchait dans l'herbe et, tout en les surveillant, elle les encourageait dans leurs prouesses. C'était la fête à chaque fois.

Quand ce n'était pas dans le ruisseau, nous prenions notre bain dehors dans une grande cuve en tôle galvanisée qui servait pour la lessive. Dans une bouilloire en fonte que nous appelions une *bombe,* Maman faisait chauffer l'eau sur la petite fournaise placée dehors l'été seulement, juste en face de la porte de côté à environ vingt-cinq pieds de la maison, assez loin pour éviter que la fumée ne cause d'inconvénients (dessin de la ferme, n° 2). Vu que nous n'avions pas de cuisine d'été, c'est là que Maman cuisinait durant la canicule. Durant ces grosses chaleurs, elle baissait toutes les *toiles* (stores). Ça gardait la maison fraîche. Ça dormait mieux le soir et ça éloignait les mouches.

Oui, les mouches ! À cause de la proximité de l'étable où elles pullulaient. Mais Maman n'en endurait pas dans la maison. Dans la cuisine, la grande pièce familiale, elle plaçait plusieurs collants à mouches achetés au magasin général. C'était de solides papiers recouverts d'une mince couche de mélasse enroulés dans un petit tube de carton vert que nous faisions d'abord réchauffer sur le bord du poêle, puis, en tirant sur la petite corde, nous les déroulions. Ça formait des spirales d'environ deux pieds de longueur sur deux pouces de largeur. Nous les suspendions au plafond de bois en y piquant une punaise. En les relâchant, ils se rembobinaient et remontaient. Alors, pour les tenir allongés, nous mettions un caillou dans la petite boîte de carton à la base, d'où était sorti le papier collant. L'odeur sucrée, dégagée par ces collants, attirait les mouches qui venaient s'y coller et elles mouraient. Ces trappes libéraient la maison de cette peste. Maman nous disait, avec raison, que c'était la source de bien des maladies. Notre porte de *scring* (moustiquaire) munie d'un ressort raide, faisait tout un tapage en se fermant, mais cette porte était indispensable. Combien de fois j'ai entendu Maman dire : « Ferme la porte de *scring,* les mouches ! »

ONCLE ULRIC

Après que Victor, l'aîné de la famille, fut mort de la fièvre typhoïde à l'âge de 23 ans, oncle Ulric est devenu l'aîné du clan Georges Fortin. Son talent naturel de meneur le portait à inciter ses jeunes frères et sœurs à vivre selon les traditions. En 1932, quand mes parents ont déménagé au Rang 8, ils se sont installés sur la ferme voisine de celle d'oncle Ulric et d'Évana Savard qui avaient déjà cinq enfants. Maman et tante Évana s'aimaient bien et s'entraidaient. Maman n'était pas très expérimentée dans l'art culinaire, mais tante Évana, une très bonne cuisinière, lui était d'un précieux secours.

Fier de ses dix ans de plus que Papa, oncle Ulric avait placé notre père sous son aile. Ce grand frère, un catholique très convaincu, avait une peur bleue du communisme. Les deux frères voisins travaillaient souvent ensemble, ce qui permettait à l'aîné d'influencer son jeune frère, Conrad. Par exemple, nous étions abonnés au journal *Le Soleil*, un quotidien que nous aimions à cause de ses bandes dessinées : le Fantôme, Tarzan, Mutt et Jeff, Mandrake le magicien et bien d'autres. À chaque soir, en revenant de l'école, nous nous regroupions pour lire notre journal afin de savoir la suite de nos histoires préférées. Durant la journée, tout en travaillant, oncle Ulric disait souvent à Papa : « Tu sais Conrad, les évêques disent que *Le Soleil*, c'est un journal communiste, il faudrait que tu le remplaces par *L'Action catholique* ». Même si Papa était convaincu du contraire, il a fini par céder. Nous étions tous très déçus d'être privés de nos bandes dessinées quotidiennes.

Le fils aîné d'oncle Ulric, Arthur, sept ans plus âgé que René, était aussi malheureux que nous d'être privé de son journal favori. Auparavant, il venait tous les jours chez nous. Il s'assoyait sur le divan de cuir et lisait les nouvelles et les bandes dessinées dans *Le Soleil*.

Comme l'électricité n'était pas encore installée dans le Rang 8, oncle Ulric avait une radio à piles. En tant qu'aîné de la famille Fortin, il prenait plaisir à être le premier de la famille à se procurer certaines nouveautés. Quand il ouvrait cet appareil, il lui fallait attendre quelques instants que les lampes se réchauffent afin de capter les émissions. Les deux postes faciles à syntoniser étaient Radio-Canada et CKAC. Parfois, le soir vers sept heures, Papa allait chez son frère pour écouter l'émission humoristique, *Nazaire et Barnabé*, et aussi *Séraphin* dont le personnage principal, un avare hargneux, était interprété par Hector Charland, d'après un roman de Claude-Henri Grignon. Les gens s'amusaient à imiter son timbre de voix et ses expressions. De temps en temps, Papa nous amenait avec lui chez son frère. Nous écoutions l'émission avec attention. Mais ça nous intriguait d'entendre parler dans ce petit récepteur radiophonique. Nous posions des questions et essayions de regarder furtivement en arrière de la radio. Mais comme les gens en général croyaient que nous ne comprendrions pas leurs explications, ils nous disaient que les bonnes femmes et les bonhommes du programme étaient pliés dans la radio. Nous avions du mal à croire cela, mais nous n'osions pas les contredire, toujours de peur de faire rire de nous.

Nous n'avions pas de radio, donc le journal était notre principale source d'information de ce qui se passait en dehors de notre patelin. Un jour, en ouvrant le journal, Maman fronce les sourcils et dit : « Ah ! Que c'est de valeur ! On l'aimait tant ! » Elle venait de lire que la Bolduc était morte du cancer, le 20 février 1941, à l'âge de 46 ans. Le journaliste résumait sa carrière en disant que cette jeune mère de quatre enfants, qu'elle appelait ses anges, s'était mise à chanter durant la crise économique pour gagner la vie de sa famille. Elle avait eu tellement de succès qu'en dernier, lorsqu'elle était en tournée dans la ville de Québec, elle pouvait se permettre de loger au Château Champlain, face à la gare du Palais. Elle adorait cet hôtel. Elle a enregistré deux disques de chansons humoristiques. Tous les Canadiens français connaissaient ses chansons par cœur et les chantaient avec entrain. Elle aimait tellement la vie. Même à l'hôpital, peu de temps avant sa mort, elle chantait encore pour distraire les malades.

LES PASSANTS

Les passants. C'était souvent des gens qui avaient été exemptés de la guerre à cause de leur âge ou d'une incapacité quelconque. Ces commerçants itinérants vendaient toutes sortes de produits ou offraient leurs services. *Phida* (Alphida) Cloutier passait une fois par année pour nettoyer, réparer et ajuster les *moulins* à coudre. Il vendait aussi des aiguilles et des pièces de rechange. Il ne manquait pas de travail, il y avait une machine à coudre Singer dans chaque maison. Des passants, il y en avait de toutes sortes ; un tel vendait des produits Familex : des vitamines, des pilules Dodds, du vin ferré, etc. Un autre offrait des produits Raleigh et un autre, des brosses Fuller. Il y avait aussi des maquignons qui vendaient et achetaient des chevaux et toutes sortes d'animaux. Il ne faut pas oublier les *pedleurs* qui vendaient du sirop d'érable, d'autres qui vendaient des vêtements et même des manteaux de fourrure. Parmi ceux-là il y avait des gens de nationalités étrangères qui parlaient difficilement le français. Maman les appelait les Syriens. Elle disait : « Avec ces gens-là, il faut bien connaître ce qu'on achète. Ils viennent ordinairement de loin, souvent on ne les revoit plus. Il n'y a pas de *fiat* à faire. » En cas de problème, les gens se trouvaient sans recours : à l'époque, il n'y avait pas de loi sur la protection du consommateur !

LES QUÊTEUX

Maman avait très peur des quêteux. Ces mendiants étaient horribles à voir. Le gros et grand Pierre Dumont portait une longue barbe grise et exhibait toujours ses cure-dents glissés sous le ruban de son large chapeau de paille biscornu. La poche de jute sur son épaule contenait tout son avoir. Par sa grande salopette blanche grisonnante et ses deux cannes, nous le reconnaissions de loin. Il nous terrifiait. Le printemps, à la fonte des neiges, alors que les chemins étaient boueux, il portait des souliers blancs (*pichous*) de peau de veau tannée au chrome qui leur donnait une couleur blanche quand ils étaient neufs. Ces grandes bottes lacées, qui montaient jusqu'à mi-jambe, étaient faites sur le modèle des mocassins des Indiens. Avec plusieurs bas de laine à l'intérieur, c'était chaud pour l'hiver, mais il ne fallait pas qu'ils soient humides. Ce quêteux, aux guenilles mouillées et sales, frappait à la porte avec ses deux cannes. Ce bruit nous traumatisait. Quand Papa était là, il lui ouvrait. Pierre Dumont restait debout sur le tapis près de la porte. En tendant la main, de sa grosse voix caverneuse, il disait : « La charité s'il vous plaît pour l'amour du bon Dieu. » Papa lui donnait un cent. C'était le tarif courant pour les quêteux. D'un air dédaigneux, en regardant par-dessus ses lunettes, le quêteux fixait longuement la pièce de monnaie. Il repartait en bougonnant et en se barrant les pieds dans les portes, il manquait tomber. Il donnait des coups de cannes sur la galerie. Par là, il nous faisait comprendre que la paye n'avait pas été forte. En l'absence de Papa, Maman s'en allait dans sa chambre et nous disait de ne pas lui ouvrir. Par contre tante Évana, notre voisine, lui donnait à manger. Il aimait le thé très chaud, mais il faisait du bruit en le buvant et se brûlait à tout coup. Il réussissait toujours à se trouver une place pour coucher, ordinairement sur un divan ou par terre dans la cuisine.

L'autre quêteux régulier, Denis Dumais, était un arriéré mental léger, surnommé Tino Rossi parce qu'il disait savoir chanter, mais il chantait très faux. Quand les gens étaient en groupe et avaient le temps, pour rire, ils lui donnaient un cent par chanson. Mais le danger avec lui c'est qu'il trouvait les petites et les grandes filles très belles et voulait les embrasser et souvent plus. Il demandait aux gens de l'accueillir pour travailler, mais il n'était pas fort et maladroit. Thomas-Louis Bolduc et les Hamel l'engageaient parfois. Cependant, avec ces employeurs, Tino était très craintif et prudent. Il avait terriblement peur des femmes mariées qui l'avaient bien averti que, s'il touchait aux filles, elles le tueraient. Ernest Milot ne l'a engagé occasionnellement que lorsque ses filles eurent quitté la demeure familiale, parce qu'elles ne voulaient pas voir cet étranger dans leur environnement. Quand ce quêteux ne pouvait plus demeurer chez ses protecteurs, il quêtait dans les rangs. Une fois, je devais avoir dix ans, il passe et je gardais seule chez madame Gérardine. J'étais dehors, il m'avait attrapée. Heureusement monsieur Polon est arrivé. J'ai eu tellement peur. Je ne l'ai jamais raconté à mes parents, je me sentais trop mal.

MARQUIS

D'ABORD, nous avons eu Marquis jaune, un chien pas très gros, ni très fort, mais très rapide. Ce chien nerveux était toujours prêt à partir dès qu'il était attelé. Souvent Papa devait faire vite, autrement le chien serait parti tout seul. En *embarquant* dans la *traîne*, Papa disait : « Au Rang Nord. » Marquis jaune partait comme une balle. Avec un seul passager, il filait à toute vitesse, mais avec deux ou trois, il avait peine à se rendre. En passant par le raccourci, aller au Rang Nord, ça donnait plus d'un mille. Papa et René savaient comment contrôler Marquis, mais les étrangers avaient souvent des problèmes. Si oncle Armand était encore là, il se rappellerait sûrement qu'un jour en visite chez nous, il voulait aller chez son frère Ulric, notre voisin. Il faisait très froid. Papa dit : « T'es pas habillé assez chaudement des pieds. Je vais t'atteler Marquis, ça va aller vite, tu vas voir, tu n'auras pas le temps de geler. » Papa attelle Marquis jaune sur la *traîne*, et le retient en attendant son frère Armand. Jeanne-d'Arc et moi, nous regardions la scène par la fenêtre. Oncle Armand sort de la maison vêtu de son beau *capot* de chat et de son casque de loutre. La tête haute, il se prépare à *embarquer* dans la *traîne*. Papa, croyant que son frère est prêt, dit au chien : « Chez Ulric. » Oncle Armand, qui n'avait qu'un pied dans la *traîne*, n'a jamais eu le temps de mettre l'autre. Marquis était parti à toute vitesse, seul, la *traîne* vide. Oncle Armand a failli tomber sur le dos. Papa criait : « Marquis, viens-t'en ici ! » Le chien est revenu tout penaud. Jeanne-d'Arc et moi, nous ne savions pas si nous devions rire de voir oncle Armand, « notre Patriarche digne », traité avec si peu de respect.

Je n'ai pas eu le temps de bien connaître ce beau chien. J'avais environ quatre ans au cours de l'hiver quand oncle Philippe Bouchard avait tendu aux renards dans notre forêt en utilisant des boules de poison enrobées de viande. Avec son flair, Marquis avait repéré ces appâts, en avait mangé et s'était empoisonné. Même deux jours plus tard, il ne s'en remettait pas. Papa ne voulait pas le laisser souffrir inutilement. Il a dû se résigner à l'achever d'un coup de fusil. C'était la méthode du temps.

C'était en 1937 je crois. Voyant que dans peu de temps, nous serions plusieurs enfants à aller à l'école, mes parents ont jugé bon d'acquérir un nouveau chien qui serait doux, bien sûr, mais surtout fort pour nous transporter avec sa *traîne* durant l'hiver. Marquis noir a été un très bon choix. Ce gros chien, genre danois, avait une force surprenante. Dans notre longue *traîne* à rebords, il nous transportait à l'école (photo n° 10). Nous placions au fond de la traîne une peau de mouton réchauffée d'avance près du poêle. Durant les tempêtes, pour nous préserver du froid et du vent violent, nous nous couvrions la tête avec un grand châle gris. En 1943, nous étions jusqu'à quatre filles assises dans la traîne. René se plaçait debout en avant. Quand Marquis descendait la côte chez Ernest, il courait à toute vitesse pour prendre un élan, car il savait que pour remonter de l'autre côté ça irait mieux avec de la vitesse. Pour alléger la charge en remontant, René *débarquait* et courait à côté de la *traîne*.

Même encore jeune, Marquis était un chien extraordinaire. Un matin de tempête de neige, Papa était venu nous conduire à l'école en *sleigh de portage*, mais il n'était pas encore revenu pour notre retour à la fin de la classe. Maman s'est dit : « Il fait trop vilain, il ne faut pas que les enfants s'en reviennent à pied. Il faut absolument que je fasse quelque chose. » Elle attelle le chien et lui dit : « Marquis, va chercher les enfants à l'école. » Ce chien exceptionnel a compris tout de suite et s'est dirigé vers l'école, un trajet qu'il était habitué de suivre avec nous. Maman l'a observé par la fenêtre pour s'assurer qu'il se rendrait bien à destination. Bien oui ! Il avait compris. Toute surprise, Jeanne-d'Arc, qui le voit venir par le reflet dans la vitre d'un cadre suspendu en arrière de la maîtresse, Béatrice Hamel, dit tout énervée : « Mademoiselle, Mademoiselle, Marquis est arrivé. » Après cette expérience, Maman a continué à l'envoyer nous chercher à l'école, midi et soir. Environ quinze minutes avant l'heure de la fin de la classe, en arrivant près du perron de l'école, il se couchait et attendait. Quand il nous conduisait de la maison à l'école, il revenait seul avec la *traîne* à la maison où Maman l'attendait avec de belles grosses crêpes chaudes. Les chemins étaient étroits. Si, par hasard, il croisait une voiture sur sa route, il se rangeait à côté du chemin. Même si parfois il s'enfonçait dans la neige, il faisait assez sur le côté du chemin pour que la *traîne* dégage complètement la route. Tous les gens du secteur le connaissaient et lui donnaient une chance.

Notre chien était nourri principalement de restes de table, de bêtes sauvages qu'il tuait lui-même, de viande crue provenant des restes des lièvres que Maman préparait et des veaux tués à leur naissance au printemps. L'hiver, Maman lui faisait cuire de grosses crêpes épaisses et fortes en œufs qu'elle lui lançait toutes chaudes sur le banc de neige. Marquis les saisissait avec précaution et les brassait dans la neige pour les refroidir.

Ce chien nous suivait partout et aimait tellement jouer ou travailler avec nous. L'hiver, nous aimions beaucoup aller glisser dans la côte du ruisseau. Marquis nous suivait à la course en descendant. Nous l'attelions et, tout enjoué, il remontait la traîne. Il nous suivait ainsi des après-midi entiers. Pour lui, comme pour nous, c'était un jeu.

Vu qu'il avait le poil ras, Marquis était frileux. L'hiver, par temps froid, quand il ne marchait pas, tout son corps tremblait. Nous avions pitié de lui. Alors nous le faisions entrer dans la maison. La nuit, quand il ne dormait pas près du poêle, il s'installait sous la rangée de vêtements suspendus à des crochets près de la porte d'entrée qui laissait passer de l'air. Pour remédier à ce problème, avec son nez, il décrochait un ou deux manteaux pour se faire une couverture et couper ce courant d'air. Nous n'aimions pas cela. Mais à Marquis, nous pardonnions bien des choses. Heureusement, il ne perdait pas son poil.

L'hiver quand nos parents partaient en promenade, nous jouions avec Marquis dans la maison. Nous courrions autour de la table et du poêle à bois. Il se faufilait dans le groupe en jappant. Quand le *prélart* était fraîchement ciré, il glissait et tombait assis sur le derrière. Il avait du mal à se relever, ses griffes n'avaient pas de prises. Nous le poussions par derrière pour le remettre sur pied, il glissait encore et jappait. Ça nous faisait bien rire. Nous montions sur le *bed* et il montait avec nous. Il nous prenait la main dans sa gueule sans jamais nous mordre. Nous courions comme ça jusqu'à l'épuisement. Pendant que nous nous reposions assises par terre, Marquis venait se coucher près de nous, le menton sur le plancher. Il guettait du coin de l'œil pour être prêt quand nous reprendrions nos courses. Nous essayions de tromper sa vigilance, et repartions le plus vite possible. C'était encore une autre séance de glissade pour Marquis. Ce chien-là faisait partie de la famille. Il était doux, docile, très fort et toujours content de participer à nos activités.

Marquis, j'y étais très attachée et j'ai même pris de gros risques pour lui. Au printemps, l'eau de la fonte des neiges faisait gonfler notre petit ruisseau qui sortait de son lit. Pour quelques jours, nous avions un large cours d'eau où de grosses plaques de glace voyageaient rapidement. Avant que les glaces partent, Marquis avait traversé le ruisseau. Pris de l'autre côté depuis deux jours, il jappait constamment, mais n'osait pas retraverser à la nage, l'eau était glacée et le ruisseau était trop large. J'étais encore très jeune, autour de neuf ans. Ça me faisait tellement mal au cœur de l'entendre, qu'un soir, au retour de l'école, je suis partie seule, sans dire un mot à personne et je suis allée l'appeler. Je lui ai fait faire le tour pour le ramener à la maison en suivant le bord du ruisseau. Lui d'un côté, moi de l'autre. Ça devait être un trajet d'un demi-mille environ. Je marchais tout le long du ruisseau où il y avait des aulnes, des trous, de la neige mouillée qui enfonçait, et toutes sortes d'obstacles. Ça ne me dérangeait pas, pourvu que Marquis suive de l'autre côté du ruisseau. Je l'avais conduit de loin comme cela jusqu'au pont chez Ernest Langevin. Là il a pu traverser. J'avais pensé à cela en revenant de l'école, quand j'ai traversé sur le pont. Je m'étais dit : « Si le pont était chez nous, ce serait facile, Marquis pourrait traverser. » Soudain, j'ai pensé : « Mais voyons donc, c'est le même ruisseau, si je l'amène ici, il va pouvoir traverser. » Quand il est arrivé près de moi, il se collait à mes jambes et je le caressais sur le dos et autour de la tête. Tous les deux, nous sommes retournés à la maison bien tranquillement. Je lui parlais et il *fortillait* de la queue. Au mois d'avril, il fait noir de bonne heure. Comme je n'avais prévenu personne de mon aventure, à la maison tous étaient inquiets. Quand Papa m'a vue venir dans le chemin avec Marquis, il se préparait à me disputer sévèrement. Mais quand je lui ai avoué : « Je ne voulais pas le dire à personne, car j'étais certaine que vous n'auriez pas voulu me donner la permission. Après cela, Marquis serait mort et il ne pourrait plus nous mener à l'école. » Papa m'a regardée avec des yeux sévères et m'a dit : « Mais si c'était toi qui étais morte sur le bord du ruisseau ? Ma petite fille, fais plus jamais de choses pareilles, sans dire où tu vas. »

L'été, quand venait l'heure de la traite des vaches, Marquis le savait et se tenait prêt. Il s'assoyait près de la pierre de sel iodé placée sur le bord de la côte, dans le champ des vaches, et attendait. Quand on disait : « Marquis, aux vaches ! » Il jappait deux ou trois fois pour avertir les vaches qu'il s'en venait et partait à toute vitesse en direction du troupeau. Il rassemblait doucement toutes les vaches, sans en oublier une seule. Ensuite il suivait en arrière de la file en surveillant si toutes prenaient bien le chemin de la place de traite. Si, par malheur, l'une d'elles s'écartait du rang, il la ramenait à l'ordre rapidement. Un jour, pour le besoin de la reproduction, le gros bœuf du voisin tenait une vache à l'écart et empêchait Marquis de la ramener avec les autres. Comme ce chien prenait son travail au sérieux, il fit face à cette grosse bête dangereuse. Marquis jappait et tournait autour du taureau qui l'a déjoué et l'a encorné aux côtes. En *silant* et en jappant de douleur, notre pauvre chien est revenu à la maison de peine et de misère. Il s'est couché à côté de la galerie. Quand il respirait, une grosse bosse sortait d'entre ses côtes, montait et descendait avec un sifflement qui nous angoissait. Nous pleurions tous de voir le sang qui coulait de sa blessure. Même je pleurais plus que les autres. Papa a désinfecté la plaie et lui a fait un pansement. Ensuite, il lui a encerclé le corps avec du jute pour refermer la déchirure intercostale et permettre aux côtes de guérir. Marquis est resté là, couché pendant quelques jours sans manger. Marquis ne voulait rien prendre, mais il buvait beaucoup. Les animaux ont ce sens de *l'autoguérison*. Toutes ses énergies allaient pour la guérison de sa plaie. La cicatrice est restée visible jusqu'à sa mort. Tant qu'il n'a pas été remis sur pied, nous étions inquiets. Il fallait que personne n'en parle ou je repartais à pleurer. Après s'être remis sur pied, il est retourné chercher les vaches avec la même ardeur et a fait face au même gros bœuf, mais là, il savait se faufiler et déjouer ce vilain taureau du voisin. Je crois que c'est à cause de cela que j'ai toujours eu une peur bleue des bœufs. Encore aujourd'hui, ils me font frémir.

Marquis était aussi un bon chasseur. Quand il voyait un *siffleux* (marmotte) ou une *bête puante* (mouffette), il jappait constamment au bord du trou de la bête et creusait tant qu'il ne l'avait pas attrapée. Aussitôt qu'il avait saisi sa proie par la peau du cou, il la secouait violemment pour la tuer. Morte, il la laissait là, ne la mangeait pas. On aurait cru qu'il savait que ces animaux étaient nuisibles à la ferme et il se chargeait de les éliminer. Quand il attrapait une mouffette, il se faisait arroser et empestait. Il se frottait le museau dans la terre et éternuait. Pour éliminer cette odeur insupportable, nous le frottions avec de la terre. Après quelques jours, la puanteur était disparue.

Nous aimions Marquis parce qu'il était exceptionnel. Mais il y en avait un autre, au village, que nous admirions aussi. Quand nous allions au bureau de poste durant la semaine, nous espérions toujours voir le beau chien de M. Origène Hamel. Ce vieil homme avait dressé son colley à aller chercher son journal et son courrier. Tous les matins, à la même heure, ce chien entrait dans le bureau de poste avec l'aide de clients. Il attendait son tour dans la file puis se présentait devant le maître de poste, René Doucet, qui lui mettait dans la gueule, le courrier bien ficelé de M. Hamel. Seulement avec ses dents, sans jamais mouiller son colis, ce chien très doux revenait à la maison, bien consciencieusement, tout fier de se sentir indispensable pour son maître. Tous les gens de Normandin le connaissaient et ils avaient une sorte de respect pour cet animal hors du commun.

L'ÉCOLE Nº 11

En SEPTEMBRE 1941, nous étions douze élèves pour six divisions qui ne comptaient chacune qu'un, deux ou trois élèves. J'étais en 3ᵉ année avec Émile Théberge, nous étions bons amis. Émile n'étudiait pas assez. Il aidait au travail de la ferme, et n'avait pas beaucoup de temps pour faire ses travaux scolaires. Vers le mois de mars, la maîtresse lui dit : « Émile, si tu n'étudies pas plus que ça, tu vas doubler ta 3e année. » Émile était très *ratoureux*. Il me dit : « Marie-France, tu devrais doubler avec moi l'année prochaine. Si tu montes en 4e ça va être ennuyant. Tu vas être toute seule et moi aussi. Étudie pas tes leçons et comme ça, tu vas doubler avec moi. » Il insistait beaucoup. Voyant ma réticence, il a ajouté : « Jure-moi ça. » Je l'aimais, c'était mon cavalier. J'ai juré. Alors tous les soirs, nous sommes restés en retenue après la classe. Tous les deux, nous revenions à la maison, en nous tenant par la main. Le vicaire et tout le monde autour de moi ont essayé de me faire changer d'idée, mais non, je suis restée fidèle à ma promesse. Un jour, la maîtresse, Berthe-Alice, dit qu'elle va me donner des coups de règle sur les doigts le soir après la classe. Alors Jeanne-d'Arc me dit : « Viens, on va aller dîner à la maison. » Quand Maman a su cela, elle a dit : « Ah Oui ! Bien, tu vas rester ici cet après-midi, ma petite fille. » Quand Berthe-Alice s'est aperçu de mon absence, elle a compris le message de Maman et a dit à Jeanne-d'Arc : « Marie-France est paresseuse. » En répondant : « Non, elle n'est pas paresseuse », elle s'est mise à pleurer. Notre grande sœur prenait toujours son rôle de fille aînée à cœur.

Comme prévu, Émile et moi avons doublé notre 3e année l'année suivante avec Mme Gilberte Cossette-Milot comme maîtresse, mais là, ça s'est passé autrement. Si bien qu'après ma 4e année, quand Florence Milot a remplacé sa mère, en septembre 1944, je pouvais sauter ma 5e année et passer en 6e.

Le printemps, durant les récréations, Berthe-Alice nous faisait faire beaucoup de travaux d'entretien de la cour d'école. Au lieu de nous laisser jouer, nous devions arracher tous les pieds de bleuets et autres mauvaises herbes pour avoir un beau gazon. Elle était très méticuleuse et voulait que tout soit d'une propreté exemplaire pour la venue de l'inspecteur.

Vers la fin de l'année, la visite de l'inspecteur Charles-Edouard Boily était toujours un événement qui tracassait les maîtresses d'école qui en étaient à leur première année d'enseignement. C'était leur réputation qui était en jeu et c'est lui qui décidait si elles auraient la prime, un bonus de 10 $. En plus, cette reconnaissance, surveillée par les dirigeants de la commission scolaire, leur valait parfois la faveur de choisir parmi les plus belles écoles où elles rêvaient d'enseigner. Elles nous préparaient longtemps d'avance. Elles nous disaient de mettre nos vêtements du dimanche et de faire attention pour ne pas nous salir en jouant durant la récréation. Durant la semaine prévue pour la visite de cet important personnage, Mademoiselle avait toujours un œil sur la route, au cas où il arriverait. Quand elle voyait son automobile entrer dans la cour, elle nous disait d'un ton inquiet : « Monsieur l'inspecteur qui arrive ! Rappelez-vous de ce que je vous ai dit. » Elle allait l'accueillir à l'entrée. Un élève était chargé de refermer la porte après leur passage. Quand ce visiteur de marque entrait dans la classe, tous en chœur, nous lui disions avec conviction: «Bonjour Monsieur l'inspecteur.» Il nous répondait dignement: «Bonjour mes petits enfants.» Rendu à la tribune de la maîtresse, il s'assoyait et nous disait: «Asseyez-vous.» Mademoiselle nous avait bien avertis de faire le moins de bruit possible. Ensuite, nous nous tenions tous le corps raide. Bien attentifs, nous nous préparions à répondre aux questions qu'il nous poserait. Un jour, il m'avait demandé: «Quelles sont les limites de Normandin?» J'avais répondu aussitôt: «Saint Thomas, Saint-Edmond, Albanel et Saint-Méthode.» Il reprend: «Il t'en manque une, il te manque Notre-Dame-de-la-Doré.» Je rétorque: «Je ne peux pas le savoir, je suis jamais allée.» Il avait ri ainsi que la maîtresse. L'inspecteur Boilly ne riait pas souvent. Il avait plutôt l'air d'un illuminé qui vivait sur une autre planète. Moi, je ne trouvais pas ça drôle du tout, je croyais qu'ils riaient de moi. Après avoir questionné tous les élèves, il nous parlait de la prière à la manière d'un mystique. Les yeux fermés, il nous expliquait comment parler au bon Dieu en s'imaginant ouvrir la porte de l'image accrochée au mur. Il nous parlait de toutes sortes de dévotions mystérieuses. Nous l'écoutions en silence sans trop comprendre pourquoi il nous faisait un sermon ordinairement réservé au curé. Même si la maîtresse nous stressait avant la venue de l'inspecteur, nous avions toujours hâte à sa visite, parce que quand il quittait l'école, il nous disait: «Je vous donne congé de devoirs et congé de leçons pour ce soir.» Très enthousiastes, nous répondions tous à l'unisson et encore plus fort: «Merci, Monsieur l'inspecteur.»

J'avais souvent mal au ventre, mes parents s'inquiétaient. Un jour, après le dîner à l'école, mon mal recommence. Jeanne-d'Arc pleurait, elle avait encore peur que je meure. René était allé le dire à mes parents. Papa est venu et a demandé à Arthur, le fils aîné de son frère Ulrich, de venir me chercher. J'étais couchée dans l'herbe au bord du chemin en avant de l'école. Arthur, grand et fort, m'avait transportée dans ses bras jusque chez nous. Rendue à la maison, je me suis couchée sur le divan de cuir. Mes parents se demandaient si ça pouvait être l'appendicite, mais je ne faisais pas de forte fièvre. À la fin de l'après-midi, ça allait mieux. Avec le temps ce malaise s'est estompé.

LES PONTS ET LA POLITIQUE

UN PRINTEMPS, oncle Ulric avait engagé Onésime Boudreault et ses deux fils Ti-Gus Boudreault et Normand Desbiens pour transporter son bois de sciage au moulin chez Albert Nadeau. Pour tout mettre d'un seul voyage, ils avaient rempli le camion un peu trop fort et ils n'ont terminé leur chargement qu'à la brunante. En traversant la rivière Ticouapé, le pont n'a pas pu supporter cette charge inhabituelle et il s'est enfoncé. Voilà le camion chargé de bois et ses quatre passagers immergés dans seize pieds d'eau très froide et presque à la noirceur. Le courant était assez fort. Ils ont été chanceux de s'en sortir vivants. À peine sorti de la cabine du camion, Oncle Ulric criait : « Apportez des câbles. » Plusieurs voisins sont venus à leur secours. La nouvelle s'est vite répandue dans le voisinage. Oncle Ulric tremblait de froid, mais continuait à essayer de faire sortir le camion de l'eau en dirigeant les opérations de sauvetage. Il a pris une inflammation de poumons qui a inquiété toute la famille. Papa nous a amenés voir ce pont éventré. Rapidement, le tablier du pont avait été réparé temporairement. Par la suite, quand nous passions par là, j'avais toujours le cœur serré. À entendre le bruit de la friction du bois sous les roues, je craignais que le pont s'écroule à nouveau. Tous ont gardé cet accident en mémoire. En l'an 2000, quand René a demandé au dernier naufragé encore vivant, Normand Desbiens : « À quelle date a eu lieu cet accident ? » Sa réponse a été instantanée : « Le 23 mai 1941 à 8 h le soir. »

Comme ce pont n'avait été réparé que temporairement en 1941, il était encore interdit aux camions lourds. Mais à l'automne 1950, le camionneur de Cadeaurama de Dolbeau s'y est engagé malgré les affiches d'interdiction. Le pont s'est enfoncé à nouveau et cet imprudent s'est retrouvé à l'eau à son tour. Cependant cette fois le niveau de l'eau était moins haut. Toute une histoire ! Le camion était chargé de marchandises pour le temps des Fêtes. Pendant plusieurs jours, les gens du coin allaient à la pêche aux *bébelles*. C'était une mine d'or avant Noël. Des cadeaux pour les enfants et des décorations de Noël plein la rivière. Après ce deuxième accident, une barrière a été installée à chaque bout de ce pont qui a été réparé encore temporairement avant d'être réparé définitivement le printemps suivant. Le nouveau voisin du pont, Roméo Théberge, a obtenu le contrat de surveillance. Pour passer sur le pont, il fallait aller chez lui, pour qu'il vienne ouvrir les deux barrières cadenassées à chaque bout du pont.

La même année, soit en 1950, mais au printemps, l'eau de notre ruisseau du Rang 8 est montée très haute et les glaces ont formé un embâcle près du pont de bois chez Ernest Langevin. Les gens du secteur ont bien essayé de l'attacher avec des câbles, mais en vain. Le pont flottait et a été déplacé de quelques pieds.

La circulation automobile y a été interrompue pendant environ quatre mois. Il n'y avait qu'un passage à pied pour les enfants d'école. Le 15 mai, les gens ont d'abord démoli le vieux pont, puis ont commencé la construction d'un nouveau pont, en béton cette fois, mais plus élevé au-dessus de l'eau, donc moins vulnérable aux glaces du printemps. Adrien Simard était *foreman*, René, 19 ans, son assistant. À chaque fois qu'Adrien Simard avait besoin de René, il lui criait : « Fortin, viens ici. » Dans l'arrondissement, les jeunes garçons disponibles ont travaillé à ce chantier. Vu que c'était un contrat du gouvernement, ils ne se pressaient pas. Par toutes sortes de ruses, ils étiraient le temps pour que la paie dure plus longtemps. Cette journée-là, une chaleur étouffante et un soleil de plomb rendaient leur travail pénible. Au cours de l'après-midi, Adrien Simard a manqué de bois pour faire les *formes* en vue de couler le béton. Il demande à trois travailleurs du chantier d'aller couper ce qui manque dans la forêt chez Ernest Langevin, située juste à côté. Deux heures plus tard, les gars ne sont pas encore revenus avec le bois. Un travail qui aurait dû se faire en une demi-heure selon le *foreman*. Simard crie : « Fortin, va donc voir qu'est-ce que les trois jeunes *brettent* dans le bois. » René arrive sur les lieux. Les trois comparses, confortablement couchés dans la mousse fraîche, ronflaient doucement. À ce rythme là, ç'a pris plus de trois mois pour construire un pont de béton d'à peine 30 pieds de long. Ils ne l'ont terminé qu'à la fin d'août, juste à temps pour le début des classes, à ma première année d'enseignement à l'école N° 11.

Après la construction de ces deux ponts, le curé Joseph-Edmond Tremblay, accompagné du maire de la paroisse, Louis Tremblay, et du député provincial du comté, Antoine Marcotte, est venu bénir ces deux nouveaux ponts. Une courte cérémonie incontournable pour toutes nouvelles constructions où le gouvernement fournissait l'argent. Le même rituel s'imposait pour une nouvelle école et un nouvel édifice public.

C'était un chantier politique, il fallait être *du bon bord* pour avoir un job. La politique c'était comme aujourd'hui, une affaire de protection et d'influence. C'était la tradition, les gens votaient pour le même parti politique que leurs pères. Les libéraux étaient les *rouges;* les gens de l'Union nationale, les *bleus.* On disait des fanatiques qu'ils étaient *teindus.* Ça créait parfois des situations dramatiques quand un garçon *bleu* épousait une fille *rouge* ou l'inverse. Il y avait des discussions parfois virulentes entre les tenants des partis opposés. Il est arrivé que des irréductibles en viennent aux coups. Même les curés s'en mêlaient, certains ont même dit en chaire : « Le ciel est bleu, l'enfer est rouge. » Maurice Lenoblet-Duplessis, le chef de l'Union nationale au pouvoir, avait su s'amadouer le clergé en faisant avec eux quelques arrangements comme laisser le contrôle de l'instruction à l'Église par le biais du Département de l'Instruction publique (DIP); aussi laisser le contrôle des hôpitaux aux communautés religieuses. En plus, ça lui coûtait moins cher et souvent rien du tout. Avec les gens d'Église, il avait conclu bien d'autres ententes délicates. Cette méthode a eu beaucoup de succès. L'Union nationale est restée au pouvoir au Québec pendant presque seize ans, jusqu'à la mort de Duplessis en 1959. Quand des élections étaient déclenchées, les candidats politiciens venaient prononcer leurs discours le dimanche après la grand-messe. Ils se plaçaient dehors sur le balcon de la salle paroissiale et, avec l'aide des haut-parleurs d'Alfred Picard, ils nous cassaient les oreilles avec des promesses, souvent, pour ne pas dire toujours, non tenues. À chaque élection, ils promettaient des nouveaux ponts et des bouts de chemin en *gravelle*. Ce que les gens voulaient entendre. Pour que le chemin de fer se rende à Normandin, la promesse a duré 50 ans. Les gens criaient et applaudissaient quand même. Hélas! Rien n'a changé depuis!

Les gens comptaient beaucoup sur le gouvernement pour leur fournir du travail et des octrois de toutes sortes. Quand ça allait mal, ils en attribuaient la faute aux gouvernements ou aux méchants *trusts* anglais. Quand ça ne fonctionnait pas du côté politique, Papa demandait à la Providence de nous aider à nous sortir des mauvaises passes.

En parlant des Canadiens français, Henri Bourassa, le fondateur du journal *Le Devoir*, a écrit en 1900: «Ils sont peut-être trop portés par instinct à compter sur la Providence et sur le développement des forces sociales qui les entourent plutôt que sur les résultats de leurs propres efforts.»

En 1944, en Abitibi, la fréquence du courant électrique venait de passer de 25 à 60 cycles afin de relier ce secteur au reste de la province, alors qu'avant, il était synchronisé sur le réseau du nord de l'Ontario. Ce changement rendait tous les appareils électriques désuets. Même si le gouvernement provincial donnait des subventions pour ces nouveaux achats, c'était très cher pour plusieurs familles démunies. Pour que les voteurs de ce comté changent *de bord*, certains politiciens, par l'intermédiaire de leurs organisateurs, achetaient leurs votes en leur donnant des poêles ou des réfrigérateurs. Aux autres voteurs de la province, ils promettaient des jobs, des contrats, de l'argent, de la boisson, bref, tout ce qui pouvait intéresser ceux qui voulaient profiter de cette manne passagère.

Papa était rouge comme tous les membres du clan Georges Fortin. Papa aurait été incapable de voter autrement que libéral, pour lui, cela aurait été trahir son père et sa famille. Il avait un très grand respect pour les idées que son père lui avait inculquées. C'était sérieux. Quand il nous disait: «Notre père disait toujours: "Passe droit, tu passeras bien. On peut pas être jaloux de quelqu'un qui nous est inférieur."» De temps en temps, il nous répétait une des nombreuses maximes qui lui venaient de son père.

Depuis l'automne 1939, l'avocat Cyrille Potvin était le député libéral de Roberval et Adélard Godbout, le premier ministre libéral du Québec. Papa avait une confiance inébranlable en ces deux hommes dont les grandes photos étaient suspendues au mur de notre cuisine. Elles occupaient la place d'honneur avec celle du pape et celle de saint Isidore. Papa aimait s'occuper d'élections. La journée du vote, il conduisait les voteurs aux urnes. Il connaissait tout le monde et ça lui donnait une bonne idée pour qui chacun votait. En plus, il pouvait jaser à son goût. Le comptage manuel des votes finissait souvent tard le soir. La majorité du temps, nous n'avions les résultats complets que le jour suivant. En 1944, Papa avait perdu ses élections. Maurice Duplessis était devenu premier ministre *bleu* du Québec et Antoine Marcotte, le député *bleu* du comté Roberval. En tant que gagnants, les p'tits Melo, dont le père venait de *changer de bord*, sont venus triompher devant chez nous et ils se préparaient à nous faire tout un feu de paille. Maman, qui venait de faire une pneumonie, a été prise de panique. Papa est sorti de la maison et leur a dit : « Écoutez, vous autres, ma femme est malade et je ne veux pas de feu en avant de ma maison. » Les fêtards sont repartis bredouilles. Le lendemain, durant toute la journée, c'était le grand triomphe des gagnants : une parade d'automobilistes qui klaxonnaient sur la route régionale à travers tout le comté, le député et les organisateurs en tête. Les gens qui voulaient avoir des contrats avaient intérêt à se faire voir lors de ces démonstrations publiques. Les perdants étaient discrets, mais cherchaient toujours à connaître les noms de ceux qui faisaient partie de la parade pour savoir qui avaient changé leur capot de bord.

Cette année-là, même si les femmes du Québec avaient le droit de vote depuis 1940, elles votaient au provincial pour la première fois. Malgré qu'Adélard Godbout leur ait accordé le droit de vote, et qu'il ait rendu l'instruction obligatoire et gratuite pour tous les enfants de six à quatorze ans, il a perdu ses élections. Plusieurs femmes se croyaient obligées de voter comme leurs maris qui accusaient Godbout d'avoir cédé à Mackenzie King qui s'était vu forcé, par le plébiscite, d'imposer la conscription.

Le soir des élections, Alfred Picard se promenait dans le village avec ses haut-parleurs installés sur le toit de son automobile et donnait les dernières nouvelles. Une année, Antoine Marcotte se présentait comme député *bleu* contre Antoine Fortin, pour les *rouges*. M. Picard sillonnait les rues de Normandin en annonçant d'une voie ferme :

« À Roberval, c'est Antoine qui a gagné. » Les gens riaient et lui criaient : « Lequel Antoine ? »

2. Ferme Fortin-Bouchard comme elle était en 1945.
Dessin fait de mémoire par France Fortin-Milot.

3. Les fiancés de 1929 : Conrad et Cécile.

ECOLE N°11 — *[signature]*

5. Je ne peux pas oublier ma petite école.

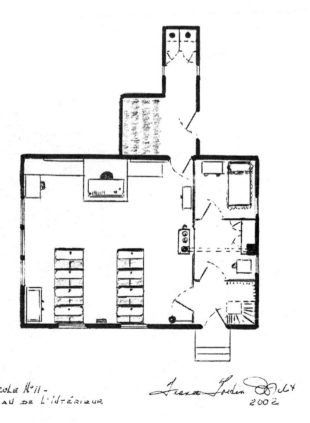

ECOLE N°11 -
PLAN DE L'INTÉRIEUR
[signature]
2002

5a. Ce dont je me souviens de l'intérieur de ma petite école n° 11.

4. Au piano, Louisée, 4 ans.

6. En 1939, déjà une
grande famille Fortin.
Photographe :
Thomas Boulanger.

7. Lucie, Aline et Diane portent fièrement leurs bottines de feutre.
Lucie est coiffée d'un chapeau de fourrure,
Aline, d'une cagoule,
Diane, d'un passe-montagne.

8. Avec sa petite jument Lady, René est prêt pour aller jouer au hockey.

9. Diane, Lucie et Aline dans la petite *wagine*.
Fond de scène : un champ de *vailloches*.

10. Toto, attelé à la traîne, mène Rolande et Aline à l'école.

Le 15 juin 1942 à Normandin

Un DC-3 de l'armée américaine atterrissait d'urgence

PAGE 2

Des centaines et des centaines de curieux en provenance des quatre coins de la région se massèrent sur la terre de M. Eugène Bouchard.

Mardi 16 juin 1992

17e année no 34

le point

11. Avion américain DC-3.

11a. René s'est inspiré de ce modèle pour sculpter son 2e avion.

11b. René près de son avion Piper J 3, en 1990.

12. Madame Gilberte Milot à la petite école n° 11.
Sa présence suffit…

13. Juin 1944, Madame Milot est fière de ses 14 élèves.

15. Jeanne d'Arc, fière de sa robe ballerine.
Création de Marie-France, 14 ans.
Chapeau acheté dans le catalogue Eaton's
et payé 2,50 $.

14. Marie-France à sa communion solennelle.
Traditionnelle photo par Thomas Boulanger.

16. Marie-France, 16 ans, Solange 15 ans.
Robes : créations de Marie-France.

17. Louisée, 2 ans.
Salopette, création de Marie-France.

18. En 1946, la famille a grandi, mais elle n'est pas encore complète.
Photographe : Thomas Boulanger.

19. Autour d'un trophée de chasse : un orignal femelle de 3 ans.
De gauche à droite : Albert Michaud, Fernand Fortin,
René Fortin, chasseur (il tient l'oreille de l'orignal), Roland Fortin,
Maurice Boilard, Antonio Fortin, chasseur, Lucien Provencher, chasseur,
Arthur Fortin, chasseur, Johachim Girard, Laurier Néron, Antoine Fortin,
Richard Villeneuve et Michel Fortin.

20. René, gardien de but de l'équipe
de hockey de Normandin.
Photographe: Thomas Boulanger.

21. René profite de sa patinoire
qu'il a fabriquée.
Il porte les *pads* fabriqués par Marie-France.

22. René, *goaleur*, dessin de Marie-France.

23. Marie-France (debout, au centre) et ses compagnes graduées de 10ᵉ et 11ᵉ année, encadrées à gauche par Sr Madeleine-de-la-Croix et, à droite, par la Supérieure, Mère Sainte-Hélène.

24. Marie-France au volant de l'auto familiale, une Chevrolet 49.

25. En 1949 à l'École normale du Bon Conseil de Chicoutimi qui surplombe la rivière Saguenay.
De gauche à droite : Carmen Bolduc, Marthe Gill, Marie-France Fortin, Jacqueline Vincent.

26. Le 3 septembre 1949, Jeanne d'Arc prononce ses premiers vœux.

27. Jeanne d'Arc, dessin de Marie-France.

28. Le 3 septembre 1949, Jeanne d'Arc, religieuse, entourée de notre famille.
Florent et Florence sont absents, ils n'ont que 4 mois.

29. L'abbé Louis-Joseph Aubin, Principal
de mon École normale, 1950.

30. Monsieur le Principal, je vous ai dessiné
durant votre cours. Quelle indulgence
pour mon espièglerie !

31. Normand Painchaud, le plus beau
garçon du Séminaire de Chicoutimi !

32. Normand, je suis fière
de t'avoir dessiné.

33. Aline, tiens bien tes grands pantalons ou tu vas les perdre !
Oui, Louisée a pardonné à Florent de lui avoir volé sa place de *nichouette*.

34. Solange, la championne au tennis. Sa robe, encore une création de Marie-France. Fond de scène, la ferme de Napoléon Théberge.

35. Marie-France au tennis. Heureusement que Raymond Boulanger est là pour retourner les balles difficiles!

36. Marie-France, en 1950, c'est à son tour d'enseigner à la petite école n° 11.

37a. Florent et Florence dans les bras d'Aline.
Lucie et Diane, debout de chaque côté.

37b. Florence, pourquoi es-tu plus grande
que ton jumeau Florent?

38. Florent suit son parrain, René, partout.

39. Yvan.

NOS METS QUOTIDIENS

Au DÉBUT DE SON MARIAGE, en plus de tous les animaux de la ferme, Maman élevait des lapins et des abeilles. Les gens devaient faire une culture vivrière pour être autonomes. Papa nous disait souvent : « Nous vivons dans un Paradis terrestre. » Sur notre petite ferme de 185 acres, il y en avait 100 en forêt qui occupait le côté sud, soit à partir du ruisseau Rouge en arrière de la grange jusqu'à la limite de la ferme Henri Lévesque du Grand Rang. Les 85 acres en culture régulière s'étendaient entre le ruisseau et la rivière Ticouapé du côté du Rang Nord. En bordure des cours d'eau, le long des clôtures, dans le pacage permanent des vaches et près de la forêt, toutes sortes de petits fruits poussaient à l'état sauvage : des fraises, des framboises, des bleuets, des cerises, des merises, des noisettes, des groseilles et des gadelles. Encore jeunes, nous cueillions ces petits fruits dans des chaudières de dix livres que Papa allait vendre à Madame Dorval, au notaire J.S.N. Turcotte, à Raoul Simard ou à Jessy Painchaud, des gens du village qui avaient les moyens. Avec Maman et toutes celles qui étaient capables de ramasser, nous travaillions une journée entière pour 2 $. En plus, Jeanne-d'Arc et moi, nous allions aux framboises de l'autre côté du ruisseau, au bord de la forêt. Nous nous amusions à donner un nom à chaque talle de framboises. Le site était pittoresque, surtout sur le haut de la butte d'où nous pouvions observer notre petit ruisseau qui la contournait et les moutons qui s'acharnaient à tracer plusieurs petits sentiers tortueux qui nous étaient bien utiles pour avoir accès aux framboises. Nous y allions presque tous les jours, parce nous savions que les framboises mûres non cueillies tombent par terre et se gâtent. Nous ramassions pendant des heures et des heures et étions tout heureuses d'apporter notre cueillette à Maman qui nous faisait des confitures et de la crème fouettée.

L'automne, nous aimions beaucoup aller cueillir des cerises en haut du champ, en bordure de notre rivière Ticouapé qui séparait notre ferme de celle de Paul Morin au Rang Nord. Des cerises, nous en avions à plusieurs endroits, mais c'est là qu'étaient les meilleures. D'un rouge vin très foncé, presque noires, elles n'épaississaient pas la bouche, même si elles tachaient les dents. Nos clients du village en raffolaient. Maman nous avait bien avertis : « Mangez-en, mais rejetez les noyaux. Autrement ça fermente dans l'estomac et ç'est très dangereux. En plus, ça peut former une appendicite. » En cueillant, René trouvait que ça prenait trop de temps de rejeter les noyaux. Sans s'occuper des avertissements de Maman, il a mangé des cerises avec les noyaux tout l'après-midi. De retour à la maison, René, les yeux ronds, se promenait dans la cour, les deux mains sur le ventre. Maman dit : « Il a mangé les noyaux, je suppose. » Un peu plus tard,

René plié en deux, s'assoit dans l'herbe en avant de la maison. Nous allons le rejoindre. Il pleurait, pleurait et pleurait. Il se roulait par terre et pleurait encore plus fort. Très inquiète, Maman avait dit : « Mon pauvre petit garçon, je ne peux pas faire grand-chose, il va falloir attendre que les gaz sortent. » Les larmes aux yeux, nous regardions souffrir notre frère. Cette très forte leçon nous a prouvé que Maman avait raison de nous avertir. Les cerises, oui, les noyaux, non.

Dans notre forêt, nous pouvions aller à la chasse aux lièvres et aux perdrix. À l'automne, dans le chaume des champs d'avoine, René chassait les outardes. Tôt au printemps, sur le ruisseau et sur la rivière Ticouapé, il tuait les canards. Après le temps de la crue des eaux et avant que l'eau se réchauffe, nous tendions un *varveau* (verveux) dans cette même rivière. À chaque jour, nous allions relever plusieurs poissons qui s'y étaient pris : du doré, de la carpe, du brochet, du goujon, etc. C'était la tâche des filles de gratter les poissons pour enlever les écailles. Très jeunes, nous avons appris à les préparer, à les faire cuire et surtout à les dévorer avec un appétit qui ne faisait jamais défaut chez nous. En plus, la religion catholique nous interdisait de manger de la viande le vendredi, mais le poisson était permis. Dans cet esprit, pour plusieurs personnes, manger du poisson correspondait à faire pénitence, alors que pour nous, c'était un régal.

L'hiver, quand nous étions encore très jeunes, Maman allait tendre des collets dans notre forêt. À cette méthode de chasse, elle était très habile et attrapait plusieurs lièvres dont nous adorions la chair. Elle attelait Marquis sur la traîne et allait *voir à ses collets*. C'était sa récréation de la journée. Nous étions toujours contents de la voir revenir avec ses gros lièvres blancs, gelés, tout raides. Elle les laissait dégeler sur un papier journal, puis les *arrangeait*, en utilisant un dossier de chaise droite comme support. Nous nous y assoyions à califourchon et nous tenions le lièvre par les pattes de derrière qu'elle avait cassées pour qu'elles puissent se plier. Assises parfois deux sur la chaise, il fallait tenir ferme, car Maman tirait fort pour enlever la peau du lièvre. Ensuite, elle arrachait les parties non comestibles, les laissait tomber dans un grand bassin et les donnait à Marquis qui les dévorait. Avec le fruit de sa chasse, elle nous faisait des tourtières du Lac-Saint-Jean. Souvent, elle pouvait y ajouter de la perdrix, si Papa et René avaient été chanceux dans leur chasse en bûchant. Parfois, elle y incorporait de l'orignal qu'elle avait eu en cadeau des chasseurs du coin qui se spécialisaient dans le gros gibier.

Pour tendre aux collets, il fallait suivre une technique bien précise. Avec un fil de laiton acheté en rouleaux, René coupait des sections d'environ deux pieds. À un bout de chaque section, il formait un œillet dans lequel il passait l'autre bout du fil pour faire un nœud coulant. Après en avoir fait un beau cercle, il laissait dépasser le bout restant pour le fixer à une branche solide, suspendue juste au-dessus de la piste de lièvres. Ce collet ne devait être ni trop grand, le lièvre passait à travers facilement, ni trop petit, le lièvre le levait et passait en dessous. La hauteur était très importante. De plus, René devait s'assurer que le lièvre ne passerait pas à côté, ni par-dessus. Alors, il créait des obstacles qui semblaient naturels avec des branches de sapin, de bouleaux et ce qu'il y avait autour, de façon à ce que le seul passage facile soit par le collet. René avait appris cela de Maman qui était une experte en la matière.

Souvent, pour remplacer Maman, c'était René, Jeanne-d'Arc et moi qui allions, avec Marquis, *voir aux collets*. Une fois, un lièvre était pris dans le dernier collet, mais encore en vie. Jeanne-d'Arc l'a apporté à la maison, comme ça, dans ses bras. Assise dans la traîne sans bouger, elle gelait des pieds. Nous avions fait vite. Nous avions hâte de montrer notre prise vivante à Maman. Lors de notre trajet de retour, ce pauvre lièvre pleurait comme un bébé. Nous avions de la peine de l'entendre se plaindre, mais nous n'osions pas le laisser partir. Quand Maman nous a vus entrer dans la maison avec ce lièvre qui gigotait dans les bras de Jeanne-d'Arc, elle a crié : « Lâche-le pas. » Avec sa main gauche, elle l'a pris par les oreilles et, avec le côté de sa main droite, lui a donné un bon coup derrière les oreilles. Il est mort instantanément. Tous les trois, nous avions le cœur gros. Jeanne-d'Arc pleurait, car en plus elle avait les pieds gelés.

Maman a toujours aimé la chasse. Même quand elle habitait au Rang Nord, jusqu'à ce qu'elle ait 70 ans et plus, elle allait tendre aux collets à Saint-Méthode, sur les terres à bois appartenant à René. Elle se faisait voler des lièvres par des gens qui allaient visiter ses collets avant elle. Elle en avait la preuve, parce que selon elle, ils ne retendaient pas ses collets comme elle le faisait. Ça lui faisait beaucoup de peine. Même si elle se doutait bien qui faisait cela, elle n'a jamais osé pousser l'affaire plus loin de peur de briser les bonnes relations qu'elle avait avec le voisinage.

En plus de la chasse, de la pêche et des fruits sauvages, la nourriture provenait principalement de la ferme. La viande venait de l'abattage des animaux ; le lait et la crème, des huit vaches ; les légumes, du grand jardin d'environ 40 pieds sur 75 pieds, situé près du hangar. Nous le cultivions tous ensemble. Notre tâche de sarclage, nous la faisions en groupe et ce n'était pas très long, nous étions si nombreuses. C'était la tâche des filles. Nous aimions beaucoup les légumes frais qui faisaient partie de notre menu régulier durant l'été. René s'arrachait des carottes dans le jardin, les nettoyait avec leurs queues et les mangeait sur place. Quand elles n'étaient pas assez grosses, il les replantait. Bien sûr que les carottes fanaient. Maman a vite découvert le coupable et elle lui a bien fait comprendre qu'une carotte, une fois arrachée, ça ne reprend pas. Ensuite, elle nous a expliqué comment vérifier la grosseur de la carotte en déterrant un peu le dessus et le contour. Les patates étaient au menu tous les jours de l'année. L'été, la salade était au menu du dîner et du souper. Nous la préparions avec du lait, de la ciboulette et du sel. Papa la préférait avec du lait caillé (acidulé). Pour ajouter à la soupe, Maman nous envoyait chercher des plantes sauvages qui poussaient naturellement dans le bord du jardin et qu'elle appelait des plantes grasses. J'en vois souvent à travers mes fleurs et à chaque fois je pense à Maman. Nous mangions aussi de l'oseille et de jeunes plants de framboisiers crus que nous appelions des *kiosques*. En été, notre menu était souvent composé de bouillis de légumes avec du bœuf ou de la soupe aux *gourganes* (fèves des marais), mélangées à du *barley* (orge perlé) et enrichie de lard salé. Le bouillon foncé de cette soupe surprenait les non-initiés, mais il faisait notre délice. Le poulet était aussi souvent au menu. Tous ces mets typiques du temps, nous en dégustons encore à l'occasion, mais la viande n'a plus ce bon goût auquel nous étions habitués.

Nous adorions les tomates que nous cultivions en abondance dans notre jardin. L'automne, Maman faisait du ketchup vert et aussi du rouge. Mais nous nous gardions toujours quelques tomates vertes que nous laissions mûrir sur du papier brun en dessous de notre lit ou placées dans la lingerie entre les couvertures de laine. Nous en cachions toujours pour éviter que les autres enfants trouvent nos réserves. Mais, très souvent, comme les écureuils, nous ne nous souvenions plus de toutes nos cachettes. Plus tard à l'automne, Maman disait : « Ça sent curieux dans cette armoire-là. Y en a pas une qui aurait oublié une tomate quelque part ? Cherchez donc pour voir et sortez moi ça de là. »

Nous conservions les citrouilles en dessous de nos lits. Maman nous faisait de la compote au fur et à mesure de nos besoins. Elle faisait aussi des conserves de légumes pour l'hiver. Papa en mettait une bonne partie dans la cave en terre sous la maison. Pour tenir les légumes au sec, il y avait aménagé dans les parties les plus élevées, donc plus sèches, des carrés de sable entourés de bois. C'était facile d'accès et ça se conservait presque jusqu'aux Fêtes. Il n'y avait que les pommes de terre qui restaient bonnes jusqu'à l'arrivée des nouvelles récoltes. Nous y accédions par une trappe d'environ trois pieds sur quatre. Cette ouverture à battant était pratiquée dans le plancher de la cuisine entre le caveau et le poêle à bois. Quand nous descendions chercher des légumes, pour nous éclairer, nous utilisions soit le *batte-feu* (briquet) de Papa, des allumettes ou une chandelle. Nous avions bien peur des souris. Avant de descendre, nous faisions du bruit pour leur faire peur et leur faire réintégrer leurs trous. Nous ne traînions pas dans ce lieu noir et humide où Papa avait mis des madriers sur la terre pour nous servir de trottoir et ainsi nous éviter de salir nos chaussures.

En bas de l'escalier qui menait à la cave, il y avait toujours une grosse jarre de grès glacé contenant de la saumure, où mes parents conservaient du lard salé pour faire des fèves au lard, des patates fricassées et des *oreilles de crisse*. Aussi Maman gardait dans cette jarre une ou deux livres de beurre. En plus de la viande qui était souvent au menu, Maman nous faisait parfois de la *sauce blanche* (béchamel), de la *sauce à poche* (sauce brune faite avec du *gravy* de rôti), du ragoût et aussi beaucoup d'œufs frais cuits à la coque ou au miroir. Chaque jour, Maman allait ramasser les œufs dans le petit poulailler aménagé dans l'étable. Aline était la seule qui osait gober des œufs crus. Ouf! Ça me donnait la chair de poule.

En plus de se constituer une réserve de viande et de légumes, il fallait emmagasiner des provisions pour l'hiver. Mes parents achetaient toujours en grosse quantité : une chaudière de graisse de 20 lb qu'ils appelaient du pur lard de chez Canada Packer's, un cent (100 livres) de *fleur* (*flour* en anglais = farine) Five Roses, un cent de sucre et une caisse de 48 lb de beurre qu'ils faisaient geler dans la cabane du bac. Vers la fin de l'hiver quand notre réserve de confiture était épuisée, Papa nous achetait une chaudière de *jam* aux fraises. Avec toutes ces précautions, sans trop de frais, nous pouvions avoir le nécessaire pour survivre durant la saison froide.

À la fête de la Sainte-Catherine, le 25 novembre, Maman nous faisait de la tire, avec de la mélasse, du sucre, une noix de beurre et un peu de vinaigre. Elle avait vraiment le tour. Même si la tire était très dure à étirer, Maman était fidèle à la tradition et nous en faisait au moins une *brassée*. Une fois la cuisson terminée, elle versait la tire dans une lèchefrite et la mettait dehors pour la faire refroidir un peu. Elle l'étirait ensuite avec une élégance qui nous épatait. Ses mouvements étaient gracieux et bien coordonnés. Maman disait : « Il faut lui toucher le moins possible pour qu'elle reste légère. » Après plusieurs mouvements d'élongation, la tire atteignait la longueur de ses bras étendus. Quand Maman était fatiguée, Papa prenait la relève. La tire devenait d'un blond doré qui nous faisait saliver. Quand la tire ne formait plus qu'un long cordon doré, Maman la tournait en plusieurs cercles concentriques dans l'envers d'un couvercle de *canisse* à lait. Ensuite, elle la faisait geler dehors. Après quelques minutes, elle devenait cassante et Maman la séparait en morceaux. Quel délice ! Ça faisait partie du cadeau d'anniversaire de René, né le 23 novembre.

L'hiver, quand Maman allait se promener, Jeanne-d'Arc et moi nous nous essayions immanquablement à faire de la tire. Notre problème, c'était de l'étirer. Il fallait commencer quand elle était encore tiède. Même en mettant du beurre pour la rendre moins collante, c'était toujours la même difficulté, nous nous brûlions les doigts et nous la laissions tomber. Même à deux, c'était dur et nos résultats n'étaient pas toujours satisfaisants. Les plus jeunes ne nous trouvaient pas très habiles, comparées à Maman.

Quand c'était Mme Gilberte Milot notre maîtresse d'école, Maman lui en envoyait toujours un petit plat, car celle-ci fêtait toujours son anniversaire la journée de la Sainte-Catherine au lieu du 20 novembre, date réelle de sa naissance. Avec ses modestes moyens, Maman voulait récompenser cette maîtresse dévouée pour toute l'attention qu'elle nous portait.

Quand les gros froids étaient arrivés, au début de décembre, durant l'Avent, mes parents faisaient boucherie. Ils tuaient un bœuf, un porc et plusieurs poulets. Lors de cette boucherie, Maman recueillait le sang de porc et en faisait du boudin. Après avoir débité cette viande en quartiers, ils la faisaient geler dans la cabane du bac à lait qu'ils fermaient pour l'hiver afin d'éviter que les chiens, les chats et les animaux sauvages viennent manger leurs provisions. Quand ils faisaient boucherie, c'était la tradition d'aller porter un beau morceau de viande aux deux voisins immédiats. Ils appelaient cela un présent. Mes parents étaient toujours très généreux sur la qualité et la grosseur du présent offert. Les voisins, des parents ou des amis de longue date, avaient la même attention.

Nous étions habitués à manger de la viande tendre et savoureuse qui provenait d'animaux élevés en liberté sur notre ferme. Ce goût exquis, je ne le retrouve plus dans la viande que j'achète maintenant. C'est bien dommage ! Le goût spécial du *steer*, jeune bœuf à boucherie de un an et demi, c'était ce qu'il y avait de meilleur sur le marché et, même pauvre comme nous étions, ça faisait partie de notre nourriture régulière. Même chose pour le porc, le poulet et les œufs. Tout était frais, sans hormones, sans antibiotiques et exempt de tout ce qui est servi actuellement aux animaux comme supplément de nourriture. Les légumes étaient cultivés avec de l'engrais naturel et aucun pesticide n'était utilisé.

Les voisins s'entraidaient beaucoup. Papa disait toujours : « Les voisins c'est précieux, faut les considérer comme de la parenté. » Vu que les magasins se trouvaient à quatre milles et demi, quand Maman manquait de farine, de sucre ou de beurre, comme toutes les femmes du coin, elle nous envoyait en emprunter chez la voisine. Elle ne le rendait qu'après que Papa soit allé faire les commissions au village.

Quand arrivait la dernière semaine avant Noël, Maman faisait ses pâtisseries pour le temps des Fêtes. Selon l'expression du temps, on disait que durant l'Avent, les femmes *détrempaient*. En plus des pâtés à la viande (à Montréal, on appelle ça des tourtières), elle faisait des tartes aux fraises, aux framboises, aux pommes et à la rhubarbe avec les confitures de nos cueillettes saisonnières. En plus des gâteaux crémés que nous adorions, elle faisait des beignes. Elle découpait sa pâte à beignes avec un verre et pour faire le trou central, elle utilisait son dé à coudre. Au fur et à mesure que les beignes étaient cuits, pour les sortir de la graisse bouillante, elle se servait d'une aiguille à tricoter. Elle les faisait sauter dans une autre marmite placée de côté. Nous étions debout autour d'elle à la regarder cuisiner. Quand elle manquait son but, il y avait toujours une fille prête pour saisir le beigne égaré. L'heureuse récipiendaire s'éloignait rapidement du groupe pour ne pas se faire voler sa capture. En faisant sauter ce beigne dans ses mains, elle réussissait à le faire refroidir pour pouvoir l'avaler sur-le-champ. Maman nous disait : « Venez pas trop proche. Faites attention à vous autres, la graisse bouillante, c'est très chaud, c'est dangereux de vous brûler.» Cette cuisson durait une bonne partie de la journée. Nous en dégustions plusieurs au fur et à mesure. Elle faisait geler le reste dans la cabane du bac. Pour les mettre à l'abri et faciliter le transport, elle les mettait dans de grandes chaudières jaunes avec couvercles. Ces chaudières provenaient de l'achat de la graisse pour faire des pâtisseries. Avec toutes ces provisions de desserts, nous en avions pour une partie du mois de janvier. De plus, Maman n'était pas prise au dépourvu quand il nous arrivait de la visite surprise. Pas de téléphone, les gens ne pouvaient pas toujours s'annoncer.

Un jour, j'ai transporté dans la cabane du bac toutes les tartes que Maman venait de cuisiner pour sa réserve des fêtes. Il m'avait fallu faire plusieurs voyages. Pour le dernier voyage, j'en avais apporté un peu trop. En sautant pour monter dans la cabane du bac, j'ai laissé tomber une tarte dans la neige. Encore chaude et molle, elle s'est brisée en plusieurs morceaux. «Hum! Qu'est-ce que je fais? Je ne suis pas pour avouer ma maladresse à Maman, encore moins gaspiller cette délicieuse tarte aux framboises». Sans perdre plus de temps, je mange toute la tarte encore chaude, même si la croûte était mêlée avec un peu de neige. Ah! que c'était bon! En savourant mon méfait, j'espérais que Maman ne s'en apercevrait pas. Pour cela, je me suis bien essuyé la bouche avec mes mitaines. Quand je suis entrée dans la maison, Maman était intriguée. Elle me demande: «Ça t'a bien pris du temps, as-tu eu de la misère à les placer?» En gardant les yeux fixés sur mes chaussures que je délaçais lentement pour éviter le regard de Maman, je lui réponds: «Oui, le couvert de la *canisse* était très dur à ouvrir.»

Qu'est-ce que c'est ça, la *cabane du bac*? Ce bac de béton, coulé sur le sol, avait environ six pieds sur trois pieds et trois pieds de profondeur. Placé à environ vingt pieds de la maison, l'eau courante y était amenée pour la saison d'été. Plein d'eau, ce réservoir servait au refroidissement du lait de la traite. On y plaçait les *canisses* d'environ trente gallons aux trois quarts remplies de lait, en attendant de les transporter à la fromagerie. Pour conserver l'eau plus froide quand il y avait des canisses pleines de lait, nous laissions couler un petit filet d'eau froide. Une cabane de bois faisait de l'ombre et servait d'entrepôt à tout l'équipement nécessaire à la traite des vaches. L'automne, quand cet équipement ne servait plus, Papa coupait l'amenée d'eau et fermait cette cabane pour servir de chambre froide pour l'hiver (dessin de la ferme, n° 2).

Maman nous faisait cuire toutes sortes de *poutines* (pouding): le pouding chômeur, du pouding au pain (des croûtes de pain trempé dans du lait, du cacao et du sucre),du pouding à la vapeur (pâte spongieuse, cuite en bain-marie, que l'on mangeait avec du sirop de maïs ou du sirop de sucre), du pouding au riz, etc. Quand il restait beaucoup de morceaux de biscuits cassés, elle y ajoutait des confitures et couvrait le tout avec du blanc-manger. Elle appelait cela de la bagatelle. Délicieux! Et que dire des galettes au sucre ou au sirop, ça c'était bon! Maman en faisait souvent une bonne partie de la journée et encore là, nous les mangions au fur et à mesure. Quand elle en sortait une fournée, elle la renversait sur la table et nous étions tous prêts à avaler la nouvelle production. Une fois, elle en avait fait tout l'après-midi. Papa, en arrivant le soir, lui dit: «Ça sent les bonnes galettes.» Maman nous regarde et ne dit pas un mot. Arrive la fin du repas, Maman sort son dessert habituel. Papa dit: «T'as pas des bonnes galettes?» Maman de répondre: «J'en ai fait tout l'après-midi, mais j'ai plusieurs mangeuses. Il n'en reste pas.» Papa reprend: «Pourvu que ça ait servi à quelqu'un.»

Au printemps, quand la fromagerie locale ne fonctionnait pas encore, mes parents passaient au *centrifuge* le lait donné par les premières vaches qui avaient déjà vêlé. Ainsi nous avions de la bonne crème épaisse en abondance. Alors nous nous faisions ce que nous appelions des *beurrées de crème*. C'était une tranche de pain trempée des deux côtés dans cette crème épaisse que l'on recouvrait d'une bonne couche de cassonade. Un vrai régal! Mais quand la fromagerie commençait à fonctionner, nous n'avions plus de cette bonne crème dans un grand bol. Alors, à l'insu de nos parents, nous allions tremper une tranche de pain dans la crème qui couvrait le dessus de la *canisse* de la traite de la veille. Je ne sais pas si mes parents s'en apercevaient parce que ça baissait le taux de gras de leur production de lait et ainsi baissait la paye de la fromagerie. Ce petit truc clandestin rendait notre *beurrée de crème* encore plus délicieuse. Avec la crème du printemps, tante Léontine faisait du beurre dans sa baratte. Elle avait un moule en bois dans lequel elle plaçait le beurre pour en former des blocs d'une livre. Avec le lait de beurre, elle faisait de délicieuses galettes.

Adolphe Lavoie, notre homme engagé sur la ferme, aimait beaucoup cuisiner. Parfois, il nous faisait des *grands-pères*. Nous adorions ce dessert, une pâte à beigne cuite en petites boulettes dans un sirop bouillant fait de cassonade mélangée avec du lait, de l'eau et un peu d'essence de vanille. Ça ressemblait à du sucre à la crème liquide où flottaient des petits îlots de pâte dorée. Avec étonnement, nous le regardions travailler. Les hommes qui faisaient à manger, c'était rare. Ils étaient catalogués comme à part. Ordinairement les hommes cuisiniers, c'était seulement les *cooks* dans les chantiers.

Quand arrivait la fin de l'hiver, souvent il restait de la viande dans la réserve. Avant qu'elle ne dégèle, Maman l'*encannait* (faisait des conserves) pour l'été. Comme nous n'avions pas l'électricité (j'avais douze ans quand on l'a eue), donc pas de réfrigérateur, il fallait se faire des réserves pour les grosses chaleurs. Au début, elle *encannait* dans des cruchons «Mason», d'environ un litre. Mais par la suite, c'était dans des boîtes de conserve qui se vendaient au village. Tante Léontine avait acheté une *sertisseuse* pour sceller les boîtes de conserve. Maman l'empruntait pour une journée ou deux et *encannait* cette viande que nous dégustions surtout quand nous allions aux bleuets. Ça faisait de très bons sandwiches. Nous avions si faim, après avoir été penchés toute une matinée pour ramasser cette manne providentielle, comme disait Papa.

Durant l'été, le boucher du village, Théophile Mathieu (le père de notre maîtresse Berthe-Alice), et ensuite Paul Morin, passait le samedi et nous pouvions nous approvisionner pour le dimanche. Sa camionnette fermée était munie d'une grande porte arrière qui ouvrait vers le haut. Il taillait le morceau choisi par Maman, le pesait avec sa balance romaine à crochet et en déterminait le prix. Il avait de la bonne saucisse et de très bons cretons aussi. Quand il arrivait, nous nous tenions tous autour de lui, ça sentait la bonne viande fraîche. Ce boucher très gentil enveloppait de papier ciré chaque morceau de viande que Maman achetait. Il en donnait un à chaque enfant présent et nous nous empressions de les transporter dans la maison. Il fallait faire cuire cette viande sans trop tarder, pour ne pas qu'elle se gâte.

Mes parents nous achetaient toujours les fruits en saison : des pommes, des raisins et des oranges, assez qu'un frère de Papa disait : « Conrad, je sais pas comment il fait pour arriver, il *charrie* les oranges à longueur d'année. » Papa aimait aussi nous apporter un régime de bananes quand elles arrivaient dans les magasins. Un régime de bananes, c'est une branche à laquelle sont suspendues plus d'une cinquantaine de bananes, tel qu'elles poussent dans la nature. Papa accrochait cette provision de bananes au crochet qui servait l'hiver à suspendre la lampe à naphta dans la cuisine. Nous les dégustions au fur et à mesure qu'elles mûrissaient. Mes parents étaient ravis que nous aimions les fruits, ils savaient que nous y trouvions des vitamines essentielles à une bonne santé.

LA MÉTÉO

LES GENS VIVAIENT PRÈS DE LA NATURE et de ses secrets. Pour connaître les prévisions du temps, ils savaient interpréter les signes qui leur venaient du ciel. Ils disaient : « Pieds de vent au soleil couchant, beau temps pour le lendemain. » « Pieds de vent au soleil levant, de la pluie la journée durant. » « Le vent vient d'en bas (du sud) la pluie s'en vient. » « Les feuilles d'arbres qui tournent à l'envers annoncent de la pluie. » « On entend le bruit de la chute à l'Ours, le temps est écho, la pluie s'en vient. » « S'il pleut avant sept heures du matin, il ne pleut pas après onze heures. » « La lune est sale (embrouillée), il va pleuvoir. » « Ce soir, le ciel est plein d'étoiles, il va faire beau demain. » « Noël vert engraisse le cimetière. » « Quand mars entre comme un mouton, il sort comme un lion. » « Les oignons ont plusieurs pelures, il va faire très froid cet hiver. » De plus, ils surveillaient les signes venant des animaux : « Les poules se roulent dans la terre, la pluie s'en vient. » « Les vaches courent la queue en l'air, les mouches sont collantes et piquantes, on va avoir de la pluie. » « Les corneilles croassent, le printemps s'en vient. » « Les grenouilles coassent, c'est le temps des semences. » « Les nids de guêpes sont hauts, l'hiver prochain on va avoir beaucoup de neige. » « Les oiseaux volent bas, ce soir, il pleuvra. » « L'hiver, les oiseaux blancs volent en rasant le sol, il va neiger. » Pour faire leurs semences et leurs récoltes, ils surveillaient beaucoup le cours de la lune et les dates des fêtes religieuses mobiles qui en dépendaient.

En décembre, dans la majorité des foyers, les gens achetaient l'*Almanach du Peuple*, publié par les Éditions Beauchemin. Ce livre calendrier prédisait le temps et la température pour toute l'année, basés sur les moyennes des années précédentes. Les gens y trouvaient aussi plusieurs conseils, surtout pour les familles rurales. Plusieurs personnes le lisaient au complet. Même, certains cultivateurs le consultaient périodiquement, surtout pour les questions météorologiques. Rolande m'a rappelé qu'elle l'avait consulté en 1958 pour déterminer la date de son mariage.

LES REMÈDES MAISON

MES SŒURS AVAIENT SOUVENT MAL AUX OREILLES. Je ne sais pas pourquoi, mais je n'en ai jamais été victime. De plus, ça se produisait la nuit et chacune leur tour. À les entendre, c'était sûrement très douloureux. Le seul remède connu du temps était la fumée. La façon de procéder était bien simple : après que le tabac soit bien en braise dans le petit fourneau de la pipe, Maman le couvrait d'un mouchoir, introduisait le tuyau de la pipe au bord du canal auditif de la malade et soufflait sur le mouchoir pour faire entrer la fumée dans l'oreille. Elle disait que la nicotine et la fumée chaude engourdissaient le mal. Jeanne-d'Arc me disait : « Ça ne guérissait pas, mais ça soulageait. »

Il n'y avait pas d'assurance-santé. Le médecin, ça coûtait cher. Les gens utilisaient toutes sortes de remèdes pour les maladies les plus courantes. Pour éloigner les microbes durant l'hiver, plusieurs enfants portaient un petit sac de camphre suspendu à leur cou. Nous prenions du Wampole, de l'Ovaltine, de l'huile de foie de morue et parfois des ampoules de foie de veau pour remplacer les vitamines des fruits et des légumes, rares durant l'hiver. Pour éliminer les vers intestinaux, Maman faisait bouillir des pieds de framboisiers ou de l'écorce de tremble (peuplier). Elle nous donnait de l'huile de *castor* (ricin) ou de l'huile russe pour régler un problème de constipation. Pour guérir une diarrhée, les gens prenaient de l'extrait de fraises ou faisaient comme Madame Milot qui se préparait des infusions avec des membranes séchées provenant de l'intérieur de gésier de poule. Quand les gens toussaient *creux*, ils se mettaient des ventouses dans le dos ou des ouates thermogènes ou des mouches de moutarde ou ils se faisaient frictionner avec de l'onguent camphré. D'autres faisaient suer les malades pour libérer leurs poumons. Ils appelaient cela des sueries. Ils leur donnaient aussi du sirop Lambert. S'ils avaient des *feux sauvages* (herpès) sur une lèvre, ils faisaient brûler du papier journal sur l'envers d'une assiette. La cire jaune qui en découlait était déposée délicatement sur la plaie qui séchait et disparaissait. Pour le mal de tête, Maman se mettait sur le front des tranches de patates crues poivrées, le tout retenu par un bandeau attaché en arrière de la tête. Quand nous nous faisions piquer par une guêpe, Maman nous frottait avec de la terre ou nous mettait du lait chaud qui sortait directement du pis d'une vache. Pour un trouble au foie, les gens prenaient des pilules rouges Carter's; pour les maux de reins, des pilules Dodd's. Pour combler un manque de fer, ils mangeaient beaucoup de *sirop noir* (mélasse) qu'ils achetaient en cruche de grès gris et brun, d'un gallon, fermée avec un bouchon de liège. Les marchands achetaient ce *sirop* en vrac dans de grosses tonnes de bois qu'ils installaient dans le sous-sol de leur magasin. Pour guérir les blessures superficielles, ils mettaient de l'onguent Rundle's qu'on appelait de la *marde de guiabe* parce qu'elle était de couleur grise et puait. Il y en avait même qui utilisaient de la térébenthine qui, selon certains, pouvait guérir quelques maladies. Papa et Maman ont toujours dit que ce produit pétrolier était très dangereux. Ils ne voulaient absolument pas utiliser ce faux remède pour leur famille. Certaines gens allaient même jusqu'à utiliser du pétrole lampant dans une compresse humide autour du cou pour guérir les maux de gorge, ce qui était extrêmement dangereux. Les gens, particulièrement les travailleurs manuels, souffraient parfois de panaris. Cette inflammation aiguë du tour d'un ongle était très douloureuse et très longue à guérir. Ça prenait souvent plusieurs semaines avant que la personne puisse travailler et elle restait parfois avec des séquelles, comme d'une diminution permanente de la valeur fonctionnelle de la main.

Mais le pire, c'était la tuberculose qui faisait de grands ravages. Quand cette maladie très contagieuse entrait dans une famille, c'était la tragédie. Il n'y avait pas encore de véritable traitement. Les antibiotiques applicables pour guérir cette infection n'ont été disponibles que vers la fin des années 1950. La seule alternative qui s'offrait à la victime était soit le repos complet au grand air dans un sanatorium, soit l'intervention chirurgicale à l'hôpital Laval de Québec. Vu que cette grave maladie contagieuse était devenue endémique dans la population, en 1938 un sanatorium a été ouvert à Roberval. Après plusieurs années de cure dans cet établissement, si les gens étaient chanceux, ils pouvaient en sortir. Par ailleurs, beaucoup de gens mouraient par manque de soins adéquats. En plus, le taux de mortalité infantile était assez élevé. Seuls les gens les plus forts survivaient. En 1939, aux États-Unis, l'espérance de vie des hommes était de cinquante-neuf ans.

UN DC3 DE LA US AIR FORCE ATTERRIT À NORMANDIN
(Coupure du journal *Le Point*, n° 11)

LUNDI, LE 15 JUIN 1942, un événement vient troubler la quiétude de Normandin. Vers 8 h du soir, un avion bimoteur de l'armée de l'air américaine (US Air Force), un DC 3, atterrit en plein champ, le long de la route qui mène au Rang 4, sur la ferme de M. Eugène Bouchard. Son fils, Paul-Armand, ne peut pas l'oublier, c'était le soir de ses noces, il avait 28 ans. Sa femme, Fernande Noël, m'a raconté que cet événement était venu perturber sa soirée de noces. Le souper qui avait été offert en l'honneur des nouveaux mariés chez les parents de la mariée, M. Hironide «Meni» Noël et Mᵐᵉ Régina Coutu, venait de se terminer. Les nouveaux mariés venaient à peine de se retirer dans leur chambre pour permettre à la mariée de revêtir sa robe de soirée. Mais elle n'a pas eu le temps. Soudain, ils entendent le bruit assourdissant d'un avion qui vole très bas. Quelques minutes plus tard, un villageois essoufflé frappe à leur porte et dit, sans égard à la mariée : «Paul-Armand, viens vite ! Un avion est atterri dans ton pacage. Les barrières sont brisées. Tes trente-quatre vaches, tes deux juments et tes deux pouliches sont dans le chemin. Ils sont pris de panique et courent partout.» Sans plus attendre, le marié en habit de noces, la mariée en grande robe blanche et la plupart des invités se dirigent vers l'avion. Les deux petites sœurs de la mariée, Laurette et Aline, ont déchiré leurs belles robes neuves en sautant la clôture trop rapidement pour s'approcher de cet avion qui semblait bien étrange dans ce décor bucolique. Les trois pilotes sont sortis de leur appareil, revolver au poing. Ils n'avaient aucune idée où ils se trouvaient et ne voulaient prendre aucun risque. Ils ne parlaient que l'anglais. Quelqu'un a pensé d'aller chercher d'abord M. Adémar Belzile, agronome à la ferme expérimentale fédérale, un des rares à parler anglais à Normandin. Ensuite Raoul Simard, bilingue lui aussi, a pris la relève. Avec l'aide de ces interprètes, les pilotes ont pu expliquer à M. Bouchard que leur boussole était brisée et qu'il leur fallait atterrir d'urgence avant la noirceur. Ce champ d'une longueur d'environ un mille, bien droit et sans vallons, leur semblait l'endroit idéal pour un atterrissage forcé. Pour éviter de causer encore plus de dommages, ils ont fait trois tours dans les airs au-dessus du champ pour en chasser les animaux qui ont vite compris le message. Les chevaux et les vaches épouvantés sautaient les clôtures et brisaient les barrières. En voyant tout cet affolement, ces aviateurs ne savaient pas trop comment s'excuser d'avoir causé tout ce branle-bas et d'avoir endommagé le terrain. Pour se faire pardonner un peu en attendant d'indemniser M. Bouchard, ils ont invité toute sa famille, mais personne d'autre, à visiter l'intérieur de l'avion le lendemain matin. Toujours en présence de Raoul Simard, la famille entière s'y est présentée pour profiter de cette occasion exceptionnelle. Chacun a pu constater que cet avion servait surtout à transporter des troupes de soldats. À part les trois sièges de l'équipage, il n'y avait que des bancs adossés aux deux côtés de l'avion sur lesquels quelques parachutes étaient minutieusement pliés. Il n'y avait aucune cargaison.

Tous les gens des alentours étaient inquiets de voir cette visite étrangère inattendue. Mais ils n'étaient pas les seuls. Les animaux aussi étaient très stressés, surtout les vaches. Assez que le lendemain matin, celles de monsieur Bouchard n'ont presque pas donné de lait. Cet énorme oiseau de métal, qui avait fait un bruit d'enfer, les avait chassées d'une manière plutôt brutale de leur paisible pâturage.

Après avoir bien verrouillé les portes de leur avion, les trois aviateurs se sont installés à l'hôtel Central, chez Georges Cloutier, de Normandin. Ils revenaient passer toutes leurs journées dans et autour de leur appareil. Cette nouvelle s'est répandue comme une traînée de poudre. Les gens affluaient de partout dans la région. Le champ était bondé de monde, surtout en fin de semaine. On voyait des automobiles stationnées tout le long de la route du Rang 4. Marie-Berthe Sénéchal a pris plusieurs photos de cet avion qui faisait tant jaser. Plusieurs photographes professionnels et amateurs sont aussi venus immortaliser sur pellicule cet événement insolite. Leurs photos se vendaient 25 ¢. Sans oublier les quelques journalistes et photographes des journaux régionaux qui en ont profité pour publier, en première page, des reportages détaillés de cet événement tout à fait spécial.

Raoul Simard, déjà restaurateur, a vu là une belle opportunité de profiter de toute cette clientèle. Il a ouvert un petit comptoir à liqueur douce et autres rafraîchissements. Quand René, onze ans, a entendu parler de cet avion atterri à trois quarts de mille du village, il ne s'est pas fait prier pour se rendre sur place. Il l'a observé attentivement, mais il a été bien déçu de ne pas avoir pu en visiter l'intérieur. En plus, il ne pouvait pas poser de questions, il ne parlait pas anglais. Il était en admiration devant son grand rêve : pilote d'avion. Le dimanche suivant, après la grand-messe, nous, les filles, nous y sommes allées avec Papa. René était revenu une deuxième fois. Dans toute la région, le principal sujet de conversation était : l'avion de l'armée américaine atterri à Normandin. Les gens faisaient toutes sortes de spéculations, même ils fabulaient sur le sujet. Pourquoi ces pilotes étaient-ils atterris à cet endroit ? Voulaient-ils se sauver de la guerre ? S'étaient-ils égarés ? Étaient-ils en mission secrète ? L'avion n'avait que trois membres d'équipage, sans passager ni cargaison, pourquoi ? Avaient-ils manqué d'essence ? Comment vont-ils faire pour prendre leur envol sur ce terrain détrempé et ravagé par les ornières d'environ un pied de profondeur qu'ils avaient creusées en atterrissant ? Vont-ils avoir assez de puissance pour décoller ? Toutes les hypothèses y ont passé, surtout qu'on était en temps de guerre. Par précaution, les pilotes ne quittaient jamais leur avion le jour, pas plus qu'ils ne répondaient aux questions concernant la guerre. Des anglophones employés au moulin de Dolbeau ont bien essayé de leur tirer les vers du nez, mais sans succès.

Les pilotes ont séjourné sept jours à Normandin, le temps de faire les réparations nécessaires. Pendant ce temps, le gouvernement américain a fait parvenir à M. Eugène Bouchard deux chèques de 74 $ chacun qui provenaient de deux ministères différents. M. Bouchard était bien content. Ça correspondait au tiers du salaire annuel d'une maîtresse d'école en milieu rural à cette époque. C'est vrai qu'après, en plus de la remise en état des clôtures, M. Bouchard avait dû travailler longtemps pour réparer les dommages causés à son terrain par l'avion, mais surtout par la boue que tous ces visiteurs avaient faite en piétinant sur une grande partie de son champ.

Après avoir reçu l'autorisation de leurs supérieurs, mais sans avertir personne d'autre, les pilotes ont pu décoller de cet aéroport improvisé. Il faut croire qu'ils avaient beaucoup d'expérience, car le 22 juin à dix heures du matin, ils ont réussi à s'envoler vers une base militaire des États-Unis. Le pilote a fait un tour au-dessus du village de Normandin en guise de remerciement pour l'accueil qu'ils avaient reçu des Normandinois. Après toute cette effervescence, Normandin est redevenu bien calme et a repris son rythme habituel. Mais les gens en ont parlé longtemps, et en reparlent encore, de cet avion américain atterri sur la route du Rang 4.

LES PETITS AVIONS DE RENÉ

René avait onze ans à l'été 1942. (photo n° 11a) Inspiré par l'avion qui avait atterri près de la route du Rang 4 en juin, il s'était fabriqué d'abord un petit avion d'une longueur d'environ vingt-quatre pouces, et il l'avait muni de deux moteurs. Après l'avoir peint en gris, même couleur que celle du DC3, il l'avait placé sur un piquet de clôture en avant de la maison. Quand le jeune fils du postillon Bergeron a vu ce petit chef-d'œuvre, il a trouvé cela tellement beau qu'il a convaincu son père de le lui acheter. René lui a vendu 1 $. Tout fier et encouragé par cette vente inattendue, il a décidé d'en construire un autre beaucoup plus gros, à quatre moteurs, d'une longueur d'environ quatre pieds. René a abattu un arbre d'environ six pouces de diamètre et l'a coupé la longueur nécessaire pour son avion projeté. Il a attaché ce billot avec des câbles et, ensemble, lui, Jeanne-d'Arc et moi, nous l'avons traîné pour le sortir de la forêt et le transporter jusqu'à la grange. Le plus difficile a été de traverser le ruisseau Rouge, même s'il n'était pas très profond à cet endroit. Le courant fort nous donnait du fil à retordre. C'était un exploit périlleux. Pour ne pas tomber à l'eau, il fallait garder un bon équilibre. Mais comme nous avions l'habitude de ces dangers, ça ne nous faisait pas peur. Le pire qui pouvait nous arriver, c'était une bonne «plonge» dans le ruisseau. René savait nager un peu, mais pas les filles. Nager était le privilège des garçons. La côte aussi a été assez difficile à monter. Ensuite nous avons hissé ce nouveau trésor sur le balcon dans la grange, au-dessus de la bergerie. Et René s'est mis à l'œuvre. À sa disposition, il n'avait que deux outils : une hache et un couteau de poche. Il a *gossé* pendant presque deux ans pour mener son chef-d'œuvre à terme. René, très minutieux, voulait que son avion soit parfait : la carlingue, le fuselage, les ailes, les ailerons, le gouvernail et les hélices, tout était en bois. Il y travaillait pendant tous ses temps libres. Nous essayions de l'aider, mais la finition, il voulait la faire lui-même. Quand tout a été à peu près à son goût, il l'a peint en blanc, en a décoré tous les petits hublots en rouge et a tracé des lignes rouges autour des ailes et de la queue. C'était vraiment beau, même si après quelque temps, la carlingue a fendu un peu. Ensuite, il a fallu l'exposer. Un piquet de clôture en avant de la maison, pas trop loin du chemin, a été choisi comme endroit idéal. À l'aide d'un pivot placé à sa base, l'avion pouvait suivre la direction du vent. Papa n'avait qu'à regarder l'orientation de cet avion et la vitesse des hélices pour nous dire s'il allait pleuvoir ou pas. Parfois les hélices tournaient tellement vite que ça nous réveillait la nuit. Leur bruit attirait l'attention des passants qui étaient en admiration devant le chef-d'œuvre de René. À chaque hiver, il l'entreposait soigneusement et le ressortait au printemps.

C'était quand même révélateur. Depuis qu'il était tout jeune, il nous disait : « Je serai pilote d'avion. » Vers 1965, à 35 ans, il a commencé à suivre des cours de pilotage et a obtenu son permis quelque temps après. Il a réalisé son rêve en 1972, à l'âge de 41 ans. Lui et ses trois associés, Léon Lebrun, André Bussières et Gérard Blais, ont fondé une compagnie appelée Les Ailes du Lac. Ils ont acheté cinq avions Cessna : deux sur flotteurs et trois sur roues. Ils avaient des deux, des quatre et des six places. Ils les garaient à l'aéroport de Saint-Méthode. Parfois ils louaient leurs avions. En 1973, René s'est acheté pour lui seul un autre petit avion deux places, un Piper J 3 qui avait été accidenté. Cet avion avait été la propriété d'un M. Gervais de Shawinigan. Avec le concours de Paul Guimond, il l'a réparé et il s'en sert encore aujourd'hui, surtout pour aller à la chasse à l'orignal. C'est l'appareil idéal. Il peut voler à basse altitude et amerrir sur des petits lacs (photo n° 11b).

LE PLÉBISCITE

ON ENTENDAIT PARLER de la guerre régulièrement. MacKenzie King, premier ministre libéral du Canada, avait promis que l'enrôlement serait volontaire, que ça suffirait à l'effort de guerre du Canada, qu'il n'y aurait pas de conscription. Par l'intermédiaire de son lieutenant québécois, le ministre Ernest Lapointe, il avait réitéré ses engagements au Québec pour y faire élire, le 25 octobre 1939, le premier ministre québécois libéral Adélard Godbout. Les Canadiens anglais, plus attachés à l'Angleterre, leur mère patrie, s'enrôlaient plus volontiers et se plaignaient amèrement que les Canadiens français aient été exemptés de l'entraînement militaire. Après bien des discussions musclées, le 27 avril 1942, King a fait voter un plébiscite *pour* ou *contre* la conscription. Les Canadiens français ont voté majoritairement *contre*, mais les Canadiens anglais, beaucoup plus nombreux, ont voté majoritairement *pour*. Donc la conscription pouvait être imposée. Mais King ne voulait pas l'exiger. Il retardait toujours sa mise en application. Pour cela, il avait inventé la formule célèbre : « Pas nécessairement la conscription, mais la conscription si nécessaire. » Par contre, il avait exigé l'enregistrement de tous les hommes valides de 16 à 60 ans. Sauf ceux qui en étaient exemptés, ces Canadiens pouvaient être appelés à l'entraînement dans les camps au Canada. Le gouvernement fédéral prévoyait que si le besoin était, ceux qui n'avaient que seize ans s'engageraient pour l'entraînement et qu'à dix-huit ans, ils iraient combattre outre-mer.

Chaque mauvaise nouvelle de la guerre nous affectait davantage. Quand nous avons entendu parler du débarquement de Dieppe, le 19 août 1942, où 6 000 hommes, dont plus de la moitié étaient des Canadiens français, se sont fait massacrer ou ont été faits prisonniers par les Allemands, nous avons eu encore plus peur. Nos parents en parlaient à voix basse pour ne pas trop nous traumatiser, mais nous écoutions les conversations des jeunes hommes terrifiés. Ils disaient qu'il y avait des sous-marins allemands qui coulaient des navires canadiens dans le golfe Saint-Laurent parce que le Canada faisait parti des Alliés. Ils ajoutaient que ces sous-marins se rendaient jusqu'à Tadoussac. Les enfants, nous en faisions des cauchemars la nuit.

NAISSANCE DE DIANE

Mardi, le 6 octobre 1942, une autre petite fille très blonde est née. Si ça avait été une journée avant, avec Rolande et moi, nous aurions été trois filles nées le 5 octobre. Pendant cet accouchement qui a eu lieu à la maison comme tous les autres, les enfants, nous sommes allés chez oncle Ulric, nouvellement déménagé au coin du Rang Nord, sur leur terre de 900 acres qui avait appartenu à son oncle Victor Vézina, frère de grand-maman Marie-Louise.

Quand Papa est revenu nous chercher et nous a annoncé que c'était encore une petite fille, René, onze ans, a repris : « Encore une toupie. » Une fille d'oncle Ulric, Rachel, onze ans, a ajouté : « On aimerait ça que cette nouvelle petite s'appelle Diane, la déesse de la chasse. Tante Cécile est tellement bonne chasseresse ». Bonne idée !

Le lendemain, comme d'habitude, c'était la fête. Le compérage nous amenait de la visite, du bonbon et des *peanuts*. Un frère de Papa, Lionel, et tante Angélina ont été le parrain et la marraine. En plus, nous savions que tante Clémence viendrait nous faire son gâteau crémé.

Diane était la 7e de la famille. Même si Maman était déjà épuisée, elle acceptait chaque enfant avec joie. Heureusement, elle adorait les bébés. Elle nous faisait toutes sortes de compliments assez spéciaux comme : « Toutes les qualités visuelles, temporelles, spirituelles .» Nous ne comprenions pas ce que ça voulait dire, mais nous considérions cela comme des marques d'affection. Nous jugions surtout par le ton de sa voix.

Elle avait tellement le tour avec ses nouveau-nés, c'était beau à voir. Cette fois-là, la généreuse tante Clémence, toujours célibataire, était encore venue aider Maman. Le soir, pour que Maman puisse dormir un peu, elle a pris le bébé pour le coucher avec elle en haut, mais Diane pleurait sans arrêt. Maman dit : « Conrad, dis-lui qu'elle me l'apporte un peu ». Maman l'a emmaillotée à sa manière et la petite a dormi comme un ange.

À cette naissance, après que tante Clémence fut retournée chez elle, c'est Gabrielle Doucet de Saint-Méthode qui est venue aider Maman. Elle n'est restée avec nous que quelques jours, elle pleurait tous les soirs, elle s'ennuyait de sa mère.

En prévision de cette naissance, Papa avait aménagé le grenier pour en faire deux autres chambres fermées. Pour isoler tout cet étage un peu plus contre le froid, il en avait recouvert tous les murs extérieurs et les plafonds de *Donaconna*. Ces grandes plaques de carton qui ressemblait à du papier mâché, d'environ quatre pieds sur huit pieds étaient jointes par des petites lattes de bois posées par-dessus. Avant de les peindre, il lui a fallu appliquer de la colle de poisson, autrement ce carton aurait bu la peinture comme une éponge. En effet, avec cette finition intérieure, c'était moins froid dans nos chambres, mais pas encore bien chaud. L'hiver, nous couchions sur des draps de laine, nous nous couvrions de plusieurs couvertures de laine et souvent nous y ajoutions une douillette de plume comme couvre-lit. Nous étions très heureuses de n'être maintenant que deux filles par lit : Jeanne-d'Arc et moi dans une chambre. Dans la grande chambre où couchaient Solange et Aline, mes parents avaient prévu qu'ils s'achèteraient un set de chambre et que leur lit de fer serait transféré dans la grande chambre où Diane coucherait dans un an ou deux. Rolande dormait dans la petite chambre ouverte à la place de René qui couchait maintenant dans notre ancienne chambre en face de l'escalier. Nous le trouvions bien chanceux d'avoir sa chambre fermée à lui tout seul. Il nous répondait : « Oui c'est vrai, mais moi, je n'ai pas de frère pour jouer avec moi, une chance que j'ai Marie », c'était moi.

~

Madame Nugent, notre nouvelle voisine qui, avec son mari Ernest, avait acheté la ferme d'oncle Ulric, nous ne la trouvions pas très jolie. En plus, elle se dandinait et parlait beaucoup. Quand elle trouvait quelqu'un de son goût, surtout quand elle voyait le beau bébé de Maman dans le berceau, en se brassant les épaules, elle disait : « Cré belle gueule », « Ban coère » ou « C'te cher ». Ça nous faisait bien rire et nous nous moquions d'elle, surtout Aline qui l'imitait à merveille. Nous l'appelions mémère Nugent. Maman nous disait souvent : « Faites attention, un jour, vous allez vous faire prendre. » Maman ne voulait pas lui déplaire, car elles se rendaient service mutuellement. Une bonne voisine serviable, c'était très précieux, car les moyens de communication étaient presque inexistants. Cette femme, près de la soixantaine, nous la trouvions très vieille. Généralement les femmes de cet âge ne s'habillaient pas pour s'avantager physiquement. Elles portaient de larges robes sombres et longues, alors que la mode était plutôt aux robes courtes et ajustées. Plusieurs de ces femmes mariées disaient : « Mon avenir est fait. » De plus, elles lissaient leurs cheveux gris et les tournaient en chignon bien serré, en arrière de la tête. Ce n'était pas la meilleure manière de camoufler leurs imperfections. Si les femmes avaient les cheveux blancs, elles les coloraient avec du bleu à laver, ce qui leur formait une couronne bleu violacé qui ne les rajeunissait pas non plus.

Quand son horloge mécanique arrêtait, une voisine envoyait sa petite fille chez nous. Très timide, elle entrait dans la maison et restait debout près de la porte. Appuyée au dossier du divan de cuir noir, silencieuse et avec des mains maladroites, elle roulait le bas de son tablier. Après quelques minutes, nous lui demandions : « Qu'est-ce que tu veux ? » Elle nous répondait, en se dandinant : « Je suis venue chercher l'heure. » Nous lui disions l'heure très précise. Elle restait toujours plantée là et attendait. Un quart d'heure plus tard, elle était encore là. Nous lui disions : « Va-t'en donner l'heure à ta mère. » Nous lui redisions la nouvelle heure. Elle finissait par partir et s'en allait bien lentement. Après son départ, nous nous amusions à passer toutes sortes de remarques : « Pourquoi lui donner l'heure juste ? Même si on se trompait d'une demi-heure, ça ferait pareil ! Gages-tu que, rendue chez elle, elle ne se rappellera plus de l'heure qu'on lui a donnée ? » Quand Maman nous entendait, elle nous disputait en disant : « Moquez-vous pas d'elle. C'est la plus vieille chez eux. Elle est gênée quand elle arrive ici devant toutes ces filles plus vieilles qu'elle. Mettez-vous à sa place. J'aime pas ça et je veux plus vous entendre vous moquer d'elle. Vous m'avez bien compris, là ? »

PAPA ACHÈTE SA PREMIÈRE AUTOMOBILE

Heureusement que les cultivateurs vendaient leurs produits à meilleur prix. Ça adoucissait un peu nos privations. En 1943, Papa est allé s'acheter une automobile à Albanel, au garage Henri Fortin. Le vendeur était M. Lamontagne. Une Chevrolet 1936, qu'il avait payé 600 $. L'équivalent du salaire annuel d'une maîtresse d'école rurale cette année-là. Les enfants, nous étions tout contents, espérant enfin pouvoir aller nous promener plus souvent. Maman, moins *sorteuse* à cause de sa santé fragile et de ses nombreux enfants, voyait venir le temps où Papa serait absent beaucoup plus souvent. Elle avait raison. Papa s'impliquait de plus en plus, souvent bénévolement, dans les associations de toutes sortes. Il était très généreux de son temps et de ses talents. Comme il était meilleur que plusieurs pour écrire et pour compter, il héritait souvent de la tâche de secrétaire bénévole. Quelques organisateurs ont même abusé de sa grande disponibilité.

En 1946, Papa faisait partie de la commission de crédit de la Caisse populaire de Normandin et du conseil d'administration de la Coopérative. Il en a été le secrétaire en 1948. En plus, il a été président des Lacordaire en 1950 et secrétaire de l'Union catholique des cultivateurs, (l'UCC), de 1946 à 1953, année où il a vendu sa ferme à René et Jeannine.

Les cultivateurs s'étaient regroupés au sein de cette association, l'UCC, fondée le 6 juillet 1925, pour s'entraider dans la commercialisation de leurs produits. Les dirigeants, dont l'abbé Gérard Bouchard, Jean-Marie Couette et Joseph-Henri Desbiens, faisaient de la propagande pour recruter de nouveaux membres. Ils demandaient aux membres de faire du bénévolat, alors qu'eux étaient payés à gros salaires. Papa, qui avait une âme de missionnaire, était un bénévole assidu. En plus, il les conduisait souvent sans frais avec son automobile. Parfois, ces dirigeants lui payaient son essence, mais pas toujours. Maman n'était pas toujours d'accord avec ce bénévolat. Elle a constaté très vite que Papa se faisait exploiter. Elle lui disait : « On est pauvre comme Job et tu travailles pour rien, tu ne trouves pas qu'on a pas les moyens de travailler gratis ? » Elle n'était pas contre le fait que Papa fasse du bénévolat une fois de temps en temps, mais elle trouvait qu'il était beaucoup trop généreux de son temps. Ç'a été la source de vives discussions entre mes parents. En plus, René restait avec beaucoup de tâches sur la ferme, malgré son jeune âge.

En 1946, Papa a acheté sa deuxième automobile à Chicoutimi, une Chevrolet 1938. En 1951, une autre Chevrolet 1948 a été achetée chez Arthur Dallaire de Normandin, puis une Pontiac 1954, bleu pâle, et plus tard une Buick Spéciale, automatique, 1956, neuve, achetée de Paul Morin du village, et ç'a continué avec les années.

Au printemps 1942, à Saint-Félicien, le grand pont de bois couvert sur la rivière Ashuapmushuan a été brisé sous la pression d'un embâcle. Pour maintenir la circulation routière sur la route régionale, un grand bac de bois faisait la navette entre les deux rives. Lors d'un voyage à Roberval à l'été 1943, à neuf ans, j'avais été très impressionnée par cette nouvelle façon de traverser cette grande rivière d'environ un demi-kilomètre de largeur. J'observais ce petit bateau à moteur puissant qui poussait cet énorme bateau plat guidé par un gros câble d'acier fixé à de lourds blocs de béton placés sur chaque rive. En voyant toutes ces automobiles et même un autobus entassés sur ce traversier, je me demandais comment tout cela pouvait flotter. Ce transport lent a duré jusqu'à l'ouverture du nouveau pont de béton en 1944.

Pour ouvrir nos horizons, Papa aimait nous faire visiter de nouveaux endroits. Ce dimanche là, nous sommes allés à Pointe-Bleue, aujourd'hui appelé Mashteuiatsh, une réserve amérindienne sur le bord du lac Saint-Jean à quelques milles au nord-ouest de Roberval. Maman aimait beaucoup aller visiter cette réserve. Papa a commencé par nous faire faire le tour du village. Nous étions passés en avant de l'école de bois qui ressemblait à la nôtre, mais était plus grosse. Nous étions intrigués par les tentes de toile plantées à côté des maisons de bois construites par le gouvernement fédéral. Nous nous étions bien attardés dans le magasin d'artisanat. Nous admirions tous ces vêtements faits de peaux de bêtes et brodés de perles multicolores. Nous avions bien examiné les mocassins qui ressemblaient à nos *pichous* mais beaucoup plus beaux parce que tout décorés de perles de couleurs. Une multitude de bijoux ornés de plumes, de petits os d'animaux et de perles de couleurs vives étaient suspendus au mur. Nous avions les yeux grands. Papa et Maman nous avaient avertis de bien regarder et d'être respectueux pour ces gens qui avaient une culture différente de la nôtre. Notre visite s'était terminée à la grande résidence d'un notable de la place, un commerçant de fourrures en plus d'être un prospère pourvoyeur de chasse et pêche : M. Tommy Robertson, un ami de longue date de la famille Georges Fortin. Il était le guide de chasse des frères de Papa, surtout d'Antonio et d'Ulric. En entrant dans cette belle maison, je suis restée figée, effrayée par toutes ces têtes d'animaux empaillées accrochées aux murs un peu partout dans la grande pièce. De plus, la majorité de la décoration était faite dans le même esprit. La base des cendriers sur pied était soit une patte de chevreuil ou une patte d'orignal. Les tapis, c'était des peaux d'orignaux et d'ours. Comme je regardais en l'air, mystifiée par ce décor inhabituel, je m'étais pris les pieds dans la tête d'une peau d'ours étendue sur le plancher. M. Robertson s'est vite aperçu que nous avions peur. En jetant un coup d'œil à Papa, il nous a expliqué que ces têtes étaient empaillées, qu'elles n'étaient pas vivantes. En leur donnant des petites tapes, il nous disait : « Regardez comme elles ne sont pas dangereuses. Elles ne bougent même pas quand je les tape. » Ça nous a rassurés, mais nous n'étions pas braves. Nous restions assis bien tranquilles, à regarder partout, mais sans dire un mot.

Avec une automobile, nous pouvions nous permettre de profiter de bien des événements intéressants. Chaque été, nous allions à l'Exposition de Roberval. Maman et Papa aimaient aller aux courses de chevaux qui se tenaient en même temps. Pour nous, les enfants, le plus intéressant c'était le secteur des manèges. Papa nous donnait chacun un peu d'argent pour que nous puissions essayer nos jeux mécaniques préférés. Malgré que notre monnaie ait été vite épuisée, nous ne nous lassions pas de regarder toutes ces machines qui tournaient vite et qui faisaient un bruit infernal. La musique forte et les réclames des tenanciers de stands nous faisaient vivre une journée merveilleuse. Nous nous promenions lentement au milieu de tout ce brouhaha en léchant un cornet de crème glacée aux fraises, double boule. Nous apportions notre lunch et restions pour la soirée. Nous ne voulions pas manquer les feux d'artifice. Tous ces pétards et ces gerbes lumineuses multicolores dans le ciel.

LES BLEUETS

TRÈS JEUNES, nous allions rarement ramasser des bleuets pour les vendre. Mais durant la guerre, vers les années 1942-1943, les prix ont monté et cette cueillette est devenue très payante. Tout le monde du secteur allait ramasser des bleuets. Cette cueillette du mois d'août tombait dans une période plus calme pour les cultivateurs, entre les foins et la récolte du grain. Nous avons commencé, nous aussi, à profiter de cette manne bleue. Papa, Jeanne-d'Arc et moi, allions camper un peu partout. René s'occupait de la ferme avec Maman et les plus jeunes enfants. À Girardville, dans le canton Émond, nous sommes allés chez un oncle de Papa, Pierre Cauchon, et sa femme Lisa Fortin, sœur de grand-papa Georges. Vu qu'il n'y avait pas de pont pour se rendre à leur ferme, il fallait traverser, en chaloupe, une grande rivière : la Mistassini qui mesurait environ un demi-kilomètre de largeur. Pour faire traverser une automobile, il fallait utiliser leur bac, un bateau plat, très difficile à manœuvrer. Donc, il était préférable de laisser notre auto sur le bord de la rivière et de klaxonner jusqu'à ce que Ti-Pit, fils de l'oncle Pierre, vienne nous chercher en chaloupe. Tante Lisa est venue nous accueillir chaleureusement. Pour elle, de la visite c'était rare. Pour nous, au début, c'était amusant de voir du nouveau. Aussi, loger chez l'oncle Pierre, c'était pratique. Nous ramassions des bleuets à peu de distance de leur maison, au bord de la forêt qui avait brûlé l'année précédente. Vers les 3 h, notre journée terminée, Papa descendait notre cueillette sur son dos à l'aide de ce que nous appelions un collier de portage. C'était un attelage formé d'une longue courroie de cuir qu'il passait autour des boîtes de bleuets bien attachées ensemble. Le prolongement de cette courroie formait une ganse qu'il passait autour de son front. Il courbait le dos et tenait sa tête baissée pour équilibrer la charge. C'était le seul moyen connu du temps pour transporter ce lourd fardeau et pouvoir passer partout à travers les bois et les endroits non défrichés. Papa n'était pas fort. Il mesurait cinq pieds et sept pouces et n'a jamais pesé plus de cent vingt-cinq livres. Arrivés à la maison de tante Lisa, nous passions notre cueillette au crible pour enlever les feuilles dans les bleuets. Nous versions ensuite ces bleuets dans de petites boîtes en bois que nous avions fabriquées la veille. Chaque boîte de format approuvé contenait environ vingt livres de bleuets et se vendaient 5 $ la boîte. À nous trois, dans des *casseroles à pain,* nous en ramassions, *à la main,* cinq boîtes par jour. Une vraie mine d'or, pour le temps. Mais Papa ne voulait pas nous épuiser. Il nous disait toujours : « Quand vous serez fatiguées, couchez-vous un peu dans le champ, vous reprendrez plus tard. » Mais nous n'arrêtions pas, nous savions que c'était de l'argent pour nos études, et étions conscientes que l'argent était très rare chez nous. Papa conservait toujours son sens du commerce. En fin de journée, il retraversait la rivière Mistassini en chaloupe et, avec son automobile qui était restée de l'autre côté, il pouvait être un des premiers acheteurs à faire le tour des campements pour acheter les cueillettes des autres ramasseurs et ensuite les revendre aux grands acheteurs. Ce commerce lui rapportait presque autant d'argent que pour toute notre journée à trois ramasseurs.

Quand Papa revenait de ses tournées d'achat, souvent nous dormions. Le matin, il ne nous réveillait pas trop de bonne heure. Ça faisait notre affaire. Un matin, je me lève menstruée. N'étant pas chez nous, j'étais prise au dépourvu. Tante Lisa, qui voyait à tout, m'avait procuré le nécessaire. Papa m'avait donné congé de bleuets. Seule durant toute la journée, assise au bord de la rivière Mistassini, je rêvassais et pensais à mes premières menstruations. Vu que l'aînée des filles, Jeanne-d'Arc, n'était pas encore menstruée, elle ne l'a été qu'à quatorze ans, Maman ne m'avait pas encore avertie de ce phénomène du corps féminin. La première fois, mes culottes étaient tachées un peu dans le fond. Je les avais mises au lavage sans dire un mot, la deuxième fois aussi. Vu que Maman faisait faire ses lavages par d'autres, elle ne s'est rendue compte de rien. Mais la troisième fois, là je me suis dit il y a quelque chose qui ne va pas. Ce matin-là, alors que Papa, René et tous les jeunes étaient autour de la table pour le déjeuner, que le bébé pleurait et que Maman était absorbée par toute cette activité, j'ouvre la porte de l'escalier et, en exhibant le fond de mes culottes tachées de sang, je dis : « Je ne sais pas où je me suis fait mal, mais ça fait trois fois que ça m'arrive, est-ce qu'on peut soigner ça ? » Maman, tout énervée, me dit : « Va cacher ça, montre pas ça à René et aux enfants. Attends, je vais y aller. » Je ne comprenais pas ce que j'avais fait de mal. Je m'assois sur une marche en arrière de la porte de l'escalier et attends. Maman arrive toute nerveuse, me donne un mouchoir plié et me dit : « Attache ça avec des épingles dans le fond de tes culottes, faut que tu partes pour l'école, je t'en reparlerai à soir. » Ça m'a tracassée toute la journée. Le soir venu, Maman était très mal à l'aise pour expliquer ces secrets de femmes et je n'avais pas très bien compris. Elle parlait à mots couverts. Ensuite, quand j'étais menstruée, je ne voulais plus aller jouer dehors à la récréation, je restais assise sur mon banc d'école. Je croyais qu'il ne fallait pas que je joue. Florence Milot avait tout compris et elle me laissait faire.

Jeanne-d'Arc me questionnait, si ça faisait mal, comment je me sentais, etc. Je n'avais pas grand-chose à lui dire. Comme la majorité des filles de mon époque, mes renseignements je les ai pris dans les livres spécialisés. Mais, vers 30 h 30, un bruit connu m'a fait sortir de ma rêverie et revenir au présent. J'entendais Papa et Jeanne-d'Arc qui revenaient de leur cueillette et qui avaient besoin de mon aide pour cribler les bleuets.

Avant l'heure du souper, Jeanne-d'Arc et moi nous ramassions des légumes pour tante Lisa, surtout des navets que nous dégustions en abondance. Tante Lisa était très heureuse de nous faire profiter de ses talents culinaires en utilisant les produits de sa ferme. Elle était gourmande, ça se devinait tout de suite en voyant sa corpulence. Aussi elle nous préparait de bons *lunches* pour manger dans le champ, le midi. Comme tous les Fortin, elle était forte sur les desserts, ce qui n'était pas pour nous déplaire. Nous ramassions le plus possible et l'appétit était au rendez-vous.

Parfois, après le souper, nous nous amusions autour des bâtiments de sa ferme. Un soir que l'oncle Pierre engrangeait son foin à la lumière de son fanal au naphta, nous voyons de drôles d'oiseaux tournoyer au-dessus de nos têtes. Très intriguées, nous entrons demander à tante Lisa quelle sorte d'oiseaux pouvaient bien voler si tard le soir. « Mais c'est des chauves-souris », nous répond-elle. Nous nous sommes regardées, inquiètes. Ç'a été fini les sorties à la noirceur !

Ti-Pit Cauchon aimait une Indienne du campement voisin formé d'une trentaine de tentes. Mais il ne voulait pas que Papa la voit. « Pourtant je vais finir par savoir où elle reste et je vais la voir », nous disait Papa. Un dimanche soir, il nous dit : « On va aller faire le tour des tentes pour voir Adrienne Verreault, la blonde à Ti-Pit. » Pour se donner une raison de s'adresser aux Indiens le dimanche soir, à chaque tente, Papa demandait : « Avez-vous des peaux d'ours à vendre ? » Il n'avait aucune intention d'en acheter, mais il était sûr qu'en été, personne n'en aurait. S'il y avait une jeune fille dans la tente, il lui demandait gentiment : « Êtes-vous Mademoiselle Adrienne ? » Ce n'est qu'à la dernière tente qu'une très belle, mais très timide demoiselle a répondu : « Oui, c'est moi. » Papa était bien content de son coup.

L'oncle Pierre mangeait du lard salé cru, mais le vendredi, il s'en abstenait. À Jeanne-d'Arc qui lui avait demandé pourquoi, il avait répondu : « Ma petite fille, c'est *vendeurvide*. Vendredi, tu sais ce ça veut dire pour les catholiques ? » Ce vieil oncle était très jasant et nous racontait toutes sortes d'histoires. Il essayait de nous faire croire que c'était ses exploits personnels. Cher oncle Pierre ! Il passait pour tellement menteur, qu'on disait qu'il en venait à croire ses menteries. Personne ne prenait la peine de le contredire, c'était plutôt drôle. Papa affirmait que son oncle Pierre disait la vérité seulement quand il faisait sa prière, parce qu'il priait avec tellement de ferveur que c'est possible que le bon Dieu le croyait à ce moment-là.

Cet été-là, chez l'oncle Pierre, un de ses neveux était venu le visiter. Papa en a profité pour le questionner sur l'histoire de sa famille. Ce jeune homme nous avait raconté qu'il était le seul parmi les siens à ne pas avoir changé de religion. Tous les autres sont devenus protestants ainsi que quelques familles dans le voisinage. Tout cela pour montrer leur dépit envers le clergé de l'Église catholique à cause du choix de l'emplacement de la construction de la nouvelle église de Girardville. Cette querelle avait divisé les paroissiens en deux camps. Les curés catholiques des alentours considéraient ces nouveaux protestants comme des gens dangereux avec qui il fallait éviter de discuter, et surtout s'abstenir de les visiter. Ils qualifiaient ces transfuges de communistes de Girardville. Quand j'entendais cela, dans ma tête d'enfant, je me demandais qu'est-ce que je ferais si j'en rencontrais un.

L'année suivante, avec nos cousins d'Albanel, les enfants d'une sœur de Papa, tante Géraldine mariée à Thomas Théberge, nous sommes allés encore ramasser des bleuets, mais cette fois dans la *frique* (friche) d'Albanel. Avec Irène, Yves, Léopold, Paul-Armand et Roger, nous passions nos grandes journées penchés pour ramasser ces petits fruits. À chaque année, nous avions besoin de cet argent pour la rentrée scolaire. Victor, Jean et Yvette, trop jeunes encore, restaient à la maison avec tante Géraldine qui s'occupait de tout avec oncle Thomas. Le matin, nous allions d'abord à la maison de tante Géraldine et nous admirions ses talents d'artiste. Elle avait le don de décorer sa résidence avec beaucoup d'originalité et à peu de frais. Quand ses *carpets* de *prélart* étaient défraîchies, elle les peinturait en dessinant de très belles fleurs dans les coins et au centre. Les contours étaient marqués par des volutes de couleurs en harmonie avec l'ensemble. L'illusion était telle que ceux qui ne connaissaient pas son truc pouvaient croire que c'était des *carpets* neuves. Pour réussir ses créations, elle s'inspirait des fleurs naturelles toutes plus belles les unes que les autres qui enjolivaient sa propriété. Elle apportait un soin méticuleux à son jardin situé en bordure du chemin. Les passants admiraient ses grands rangs de légumes et ses arrangements floraux qui sortaient de l'ordinaire.

Un autre été, Papa, Jeanne-d'Arc et moi sommes allés camper dans la friche d'Albanel avec quelques membres de la famille Gonzague Guillemette qui habitaient au Rang 8. Madame Guillemette et Papa avaient confectionné deux tentes, une pour chaque famille. Elles étaient en grosse toile de l'armée, couleur vert kaki. Au campement, les hommes les avaient plantées l'une en face de l'autre, près d'un petit ruisseau où nous nous approvisionnions en eau et où nous mettions notre laitue afin de la conserver fraîche toute la semaine. Un auvent de même toile reliait la façade des deux tentes et abritait une table à pique-nique où nous prenions nos repas du matin et du soir. Un très bon système, surtout quand il pleuvait. Le midi, nous mangions dans le champ de bleuets.

Pour occuper leur soirée, le dimanche soir surtout, les *jeunesses* du campement fêtaient, prenaient un coup, jouaient de la guitare et dansaient. Après le souper, Jeanne-d'Arc et moi nous nous promenions à travers les tentes pour voir ce qui se passait et pour rencontrer des jeunes de notre âge. Mais nous devions revenir à la tente avant la noirceur. Par contre, notre nouvelle amie, Roberte, pas mal délurée, veillait plus tard que nous. Papa n'aimait pas tellement que nous soyons amies avec elle, il l'a trouvait pas mal libre. Cette amitié a été plutôt de courte durée, environ trois semaines, tant que les bleuets n'ont pas gelé. De toute façon, en septembre l'école recommençait.

Papa commerçait les bleuets. Il avait beaucoup de succès dans le commerce et aimait bien cela. Pour lui, c'était l'idéal. Ça demandait peu de force physique et ça rapportait souvent plus en quelques heures que ce qu'il pouvait faire en une journée de cueillette. C'était un homme *de public*. Il aimait cela voir du monde, parler et échanger. Il avait plusieurs clients réguliers et tous les soirs, il brassait pas mal d'argent qu'il gardait dans un sac de cuir noir attaché continuellement à sa ceinture. Durant la journée, quand il ne commerçait pas, il mettait ce sac dans ses pantalons pour ne pas attirer l'attention. Il portait toujours un pantalon trop grand pour lui, il ne manquait pas de place. Un jour, dans le champ de bleuets, il lui a fallu aller faire ses besoins naturels. Il a enlevé son sac et l'a oublié là. Il ne s'en est aperçu qu'à son retour au campement. Quel désarroi! Mais il ne fallait pas en parler de peur que d'autres cueilleurs ne s'en rendent compte et aillent à la recherche du magot. C'était difficile de dissimuler notre inquiétude. Nos amis ne comprenaient pas pourquoi nous retournions dans le champ de bleuets alors que nous venions tout juste d'en sortir. Tant d'argent! S'il avait fallu qu'il ait été ramassé par un cueilleur chanceux! Pour nous, ça aurait été une catastrophe. Après quelques recherches, nous l'avons retrouvé. Ouf!

Pour aller cueillir les bleuets, à partir du campement, nous faisions un ou deux milles en automobile. Un jour, vers onze heures, Jeanne-d'Arc et moi nous nous apercevons que Papa tourne en rond et est très nerveux, mais il n'ose pas parler. Enfin il se décide et nous dit: «Je vais être obligé de retourner au campement, j'ai oublié mes cigarettes dans la tente.» Jeanne-d'Arc et moi rétorquons: «Mais vous fumerez ce soir.» Même s'il était très humilié, sur l'heure du dîner, il est parti chercher ses cigarettes. C'est là que j'ai vu comment il pouvait être esclave de cette drogue et je me suis promis de ne jamais fumer.

TOUTE UNE AVENTURE!

Derrière notre grange, il y avait ce beau petit ruisseau Rouge, que nous franchissions avec précaution en passant sur un corps d'arbre rond. Il fallait être habitué, pour ne pas glisser à l'eau. Ce tronc d'arbre était placé en diagonale tout près d'un tourbillon que nous appelions le *trou chaud*, parce que l'eau y tournait vite, et ne gelait pas l'hiver. En plus, c'était profond. Nous n'avions jamais pu en toucher le fond, même avec des bâtons très longs. Un été, Juliette Paradis, notre cousine, vint se promener chez nous. Elle accompagnait grand-maman Évélina, oncle Jean-Louis Goudreault, tante Kilda et Rachel Bouchard de Chicoutimi. Juliette, qui avait environ quinze ans, voulait absolument aller aux framboises. Avec sa belle robe neuve, en crêpe blanc, et ses souliers à talons hauts, elle n'était pas vêtue pour cette expédition. Même si grand-maman Girard ne voulait pas qu'elle y aille habillée comme cela, après bien des discussions, nous voilà toutes parties pour aller aux framboises de l'autre côté du ruisseau. Nous étions Jeanne-d'Arc, moi, Solange, Rolande, Aline, Juliette et Rachel. Mais grand-maman, nous voyant partir, dit avec inquiétude: «Jean-Louis, allez-y donc avec elles, tout à coup qu'il arrive quelque chose.» Arrivés près du ruisseau, oncle Jean-Louis trouvait cela dangereux de passer sur cet arbre rond. Il dit: «Ça va être trop long.» Ensemble, nous mettons un madrier dont un bout était appuyé sur le bord du ruisseau et l'autre sur le bout de l'arbre mort. Toutes les filles traversent. Oncle Jean-Louis, un homme plutôt gros, traverse le dernier et le madrier craque un peu. Notre cueillette terminée, il faut retraverser. Pour Jeanne-d'Arc, moi et les plus jeunes, tout va bien. Juliette et Rachel s'amènent l'une derrière l'autre. Oncle Jean-Louis s'engage sur le madrier et crac! Voilà Rachel et Juliette à l'eau, suivies par oncle Jean-Louis, qui s'empresse d'aider Rachel à se sortir de l'eau, pendant que Juliette s'enfonce dans le trou chaud, tourne dans le remous, mais tient bien fermement sa précieuse chaudière, en criant: «Mes framboises!» Oncle Jean-Louis l'attrape par un bras et la ramène avec sa petite chaudière délestée de plusieurs framboises. Sa belle robe de crêpe blanc refoule et remonte, remonte. La voilà les cuisses presque tout à l'air, scandaleux pour l'époque. Rachel dit: «Juliette, regarde ta robe!» Juliette pleure de plus en plus en disant toujours: «Mes framboises! Mes framboises!» Sa robe, ce n'était pas important, grand-maman lui en fera une autre, mais les framboises perdues, c'était ça le drame. Nous avons ri très longtemps en pensant à cette aventure.

NOTRE MAÎTRESSE D'ÉCOLE 1942-1944 :
MADAME GILBERTE COSSETTE-MILOT

Dans les années 1940, c'était du missionnariat d'enseigner dans le Rang 8. Mais dans le temps, les jeunes maîtresses d'école trouvaient cela normal. Notre école était isolée par la côte du ruisseau et un petit bois. En plus, elle était située à ¹/₂ km de la première maison habitée régulièrement, celle voisine de l'école étant parfois inhabitée. Les maîtresses ne restaient jamais plus de deux ans, le temps d'acquérir de l'expérience pour se choisir une autre école moins isolée. Berthe-Alice Mathieu, notre maîtresse d'école depuis deux ans, n'a pas fait exception à la règle. Elle s'était engagée pour enseigner dans une autre école durant la prochaine année scolaire. C'était toujours un problème de trouver la perle rare qui se dévouerait pour nous. Les maîtresses diplômées et d'expérience étaient rares. Les femmes mariées qui avaient des enfants et celles qui avaient la possibilité d'en avoir étaient exclues de l'enseignement. C'était le règlement. Madame Gilberte Milot était une diplômée (photo n° 12), mais mère de famille. À la mi-août 1942, quand elle a su que les commissaires n'avaient pas encore trouvé de maîtresse pour notre petite école du Rang 8, elle a vu là une occasion en or pour faire exception à la règle. Mais pour bien s'assurer que cette dérogation viendrait des autorités scolaires, elle attendit qu'un commissaire vienne lui demander de les dépanner. Lorsqu'un représentant de la commission scolaire lui a offert le poste, elle n'a pas hésité une seconde. À 42 ans, elle était pleine d'énergie et prête à tout pour reprendre sa profession qu'elle adorait. Michel, son fils cadet, avait huit ans, sa dernière fille, Florence, allait avoir quatorze ans et sera pensionnaire à l'École normale du Bon-Pasteur de Chicoutimi. Elle a emmené Michel avec elle et la voilà encore engagée sur une voie où aucune autre mère de famille de Normandin n'avait osé s'aventurer. La barrière était désormais levée pour elle et pour toutes celles qui le désiraient, mais qui n'avaient pas son audace. Elle s'était fait une réputation enviable pendant ses trois années d'enseignement avant de se marier et plus tard en donnant des cours du soir aux adultes, dans sa résidence du Grand Rang où tous les jeunes gens qui voulaient apprendre à lire, à écrire et à compter étaient les bienvenus.

Ce fut tout un changement avec ce que nous avions connu comme institutrices auparavant. Elle avait ses méthodes à elle et un don extraordinaire pour enseigner la géographie, l'histoire et surtout le français et les mathématiques, les matières qu'elle considérait les plus importantes. Elle disait qu'il y avait assez du catéchisme qu'il fallait absolument apprendre par cœur. Elle ne forçait pas sur l'histoire sainte. À chaque leçon, elle nous faisait lire un chapitre : l'histoire de Job, de Joseph vendu par ses frères, le minimum, quoi.

Elle avait l'art de maintenir l'ordre tout en nous laissant libres. Au début de l'année, pour établir son autorité, elle envoyait le plus grand élève dans le petit bois près de l'école pour couper un grand fouet qu'elle plaçait au-dessus du tableau noir et elle nous disait : « Ce fouet-là, c'est pour les malcommodes. Quand j'en prends un qui fait un mauvais coup, je lui donne une bonne volée avec ce fouet tant qu'il n'est pas cassé sur son dos. » Après cet avertissement, tous les élèves avaient les fesses serrées et obéissaient au doigt et à l'œil. Malgré qu'elle nous laissait beaucoup de liberté, nous travaillions avec application. Elle savait stimuler notre intérêt. Elle était protectrice et, en même temps, elle nous encourageait à chercher et à nous poser des questions pour ne pas tout tenir pour acquis. Elle nous considérait comme ses enfants et à l'école, nous nous sentions comme chez nous. Elle savait découvrir nos faiblesses, le maillon faible plus précisément, et savait nous faire travailler pour y remédier.

Malgré ses avertissements, j'étais bavarde et souvent je dérangeais. Pour me corriger, elle m'avait fait asseoir à côté de Michel, son fils. Il avait un banc double et était seul. À ce moment-là, il ne voulait rien savoir des filles. Quand il m'a vue assise près de lui, il a pris ses livres, s'est tourné vers le mur et a fait ses exercices sur ses genoux. Dans la classe, il y avait une rangée de bancs pour les filles et une autre pour les garçons. Les filles ricanaient de me voir assise du côté des garçons, tandis qu'eux, les garçons, étaient bien insultés de cette invasion de leur territoire par une fille. Mais moi, ça ne me dérangeait pas trop, sauf que je ne pouvais plus bavarder, mon voisin de pupitre me tournait le dos.

Quand nous avions terminé nos exercices scolaires, nous allions les montrer à Madame Milot pour qu'elle les corrige. Michel, son fils, se sentait bien à l'aise dans la classe. Un jour, se servant de son cahier d'exercices comme d'un volant d'automobile et en imitant le bruit d'un moteur avec sa bouche, il est parti de son bureau en courant en direction du pupitre de sa mère. Celle-ci lui a tout de suite signifié que ce n'était pas le moment de jouer au coureur automobile. Elle ne faisait jamais un drame avec ces légers écarts de conduite. Elle réglait le problème immédiatement et elle continuait comme si de rien n'était.

Elle avait apporté son *aiguise-crayons* à manivelle. Du nouveau pour nous. Nous prenions plaisir à nous promener dans la classe pour aller faire tourner ce petit mécanisme. Mais avant d'aiguiser notre crayon, il fallait aller lui montrer pour qu'elle vérifie s'il avait vraiment besoin d'être aiguisé. Il ne fallait pas le gaspiller, ça coûtait 2 cents un crayon. Certains parents n'aimaient pas beaucoup ce *mange-crayons*. Ils trouvaient que l'école, ça coûtait déjà assez cher comme ça.

Madame Milot se tenait à l'affût de toutes les nouveautés. Dans les années 1940, la compagnie Durex a mis sur le marché son ruban gommé transparent. Notre maîtresse était tellement contente. Elle disait : « Enfin je peux réparer les livres sans en cacher une partie du texte. Je trouve cela tellement beau qu'à chaque fois que j'en vois dans les magasins, même si j'en ai déjà, j'ai envie d'en acheter. »

Nous invitions souvent Madame Milot à souper chez nous. Papa et Maman l'aimaient bien, et aimaient discuter avec elle. Quand elle prévoyait venir, elle nous disait : « Tu diras à ta mère de me faire un bon bouillon de bœuf. » Ensemble, ils buvaient ce liquide chaud en jouant aux cartes. Elle en profitait pour convaincre mes parents de nous faire instruire. Elle disait à mes parents : « Vos enfants ont tous beaucoup de talent, faut pas perdre ça. » Ça n'a pas été difficile de les convaincre de faire instruire leurs filles. Vers l'âge de 13 ans, Papa était allé au séminaire de Chicoutimi. Après deux ans, il a dû abandonner ses études à cause de sa santé fragile. Maman était convaincue d'avance. Elle était prête à tout sacrifier pour nous faire instruire. Très peu de ses belles-sœurs ont compris que Maman avait des priorités différentes des leurs. Sa fierté, c'était l'instruction de ses filles. Ça n'a pas été facile pour mes parents de nous envoyer aux études, d'autant plus que certaines amies et surtout ses belles-sœurs lui disaient : « Gardes-en au moins une pour t'aider. » Maman leur répondait toujours : « Je ne peux pas en garder une plus que l'autre. Ça va être injuste pour elle. Plus tard, elle va se sentir à part. Il y a assez de René que Conrad a été obligé de garder. » Certains amis et des membres de la famille de Papa lui disaient : « Tu es fou de dépenser inutilement de l'argent pour des filles qui vont se marier et changer des couches plus tard. En allant aux études, tes filles n'apprendront pas à tenir maison, à faire à manger et à monter leur trousseau. Les garçons n'aiment pas bien ça des femmes qui savent rien faire. » Papa leur répondait : « Faire à manger et faire le ménage, ça s'apprend à n'importe quel âge. L'instruction, c'est le meilleur héritage que je peux leur offrir et je leur donne tout de suite, car je suis certain que je ne serai pas capable de leur laisser de l'argent plus tard, j'ai une trop grosse famille. Leur héritage, elles vont pouvoir se le gagner facilement toutes seules. »

Souvent, certains oncles et tantes nous lançaient, à nous les filles, des messages à ce sujet, sachant très bien que nous allions les répéter à nos parents. Nous les soupçonnions d'essayer de décourager nos parents pour éviter que leurs enfants insistent pour aller aux études eux aussi. Ainsi ça leur coûterait cher et ils perdraient leur main-d'œuvre sur la ferme. Nous sommes très reconnaissantes envers nos parents de leur avoir tenu tête. Pour les plus jeunes enfants de notre famille, la question ne se posait plus, car c'était nous, les plus vieilles, qui enseignions et payions leurs études.

Madame Milot aimait aller visiter les parents de ses élèves. Tante Évana, sa cousine, l'invitait souvent à aller souper chez elle. Mais avec oncle Ulric, cette maîtresse avant-gardiste avait souvent de fortes discussions sur l'évolution du monde. Mais oncle Ulric tenait mordicus à vivre selon la tradition de ses ancêtres. Depuis quelque temps, avec Trefflé Michaud, il discutait de la possibilité de fonder une nouvelle paroisse au coin du Rang Nord, sur sa ferme de 900 acres. Il disait qu'il donnerait le terrain pour l'église et le presbytère. Oncle Ulric ne voulait pas s'acheter une automobile et il voyait là une belle opportunité d'être proche de l'église et des magasins. Aussi, il pourrait vendre des terrains aux commerçants, aux résidents et à la fabrique pour les édifices municipaux. Pour réaliser son projet, il voulait réunir un bout de trois paroisses : Albanel, Saint-Méthode et le Grand Rang. Il essayait de convaincre les gens des alentours du bien-fondé de son idée. Lors d'une de ses visites, il a parlé de son projet à Madame Milot qui l'a apostrophé en ces termes : « Voyons donc Ulric, es-tu fou ? Sors de ta coquille. Achète-toi une *machine*. Promène-toi un peu avec Évana et tes enfants. Tu vas voir que le monde a changé, qu'on n'est plus en charrette à bœufs. Tu pourras aller à la messe où tu voudras. Moi, je vais pas toujours à la messe à Normandin. » Elle a essayé de le raisonner à sa façon. Mais peine perdue, avec Trefflé Michaud, il a demandé à Papa de les conduire à Chicoutimi pour rencontrer Monseigneur Georges Melançon. Après les avoir écoutés patiemment, l'Évêque leur a dit : « Avec l'arrivée de l'automobile, je ne vois aucune raison de dépenser encore de l'argent pour ouvrir une autre paroisse à sept milles de la vôtre déjà bien organisée. » Très déçu, oncle Ulric est resté avec sa terre au complet. Son projet ? Mort dans l'œuf.

Nos années scolaires, au Rang 8, ont été animées, durant les récréations, par des chicanes incessantes entre les enfants des deux familles Fortin : « Les p'tits Ulric » et « les p'tits Conrad ». Ces disputes donnaient souvent lieu à de jolies joutes oratoires à propos de tout et de rien. C'était viscéral. Une rivalité sans fin. Chacun essayait de sortir le meilleur jeu de mots pour irriter l'autre camp. Quand les débats s'espaçaient un peu, les p'tits Melo se chargeaient de les relancer. Maintenant, quand j'y pense, j'en ris. Ainsi, nous avons développé des talents d'élocution qui nous ont permis d'avoir l'esprit vif et la répartie facile. Ça s'est avéré très utile pour des professeurs et une avocate. Chacun « des p'tits Conrad » a enseigné, du premier au dernier, les garçons comme les filles : René a donné des cours de pilotage. Florent a enseigné le français, au pied levé, au Mexique et enseigne encore occasionnellement à des employés au ministère de l'Immigration. Yvan, en plus de sa pratique professionnelle, donne régulièrement, à travers le monde, des séminaires en dentisterie.

Madame Milot aimait la langue française et nous apprenait à bien écrire et à bien parler notre français. Pour nous stimuler, elle avait organisé un système de jetons. Chaque semaine, nous devions corriger un mot nouveau qui s'ajoutait à la liste des mots à corriger. Nous commencions la semaine avec un certain nombre de jetons. Quand nous entendions un autre élève faire une faute de prononciation dans les mots à corriger, nous le reprenions en ajoutant : « Donne-moi un jeton s'il vous plaît ». Un tableau d'honneur où étaient inscrits les noms de tous les élèves était affiché dans l'école. Le vendredi, l'élève qui avait le plus de jetons avait une image et une étoile dorée qui était accolée à son nom. Les autres avaient des étoiles d'argent, bleues ou rouges selon le nombre de jetons gagnés. Ceux qui n'en avaient plus n'avaient rien. À la fin du mois, ceux qui avaient eu des étoiles participaient au tirage d'une image ou d'un cadeau, ordinairement un article d'école que nous ne pouvions pas nous payer. Avec ce système, Madame Milot avait réussi, surtout chez les filles, à corriger plusieurs mots courants de notre langage. Mais le hic était que quand nous arrivions dans d'autres arrondissements où il n'y avait pas ce système d'émulation, les enfants, même certains parents, se moquaient de nous. Mais Madame Milot avait prévu cette difficulté et elle nous avait fourni des arguments pour leur répondre et leur faire face. Berthe-Alice Mathieu nous a appris à lire sans chanter. Madame Milot nous a enseigné à mieux écrire et à mieux parler notre français. En 6ᵉ année, elle se faisait un honneur d'enseigner, dans tous les détails, l'accord des participes passés conjugués avec les auxiliaires avoir et être, les verbes pronominaux, etc. De telle sorte qu'en 6ᵉ année, il était possible d'écrire sans faute. Jeanne-d'Arc était la meilleure de l'école. Elle gagnait toujours les volumes attribués comme prix d'excellence et de français. Comme c'était les seuls livres d'histoires que nous avions à la maison, après qu'elle les avait lus, elle en recommençait la lecture. Nous en avons tous profité pour les lire à notre tour.

Madame Milot avait toujours sur son pupitre cette revue bleue, *L'Enseignement primaire* qui lui venait chaque mois du Département de l'Instruction Publique (DIP). Ce département avait à sa tête un surintendant, Victor Doré, nommé par Adélard Godbout en remplacement de Cyrille Delage qui avait démissionné à l'arrivée au pouvoir des libéraux en 1939. Il était nommé par le gouvernement sous la recommandation de l'Église catholique. Tous les évêques du Québec faisaient partie du comité catholique du Conseil de L'Instruction publique. L'Église tenait fortement à garder le contrôle de l'enseignement offert aux petits Canadiens français. Elle ne voulait pas de ministère de l'Éducation. Alors, elle exerçait son hégémonie en contrôlant cette revue mensuelle distribuée à toutes les maîtresses d'école où celles-ci trouvaient le programme mensuel de chaque division ainsi que des conseils pratiques d'enseignement. Madame Milot s'efforçait de nous enseigner plus que le programme suggéré, espérant ainsi nous permettre de sauter une année et nous fournir la possibilité de réussir plus vite à obtenir un diplôme. Vu que nous étions de la 1ʳᵉ à la 7ᵉ année inclusivement dans la même classe, nous apprenions beaucoup en écoutant l'enseignement donné aux élèves des classes plus avancées.

Dans toutes les écoles de rang, à part nos livres d'étude, nous n'avions que le strict minimum. Il n'y avait même pas de bibliothèque. Dans l'armoire vitrée, il y avait seulement la rangée des vieilles revues de *L'Enseignement primaire* et un petit dictionnaire Larousse. Comme Madame Milot trouvait ça nettement insuffisant pour toute une école, elle apportait le sien, le plaçait sur le coin de son bureau et elle nous disait : « Utilisez-le tant que vous voulez, mais remettez-le à sa place. » Elle apportait aussi un livre d'histoire et, vers la fin de la journée, si nous avions été sages, elle nous en lisait un chapitre. Robinson Crusoé est le récit qui est resté gravé dans ma mémoire. Nous avions toujours hâte à 3 h $^1/_4$. Ceux qui n'étaient pas sages se faisaient remettre à l'ordre par les autres élèves qui ne voulaient pas manquer la suite de l'histoire. Sur son bureau, elle avait aussi deux éléments qui nous amusaient : sa petite cloche en forme de *Whippet* au chocolat et sa grenouille verte avec la gueule grande ouverte où elle rangeait ses crayons. Cette grenouille de métal la suivait partout dans ses classes, c'était son fétiche. Sa petite fille Andrée Bourassa l'a encore sur son bureau de travail.

Madame Milot ne récompensait pas seulement les meilleurs. Elle récompensait aussi ceux et celles qui démontraient de l'effort. Quand elle constatait des progrès marquants dans un devoir, elle y collait une étoile ou une tête d'ange. Chaque élève était très sensible à ces marques d'appréciation. Si nous avions un travail qu'elle qualifiait de parfait, elle nous donnait une petite image en couleurs d'environ un pouce sur deux pouces. Elle en avait toute une panoplie qui illustrait la Vierge Marie avec Jésus dans ses bras, le Sacré-Cœur, le petit Jésus de Prague, la bonne sainte Anne, saint Isidore, la Sainte Famille, saint Michel, saint Antoine de Padoue, sainte Thérèse de l'enfant Jésus, etc. Je conservais précieusement ces images dans une boîte de tôle que Maman me donnait quand sa boîte de moutarde sèche était vide. À la distribution des bulletins de la fin du mois, celui ou celle qui se classait à la tête de sa division se choisissait une belle grande image en couleurs parmi tout un lot que Madame Milot étalait sur son bureau. Michel a conservé plusieurs de ces images, souvenirs de ses multiples récompenses scolaires.

Plusieurs maîtresses d'école étaient très nerveuses lorsque nous avions des visiteurs, mais pas Madame Milot. Plus âgée que ses consœurs, elle était sûre d'elle. Ses preuves étaient faites. Avant l'arrivée de ces personnages importants, elle nous disait : « Énervez-vous pas, moi je ne cherche pas à avoir la prime. » Les vicaires et les commissaires savaient qu'à notre école, les élèves n'étaient pas gênés et répondaient. Ils en profitaient pour nous questionner sur toutes sortes de sujets pour voir nos réactions et rire. Ces rencontres étaient très détendues et amusantes. Souvent ça finissait que tout le monde riait dans la classe. Nous aimions ces visites, surtout qu'en partant le vicaire nous disait avec un sourire : « Pour ce soir vous aurez congé de devoirs et de leçons. » Nous répondions tous en chœur : « Merci Monsieur le vicaire. »

Sous la direction de Madame Milot, nous adorions aller à l'école. Cette femme avant-gardiste aimait tellement enseigner ! Elle a déjà dit à Maman : « Y a des matins où je me lève avec le mal de tête, mais quand les élèves arrivent et que je monte sur la tribune, je suis guérie automatiquement. » Elle nous parlait avec enthousiasme de géographie et de pays étrangers où sévissait la guerre. Elle aimait aussi l'histoire du Canada. Elle nous communiquait son intérêt pour la lecture, le voyage et nous ouvrait des horizons nouveaux. Elle nous parlait des nouvelles inventions et des découvertes des savants. Elle nous avait parlé longuement de Sir Alexander Flemming qui avait découvert la pénicilline en 1928 et qu'en 1943, l'industrie américaine faisait des expériences pour pouvoir en généraliser l'application afin de guérir bien des maladies contagieuses, notamment la tuberculose. Cette année-là, une actrice américaine avait demandé de bénéficier de cette découverte pour guérir une maladie grave.

Chaque année, le 11 novembre, elle ne manquait jamais l'occasion de souligner la fête de l'Armistice qui lui rappelait la paix signée après la guerre en 1918, l'année de son mariage. Le 18 juillet, le matin de ses noces, M. Ernest Milot avait reçu une lettre lui ordonnant de se présenter pour un examen médical en vue de son service militaire. Pour lui épargner la mauvaise nouvelle qui gâcherait cette journée de festivité, ses parents ne lui avaient pas remis la lettre cette journée-là. Mais quand les nouveaux mariés ont pris connaissance de cette missive, l'angoisse de leur séparation éventuelle les avait marqués profondément. Chaque année, cette fête commémorant l'Armistice qui avait sauvé son mari, Ernest, de la guerre, elle ne pouvait pas l'oublier, même après plus de vingt ans. D'autant plus que ses deux fils Gaston et Yvan auraient été appelés sous les drapeaux si Monsieur Milot n'avait pas pu acheter à chacun une ferme de 100 acres. Elle nous faisait écrire des messages de paix sur des banderoles que nous accrochions dans l'école.

Maman aussi voulait le meilleur pour ses enfants qui étaient tout son univers. Quand elle entendait les autres femmes dire que ça les soulageait quand les enfants étaient à l'école, Maman leur répondait : « J'ai toujours hâte qu'ils reviennent. Je les regarde venir à partir du haut de la côte chez Ernest jusqu'à ce qu'ils entrent dans la maison. » En arrivant, nous avions toujours une faim de loup. Elle nous faisait très souvent des poudings de toutes sortes que nous mangions avec du sirop de blé *d'Inde*. C'est un bon souvenir de notre enfance. Jeanne-d'Arc dit que, pour elle, c'était la preuve qu'elle était la meilleure mère. Dernièrement, une cousine a dit à Rolande : « Vous êtes bien chanceuses d'avoir eu une mère comme celle-là. »

Au retour de l'école, après notre collation, nous allions jouer dehors. Puis, après le souper, c'était l'heure des devoirs et des leçons. C'était sérieux, Madame Milot était exigeante pour l'étude et voulait des résultats, mes parents aussi. Une petite pièce à aire ouverte située en haut à droite de l'escalier nous servait de salle d'étude. Là, le silence était de rigueur. Pour nous aider à observer ce règle- ment, Papa nous achetait une grosse caisse de biscuits au thé que nous grignotions assis autour d'une petite table éclairée faiblement par une lampe à huile. Dans cette petite chambre, Jeanne-d'Arc jouait le rôle de maîtresse d'école. Elle nous donnait des explications au besoin et nous rappelait à l'ordre quand nous étions dans la lune. Elle veillait à ce que toutes nos leçons et tous nos devoirs soient parfaits pour le lendemain.

À l'école, chaque matin, après la prière, il était de coutume que la maîtresse passe pour la propreté. Elle regardait si nous avions les mains, les ongles, le visage, le cou et les oreilles propres et il fallait être bien peignés. Madame Milot ne passait pas tous les matins. Elle disait : « Il faut que vous soyez toujours propres, car je vais passer de temps en temps, je ne vous avertirai pas à l'avance. » Son rythme irrégulier était aussi efficace, car il fallait toujours se garder propres au cas où elle ferait son inspection. Elle pouvait tout aussi bien être deux semaines sans nous inspecter que nous inspecter trois jours de suite. De toute façon, elle nous observait quand nous allions demander des explications à son pupitre. Elle nous avait dit : « Si vous n'êtes pas propres, je vais vous retourner chez vous pour vous laver. » Ça nous mettait sur nos gardes. Il faut se souvenir que dans les maisons du temps, les baignoires étaient rarissimes. Il n'y avait qu'un seul évier et il était placé dans la cuisine et servait à tout et à tous.

Tous les jours, deux garçons de l'école allaient chez Ernest Langevin chercher une chaudiérée d'eau pour remplir la fontaine placée sur une tablette près de la porte d'en avant, dans la classe. La chaudière était suspendue en dessous du robinet pour recevoir les surplus d'eau. Sur une tablette, tout près de ce petit réservoir de tôle, chaque famille avait sa tasse pour boire. Après la récréation, nous passions boire chacun notre tour. Toutefois, pour aller boire durant les heures de classe, il fallait demander la permission à la maîtresse.

Le printemps et l'automne, pour s'occuper durant les récréations, les garçons ont commencé à creuser des forts dans la cour arrière de l'école. René jouait le rôle de contracteur. Les filles, nous voulions visiter leur tranchée, mais les garçons nous en interdisaient l'entrée. Mécontentes, avec Jeanne-d'Arc en tête, nous avons décidé de nous creuser un fort, nous aussi. Les garçons, plus forts et mieux équipés, progressaient beaucoup plus rapidement que nous dans leur construction, mais ils faisaient moins de fantaisies. Pour nous distinguer d'eux, nous avions conservé des bancs en terre tout le tour intérieur de notre fort. Quand les garçons ont vu cela, ils ont ajouté un toit. Pour cela, ils ont placé plusieurs troncs d'arbres pour faire leur structure.

En abattant un arbre, un tronc était tombé sur le dos de Réal. René était tellement désolé que ç'a diminué son ardeur dans le projet. Mais ils ont continué en couvrant leur toit de branches de sapin et ensuite de terre. C'était bien étanche. De cette façon, les filles ne pourraient plus les espionner. Nous aussi, nous avons fait un toit, mais avec des planches. Au cours de nos travaux, nos bancs de terre se sont écroulés. Alors, nous sommes allées chercher le banc d'école remisé dans le hangar attenant à l'école. Nous l'avons placé à l'envers, les pieds en l'air. Quand Ernest Langevin, le régisseur de l'école, a vu son banc supplémentaire dans le sable, il nous a fait toute une remontrance. Il a fallu nous séparer du meuble qui faisait notre orgueil de constructrices. Les garçons ricanaient de notre grande déception. Mais ça ne nous a pas empêchées de continuer à développer notre projet. Encore aujourd'hui, sur ce terrain devenu une propriété privée, on peut voir des traces de ces trous qui datent de près de 60 ans.

Aussi nous jouions dans le petit bois ou bien nous courions dans le *déboulis* (éboulis), situé sur la ferme d'Ernest Langevin, à environ 400 pieds de l'école. C'était notre petit canyon. Il s'était formé au cours des années par l'érosion du sable qui avait glissé dans le ruisseau au printemps. Ça couvrait environ trois à quatre acres. Dans ces grands fossés d'environ dix pieds de profondeur, le sable fin attirait les hirondelles qui, au printemps, y creusaient leurs nids dans le haut des crêtes. Quand tout était sec, nous avions un plaisir fou à glisser sur les fesses dans le sable chaud. Mais quand nous allions jouer là, la cloche sonnait dix minutes avant la fin de la récréation, pour que nous ayons le temps de secouer nos vêtements et nos chaussures. Madame Milot ne voulait pas que la classe soit transformée en carré de sable.

À l'automne, durant la récréation du midi, nous allions dans le bois près du ruisseau pour cueillir des *quatre-temps* (cornouillers du Canada), des petits fruits couleur orange qui poussent au ras du sol. (Les perdrix adorent ces fruits. Nous en trouvions toujours dans leur gésier quand nous les préparions après que René avait fait une bonne chasse.) En même temps, nous cueillions d'autres petits fruits rouges que nous appelions des *pommes de terre* qui ont la grosseur d'un petit pois. Ils poussent à ras du sol et gouttent le petit thé des bois. Nous aimions tellement ce goût que parfois nous mâchions les feuilles. Madame Milot appréciait cette saveur et venait occasionnellement en cueillir avec nous. En d'autres temps, garçons et filles nous jouions ensemble à la balle molle, avec une balle de caoutchouc bleu blanc rouge et une planche amincie dans un bout qui nous servait de bâton. Nous appelions ça *jouer du batte*. Nous nous amusions aussi à jouer aux billes ou à la cachette ou bien nous organisions des courses autour de l'école ou dans le chemin. L'hiver, nous construisions des forts avec des blocs de neige, les garçons d'un côté, les filles de l'autre. Les batailles de boules de neige étaient interdites. L'air était pur et nous aimions jouer dehors.

La première année où elle a enseigné au Rang 8, Madame Milot logeait à l'école avec son fils, Michel. L'hiver, elle chauffait le poêle jusqu'au coucher. Quand ils se levaient le matin, la glace était prise dans le seau d'eau. Ils se couchaient avec sept ou huit couvertures de laine, en plus d'une douillette. Michel se rappelle que, dans son petit lit avec un contour en bois plein, il était entouré comme dans un œuf. Sa mère allumait le poêle de bonne heure le matin et, quand nous arrivions à neuf heures, l'école était moins froide. Pour aider à conserver la chaleur, elle demandait aux plus grands garçons de l'école de *renchausser* les murs extérieurs avec de la neige. Si bien qu'en général, au milieu de l'hiver, il y avait de la neige pelletée jusqu'aux allèges des fenêtres. Ça faisait un isolant gratuit et l'air froid n'entrait pas par le bas du mur. Comme la majorité des maisons, l'école n'avait pas de sous-sol. Une vraie glacière! Nous gardions nos grosses bottes d'hiver toute la journée. Ceux qui étaient les plus éloignés du poêle gardaient parfois leurs manteaux, parce que l'air froid venait du contour des fenêtres qui n'étaient pas étanches. Avec Madame Milot, si nous avions froid, nous avions la permission d'aller nous réchauffer près du gros poêle à deux ponts, à condition d'apporter un livre pour étudier et de garder silence.

L'hiver, c'était généralisé. Même au collège du village, les enfants allaient à l'école en traîne à chiens. Café et Doggy, deux gros chiens qui se détestaient, restaient à l'école toute la journée. Doggy, le chien des p'tits Melo, se couchait sous l'escalier, tandis que Café, le chien des enfants d'oncle Ulric, dormait dans le corridor où nous suspendions nos vêtements. Un jour, Doggy s'est détaché et ces deux chiens se sont battus férocement dans le corridor d'entrée. Ils se mordaient et jappaient à fendre l'air. Grande et forte, Madame Milot n'avait peur de rien. Elle a saisi les deux chiens par leurs colliers et les a séparés. Doggy, le plus violent des deux, l'a mordue à la main. Elle a dit: « Ce n'est pas grave. » Elle a désinfecté sa plaie avec du peroxyde et a continué à enseigner. Trois jours plus tard, c'était complètement guéri. Le soir, quand nous avons raconté cela à nos parents, Maman a repris: « C'est pas croyable, elle n'a pas de bout cette femme là! »

Quand des tempêtes de neige faisaient rage, nous dînions à l'école. Pour nous occuper, nous nous amusions à chercher des noms de villes et de pays sur les grandes cartes géographiques accrochées aux murs de l'école. Grâce à ce jeu-là, nous sommes devenus familiers avec plusieurs parties du monde. J'ai conservé le goût de la géographie, ce qui m'a toujours rendu les examens de géographie très faciles et mes voyages plus intéressants.

Aussi nous regardions des albums de coupures de journaux que Madame Milot nous avait apportés. Celui des quintuplées Dionne avait intéressé tous les élèves. Elle avait collectionné toutes ces photos dans *Le Soleil*, *La Patrie* et *La Revue Moderne*. Nous étions en admiration devant les photos de ces filles quintuplées nées le 28 mai 1934 à Corbeil, près de Callander en Ontario. Nous savions leurs noms: Annette, Cécile, Émilie, Marie, Yvonne, et le nom de leurs parents: Oliva et Elzire Dionne. C'était unique au monde. Elles étaient les filles les plus photographiées de la planète et exploitées comme de vrais bêtes de cirque. Le gouvernement de l'Ontario les a prises en charge, les a séparées de leur famille et s'est servi d'elles comme attrait touristique durant la crise, durant la guerre et encore quelques années. C'était une vraie industrie, et très lucrative en plus. Durant ces années de grandes privations, ces quintuplées ont rapporté environ 500 millions de dollars à cette province, sans qu'elles en profitent personnellement. Une faute qui n'a été reconnue que très tardivement.

Le vendredi après-midi, c'était plus libre dans la classe. Après avoir chanté le *Ô Canada* et fait le chemin de croix, Madame Milot distribuait les récompenses du Bon Parler Français. Ensuite, nous écrivions dans notre cahier d'honneur, cahier que la maîtresse montrait à l'inspecteur lors de sa visite de fin d'année. Dans ce cahier, il fallait suivre un *transparent*. C'était une feuille mobile, couverte de lignes noires, obliques, espacées d'environ ¼ de pouce et tracées régulièrement sur toute la feuille. En la plaçant sous notre page de cahier à l'encre, nous voyions les lignes noires à travers et en les suivant, nous pouvions avoir une écriture régulière et élégante. Nous pratiquions aussi la calligraphie. Ces cercles répétés nous aidaient à former de belles lettres rondes. Mais le gros problème c'était d'écrire à l'encre. Même si nous protégions notre feuille avec un papier buvard, nous finissions toujours par faire des pâtés, que nous pouvions effacer avec de l'eau de javel très diluée, mais ça laissait des taches jaunes. Pour écrire à l'encre, les *plumes fontaine* étaient interdites. Les maîtresses disaient que ça brisait notre belle main d'écriture. Les stylos à bille n'existaient pas encore. Pour adapter à nos manches de plumes, il fallait nous contenter de deux sortes de pointes: des pointes à 1 cent, blanches, rudes, qui piquaient dans le papier, et les pointes à 5 cents, dorées, plus douces, qui ne piquaient pas dans le papier. En une demi-heure, nous n'avions le temps d'écrire que quelques lignes. Puis venait l'heure du dessin où nous pouvions à volonté rire, parler et nous promener librement dans la classe. Nous étions plusieurs élèves habiles en dessin et la compétition était forte, surtout parmi les filles. Quand nous n'avions pas le temps de terminer notre création, nous la poursuivions la semaine suivante. Le vendredi, l'école finissait à 3 h au lieu de 3 h 30. La maîtresse retournait chez elle pour la fin de semaine et souvent, son taxi arrivait plus de bonne heure, surtout l'hiver.

Notre école était située juste vis-à-vis de la ferme des Milot au Grand Rang, appelé aussi la Route régionale. Même s'ils avaient une automobile, ils ne pouvaient pas l'utiliser l'hiver, la route régionale n'ayant été ouverte que pour l'hiver 1946-1947. Ce n'est qu'en 1948 que le gouvernement provincial a promulgué une loi qui obligeait toutes les municipalités de la province à ouvrir et à entretenir tous les chemins d'hiver pour la circulation automobile. Mais pour le Rang 8, nous avons dû encore attendre jusqu'au début des années 1950. Donc, par un chemin en raccourci à travers les champs, Monsieur Ernest Milot pouvait voyager, les lundis et vendredis, sa femme et son fils, et aussi sa fille, Pierrette, qui enseignait à l'école n° 7 du Rang Nord, juste vis-à-vis de la nôtre. Ce trajet de deux milles, à travers champs, pour aller seulement, se faisait en peu de temps comparativement à huit milles par la route publique. À l'automne, avant que la neige tombe, M. Milot venait baliser son chemin pour s'assurer qu'il n'y aurait pas d'obstacles qui pourraient rendre le trajet difficile. Nous admirions sa voiture à cheval, bien spéciale, qu'il appelait sa cabane. Cette voiture fermée à deux sièges pouvait loger quatre personnes. Elle était recouverte d'une épaisse toile beige montée sur une structure de bois. À l'intérieur, un petit poêle, fait avec une boîte de métal d'un gallon, était percé d'une ouverture sur le dessus et d'une trappe pour la prise d'air à la base. Il était alimenté avec de petits morceaux de bois sec. La cheminée, qui sortait du toit, laissait échapper une fumée blanche que nous surveillions le vendredi après-midi. Quand ce petit filet de fumée apparaissait à l'orée du bois, ça signifiait que la fin de la classe était proche. L'arrivée de Monsieur Ernest Milot, c'était comme le signal de la cloche indiquant la récréation

Papa avait fait un beau cadeau de Noël à René : une belle petite *sleigh* rouge, fabriquée à la boutique d'Arthur Dion. Elle était tout juste de la bonne dimension pour que René puisse y atteler Marquis. Elle était en tout semblable à celles que les hommes utilisaient avec leurs chevaux pour sortir de la forêt leur bois coupé durant l'hiver. Il l'avait apportée à l'école. Les garçons étaient allés couper des arbres dans le petit bois à côté de l'école. Ils voulaient ensuite les scier en longueurs de trois pieds et les charroyer avec Marquis attelé à la petite *sleigh*. Ils avaient abattu plusieurs arbres et voilà un beau bouleau. Quand cet arbre a été presque complètement coupé, les trois garçons les plus forts poussent le tronc pour le faire tomber. Mais au lieu de s'abattre à l'endroit prévu, l'arbre a basculé sur Michel qui les regardait travailler. Le tronc lui est passé à environ à deux pieds de la tête. En plus de lui égratigner le visage, les branches l'ont fait tomber à la renverse. Terrifié, il est retourné à l'école. En voyant cela, Madame Milot s'est écrié : « Vous allez m'arrêter ça tout de suite ! Quand il y en aura un d'estropié, il sera trop tard. Fini la coupe des arbres ! Transportez ce que vous avez de coupé et ça va être terminé. »

Quand il y avait moins de travail sur la ferme, vu que c'était Madame Milot qui enseignait, René venait à l'école. Il était presque aussi grand qu'elle, mais, comme elle avait 44 ans, ça ne le gênait pas d'être son élève. Étant fort en mathématiques, il adorait cette matière et il y travaillait toute la journée. Elle lui avait dit : « René, quand tu comprends, viens pas me montrer la réponse, continue parce qu'il faut que je m'occupe des autres élèves. » Il travaillait bien attentivement. Tout à coup, voilà un problème particulièrement difficile. Il lui vient une idée et va montrer sa réponse à Madame Milot. Elle lui dit : « Pourquoi tu viens me montrer ça, je suis certaine que tu le savais que ta réponse était bonne. » Il répond : « Moi je le savais, mais c'était pour vérifier si vous, vous le saviez. » Sans perdre de temps, elle lui donne une bonne poussée. René tombe assis dans la boîte à bois. Elle rajoute : « Ça va te montrer à venir me déranger pour rien. » Comme la boîte à bois était presque vide, René est tombé assis dans le fond, les jambes de chaque côté de la tête. Dans la classe, plusieurs avaient bien du mal à se retenir de rire. Mais nous, ses sœurs, nous ne trouvions pas ça drôle de voir notre frère bousculé ainsi. Dans la famille, nous faisions preuve d'une grande solidarité.

Au printemps 1944, René avait sculpté un fusil en bois. Mme Milot, étonnée de ce beau travail, l'avait placé parmi les travaux manuels, sur la table d'exposition, à la distribution des prix de fin d'année scolaire (photo n °13). Sur la photo prise à cette occasion, où l'on voit Mme Gilberte Milot avec ses élèves du Rang 8, René porte son fusil sur l'épaule. La même année, il s'était fabriqué une arbalète avec une planche placée sur le côté pourvue d'une rainure sur le dessus. Son élastique, une bande de caoutchouc taillée dans une *tripe* de pneu d'automobile, était fixé à une autre planche transversale. Cette bande élastique tendue était accrochée à une gachette faite de deux petites pièces de bois qui déclenchaient le tir quand René tournait la languette du bas. Ses flèches étaient faites avec de la broche n° 9, très raide, dont il avait aiguisé un bout. L'autre bout était retroussé d'environ un pouce et s'appuyait sur l'élastique tendu avant le déclenchement du tir. Une arme dangereuse. Madame Milot l'avait interdite à l'école. Cette arme silencieuse était bien pratique pour éliminer les rats dans l'étable. René n'en manquait pas un. Un jour, un rat, traversé de part en part par sa flèche, était resté cloué à une poutre de la grange.

Malgré l'opposition de quatre évêques, de deux juges, de la Société Saint-Jean-Baptiste et de l'Union catholique des cultivateurs, le 4 mai 1943, Adélard Godbout, premier ministre du Québec, a promulgué une loi rendant l'instruction obligatoire et gratuite ainsi que tous les livres scolaires à tous les enfants de six à quatorze ans. Ça correspondait aux sept années de l'école primaire. Cette fois, le cardinal Villeneuve approuvait cette loi et il a aidé grandement à sa mise en application. Godbout, qui avait été un agronome réputé, disait souvent qu'il nous fallait un enseignement pratique et réaliste où seraient enseignées en priorité les sciences et les mathématiques. Il constatait que le cours classique menait principalement à la prêtrise et aux professions libérales. Il disait que nous avions besoin, entre autres, d'ingénieurs, de comptables, d'administrateurs et d'agronomes.

En septembre1944, René n'est pas retourné à l'école afin d'aider Papa sur la ferme. Il allait avoir 14 ans le 23 novembre. Il avait pourtant beaucoup de talent pour l'étude. Il a bien pleuré pour continuer, mais... Généralement, quand un garçon de cultivateur voulait se faire instruire, il fallait qu'il dise qu'il allait faire un prêtre ou un frère. C'est évident que René s'est vu obligé, dans son jeune âge, de faire le sacrifice de son instruction pour aider Papa à faire vivre la famille. Donc, il ne faut pas oublier que si nous sommes tous allés aux études avancées pour le temps, c'est en grande partie grâce à René.

Au cours de cet été 1944, Papa a acheté un gros cadeau à René : une belle petite jument alezane, Lady, une trotteuse de première classe, achetée de M. Murray, un Anglais, employé au moulin de Dolbeau. Elle était toute mignonne. Quand elle amblait, elle était tellement belle qu'on aurait dit qu'elle dansait. Dès l'âge de quatorze ans, René avait son transport à lui et pas n'importe lequel. Les garçons du voisinage l'enviaient. Quand René fréquentait régulièrement Jeannine Painchaud, Lady connaissait le trajet et enfilait infailliblement chez Monsieur Etienne Painchaud. Une fois dételée, elle entrait dans l'étable d'elle-même. Elle était tellement fine, comme dit Jeannine. Malheureusement, à l'hiver 1951, un an avant que Jeannine et René se marient, le chien, Toto, est entré dans l'étable et la porte est restée ouverte. René ne s'en est pas aperçu, il était allé bûcher. Lady a attrapé une pneumonie et en est morte. Nous avons eu beaucoup de peine, surtout René qui en a perdu l'appétit. Il en a parlé longtemps avec nostalgie de sa petite jument Lady (photo n° 8).

Papa savait quelques mots d'anglais et avait beaucoup de facilité à retenir les sons. Comme tout musicien, il pouvait les répéter à l'oreille. Il en avait appris les rudiments au Séminaire de Chicoutimi et son père, qui avait vécu une partie de sa jeunesse dans le Massachusetts, lui en avait montré quelques phrases. Papa nous les répétait fièrement. Quand sa tante Ophilia Fortin arrivait des États-Unis, dans son beau gros *char* neuf, il en profitait pour glisser quelques mots de sa langue seconde. Ça nous émerveillait. Quand Papa a acheté la petite jument Lady, il avait lancé quelques mots d'anglais pour épater M. Murray. Nous trouvions notre père très savant de pouvoir parler anglais. En partant, M. Murray avait demandé à Papa, en anglais, où se situait Dolbeau par rapport à notre maison. Pour montrer qu'il avait bien compris la réponse, M. Murray avait répété dans son meilleur français : « Pa' là, pa' là ? » Ça nous avait fait bien rire.

Comme d'habitude à la fin de chaque année, le curé ou un vicaire et un commissaire d'écoles venaient faire la distribution des prix. C'était tout un événement ! En plus, Madame Milot avait le don de nous enthousiasmer et de rendre l'occasion encore plus solennelle. À la fin de juin 1944, pour souligner cette occasion, elle avait décoré la porte d'entrée de l'école avec une grande guirlande formée de plusieurs fanions de toutes les couleurs. Elle l'avait placée en forme de « A » et avait fait fixer les bouts dans la terre. J'ai encore une photographie de ce jour mémorable. Nous portions nos vêtements du dimanche. Quand on connaît les élèves, on constate qu'à part son fils, Michel, toute l'école n'était formée que par trois familles. Chez nous : René, Jeanne-d'Arc, Marie-France, Solange et Rolande. Chez Roméo Théberge : Gérard, André, Émile, Réal et Édith. Chez Ulric Fortin : Alberte, Marie-Louise et Marthe. En tout, quatorze élèves (photo n° 13).

Madame Milot trouvait que les prix distribués par la commission scolaire n'étaient pas grand-chose et que c'était décevant pour des élèves qui avaient travaillé si fort. Alors, elle compensait en ajoutant quelques-uns de ses livres et de ses objets personnels. Elle voulait que nous partions les bras chargés et que nous soyons contents. Une année, Jeanne-d'Arc avait eu deux romans : *Gilles*

Blas de Santilane et *Le Pèlerin de Sainte-Anne*. Nous trouvions ça tellement beau. Nous les avions lus plusieurs fois. Rolande les a encore dans sa bibliothèque.

On pourrait écrire un livre très intéressant sur les remarquables réalisations de Madame Gilberte Milot. Elle disait souvent : « Je suis née vingt-cinq ans trop tôt ». Son avant-gardisme lui a fait vivre énormément de frustrations. Mais elle en a fait avancer plusieurs, en particulier les membres de ma famille. Si nous jouissons de l'instruction maintenant, c'est aussi grâce à elle.

En plus, ç'a eu un effet d'entraînement dans le voisinage. Normande Langevin, une de mes brillantes jeunes élèves de l'école n° 11, m'a déclaré dernièrement qu'elle et ses sœurs se sont dit : « Si les filles chez M. Conrad se font instruire, nous aussi on va se faire instruire. Autrement, on serait restées à la maison comme plusieurs autres. On voyait que vous jouiez du piano, on s'est fait acheter un piano pour jouer, nous autres aussi. Même toi, Solange, tu es venue nous montrer les principaux accords et comment les trouver. »

NAISSANCE DE LUCIE

La veille du jour de l'An cette année-là, nos parents nous ont annoncé que nous n'irions pas à la grande rencontre de minuit chez tante Léontine. Quand nous leur avons demandé pourquoi, Papas nous a répondu : « C'est parce que Maman est malade. » Quel mystère ! C'était la première fois que ça arrivait. Nous ne voulions pas nous résigner à manquer cette occasion unique de l'année. Mais, tôt dans la nuit, Papa vient nous réveiller, les quatre plus vieux. Il faut partir tout de suite pour aller chez tante Léontine. Nous nous demandions bien comment nos parents avaient pu changer d'idée si rapidement et pourquoi maman et les plus jeunes, Rolande, Aline et Diane, restaient à la maison. Un curieux de jour de l'An. Après nous avoir laissé chez tante Léontine, Papa est revenu rejoindre Maman à la maison. Pour nous, ça ne ressemblait pas à une fête, loin de là. Nous dormions sur les divans et nous n'étions pas très heureux que nos parents ne soient pas de la partie. Nous nous sentions un peu orphelins parmi tous ces fêtards. Solange vomissait. Tante Thérèse, sœur de Papa, en avait bien soin et elle lui disait : « Pauvre petite ! » Tante Thérèse aimait beaucoup les enfants. Avec son premier mari, Ernest Villeneuve, elle en a eu quatre : Louis-Georges, Diane, Clément et Clémence. Encore jeune, oncle Ernest est mort subitement. Après quelques années, tante Thérèse s'est remariée au frère de son premier mari, Arthur, et ils ont eu deux enfants : Jacques et Réjean.

C'était, samedi le 1er janvier 1944, le 8e enfant naissait. Dans l'après-midi, de retour à la maison, nous avons compris le pourquoi de notre départ précipité. Ensemble, nous avons choisi son nom : Lucie. Tante Géraldine, sœur de Papa, et son mari, Thomas Théberge, avaient été choisis comme marraine et parrain. Un autre compérage qui s'annonçait encore comme une belle fête chez nous, avec du bonbon, des *peanuts* et le gâteau crémé de tante Clémence.

Lors du baptême de Lucie, après avoir dit au curé que c'était la septième fille de suite et que, selon la tradition, le prêtre avait l'habitude de lui accorder un don, Papa lui a demandé : « Vous, Monsieur le curé, quel don vous allez lui donner ? » Le curé Tremblay lui a répondu rapidement, avec son air habituel : « Le don de sagesse ! Le don de sagesse ! » Papa nous racontait cela, bien déçu du peu d'enthousiasme manifesté par le curé. Papa qui était si fier de ses enfants !

Vu cette nouvelle naissance dans le temps des Fêtes, Maman a manqué un *pétard* exceptionnel chez oncle Ulric et tante Évana. Jeudi, le 6 janvier, à la fête des Rois, Arthur, vingt ans, se mariait à Clémence Michaud, sa voisine qui habitait de l'autre côté du pont de la rivière Ticouapé. Tante Évana a mis tous ses talents d'excellente cuisinière à contribution, pour souligner le mariage de son fils aîné. C'était les premières épousailles parmi les petits-fils du clan Georges Fortin. Clémence, cette jolie nouvelle mariée, était une perle rare que toute la famille appréciait. Mais pour René, treize ans, qui s'entendait très bien avec Arthur, ce serait un grand changement. Leurs intérêts n'étaient désormais plus les mêmes. Malgré la différence d'âge, ils sont toujours restés bons amis. Même si Arthur habite maintenant le nord de l'Ontario, ils ont gardé contact et se tiennent au courant de leurs activités.

Tel que prévu un an auparavant, mes parents s'étaient offert un beau cadeau : un set de chambre en bois naturel, fabriqué par M. Siméon Théberge. Un ensemble qui comprenait : un bureau, une commode et un lit. Le nouveau sommier à ressorts et surtout le matelas Beautyrest, avec 808 ressorts enveloppés individuellement, étaient tout un luxe ! Papa en était très fier. Quand des gens de la parenté venaient nous visiter, il leur montrait son matelas, en faisant une pression dessus avec ses mains pour leur montrer comment ça ne laissait pas d'empreintes et que les ressorts reprenaient leur forme aussitôt qu'il enlevait la pression. Pour lui, un matelas confortable, c'était très important. Son mal de dos le faisait tant souffrir.

UNE TRAGÉDIE

Pour Maman, cet hiver 1944 avait été dur. Au début de mai, épuisée, elle a souffert d'une inflammation des poumons et elle a été alitée plusieurs jours. Lucie, qui n'avait que quatre mois, a été gardée par tante Léontine, l'âme généreuse toujours prête à aider. Oncle Lionel et tante Angélina ont gardé Diane, leur filleule âgée de 19 mois. Nous étions si nombreux, avec très peu de confort, aucune servante ne voulait venir travailler chez nous. C'était Jeanne-d'Arc, l'aînée des filles, qui a dû remplacer Maman. Un matin au déjeuner, elle s'est mise à pleurer. Papa s'est aperçu qu'elle était épuisée. En plus de ses études, en 7e année, elle devait se lever tôt et elle en avait trop sur les épaules. Alors Papa m'a désignée, à dix ans, pour prendre la relève jusqu'à ce que Maman reprenne ses forces.

Lundi matin, le 8 mai, c'était ma première journée comme aide. Avant de partir pour aller faire le ménage à l'étable, Papa avait allumé le poêle à bois, mais il s'était éteint. De son lit, Maman me crie de venir le rallumer. En regardant dans le poêle, je vois qu'il y a encore des tisons dans le fond. Je me dis, ça va prendre vite, je vais mettre de la gazoline directement dessus. Avec la petite *can* de tôle que Maman avait l'habitude d'utiliser, je me suis penchée au-dessus pour bien viser sur le tison exposé. Pouf! L'explosion! Oui! La flamme m'a sauté en plein visage, dans le cou et sur le bras droit. Mes cheveux, mes sourcils et une partie de mes vêtements brûlaient. Complètement désemparée, me tordant de douleur, j'ai regardé autour de moi. Ne sachant pas quoi faire, je me suis dis, je vais me laisser brûler assise sur le divan de cuir. Comme ça, je ne mettrai pas le feu à la maison. Maman, voyant tout cela de son lit, m'a crié : « Viens ici ! » J'arrive en avant d'elle tout en flammes. Elle se lève et me jette son couvre-lit sur la tête. Cela a étouffé le feu. Puis elle me dit : « Cours dire ça à ton père. » J'arrive à l'étable, nu-pieds sur la terre gelée, mais je ne sentais pas le froid, tellement j'étais sous le choc. Papa est venu blanc comme un drap et a crié : « René, vite, attelle la jument. Tu vas venir nous mener chez Melo, il faut aller chez le docteur Dionne. » Nous avions une automobile depuis 1943, mais les chemins étaient trop vilains, ça ne passait pas près de chez nous. Papa m'a ramenée à la maison en courant et m'a appliqué un onguent gris, celui qu'on appelait de *la marde de guiabe* (onguent Rundle's). Il m'a couverte avec le châle gris et nous sommes partis en *sleigh* de portage. Montés dans la voiture, Papa était à genoux et me tenait bien serrée dans ses bras, car la route était difficile. Il fallait passer par le côté du chemin où il y avait encore un peu de neige.

Papa savait que nous n'aurions pas long à faire, que chez Roméo Théberge, les chemins étaient moins mauvais, c'était difficile mais ça passait. Roméo a sorti son automobile et nous sommes partis pour Saint-Edmond, situé à environ dix milles de chez nous. Enveloppée dans le châle gris, je me serrais contre Papa qui était très attentif à mes moindres signes de douleur. En état de choc, j'ai tremblé comme une feuille pendant tout le trajet. Rendus chez Bonneau, le ponceau était défoncé, l'eau de la fonte des neiges avait miné une bonne partie du chemin. Papa a couru chez Bonneau pour lui demander des madriers afin de pouvoir passer. M. Bonneau lui a répondu : « Qui va payer ça, ces madriers là ? » Papa, rouge de colère, a rétorqué : « Si tu veux, je vais t'en payer tout un *truck* de tes madriers. » M. Bonneau, se rendant compte de sa bêtise, s'est empressé de lui indiquer où prendre les madriers. Le trajet m'a paru une éternité, surtout qu'au printemps les chemins étaient tellement difficiles qu'on ne savait jamais si on allait passer ou rester pris.

Rendus chez le D\ Dionne, heureusement il était là. Quand le médecin a vu l'onguent tout mélangé avec des poils de cheval et la poussière venue du châle, il était estomaqué. Quelle horreur ! Il a fallu qu'il enlève tout cela en grattant doucement. Une vraie torture ! Mais il n'avait pas le choix. En entendant mes cris, Mme Dionne, qui prenait son déjeuner de l'autre côté, est venue voir ce qui se passait. En me voyant, elle pleurait à chaudes larmes. Ensuite, le médecin m'a appliqué un nouvel onguent, du Tangel. C'était comme du jello froid, de la vraie glace. Un supplice que je n'oublierai jamais. Après, Papa m'a amenée chez son frère Armand, voisin, qui tenait un magasin général. Ma tante Antonia m'a donné une robe de chambre fleurie. La servante m'a préparé à déjeuner, mais j'étais incapable de manger. J'avais la nausée. Cécile, six ans, me regardait, horrifiée.

Après quelques minutes de repos et de discussion avec son frère Armand et tante Antonia, Papa a décidé de m'amener chez son frère Antonio et sa femme Germaine, à la maison paternelle de Papa, au Rang Nord. Là, il y avait bien du monde pour prendre soin de moi. Avec ces jeunes mariés, vivaient trois célibataires : tante Clémence, 36 ans, oncle Gérard, 29 ans, et tante Éléonore, 27 ans. En plus, ils avaient un pensionnaire, Paul-Henri Maltais, un fromager qui travaillait avec oncle Gérard à la fromagerie de Conrad Provencher. Personne dans les rangs n'avait de téléphone. Quand nous sommes entrés dans la maison, tous sont restés figés en me voyant. Tante Éléonore et tante Clémence pleuraient d'effroi de me voir brûlée de la sorte. Du côté droit, j'avais les cheveux rasés, je n'avais plus ni sourcils, ni cils. Je ne voulais pas qu'elles me touchent, j'étais fragile comme de la porcelaine. J'en ai perdu des bouts, mais je sais qu'elles m'ont couchée dans la chambre de tante Éléonore, au bout du corridor.

Le D\ Dionne avait promis de venir me voir toutes les semaines, en même temps qu'il viendrait visiter Maman malade au Rang 8. Tante Éléonore m'avait prise en charge. J'étais très souffrante. Cette tante, souvent malade, comprenait très bien la souffrance. Très fidèle à son engagement, elle me donnait mes pilules de façon régulière. Elle savait comment ce médicament me soulageait. Je ne me levais presque pas de mon lit, seulement avec l'aide d'oncle Gérard. Tante Éléonore surveillait beaucoup ma température. Les antibiotiques n'étaient pas encore disponibles sur le marché. Je mangeais très peu, j'avais toujours comme une boule dans la gorge. Tante Éléonore m'appliquait ce Tangel glacé régulièrement. Après quelques jours, une épaisse croûte noire s'est formée sur toutes mes plaies. Plus ça allait, plus cette croûte épaississait et raidissait. Comme si ce supplice ne suffisait pas, en plus, j'ai fait une grosse révolution de bile. Vomir de la bile avec la gorge, le bras et l'avant-bras raides et très sensibles, ce n'était pas drôle du tout. Mes *galles* craquaient et le sang coulait.

Cette mauvaise nouvelle de *la petite brûlée*, comme on m'appelait, s'est répandue comme une traînée de poudre. Les enfants de chez oncle Roland, mes cousins et cousines, Michel, Émile, Céline et Monique, allaient à l'école voisine, où enseignait Pierrette Milot, la fille de notre maîtresse. Fernand n'allait plus à l'école et Gisèle allait au couvent du village. Tous les midis, deux élèves venaient, comme d'habitude, remplir une chaudiérée d'eau pour alimenter la fontaine de l'école. En même temps, ils demandaient s'ils pouvaient aller voir *la petite brûlée*. Ils restaient figés dans l'encadrement de ma porte de chambre et me regardaient sans dire un mot. Ils étaient probablement terrifiés à la vue de cette petite fille à moitié couverte de grosses *galles* noires, les cheveux rasés d'un côté, sans sourcil, ni cils. Je n'aimais pas du tout ces voyeurs et voyeuses. Après un certain temps, lorsque je les entendais venir dans le corridor, j'avais pris l'habitude de fermer les yeux et de faire semblant de dormir. Je ne voulais pas les voir, ils m'agaçaient avec leurs grands yeux exorbités par l'horreur.

Papa, René et mes sœurs venaient me visiter aussi souvent qu'ils le pouvaient. Je lisais dans leurs yeux comment ils souffraient de me voir dans un état pareil. Quelle inquiétude pour Maman très malade au Rang 8 avec cinq enfants autour d'elle et trois absents, dont une brûlée. Papa n'a jamais pleuré devant moi, mais je voyais que ça lui prenait toutes ses forces pour se contenir. Il essayait de m'encourager, mais avec la voix toute cassée d'émotion.

Quand j'ai commencé à manger, mon oncle Gérard me donnait des barres de chocolat Caravan. C'était très rare dans le temps de la guerre, mais lui, il trouvait toujours le tour de s'en procurer. Il les ramassait uniquement pour moi. Il savait comment ça me faisait plaisir. Tout le monde essayait de m'offrir des petites douceurs. J'étais certainement triste à voir. Je ne voulais pas me regarder dans le miroir. Après plusieurs jours, j'ai commencé à prendre des forces et pour la première fois j'ai mangé à la table de la cuisine. La tête inclinée du côté droit, côté de ma brûlure, je me tenais la main droite repliée vers l'intérieur du bras. Les *galles*, en épaississant, s'étaient rétrécies. Assise dans une grande chaise entre oncle Gérard et tante Éléonore, je mangeais péniblement. Voilà le Dr Dionne qui arrive avec Papa et Jeanne-d'Arc. Pour moi, le Dr Dionne, ce n'était pas de la belle visite. Chaque fois qu'il venait, il me faisait mal. Il vient s'asseoir à côté de moi et regarde mes plaies. Je ne bouge pas et ne le regarde même pas. Sans m'avertir, il me prend le bras et, avec des pinces qu'il avait dissimulées dans sa main, il m'arrache la grande *galle*, environ deux pouces sur quatre pouces, qui s'était formée à mon poignet. Le sang jaillissait. Sans perdre de temps, je lui donne une bonne tape en pleine face, en pleurant de rage. Il n'a pas bronché. Je criais tellement fort que Solange m'a dit qu'elle m'entendait crier de l'auto. Le repas a été fini pour tout le monde autour de la table. Je voyais qu'oncle Gérard pleurait en cachette.

Avec l'aide de tante Éléonore, je suis retournée dans ma chambre. Le docteur n'était pas encore parti et continuait à jaser dans la cuisine avec Papa, mes oncles et mes tantes. Je m'inquiétais de ce qui se tramait dans mon dos. Je me suis endormie en pleurant. A mon réveil, tante Éléonore m'annonce que je dois changer de chambre, car dans la chambre d'en face, je serai forcée à tourner la tête de l'autre côté. Ce qui m'empêchera de rester le cou croche en permanence. Sous le menton et dans le cou, il s'était formé une très grande *galle* qui s'épaississait continuellement et qui se ratatinait. Ça me portait à pencher ma tête de ce côté. Tante Éléonore me dit : « Ça serait de valeur que tu restes infirme, une belle petite fille comme toi. » Je l'ai regardée droit dans les yeux et j'ai tout de suite pensé à Rachel, chez mon oncle Ulric, qui avait le cou croche et que certains appelaient la petite infirme. Alors, j'ai accepté ce changement qui ne me plaisait pas beaucoup. Rendue dans ma nouvelle chambre, tante Éléonore me dit : « Demain, il va falloir que tu voies le miroir du bureau sur l'autre mur. » Si je ne voulais pas faire toujours face au mur, je devais forcément me tourner la tête. Déjà, le lendemain, je voyais une partie du miroir et quelques jours plus tard, je pouvais tourner la tête des deux côtés. Ça me demandait de gros efforts, mais j'y arrivais. En plus, il me fallait faire des exercices pour mon poignet droit où la grande *galle* avait été arrachée. C'était très douloureux, mais tante Éléonore n'y manquait pas. Sa ténacité m'a permis de guérir sans séquelles majeures. Maintenant, je comprends que c'est ce qu'il fallait faire, mais j'en ai voulu longtemps au Dr Dionne pour cette torture. Je l'appelais le gros bœuf. C'est sûr que ça ne se passe pas comme cela aujourd'hui.

Environ deux ans auparavant, dans son cabinet de consultation à Normandin, ce médecin nous avait extrait, à Jeanne-d'Arc et à moi, chacune une grosse dent, sans anesthésie. Il avait profité d'une brève absence de notre père. Quand Papa est revenu et a vu le spectacle — Jeanne-d'Arc et moi, debout sur la galerie, en avant du bureau du docteur, la bouche tout en sang, qui pleuraient la tête baissée —, il a engueulé vertement ce médecin sans pitié qui lui a répondu : « Conrad, pourquoi engourdir ça, ces petites dents qui s'enlèvent comme rien, ça va te coûter moins cher comme ça. » Papa en frissonnait de rage. Je ne suis pas certaine, mais je crois que Papa ne l'avait pas payé, tellement il était fâché. Quand nous sommes arrivés à la maison et que Maman a su cela, elle a reproché à Papa de ne pas être resté toujours avec nous. Si Papa avait pu, il ne serait jamais retourné le voir. Mais il n'avait pas le choix, il n'y avait pas de dentiste et il était le seul médecin qui venait une fois par semaine à Normandin. Ce n'est que plus tard que le dentiste Jean-Marc d'Amours est arrivé, puis en 1951 le dentiste Gérard Dubois et, en 1953, le dentiste Yves Morin qui a été très apprécié par tous. Il est mort du cancer du cerveau dans les années 1970. Plus tard, René et Jeannine ont acheté sa maison qu'ils occupent encore aujourd'hui.

Après deux semaines, le contour de mes brûlures guérissait et les *galles* levaient un peu. Il y avait même des coins où la gale sèche et dure s'enfonçait dans la chair. Pour aider à la formation de la nouvelle peau, il fallait couper les *galles* sèches avec des ciseaux fins. Quelle angoisse quand oncle Gérard a essayé de me convaincre de cette nouvelle mesure. J'étais craintive et avais encore en tête la dernière visite du Dr Dionne. Cet oncle très tendre me parlait doucement et me disait : « Fais-moi confiance, je te promets que je ne te ferai pas mal. » Je n'étais toujours pas décidée. Paul-Henri Maltais dit à oncle Gérard : « Donne-moi ces ciseaux-là, moi, je vais lui couper ces *galles*-là. » Je lève mon bras gauche et, menaçante, je lui dis : « Vous, approchez-moi pas. » Surpris de ma détermination, il s'est éloigné et de grosses larmes lui coulaient sur les joues. Il ne s'est plus jamais essayé comme infirmier d'occasion. Ce n'est que le lendemain qu'oncle Gérard a finalement réussi à me convaincre de le laisser faire. Cette mesure était nécessaire pour éviter que les *galles* sèches accrochent dans mes draps, arrachent celles qui n'étaient pas prêtes à tomber, me fassent mal et causent des cicatrices encore plus visibles. La blessure à l'avant-bras droit a été la plus longue à guérir. C'était la plaie la plus profonde et probablement aussi à cause de ma manche qui frottait dessus.

Je me portais de mieux en mieux. Je pouvais me lever plus souvent. Un soir après le souper, à l'heure de laver la vaisselle, je demande à tante Germaine : « Voulez-vous me jouer un morceau d'harmonium, vous ne savez pas comment ça me ferait plaisir. » Elle laisse la vaisselle là et, tout émue de cette demande, elle me dit : « Bien sûr ma petite fille. » Je l'avais écoutée avec beaucoup d'attention. Ça m'avait fait un bien immense. Je ne jouais pas beaucoup de piano, je n'avais pas le talent musical de mes sœurs, mais chez nous, j'étais habituée à cette musique à longueur de journée. Habituellement, mes oncles et mes tantes jouaient souvent de la musique, mais depuis mon arrivée, l'harmonium était fermé. Probablement pour ne pas me déranger. Après cette demande, ils ont constaté comment ça me faisait plaisir et ils se sont remis à jouer quand je ne dormais pas. Oncle Gérard continuait toujours à me donner des barres de chocolat Caravan. C'était tellement bon ! Quand mes forces ont commencé à revenir, ma cousine Gisèle, la voisine, venait jouer avec moi en fin de semaine à son retour du pensionnat. Ça me distrayait et ça me faisait du bien.

Tante Clémence, l'aînée de toute cette maisonnée, avait 36 ans. Elle s'occupait de tous les travaux pénibles : lavage des planchers, lavage du linge, traite des vaches avec son frère Antonio, lavage des *canisses* à lait et des chaudières, préparation des repas, etc. Elle veillait attentivement à ce que mon lit et ma chambre soient toujours propres. Dans ses rares moments libres, elle venait s'asseoir près de mon lit et essayait de m'encourager et de me faire rire. Elle me chantait : « La petite Tonkinoise » du compositeur français. Vincent Scotto. Le soir après souper, quand j'ai été capable de rester assise assez longtemps, elle accompagnait à l'harmonium tante Éléonore qui chantait : « J'ai deux amours, mon pays et Paris », un autre grand succès de Vincent Scotto, chanté par Joséphine Baker, une jeune Noire américaine qui a fait carrière en France dans les années 1930. Tante Éléonore avait une très belle voix et interprétait aussi toutes mes chansons préférées. Ensemble, mes deux tantes essayaient de me faire chanter avec elles pour me changer les idées.

Tante Germaine Côté, la jeune femme d'oncle Antonio, en avait plein les bras avec ses deux enfants en bas âge. Louis-Marie, deux ans, demandait une surveillance constante, et Philippe était encore un bébé.

À la suite de mon accident, Solange, qui allait avoir neuf ans à la fin de mai, a dû rester à la maison pour aider Maman. Jeanne-d'Arc, l'aînée des filles, venait d'avoir douze ans. Comme elle terminait sa 7ᵉ année, Madame Milot avait conseillé à mes parents de ne pas la retirer de l'école. Très douée pour l'étude, elle voulait faire sa 8ᵉ année l'année suivante et poursuivre ses études. Il ne fallait pas la retarder et nuire à ses résultats scolaires, pour ne pas la décourager. Elle aidait quand même beaucoup en dehors des heures de classe. Madame Milot disait : « C'est la plus vieille, c'est elle qui va tracer la voie. » Ça s'est avéré une bonne décision, car après elle, nous avons toutes poursuivi nos études. Nous étions la grande fierté de nos parents. Papa parlait de nous comme si nous étions des prodiges. Il disait : « Je suis pauvre, mais millionnaire en même temps. Avec mes enfants, il n'y a pas d'argent pour remplacer toutes les joies qu'ils m'apportent. » Il ne tarissait pas d'éloges. Il nous avait fait une réputation que nous nous devions de conserver.

Maman s'était remise de sa pneumonie et les beaux jours d'été arrivaient. Elle et moi sommes restées fragiles tout le mois de juin. J'étais très amaigrie. Je me reposais souvent en me berçant. Chez nous, il y avait beaucoup de chaises berçantes et elles étaient très utilisées. Aussi je commençais à jouer un peu avec les autres. Je suis retournée à l'école pour la fin de l'année. Ça me gênait parce que je savais que les élèves voudraient voir mes brûlures. Après que tous les jeunes les eurent vues, Mᵐᵉ Milot est intervenue et leur a dit : « Maintenant vous allez la laisser tranquille, elle n'aime pas cela et je la comprends. » Je suis restée marquée pour la vie. La couleur de la nouvelle peau de mes brûlures est restée longtemps rose pâle avec le contour brun foncé. Les cicatrices inesthétiques ont mis beaucoup de temps à s'estomper. Au début ça me gênait parce que ça avait l'air sale. Je portais toujours des manches longues et des collets au cou. En plus, bien des gens venaient chez nous et me demandaient de leur montrer mes brûlures, assez qu'après un certain temps, quand je voyais arriver des visiteurs qui ne les avaient pas encore vues, j'allais me cacher.

Malgré que la couleur de la peau soit redevenue normale depuis longtemps, les cicatrices sont encore là, mais à peine visibles. Au début, les blessures psychologiques étaient profondes et se sont estompées graduellement. Les premières années, je pleurais chaque fois que Maman racontait cette tragédie. Je ne voulais pas qu'elle en parle. Quand je l'entendais chuchoter avec des amies, étant sûre qu'elle parlait de cela, je pleurais en cachette. Après quatre ou cinq ans, je pouvais en parler sans pleurer. À l'aide de mes amies de Roberval, surtout Rosanne Lévesque, mon amie infirmière, j'ai oublié ce léger handicap. Heureusement j'ai fait mon chemin dans la vie comme toutes les autres. J'ai eu beaucoup de succès auprès des garçons, aucun n'y a prêté attention. Encore aujourd'hui, en racontant cet épisode tragique de ma vie, les larmes coulaient. Ç'a rouvert une plaie que je croyais fermée à jamais.

Pour essayer de me consoler, Maman m'avait fait venir, par catalogue, un beau petit jonc en or quatorze carats. J'en étais très fière, Maman aussi. Mais par malheur, quelque temps après, je l'ai perdu. Nous l'avons tellement cherché. Maman et moi, nous ne pouvions nous résigner à cette perte. Je viens tout juste de faire le lien avec le cadeau qu'elle m'a offert après le décès de Papa. Elle m'a donné son jonc de mariage. Je ne sais pas si c'était dans ce dessein, mais pour moi ce jonc signifie beaucoup.

Durant le même été, tante Kilda, sœur de Maman, et son mari, Jean-Louis Goudreault de Chicoutimi, sont venus nous visiter. Inévitablement, ils ont vu mes brûlures. Assis près de moi sur la causeuse dans le salon, oncle Jean-Louis me prend les mains et me dit : « Je veux te transmettre le don d'arrêter le feu et le sang. Ça va te servir plus tard. Ce don se transmet seulement de plus vieux à plus jeune, de femme à garçon ou d'homme à jeune fille. » Cette dernière allusion m'inquiétait un peu, car oncle Jean-Louis avait les mains baladeuses avec les jeunes filles… Papa, assis près du piano, surveillait du coin de l'œil. Oncle Jean-Louis continue : « Mais attention, chaque fois que tu le transmets, tu perds du pouvoir. » Sceptique et prudente, je lui demande : « Qu'est-ce que je dois faire ? » « Alors ma chère Marie-France, tu te fermes les yeux et tu te concentres en touchant l'autre personne si tu peux et en ne pensant qu'à elle. Si elle est consciente, tu lui dis de penser à la personne qu'elle aime le plus, mais seulement à elle. Ensuite, tout en restant bien concentrée, tu comptes jusqu'à douze et le sang va s'arrêter. » Il me regarde droit dans les yeux et me dit : « Marie-France, je te transmets mon don d'arrêter le feu et le sang. » Il m'a tenu les mains encore quelques instants. Je me suis dégagée.

Toute bouleversée, je suis sortie du salon et je suis montée dans ma chambre.

Cette passation de pouvoirs me trottait souvent dans la tête sans que j'aie eu à en vérifier l'efficacité. Environ huit ans plus tard, Solange et moi étions allées jouer au tennis avec Marcel Boulanger, l'ami de Solange, et nous avions emmené les plus jeunes. Florent s'amusait dans le sable avec une petite chaudière en métal. Il tombe et sa langue reste coincée entre l'anse et le bord de la chaudière. Il a la langue coupée un peu sur le côté et ça saigne abondamment. Tout en larmes, il me montrait sa langue ensanglantée. Instantanément, ce pouvoir transmis de mon oncle me revint en mémoire. Je dis à Florent : « Pleure pas, je vais t'arrêter le sang. » Il m'a regardée les yeux ronds et est devenu muet. J'ai suivi le rituel prescrit par oncle Jean-Louis et le sang s'est arrêté bien net. Tous, autour de moi se demandaient bien comment j'avais pu faire ce tour de magie.

Par contact direct, je l'ai expérimenté une autre fois vers 1972. J'étais arrivée sur les lieux d'un accident où un motocycliste s'était fait renverser par une automobile sur la rue Mill, à Montréal. Il était inconscient et saignait abondamment. Encore le même rituel et, encore là, le sang s'est arrêté. Quand les policiers sont arrivés, sans dire un mot, j'ai quitté les lieux. Je me souviens d'être intervenue par téléphone, trois fois. La première, à une de mes élèves, juvéniste de Roberval qui saignait du nez depuis une heure. Une autre fois, à un ami, Jean Beaudoin, qui s'était enfoncé un couteau à dépecer sous un ongle. Et, il y a peu de temps, à la secrétaire de mon fils, Éric. Elle saignait du nez depuis deux heures. Ne me demandez pas pourquoi ça réussit, je ne le sais pas.

NOS VÊTEMENTS

Madame Milot suivait toujours la mode de très près. Elle aimait particulièrement les chapeaux et changeait à chaque saison. Mais, au début des années 1930, durant la crise, elle avait dû se débrouiller pour avoir son chapeau neuf sans que ça coûte cher. Même si elle ne s'en servait presque plus, dix ans plus tard elle avait encore une forme à chapeau qu'elle avait achetée chez une chapelière qui avait fermé boutique. De cette modiste, elle avait appris la technique pour mouler le feutre à chapeaux. Il fallait le mouiller dans l'eau très chaude, puis l'étirer fermement sur le moule, le fixer et le laisser sécher. Ensuite, selon le modèle et la grandeur, elle taillait le bord qu'elle bordait avec un beau ruban de couleur assortie avec la teinte du feutre. Avec quelques garnitures une plume, une fleur de soie, une boucle ou autre, elle avait un chapeau neuf. Elle nous avait appris sa technique. Mais comme nous n'avions pas de forme à chapeau, elle nous avait suggéré d'utiliser, comme moule, une petite chaudière de métal ou un bol à mélanger pour varier les formes. Il suffisait de changer de grandeur de moule et nous aurions des formes de plusieurs dimensions. Nous étions très heureuses de recycler les chapeaux de Maman qui était ravie de s'en acheter un neuf. Celui que j'avais le mieux réussi était de couleur rose gomme. Avec un ruban cordé couleur chocolat et une belle plume assortie, je le trouvais vraiment beau. Je le portais avec plaisir et *je m'en faisais accroire*. J'avais dix ans.

Maman était fière, mais personne ne pouvait le soupçonner. Elle était toujours habillée humblement. Ce côté fier de sa personnalité ne s'est révélé que beaucoup plus tard, quand elle n'a eu plus qu'elle à s'occuper. À notre grande surprise, nous avons découvert qu'elle aimait les beaux bijoux en or véritable, mais pas n'importe lesquels. Son choix se portait surtout sur ceux qui étaient délicats et discrets. Elle avait les oreilles percées depuis son jeune âge, mais ce n'est que vers soixante ans qu'elle a porté de petits anneaux en or. Quand nous étions en bas âge, elle n'a jamais eu les moyens de se payer les beaux vêtements qu'elle aurait aimés. Elle s'en privait pour économiser l'argent de nos études. Papa, de son côté, achetait du Dr Dionne les habits, les chemises, les cravates et les souliers qu'il ne portait plus. Le docteur était de la même taille que lui, mais plus gros. Papa flottait toujours dans ses habits, mais il avait des vêtements usagés de grande qualité. Il payait peu cher et en était très content.

En plus de nos marraines qui nous faisaient cadeaux de vêtements, plusieurs tantes, qui n'avaient plus de jeunes enfants, nous faisaient dons de leurs vêtements encore en bon état. Tante Léontine avait toujours une boîte de vêtements prête pour mes sœurs. Monique, sa dernière fille, avait l'âge de Rolande. Sa fille aînée, Gisèle, avait un beau manteau d'hiver en tissu vert décoré d'un collet de renard jaune. Quand il est devenu trop petit pour sa fille, tante Léontine l'a donné à Jeanne-d'Arc. Je le trouvais tellement beau ! J'avais bien hâte de grandir pour le porter à mon tour. Ensuite, il est passé à Solange. Tante Antonia, qui n'avait que Cécile, nous donnait tous les vêtements qui étaient devenus trop petits pour sa fille unique. Ça faisait à Aline. Ensuite ça passait à Diane. De plus, tante Georgette, la femme d'oncle Théodore, cousait presque gratuitement pour nous. Mme Ida Painchaud, la mère de Jeannine, confectionnait de beaux habits pour René. C'était une couturière exceptionnelle qui cousait pour les autres. Pour sa famille, elle confectionnait tous les habits d'homme en plus des robes et des manteaux de ses filles, bien entendu. La famille à Ida était toujours parmi les plus *swells* de la place.

Solange n'aimait pas la robe bleu marine à pois blancs qu'elle portait sur la photo (n° 13) de fin d'année, en 1944 avec Madame Milot. Elle disait : « Ça ressemble à une robe de *mémère* Girard. » Elle avait décidé que ça faisait assez longtemps qu'elle la portait, elle en était tannée. Elle se cache et, avec les ciseaux, elle découpe plusieurs petits pois blancs. Voilà la robe trouée comme une passoire. Au lavage, le tissu s'est tout *échiffé* (effiloché). Quand Maman a découvert le pot aux roses, elle s'est exclamée : « Encore toi ! Ah ma petite *vlimeuse* ! »

~

Dans le temps, pour les petites filles, c'était la mode d'avoir les cheveux coiffés en boudins. Pour celles qui avaient les cheveux frisés naturellement, comme Alberte et Jeannine, tout allait bien. Mais pour celles qui avaient les cheveux raides comme moi, ç'était très difficile. Pour nous faire des boudins, Maman, comme bien des mères, nous mettait les cheveux sur les cordes. Les cordes, c'était des lisières de tissu d'une longueur d'environ deux pieds et d'une largeur de quatre pouces, ramassées pour faire des moules ronds. Il s'agissait de tourner les cheveux mouillés autour de ces moules, de façon à former les cheveux en boudins. Ensuite, pour que les cheveux restent bien en place, il fallait remonter en spirales les lisières de tissu autour des cheveux tournés, et les attacher en haut du boudin. Ça faisait, en tout, une douzaine de futurs boudins durs pendus tout le tour de la tête et qui nous traînaient dans le cou. Maman nous faisait ces bizarres de coiffures le samedi soir. Il fallait dormir avec ces instruments de torture, mais nous les endurions pour être belles. Le dimanche matin, avant d'aller à la messe, nous enlevions ces cordes et Maman enroulait les boudins autour de ses doigts pour les assouplir un peu, pour leur donner une allure plus *naturelle*. Ordinairement, ces boudins duraient une semaine à mes sœurs qui avaient les cheveux assez faciles à friser. Mais moi, il ne fallait absolument pas leur toucher quand j'enlevais les cordes et, malgré tout, mes boudins duraient à peine deux jours. Je passais le reste de la semaine les cheveux très raides. J'en ai passé des heures devant le miroir à me peigner, à la quête d'une seule petite vague. Je n'en demandais pas tant, je n'en demandais qu'une seule. Je n'ai jamais réussi à avoir même l'illusion d'un pli. Je trouvais cela très injuste. J'étais la seule dans la famille à avoir les cheveux noirs et raides. Vous voulez un exemple de ces boudins ? Regardez la photo n° 13 de fin d'année scolaire prise en 1944 avec Madame Milot. Jeanne-d'Arc, Solange et Rolande ont de ces minces petits boudins qui leur pendent tout le tour de la tête. J'ai eu le problème des cheveux raides jusqu'à ce que Madame Georgette Langevin me fasse donner une permanente à l'été 1945. J'aurais tant aimé avoir les cheveux frisés pour ma communion solennelle qui avait eu lieu quelques mois auparavant. Pour corriger cette lacune, j'ai retouché ma photo avec de l'encre noire. Je me suis dessiné un toupet et des cheveux un peu ondulés (photo n° 14).

Jeannine Painchaud, la femme de René, avait de beaux cheveux longs frisés. Elle avait de superbes boudins et beaucoup de cheveux. Elle faisait l'envie des ses compagnes pensionnaires au couvent. Un jour de fête, avec l'aide d'une compagne, Jeanne-d'Arc lui avait fait deux rangées de boudins. Toutes les élèves étaient en admiration devant un tel chef-d'œuvre. Mais mère Marie-Odile, la surveillante des pensionnaires, était indignée et les avait bien averties de ne plus jamais refaire cela et de ne pas lui dire qu'elle était belle, de peur que Jeannine devienne orgueilleuse.

Quand un jeune enfant, fille ou garçon, avait les cheveux frisés, sa mère en était très fière. Elle lui faisait des boudins tout le tour de la tête et sur le dessus de la tête, elle lui faisait comme un autre boudin à plat, appelé un coq. Pour les hommes et les garçons, la mode était aux cheveux très courts. Malgré tout, les mères n'osaient pas couper ces magnifiques boudins de leurs jeunes garçons. Elles leur conservaient parfois jusqu'à l'âge sept ou huit ans.

～

Papa s'était payé un luxe, une montre-bracelet. Les hommes du temps avaient des montres de poche. Il aimait beaucoup cette montre, même parfois, il faisait exprès pour regarder l'heure devant des étrangers pour montrer sa montre-bracelet. Un automne, en revenant de labourer, il avait l'air abattu, et ne parlait pas. Maman le regarde et lui dit : « Mais qu'est-ce que tu as ? » Il attend un peu et, la tête baissée, il répond : « J'ai perdu ma montre. » Le lendemain, nous avions ratissé tout son champ de labour pour chercher sa montre, mais en vain. Il ne pouvait pas se résigner à ça. Il en a parlé longtemps de sa belle montre-bracelet. Il regardait souvent en direction de ce champ, les yeux tristes.

MADAME GEORGETTE

Nous avions appris à nous débrouiller très jeunes. J'avais environ onze ans et je gardais souvent chez notre deuxième voisin et cousin de Papa, M. Ernest Langevin. Pendant qu'ils faisaient les foins, je m'occupais de Normande, trois ans, et de sa jeune sœur Gisèle. Elles n'étaient pas difficiles à surveiller. Pour me récompenser, sa femme, Madame Georgette, me confectionnait de belles robes. J'étais la chanceuse. Quand elle cousait, j'observais attentivement comment elle s'y prenait. Maman nous avait interdit de toucher au *moulin à coudre*, sauf René qui enlevait la *strap* et faisait tourner la grande roue à toute vitesse. Il disait : « Je m'en vas à Montréal. » Vers l'âge de douze ans, sans en parler à Maman, j'ai commencé à faire des robes à mes jeunes sœurs qui n'avaient pas ma chance. Je devine que mes premiers essais n'étaient pas des réussites, car j'ai confectionné la première petite robe dans du coton à fromage. C'est un tissu très difficile à travailler, en plus d'être transparent, pas très pratique. Heureusement dans ce temps-là les filles portaient des jupons. En voyant cela, pour m'encourager à continuer, Maman m'a permis de découdre ses vieilles robes ou les vieilles chemises de Papa. Avec les plus grands morceaux, je réussissais à coudre des robes pour les plus jeunes. Elle me disait : « Prends du coton, c'est ce qui se travaille le mieux. » Avec le temps, je me suis améliorée, mais mon gros problème, je n'avais pas de patron et je choisissais toujours des modèles avec des frisons et plus compliqués encore. Je trouvais cela beau. Je m'inspirais de modèles dans le journal et dans les catalogues. Quand Madame Georgette a su ça, elle m'a donné des patrons, m'a expliqué comment prendre des mesures et ça allait mieux. Épatée de mes résultats, Maman m'a permis de me faire venir du *matériel* (tissu) dans le catalogue de Eaton's. C'était du coton, un tissu facile à coudre, mais froissant. Nous pouvions aussi nous procurer du coton gaufré, pas froissant, mais plus difficile à travailler. Les mélanges de coton et de polyester, beaucoup plus doux et moins froissants, ne sont arrivés sur le marché que dans les années 1960.

Plus tard, vers l'âge de quatorze ans, j'ai même confectionné plusieurs robes pour Jeanne-d'Arc, pour Solange et pour moi. C'était un bon moyen d'avoir des robes à notre goût. J'ai quelques photos où nous portons de mes créations (photos nos 15 et 16).

Madame Georgette ne me payait pas avec de l'argent, Papa ne voulait pas. Il disait qu'il fallait nous habituer jeunes à rendre service. Pour me récompenser, elle m'amenait chez la coiffeuse pour me faire donner une permanente. Papa n'aimait pas cela, il disait : « Ça brise les cheveux. » C'était le plus beau cadeau qu'elle pouvait m'offrir. J'avais les cheveux si raides et elle savait que j'en souffrais beaucoup. Mme Georgette me disait : « Quand ça va être fait, tu vas voir, Conrad va bien être obligé de l'accepter. »

M. Ernest et Mme Georgette avaient une automobile. Le dimanche après-midi ils m'amenaient avec eux au Rang 4 chez les parents de Madame Georgette, M. Ludger Doucet et sa femme Yvonne Gobeil. Cette famille de quatorze enfants, en majorité des adultes à cette époque, avait une réputation connue de plusieurs paroisses à la ronde. Ça riait, mais ça riait dans cette maison, c'était comme pas possible ! Ludger, le père, était épouvantable. Une farce n'attendait pas l'autre. Même si tout le monde se méfiait de ses jeux de mots, plusieurs tombaient dans ses pièges. Il avait l'esprit vif et tournait tout en farces. Les enfants avaient de qui tenir. Ils riaient des gens, imitaient leurs manies et jouaient des tours à tout le monde, mais personne ne leur en tenait rancune. Ils avaient toujours une façon originale de s'en sortir. De plus, quand ils racontaient leurs mauvais coups, ils trouvaient toujours une fin insolite, d'un comique achevé. Même si on n'approuvait pas leurs espiègleries, c'était à se tordre de rire. Les gens disaient : « Les Doucet du Rang 4, ils peuvent faire rire les morts ! » Quand ils étaient en groupe, la famille, les beaux-frères et les belles-sœurs ou devant un auditoire étranger, c'était encore pire. Une vraie troupe de vaudeville. Quand je revenais chez nous j'avais mal au ventre d'avoir trop ri. Plusieurs de leurs descendants ont hérité de cet humour qui en font de joyeux compères.

FLORENCE MILOT

Après deux ans, comme maîtresse au Rang 8, Madame Milot a cédé sa place à sa fille Florence qu'elle surnommait Mignon. Elle savait que c'était une école facile où les enfants étaient assez dociles et studieux. Par la suite, Madame Milot a continué à enseigner à Normandin, à Albanel et à Jonquière. Elle a terminé sa carrière de maîtresse d'école à 62 ans. Vu qu'elle avait enseigné trois ans avant de se marier et qu'elle avait donné des cours du soir aux adultes dans sa maison privée du Grand Rang, elle a enseigné 31 ans en tout. En 1960, j'ai épousé son fils Michel. Quelle belle-mère !

Le 5 septembre 1944, à sa première année d'enseignement, Florence Milot fêtait son 16e anniversaire de naissance. Elle détenait son diplôme d'enseignement élémentaire, soit l'équivalent d'une 11e année. Madame Milot avait promis à mes parents que Florence était bien capable d'enseigner la 8e année à Jeanne-d'Arc. Pour mes parents, sauver une année de pensionnat, c'était beaucoup d'argent. Par mois, ça coûtait 9 $ plus 1 $ pour avoir du lait à chaque repas. Pour Florence et Jeanne-d'arc, quel défi ! Cependant les principaux éléments de réussite étaient réunis : une institutrice jeune, mais intelligente et dévouée, et une élève très douée et très motivée. Les résultats ne se sont pas fait attendre. À la fin de l'année, Jeanne-d'Arc a réussi les examens officiels avec brio. Mais ce qui a bien fait plaisir à Florence Milot, c'est que l'année suivante, en 9e année au couvent de Normandin, aux examens du mois de septembre, Jeanne-d'Arc s'est classée première. Cela en a surpris plusieurs. Une petite fille des rangs qui a fait sa 8e année dans les rangs et qui arrive première en 9e année, c'était hors du commun. Ça a changé la perception que les petites filles du village et les sœurs du couvent se faisaient des petites filles des rangs qu'elles prenaient souvent pour des demeurées.

Pendant cette année scolaire, j'ai fait ma communion solennelle. En 6ᵉ année, il fallait *marcher au catéchisme*. Ça voulait dire que pendant quatre semaines, du lundi au vendredi, nous allions au village suivre des cours de religion donnés par le vicaire dans la sacristie. Ça demandait toute une préparation pour cet événement spécial : savoir par cœur les 508 questions et réponses du petit catéchisme. Il faut ajouter à cela plusieurs prières dont certaines étaient en latin, langue que nous ne comprenions absolument pas. Faire apprendre par cœur, c'était une méthode répandue chez les enseignants du temps, mais ce n'était pas celle de Madame Milot. Avec elle, il fallait comprendre la matière d'abord, ensuite la dire dans nos mots. Mais cette méthode était interdite pour l'enseignement du petit catéchisme où il fallait apprendre et non comprendre. René et Jeanne-d'Arc ont fait leur communion solennelle la même année et tous deux ont été en pension chez M. Armand Ménard. Ils ont gardé un très bon souvenir de ces gens si gentils. Moi, je suis demeurée chez Jessy Painchaud. Au bout de ces quatre semaines, nous étions jugés prêts à faire notre communion solennelle. Cette cérémonie se déroulait généralement un peu avant la semaine de Pâques. La clôture officielle de cet événement religieux était marquée par la traditionnelle prise de photo chez Thomas Boulanger (photo nº 14).

Tous les printemps, Henriette Poisson accompagnait une religieuse missionnaire de l'Immaculée Conception qui faisait le tour des écoles pour recueillir les dons à la Sainte-Enfance. Une œuvre qui devait servir à l'évangélisation des petits païens des pays étrangers. Sous l'horloge, la maîtresse affichait un tableau, fourni par la sœur, où figuraient les noms de tous les élèves de notre école. En haut de chaque nom, il y avait une corde sur laquelle un petit Chinois en papier montait vers le ciel à chaque fois que nous donnions 1, 2 ou 3 cents. Le but était de faire avancer notre petit Chinois un peu chaque mois. Chaque élève devait donner 12 cents par année à la Sainte-Enfance. Mais les sœurs insistaient beaucoup pour que chaque élève achète son petit Chinois afin de le faire baptiser pour s'assurer qu'il entre au ciel. Acheter un petit Chinois, ça coûtait 25 cents par année à chaque élève. Cette religieuse nous parlait de mission sur un ton larmoyant et nous expliquait comment ces gens-là étaient pauvres et que surtout qu'ils iraient en enfer s'ils n'étaient pas baptisés. Nous l'écoutions avec compassion. Nous nous croyions obligés de sauver ces âmes qu'elle disait perdues, si nous ne les achetions pas. En plus, elle nous promettait une image du petit Chinois que nous aurions acheté. Avec le recul, aujourd'hui, si on compare ça au coût de quelques articles achetés en 1942 : une pinte de lait coûtait 5 cents, une grosse tablette de chocolat O'Henry, 5 cents, et un timbre-poste, 3 cents. Faire baptiser un petit Chinois, c'était bien de l'argent pour de pauvres gens qui manquaient souvent du nécessaire et qui avaient toujours plusieurs enfants à l'école en même temps. C'est bien connu que ce sont les pauvres des pays riches qui donnent aux riches des pays pauvres.

Un jour, avec un sourire en coin, Papa avait dit: «J'en ai plusieurs petits Chinois à nourrir dans ma maison.» Mais quand il s'agissait de religion, mes parents étaient toujours prêts. Papa disait: «La Providence va nous aider, elle nourrit ses oiseaux du ciel, elle ne peut pas nous oublier.»

La dernière semaine d'école en juin, les activités étaient plutôt libres. Florence Milot avait organisé un pique-nique avec sa voisine du Grand Rang, Marie-Reine Roy qui enseignait au Rang 4. Les deux maîtresses avaient amené leurs élèves respectifs en pique-nique à la pépinière du Rang 4, près de la rivière Ashuapmushuan, pas loin de la Chute à l'Ours. Il y avait de grands espaces pour accueillir et laisser jouer librement trente-cinq enfants. Chaque famille apportait son dîner. En plus, Florence Milot avait acheté des bananes et des oranges pour tous ses élèves. Un beau cadeau apprécié de tous. Les deux maîtresses avaient organisé des compétitions variées et amusantes, entre autre, des courses dans de grandes poches de jute et des courses à pied. Dans ma catégorie d'âge, je me suis classée première chez les filles, mais deuxième dans l'ensemble, après Nelson Doucet. Chaque gagnant recevait un cadeau. Cette belle journée est restée longtemps gravée dans ma mémoire d'enfant.

Comme les deux maîtresses d'école avant elle, Florence Milot n'a enseigné que deux ans au Rang 8. À l'été 1946, avec sa sœur Pierrette, elle est partie pour Jonquière où elle a enseigné encore un an. Elle aurait aimé enseigner, mais le côté discipline l'ennuyait énormément. Elle a donc laissé la profession pour travailler comme caissière dans une épicerie. Elle s'est mariée ainsi que sa sœur Pierrette en juillet 1948. Plus tard, Florence a travaillé comme secrétaire du syndicat des employés de l'usine de Kénogami. Elle avait une mémoire prodigieuse et connaissait le nom de tous les employés par cœur. Elle est décédée subitement en juin 1980, à l'âge de 51 ans.

FÊTE À NORMANDIN

Le 11 octobre 1944, les paroissiens ont célébré le 50ᵉ anniversaire de l'arrivée du premier curé de Normandin. Toute une cérémonie! Après la grand-messe du matin, un banquet était offert aux dignitaires. Durant l'après-midi, plusieurs chars allégoriques, c'est-à-dire des *waguines* de ferme surmontées d'une plate-forme pour présenter le spectacle, rappelaient l'histoire de notre village et de notre paroisse. Vu que le tout était tiré soit par des chevaux, soit par des bœufs, la traction n'était pas toujours égale. Les Doucet, les Piquette et les Milot, tous de joyeux compères, avaient organisé le char représentant une soirée canadienne du bon vieux temps. Jos « Ti-Boutte » Boivin avait décoré le contour de la base de la plate-forme. Tout l'aménagement du char représentait l'intérieur d'une demeure d'autrefois. Ils avaient même découpé une porte de cave dans un coin du plancher pour mettre leur provision de bière. Carmen Piquette jouait du piano ou des cuillères, Yvan Milot, de l'accordéon et les garçons Piquette jouaient du violon, de l'accordéon et de l'harmonica. Ils changeaient d'instrument à tour de rôle. Plusieurs accompagnaient du pied. Ça dansait des sets carrés avec ardeur. En cours de route, Gaston Milot ouvre la porte de cave pour aller aux provisions de bière. Comme ça brassait assez fort avec tous ces danseurs pleins d'entrain, Gaston, qui devait en avoir déjà pas mal dans le corps, manque de tomber dans le trou de la cave. Un Doucet, qui dansait joyeusement, met le pied sur la porte de cave pour donner encore plus de trouble à Gaston qui avait la tête dans le trou. Les spectateurs riaient. Ça criait. Et Doucet ne lâchait pas. Pour nous, ç'a été le clou de la parade. Nous trouvions cela d'autant plus drôle que Florence Milot, notre maîtresse d'école, et sa sœur Pierrette étaient parmi les danseuses de ce joyeux char. Avec cette bande de gais lurons, il fallait s'attendre à tout.

En cette année souvenir, Papa était très content de faire partie du char allégorique du Cercle agricole de Normandin. Avec leurs grosses moustaches postiches, leurs costumes d'Anciens Canadiens et leurs pipes croches, les figurants se donnaient des airs de hauts personnages. On aurait crû qu'ils voulaient régler les problèmes de l'Univers.

Après le souper, il y a eu la parade des cadets, ensuite, dans le kiosque du parc du presbytère, un concert par la fanfare du collège de Normandin. À la noirceur, nous avons été appelés à entrer dans l'église pour assister à la séance du Souvenir organisée par les religieuses du couvent. C'était féerique. Dans le chœur de notre grande église bondée, plusieurs jeunes filles, toutes vêtues de longues robes blanches, formaient le chœur de chant. Elles ont d'abord interprété « La chanson du Souvenir ». Un système d'éclairage spécial donnait à leurs robes des reflets changeant selon le couplet interprété. Quand elles chantaient : « Les souvenirs des jours heureux sont de jolis papillons bleus », leurs robes devenaient toutes bleues par la magie de l'éclairage. Les couleurs changeaient continuellement. Quand elles ont chanté « La Chanson des Blés d'Or », tout était de couleur dorée et les chanteuses faisaient la vague comme des blés ployant sous le vent. Je n'avais jamais rien vu d'aussi beau. J'avais onze ans. J'étais transportée dans un autre monde. Éblouie, j'étais assise sur le bord de mon siège, je n'aurais pas voulu que ça finisse tellement j'étais captivée par le spectacle. J'y ai rêvé toute la nuit.

LA CONSCRIPTION EST MISE EN VIGUEUR

LE 6 JUIN 1944, le « jour J », les Alliés débarquent en Normandie et soulèvent l'espoir d'une fin prochaine de la guerre en Europe. Alors, le 23 novembre 1944, le gouvernement Mackenzie King à Ottawa, voulant que le Canada contribue à un effort accru pour arrêter ces hostilités, a mis la conscription en vigueur. La guerre était devenue la très grande préoccupation de plusieurs jeunes gens âgés de seize ans et plus, spécialement ceux qui n'avaient pas pu être exemptés en travaillant à l'effort de guerre. Plusieurs jeunes hommes avaient été appelés et amenés outre-mer. Après cette victoire de juin, les alliés ont gagné du terrain continuellement. Par la suite, des jeeps de l'armée canadienne, avec à leur bord quatre hommes vêtus du costume militaire, les M.P. (*military police*), arrêtaient chez nous pour demander si nous savions où étaient Philippe et Ulric Langevin. Papa leur répondait toujours : « Je ne sais pas, je les ai pas vus. » Ça nous terrifiait de plus en plus. Nous avions toujours peur qu'ils amènent Papa avec eux. Il essayait de nous rassurer en nous disant à la blague : « C'est pas dangereux qu'ils m'amènent, quand ils vont me voir, maigre comme je suis, ils vont avoir peur et ils vont me relâcher. En plus, les cultivateurs ne vont pas à la guerre, le gouvernement a trop besoin d'eux. Il a besoin des produits agricoles pour nourrir les soldats en Angleterre. » Ça nous rassurait temporairement, mais à chaque visite de ces M.P. la même terreur nous envahissait. En plus, les avions qui sillonnaient le ciel à cœur de jour nous rappelaient constamment que la guerre sévissait en Europe. Nous étions dans l'espace assigné d'un centre d'entraînement des pilotes, basé à Saint-Honoré, au nord de Chicoutimi. Souvent nous demandions à Papa : « Quand est-ce qu'elle va finir cette guerre-là ? » Il nous répondait toujours : « Il faut prier la Providence pour que notre jeunesse soit épargnée. »

Beaucoup de jeunes en âge d'aller au front étaient horrifiés et se cachaient partout, dans les chantiers, sous le foin dans les granges ou sous les *vailloches,* dans le temps des foins. Les gens étaient solidaires et les protégeaient. Ils répondaient toujours aux M.P. qu'ils n'avaient pas vu de jeunes conscrits déserteurs, appelés aussi les insoumis.

Maman nous parlait souvent de notre cousin Lucien Bouchard, fils de son frère Ludger de Chicoutimi. Ce jeune homme de vingt-quatre ans était marié à Solange Morissette et père de quatre enfants. La nuit même où la conscription a été mise en vigueur, il a reçu la visite des M.P. qui lui ont signifié qu'il devait se présenter à Valcartier, qu'il était réquisitionné pour l'entraînement militaire. Il ne parvenait pas à y croire et le matin, il s'est présenté comme d'habitude à son travail à l'Alcan d'Arvida. Dès son entrée dans l'usine, on lui a annoncé qu'il était congédié, vu qu'il était maintenant conscrit. Il ne voulait pas l'accepter. Il pensait à sa femme et à ses quatre enfants qu'il avait à cœur de bien faire vivre. Partout où il s'est présenté par la suite, il s'est fait servir la même réponse. Comme il ne voulait pas laisser sa famille dans la misère, il s'est résigné et s'est présenté à Valcartier comme les autres conscrits. Même s'il ne pouvait pas aller à la guerre, il avait les pieds plats, ils l'ont gardé dans le camp d'entraînement pendant tout le temps du conflit armé. Il livrait le courrier. Il recevait un salaire régulier et les siens n'étaient pas inquiétés. Une dure période pour toute la famille.

LE 8 MAI 1945: FIN DE LA SECONDE GUERRE MONDIALE ENTRE LES ALLIÉS ET L'ALLEMAGNE

LE 30 AVRIL 1945, se voyant cerné de toutes parts, perdu, le führer d'Allemagne, Adolf Hitler, se suicide avec sa maîtresse Eva Braun qu'il avait épousée la veille.

La guerre était finie en Europe. Un bien triste bilan : 55 millions de morts, dont 7 millions de Juifs et 42 042 Canadiens.

C'était l'euphorie partout. Encore là, nous avions appris la bonne nouvelle par le postillon, Paul-Émile Bergeron. Nous sautions de joie. Tout excités, les bras en l'air, l'index et le majeur placés en forme de V, nous courions dans la cour d'école en criant VICTOIRE. Notre maîtresse, Florence Milot, avait sorti le drapeau du Canada et l'avait fixé près de la porte d'entrée de l'école.

Ça a été la grande libération. Mais les jeunes gens qui s'étaient cachés partout pour éviter la guerre devaient être encore prudents, les policiers les recherchaient toujours. Ce n'est qu'à la fin de l'année qu'ils ont pu sortir librement sans être ennuyés par la police fédérale, les M.P. Les mères retrouvaient leurs fils. Ti-Pit Langevin est revenu de la *drill*. Tout transformé, il fallait maintenant l'appeler par son vrai nom: Philippe. Beau comme un Dieu! Malheureusement pour les filles du coin, il est reparti pour Montréal. Les filles avaient maintenant des garçons à courtiser. Je n'oublierai jamais comment Florence Milot était contente de retrouver ses amis garçons. Pierrette Milot a même épousé un vétéran: René Chartrand. Enfin, nous pouvions nous procurer librement les produits assujettis au rationnement. Durant la guerre, nous entendions à la radio des chansons tristes comme: «Adieu, je pars pour la guerre», «Je suis loin de toi, Mignonne, loin de toi et du pays», «Il est parti, mon soldat». Roland Lebrun, connu sous le nom du Soldat Lebrun, chantait «La Prière d'une Maman». Il avait composé cette chanson à l'intention des mères dont le fils était parti pour la guerre. Mais maintenant, tout était changé, on entendait de nouveau des chansons gaies sur les ondes et dans les spectacles.

Quelques jeunes hommes de Normandin ont dû aller à la guerre : Clément Dion, Adrien Robert, Charles-Eugène Trottier, Philippe Rémillard et deux garçons Laganière qui sont morts au front. Les quatre premiers sont revenus et ont été décorés pour leurs actes de bravoure. À leur retour à Normandin, ils ont été reçus avec tous les honneurs dus à leur courage. J'avais onze ans. Papa nous avait amenés à l'arrivée de M. Philippe Rémillard qui avait été accueilli en héros. Sa femme, Mary Pellicelli, ses enfants, sa famille et tous ceux qui le pouvaient étaient allés à la gare pour souligner cette grande occasion. Le maire, J.S.N. Turcotte, et les dignitaires de la place étaient là pour rendre hommage à ce jeune père de famille qui était allé risquer sa vie. La fanfare et tout le décorum du temps avaient été déployés pour cet événement. Je le vois encore dans son costume kaki décoré de quelques médailles qui témoignaient de sa bravoure. Il portait fièrement son béret vert placé sur le côté où un écusson brillait au soleil. Bien des gens pleuraient de joie. Les cloches de l'église sonnaient et retentissaient. On aurait cru qu'elles résonnaient encore plus que d'habitude. Une grand-messe a été chantée en son honneur. Dans l'église, j'entendais deux femmes qui chuchotaient en arrière de moi : « Je ne sais pas s'il va reconnaître ses enfants après tout ce temps-là. Le dernier n'était même pas né quand il est parti. » Quand j'ai entendu ces réflexions, j'ai pensé que nos privations étaient bien petites à comparer avec celles de cette jeune famille restée sans père si longtemps.

Pour l'Europe et le Canada, la guerre était terminée, mais le conflit entre les États-Unis et le Japon n'était toujours pas réglé. Après l'assaut des Japonais envers les Américains à Pearl Harbour, la situation s'est aggravée. Pour en finir, le 6 août 1945, les USA ont largué une bombe atomique sur Hiroshima et ont attendu. Comme rien ne se concluait, trois jours plus tard, encore une autre bombe atomique, cette fois sur Nagasaki. C'était la première fois que des bombes atomiques étaient larguées sur des êtres humains. Une horreur qui a fait trembler le monde entier. Plus de cinquante ans plus tard, c'est toujours un pénible souvenir.

Le 11 juin 1945, Mackenzie King a été réélu premier ministre du Canada. Il s'est empressé de remplir sa promesse principale qui avait été votée à la fin de l'année 1944. Pour inciter les femmes, qui avaient travaillé à l'effort de guerre, à retourner au foyer, King avait promis de leur verser des allocations familiales. À la fin du mois de juin, toutes les mères du pays recevaient du gouvernement fédéral leur premier chèque. Au Québec, c'était au chef de famille qu'on entendait le verser. Thérèse Casgrain s'est battue et a réussi à ce que le chèque soit fait au nom de la mère. Toute une révolution dans les mœurs ! La majorité des pères, dont Papa, étaient contents de cette nouvelle mesure, mais plusieurs maris ont mal pris cela. Ils disaient que le gouvernement venait s'immiscer dans leur vie privée en donnant une certaine indépendance monétaire à leur femme. Oh! Ça jasait. Malgré toutes ces précautions de la part du gouvernement, plusieurs hommes forçaient leurs femmes à endosser le chèque et ils gardaient l'argent. Ce chèque mensuel donnait à la mère un minimum de 5 $ pour chaque jeune enfant. Le montant augmentait graduellement selon l'âge jusqu'à ce que chaque enfant ait seize ans. Ces allocations ont sauvé bien des mères de la misère. Chez nous, ça faisait toute une différence. Nous étions huit enfants admissibles à ces allocations. Pour d'autres mères, comme Madame Milot, c'était la cerise sur le *sunday*. Plus à l'aise financièrement que Maman, elle avait acheté un chapeau avec son premier chèque. Michel, dix ans, savait qu'il était le seul enfant de sa famille donnant droit à ces allocations. Quand il a su où sa mère avait dépensé l'argent, il lui a dit: « Ah bon! Une chance que vous m'avez pour vous acheter des chapeaux. » Madame Milot a trouvé cela très drôle et le racontait à tout le monde.

Pour les soldats revenus de la guerre, ainsi que pour ceux qui en avaient été exemptés, bien des tâches étaient réservées, entre autres celle de repeupler le pays. Ils ne se sont pas fait prier. Des enfants! Encore des enfants! Avec les allocations familiales et les encouragements de toutes parts, surtout ceux de l'Église catholique, ç'a été une véritable explosion. Assez que cette période a été qualifiée de *baby boom*. Ce phénomène a duré jusqu'au début des années 1960 où on a assisté à un changement en profondeur dans la société québécoise, marqué par la laïcisation et la dénatalité. Cette période a été surnommée la Révolution tranquille.

Dans notre milieu, durant la crise et durant la guerre, les femmes un peu grassettes étaient considérées comme les plus belles. C'était le signe qu'elles étaient en santé et qu'elles n'avaient pas trop souffert de privations. Mais quand le cinéma a commencé à s'implanter dans les campagnes, quelques femmes et la majorité des jeunes filles prenaient les stars d'Hollywood comme modèles et voulaient conserver une taille plus fine. Ce n'était pas au goût de toute la gent féminine qui trouvait ces nouvelles modes et ces nouvelles tendances trop audacieuses. Certaines jeunes filles avaient acquis leur indépendance financière en gagnant des salaires de 25 $ par semaine dans les usines d'effort de guerre ou de 3,50 $ par semaine comme domestiques dans les maisons privées. Une évolution qui a continué et qui a sorti plusieurs femmes de la domination masculine. Elles ont commencé à fumer la cigarette, à se faire bronzer, à aller au cinéma, à conduire l'automobile, à porter des bas de soie et des pantalons, des *slacks*, et même à porter des maillots de bain où on leur voyait les cuisses. Oh! Le clergé et surtout le curé Joseph-Edmond Tremblay n'aimaient pas cela. Il disait: « C'est un vrai scandale! »

Après la guerre, le gel des prix était levé. Les grandes privations étaient terminées. Les cultivateurs vendaient leurs produits plus chers et toute l'économie en bénéficiait. L'argent a recommencé à circuler. Ce n'était pas le pactole, mais les gens ont pu sortir de la misère noire. Ils pouvaient faire des projets et penser à autre chose qu'à survivre.

LA SCARLATINE

En janvier 1946, tous les enfants de notre famille ont eu la scarlatine, sauf Diane, trois ans, et Jeanne-d'Arc, quatorze ans, pensionnaire au couvent de Normandin en 9e année. Papa allait la chercher le vendredi après-midi et l'amenait passer la fin de semaine au Rang Nord, chez oncle Antonio. Sa femme, Germaine, une ancienne maîtresse d'école, en a profité pour expliquer les mathématiques à Jeanne-d'Arc qui soutient encore : « C'est grâce aux explications de cette tante si j'ai fini par comprendre cette matière. Je n'arrivais pas à comprendre comment solutionner les règles de trois. » Ce coup de main de tante Germaine lui a permis de décrocher, par la suite, des 100 % en mathématiques, principalement en algèbre. Le lundi matin, Papa, allait la reconduire au couvent. En route, elle arrêtait à la maison pour que nous la voyions, mais elle n'entrait pas, de peur d'être contaminée. Maman sortait lui parler. Une fois, en la regardant venir, Maman dit : « Elle m'a l'air d'avoir froid. » Elle prend un foulard de laine et le met dans le fourneau pour le désinfecter. Tout à coup la fumée sort du fourneau. Le foulard était en feu !

Rolande, huit ans, a été la première à attraper cette fièvre. Sans savoir qu'à la suite de cette maladie il était interdit de manger de la viande pendant quarante jours, elle en avait mangé normalement. Mes parents trouvaient que Rolande empirait au lieu de prendre du mieux. Alors, Papa est allé consulter à Roberval. Les médecins lui ont dit : « Vu qu'elle a mangé de la viande, ne vous surprenez pas si elle est confuse, c'est une complication de la scarlatine. » Papa a vite tourné les talons et est revenu à la maison. Rolande dormait dans sa petite chambre ouverte, en haut de l'escalier. Moi aussi j'étais malade et couchée dans la chambre voisine. C'était le silence dans la maison, tout le monde était au repos. J'entends Rolande qui marmonne des choses bizarres. Tout de suite, je vais dire à Maman : « C'est curieux, mais Rolande dit des choses qui n'ont pas de bon sens. » Maman monte au plus vite et s'aperçoit que Rolande fait de la très haute température et délire. Madame Nugent, notre voisine, avait su que nous étions tous malades. Elle était venue dans la matinée et avait dit à Maman : « Si tu as besoin d'aide, fais-moi des signes dehors avec un chapeau. Je vais te surveiller, et je viendrai. » Heureusement, elle a vu Maman au premier signal et est arrivée rapidement. Solange, qui n'était pas encore contaminée, arrive de l'école avec Marquis. Maman lui dit : « Va vite avertir Évana, au Rang Nord. » Solange repart aussitôt avec le chien. Arrivée chez tante Évana, Solange trouve Luc tout seul, les autres étaient allés jouer aux cartes chez Monsieur Trefflé Michaud. Arthur et quelques oncles Fortin sont venus rapidement. Le curé Joseph-Edmond Tremblay est arrivé pour confesser et donner l'extrême-onction à Rolande. Madame Nugent avait apporté de minuscules nappes blanches, un crucifix sur pied, deux chandelles et les avait placés sur le petit bureau vert à côté du lit de Rolande. Une réaction d'enfant : j'étais bien fâchée que Madame Nugent soit restée dans la chambre pendant que Rolande se confessait avant de recevoir les derniers sacrements. C'était grand silence dans la maison, nous étions tous très tristes et inquiets. Je revois encore Rolande dans la pénombre, couchée dans la petite chambre en haut de l'escalier (notre salle d'étude). Arthur et René l'ont enroulée dans son matelas et l'ont descendue pour la coucher dans le salon, c'était plus proche et plus facile pour la surveiller. Des oncles et des tantes sont restés avec mes parents pour la surveiller toute la nuit. À son retour du pensionnat le vendredi soir, Jeanne-d'Arc était arrêtée voir Rolande. Elle est restée sur le seuil de la porte. Comme Rolande était couchée dans le salon, près de l'entrée, Jeanne-d'Arc s'est étiré le cou et a pu voir sa jeune sœur malade, à demi-assise, supportée par des oreillers, le visage enflé, les yeux dans le vague, sans réaction en la voyant. Les deux sœurs se regardaient en silence. Papa a dit tout bas : « Il va falloir se résigner si... » Jeanne-d'Arc a compris que Papa voulait dire : « si Rolande mourait ». Elle lui a répondu en pleurant : « Non, je ne veux pas. » Papa disait : « Il faut se résigner, si c'est la volonté du bon Dieu. » Pendant tout le trajet vers la résidence d'oncle Antonio, Papa a essayé de consoler Jeanne-d'Arc qui pleurait à chaudes larmes. Il avait le cœur brisé de la laisser, mais après l'avoir confiée à tante Éléonore et aux autres, il est revenu à la maison seconder Maman qui était très occupée avec toute cette maisonnée d'enfants malades. Rolande les préoccupait particulièrement et ils la surveillaient attentivement. Graduellement, Rolande s'est rétablie, mais sa convalescence a été longue.

Diane était toute menue, mais pleine d'énergie. Aucune maladie ne prenait sur elle, même pas cette terrible fièvre. Comme nous, les malades, ne pouvions pas manger de solide pendant quarante jours, nous la faisions manger souvent plus qu'à sa faim. Elle est devenue ronde comme une boule. Pour nous, c'était une compensation, la voir manger nous faisait du bien.

Par-dessus tout cela, Maman était enceinte de six mois. Louisée est née à la fin du mois d'avril suivant. Il faut se rappeler que cela se passait dans une maison où le confort était bien mince.

En janvier, cet hiver-là, Louisée Valois est morte *supposément* de tuberculose. Ça pouvait aussi bien être du cancer, nous a dit Jeanne-d'Arc récemment.

Cette jeune fille, orpheline de père, très studieuse et très brillante, étudiait en 10e année au couvent de Normandin en même temps que Jeanne-d'Arc, en 9e année. Toutes les filles admiraient cette petite malade qui, malgré sa grande faiblesse, se classait toujours la première de sa division. Au mois de décembre précédent, avec Lucie Boudreault, elle avait animé le chant «Qui frappe à la Chaumière?» Avec sa très belle voix, elle avait ému toute l'assistance. Les religieuses la citaient souvent en exemple. Très belle, mais pâle comme de la cire, elle était la fille unique de Madame Marceau dont le mari, M. Valois, était mort avant la naissance de Louisée. Papa savait que Jeanne-d'Arc l'admirait. Il nous avait emmenées *au corps,* elle et moi. Selon la coutume, sa dépouille mortelle avait été exposée dans la demeure de sa mère, rue Saint-Jean-Baptiste à Normandin.

Élève au couvent, Jeanne-d'Arc était abonnée à la revue *Instruisons-nous* qui avait lancé un concours où il fallait répondre à plusieurs questions académiques et colorier un dessin déjà tracé. Elle s'était méritée la médaille d'argent. Nous étions en admiration devant ce bijou qu'elle portait avec fierté. Elle l'avait épinglé à son costume lors de la prise de photo de notre famille par Thomas Boulanger à l'été 1946 (photo n° 18).

NAISSANCE DE LOUISÉE

Q$_{\text{UAND}}$ Papa est allé au couvent annoncer à Jeanne-d'Arc que depuis lundi, le 29 avril, nous avions une nouvelle petite sœur, elle a tout de suite dit: «J'aimerais qu'elle s'appelle Louisée.» Papa, Maman et tous les enfants étaient d'accord. Un baptême, c'était toujours une belle fête familiale. Cette fois, c'était en compagnie d'un frère de Papa, Antonio, et sa femme Germaine Côté comme parrain et marraine que nous avions mangé des *peanuts*, du bonbon en abondance et le fameux gâteau crémé de tante Clémence. Mais cette fois, il manquait une fille à la fête: Rolande. Pendant l'accouchement, elle était allée au Rang Nord, chez sa marraine, tante Léontine. Quand Papa est allé la chercher pour la ramener à la maison, elle a demandé de rester chez mon oncle Ulric en passant pour aller jouer avec Marthe. Papa lui a dit: «Bien oui, si c'est ça que tu veux.» Mais Rolande a appris que c'était le soir du compérage seulement lorsque Papa a été reparti. Il faisait déjà noir et il n'y avait plus personne pour la conduire chez nous. Elle était tellement fâchée qu'elle voulait s'en venir à pied, même si c'était à une distance d'un mille et demi. Mais oncle Ulric lui a dit:

«Non, reste ici, laisse reposer ta mère un peu, là.» Rolande en a gardé un goût amer, elle en parle encore.

Depuis un mois déjà, Lucie, deux ans, était installée avec Diane, Solange et Aline dans la grande chambre en haut où il y avait deux lits doubles. Le nouveau bébé, Louisée, était le neuvième enfant de la famille, la huitième fille de suite. Maman avait bien peur d'avoir un bébé chétif. Le médecin l'avait prévenue qu'avec tout ce qu'elle avait subi comme épreuves durant sa grossesse, il y avait de gros risques. Pour cette raison, surtout les premières années, Maman a toujours entouré Louisée d'une attention très spéciale pour prévenir les problèmes dont elle ne connaissait pas la nature. Mais Louisée s'est montrée une petite fille pleine de vie et aussi espiègle que les autres, sinon plus. Cette petite a été la *nichouette* (petite dernière de la famille) pendant trois ans.

Papa était, je l'ai déjà dit, un catholique pratiquant convaincu. Il disait souvent: «La première chose que je demande à la Providence, ce sont des enfants sains de corps et d'esprit.» Il faut croire qu'il priait bien, car nous avons tous été normalement constitués. Il tenait beaucoup à ce que nous fassions attention à notre santé. Il souffrait tellement, il en connaissait le prix.

Après ce neuvième accouchement, Luciennette Painchaud, fille de Ludger et de Maria, est venue *relever* Maman. Celle-là, elle n'avait pas peur des grosses familles. Elle était la fille aînée d'une famille de dix-sept enfants. Les Painchaud n'étaient pas les seuls, il y avait plusieurs familles très nombreuses à Normandin. Papa venait d'une famille de treize enfants, Maman, d'une famille de quatorze. Olivier Cloutier marié à Anne Lefebvre ont eu 21 enfants.

RENÉ, BRICOLEUR ET CHASSEUR

En plus d'être très fort en mathématiques, René était habile manuellement. Il avait vu quelque part une belle chaîne à deux boucles, faite avec une broche fine qui se travaillait facilement avec des pinces. Après l'avoir bien observée, il s'en est fabriqué une identique. J'aimais le regarder travailler. D'abord, il coupait plusieurs bouts de broche d'environ trois pouces pour en former des chaînons égaux. Ensuite, il tournait la broche en forme de «8». Les deux extrémités de chaque section de la broche réunies au centre du «8» étaient bien enroulées autour de la tige centrale pour assurer la solidité de chaque chaînon qui s'assemblait avec son voisin. Cette chaîne terminée mesurait environ six pieds. Elle était solide et bien utile pour plusieurs travaux quotidiens avec Marquis.

Depuis quelque temps, René savait manier la carabine 22 et le fusil 28 de Papa. Il adorait la chasse. Pour s'entraîner à tuer des oiseaux sauvages : perdrix, canards, outardes, corneilles et hiboux —, il demandait à Solange, forte et habile, de lui lancer des *cans* vides le plus haut possible dans les airs. Placé en direction de la coulée du ruisseau, il s'exerçait au tir, tant que Solange n'était pas fatiguée de lancer. Il avait un œil de lynx. Plus tard, il a gagné plusieurs trophées de tir au pigeon d'argile et a remporté bien d'autres concours de tir de précision.

Pour se faire de l'argent de poche, René aimait chasser les belettes. Pour cela, il se fabriquait une petite cabane longue, étroite et assez profonde. Il suspendait une tête de poulet mort à une corde attachée dans le fond de cette trappe. Par un mécanisme, quand la belette tirait sur l'appât, la porte d'entrée se fermait et emprisonnait la belette. Elle mourait éventuellement de froid. Je savais très bien distinguer les pistes particulières de cette petite bête blanche. Une fois, j'étais allée avec Papa et René qui coupaient du bois dans notre forêt. Comme il faisait très froid, je commençais à geler et je suis retournée toute seule à la maison. Une belle neige immaculée venait de recouvrir le sol. En passant près d'une des cabanes-pièges à belettes, l'idée me vient de jouer un tour à René. Avec une longue branche fine, j'imite les pistes d'une belette qui se rendait à sa trappe, en faisant bien attention de ne pas faire de traces avec mes chaussures. Je continue mon chemin vers la maison et n'en parle à personne. En revenant de bûcher avec Papa, René voit cela. Tout énervé, il va vérifier, mais non, pas de belette. Très intrigué que la porte ne soit pas fermée et que la trappe soit encore en fonction, il court à son autre trappe placée à quelque cents pieds de là, dans l'espoir d'avoir attrapé la belette rêvée. Encore une déception. Quand il revient à la maison, nous sommes déjà tous à table. Il dit : « Papa, comment ça se fait que la belette est entrée dans la cabane et n'a pas mangé la tête de poulet ? » Papa lui a répondu : « C'est peut-être qu'elle était attachée trop serrée, qu'elle l'a pas vue. Vérifie ton système, pour voir si ça accroche pas quelque part. » Immédiatement, je sors de table pour ne pas que ça me paraisse dans les yeux. La coupable ? Il ne l'a découverte que beaucoup plus tard.

En plus, René faisait la trappe aux visons, aux renards roux et surtout aux rats musqués, animaux à fourrure avec lesquels il avait le plus de succès. Au printemps, la crue des eaux passée et avant que la température se réchauffe, c'est le temps où la fourrure de ces animaux est à son meilleur. Sur le ruisseau, René plaçait une longue planche de bois sur laquelle il fixait un piège qu'il dissimulait avec de la boue. Il prenait bien soin de placer cette trappe à un endroit où le bord du ruisseau était escarpé. Ainsi, le rat musqué, fatigué de nager, montait et marchait sur la planche pour se reposer, mais il ne voyait pas le piège camouflé avec de la boue et toc! le piège se fermait sur une de ses pattes. En gigotant pour se déprendre, il tombait à l'eau avec le piège et se noyait. Une autre belle peau de rat musqué que René vendait par la poste à la compagnie Hudson's Bay de Montréal.

C'était au début de septembre 1945, le temps des récoltes. Les cultivateurs travaillaient dans leurs champs. Un peu avant midi, Ovide Mailhot voit passer un orignal femelle dans la savane chez oncle Ulric. Pour ne pas le quitter des yeux, il envoie un enfant avertir son voisin Arthur qui, à son tour, passe le message à René et à oncle Antonio. Tous partent à la poursuite de l'orignal qui se déplace rapidement et qui change souvent de direction. Les hommes se dispersent pour le cerner. Tout à coup, René arrive face à face avec l'orignal qui se prépare à charger sur lui. Armé seulement d'un vieux fusil 28, il voit le danger imminent. Sans hésiter, il tire un coup de fusil en l'air pour effrayer l'orignal qui fait demi-tour et repart en courant vers la ferme des Provencher. Le bruit du tir a alerté les autres chasseurs qui ont bien vu qu'à pied ils ne pourraient pas rejoindre ce gros animal fort et rapide. Tous ensemble, ils ont regagné leur automobile à laquelle était attaché un *trailer* (remorque). Sur la route, ils pouvaient suivre l'orignal qui se dirigeait maintenant vers la ferme de Jean-Marie Baril. En passant chez les Provencher, Lucien et ses deux enfants, Hermance et Albert, ramassaient leur récolte de grain. Oncle Antonio crie: «Lucien, tu es un bon chasseur, viens avec nous autres, regarde l'orignal qui traverse ton champ.» Lucien ne perd pas de temps, va chercher sa carabine et saute dans le *trailer*. Pendant ce temps, Hermance, debout sur le voyage de gerbes d'avoine, observait l'orignal et elle était bien impressionnée par la longueur des pattes de cette bête sauvage. Les chasseurs devaient faire vite car ils savaient qu'après la ferme de Jean-Marie Baril, la route tourne à 90°, et que s'ils arrivaient à temps, ils couperaient la voie qu'empruntait l'orignal avant qu'il ne traverse la rivière Ticouapé à la nage. En arrivant près de la ferme de Vincent Nugent, Lucien Provencher a rapidement tiré un coup de carabine sur l'orignal qui n'a pas bronché et a continué à marcher. Les hommes se sont dit: «On l'a manqué.» Peu de temps après, l'orignal a uriné, a fait encore quelques pas, puis il s'est écroulé. Les hommes ont attendu quelques minutes et sont partis en direction de leur capture. Ils l'ont chargée sur leur *trailer* et l'ont transportée chez oncle Antonio. La nouvelle s'est répandue rapidement. Sur la photo (n° 19) prise en avant de la vieille maison Georges Fortin, on voit plusieurs admirateurs regroupés autour des heureux chasseurs et de leur trophée: l'orignal, une femelle de trois ans.

ENCORE NOS JEUX

Mᴇᴍᴇ ᴛʀᴇ̀s ᴊᴇᴜɴᴇs, nous avions bien de l'espace pour faire nos propres expériences. En jouant avec une *cuillère à pot* (louche) au bord du bac à eau, Lucie y est tombée tête première. Heureusement, un ouvrier, qui travaillait sur le toit de l'étable, l'a vue à temps pour la sortir de l'eau et la ramener à la maison. Papa a encore dit : « Grâce à la Providence, l'ouvrier était là à temps. » Heureusement qu'on l'a eue, sa Providence, parce que aujourd'hui il en manquerait bien quelques-uns, mais nous sommes encore douze sur douze.

L'été, durant la canicule, sous la surveillance de Jeanne-d'Arc, nous aimions bien aller jouer près de notre beau ruisseau. L'eau était propre jusqu'à ce que la fromagerie du village fabrique du beurre en 1948 et y déverse ses déchets de caséine et autres. Cette pollution industrielle a privé les animaux de leur abreuvoir naturel et le paysage a été gâché. Heureusement la petite source d'eau très froide qui s'y déversait, en bas de la côte, dans le champ des vaches, a continué sa course. Quand nous revenions des framboises, c'était un arrêt indispensable. Pourquoi nous ne pouvions pas l'utiliser pour alimenter la maison ? Je n'ai jamais eu de réponse.

Un jour de pluie, nous décidons de jouer à la cachette dans le hangar où René travaillait. C'était au tour de Rolande à compter et à chercher. Comme Diane, quatre ans, ne se trouvait pas de cachette, elle dit : « René, trouve-moi une cachette, vite ! » René s'empare d'une poche de jute vide et dit à Diane : « Saute dedans. » Puis il accroche la poche, dans laquelle Diane était toute recroquevillée, à un gros clou fixé au mur et il continue à travailler. Rolande découvre la cachette de toutes les autres filles, mais Diane reste introuvable. Rolande passait tout près de la poche suspendue, mais ne s'apercevait de rien. Diane la voyait par les petits trous dans le jute. Elle avait peine à retenir son souffle et avait bien envie d'éternuer parmi toute cette poussière, mais elle tenait le coup. Rolande cherchait mais il ne lui venait jamais à l'idée de regarder dans la poche accrochée au mur. René surveillait de loin et avait bien envie de rire. Rolande commençait à se décourager et, en faisant la moue, tout à coup elle dit : « Moi, je joue plus. » René, pris de pitié pour Rolande et surtout pour Diane, se lève bien lentement et décroche la poche. Qui en sort comme d'une boîte à surprise ? Diane. Rolande, bouche bée, n'en croyait pas ses yeux. Nous étions toutes très étonnées et nous avions le fou rire, sauf Rolande. Diane, de son côté, était soulagée d'être enfin délivrée, de pouvoir bouger et surtout d'éternuer. Être enfermée et suspendue dans une poche de jute, sale et poussiéreuse, n'était apparemment pas la cachette la plus confortable. Là, René pouvait rire fort. Il n'était jamais à court d'idées.

L'été, pendant les vacances, Yvan Bouchard, notre cousin de Chicoutimi, venait passer deux semaines chez nous. Pour bien le recevoir, nous nous préparions toutes sortes d'activités. Il aimait tellement rire avec nous. J'entends encore son hi! hi! Tous les travaux de la ferme l'intéressaient, surtout faire les foins, voir traire les vaches, ramasser les œufs, cueillir des petits fruits. Toto le fascinait, vu qu'on pouvait l'atteler. Line m'a rappelé que, lors d'une de ses visites, il voulait faire un tour de *waguine* avec Toto. Alors, les filles, nous lui avons organisé un genre de *sulky* en enlevant la boîte de chargement et les roues arrière de la petite *waguine*, ne laissant que la partie avant. Cette voiture devenue très légère irait plus vite. Toto attelé, Yvan s'installe bien assis sur l'essieu de bois étroit, un siège pas très sécuritaire. Les jambes écartées, placées sur les *ménoires* pour plus de stabilité, il se tient de son mieux sur cette voiture de fortune. Le voilà parti, seul en promenade à chien, en direction de chez Polon, notre voisin, situé à environ un quart de mille. Nous l'avions dirigé dans cette direction, sachant que Toto ne dépasserait pas la maison chez Polon et reviendrait ensuite. Toto trottinait et tout allait bien. Rendu au tournant de la route, Toto aperçoit le chien, Mino, qu'il détestait à mort, et il se lance à sa poursuite. Yvan, mort de peur, se tient de son mieux sur son siège plutôt rudimentaire. Toto prend un raccourci pour atteindre Mino plus rapidement. Une roue du *sulky* dérape dans le fossé. Yvan perd le peu d'équilibre qui lui restait et le voilà plongé dans les broussailles. Toto continue sa course vers sa proie. Yvan, toujours vêtu en habits pâles, en bas golf et en souliers cirés, revint à pied à la maison, tout penaud, en passant ses mains un peu partout sur son habit pour essayer d'enlever la boue et la poussière, témoins tangibles de sa randonnée plutôt rocambolesque.

René nous fabriquait ce que nous appelions une roulette. C'était un bâton d'une longueur qui variait selon notre taille. Il pouvait mesurer un ou deux pieds. Perpendiculairement à un bout de ce bâton, il clouait un autre petit bâton, d'environ quatre pouces, qui servait à contrôler une roue libre que nous faisions rouler dans la cour. Pour qu'elle tourne sans tomber, à l'aide de ce bâton, il fallait la pousser par l'arrière et courir assez vite de façon à la tenir en équilibre et à la guider en même temps pour la faire suivre le trajet voulu. Cette manœuvre n'était pas toujours facile sur les surfaces irrégulières de la cour ou des chemins de terre. En plus de nous amuser, cet exercice développait notre agilité et notre persévérance, car il fallait beaucoup s'exercer pour réussir à contrôler longtemps.

RÉPARATIONS DE L'ÉTABLE

Au printemps 1945, Papa a fait faire des réparations majeures à l'étable. Vu que le porc se vendait très bien, il a agrandi la soue et a refait l'aménagement de l'étable et y a couvert tout le plancher de béton. Chaque vache avait son abreuvoir automatique. Le réservoir d'eau central qui se remplissait tout seul était contrôlé au moyen d'une flotte. Dehors, un versoir en béton menait le petit lait rapporté de la fromagerie, directement à l'intérieur de la soue dans un autre bac encore en béton. Cette proximité facilitait le soin de ces animaux voraces. Toujours dans la porcherie, plusieurs compartiments en béton pouvaient recevoir la moulée. Le grand luxe pour l'époque, quoi! Comme la ferme était un des gagne-pain importants de la famille, Papa disait que c'était là qu'il fallait investir en premier.

Papa se fiait à son frère Roland, à Ovide Mailhot ainsi qu'à René pour l'aider à faire cette construction qui a duré quelques semaines. Ces travailleurs venaient dîner à la maison. Un jour, après le repas, pendant leur courte période de repos, Papa avait dit qu'Aline, même si elle n'allait pas encore à l'école, pouvait nommer tous les animaux sauvages de son gros livre à colorier qu'elle avait eu en cadeau. Ovide Mailhot, sceptique, dit: «Montre-moi donc ça?» Aline, tout fière d'elle, tourne les pages en nommant chacun des animaux. Quand elle a nommé le mouflon, Ovide Mailhot dit en ricanant: «Quoi? Un mouflon, qu'est-ce que c'est ça? Je n'ai jamais entendu parler de ça.» Par la suite, à chaque fois qu'il voyait Aline, il l'appelait le mouflon. Elle était furieuse et le regardait de travers.

L'année suivante, Papa et René ont construit un garage pour l'auto. Ils y ont prévu une extension pour l'atelier et les outils. Mais le plancher est demeuré en terre, sauf deux travées de bois pour protéger les pneus de l'automobile. J'ai toujours aimé la construction. J'y ai contribué, surtout à poser les bardeaux du toit de ce bâtiment neuf.

~

Tout jeunes, nous ne nous rendions pas tellement compte de notre pauvreté, car nous n'étions pas différents des autres familles autour de nous. Nous chantions et jouions avec une belle insouciance. Nous étions toujours pleins d'enthousiasme. Pour nos sorties, nous emplissions l'auto tant qu'elle logeait. Comme nous étions souvent assises les unes sur les autres, nous n'étions pas très confortables. Pour nous distraire et nous faire oublier ce transport de masse, Papa chantait avec nous. Celle qui chialait ne venait pas la prochaine fois. Ça nous rendait plus tolérantes. René participait rarement à ces sorties en famille, car il avait sa petite jument, Lady, comme moyen de transport quand il n'avait pas l'auto. Il avait ses amis et se tenait avec son groupe. (photo n° 8)

Un soir, lors d'une de nos sorties familiales, nous étions plusieurs enfants dans l'auto. Diane, qui devait avoir trois ou quatre ans, s'exclame : « Regardez donc, Papa, comme le ciel est beau ! » Papa, étonné de ne pas avoir remarqué ce magnifique coucher de soleil, a ajouté : « Une chance qu'on a les enfants pour nous faire voir ces choses-là. »

Grâce aux cahiers de La Bonne Chanson que l'abbé Charles-Émile Gadbois avait publiés en 1938, nous avions pu apprendre par cœur les mots de plusieurs belles chansons. Les airs, nous les apprenions à l'oreille en écoutant la radio ou dans des réunions de famille. Papa en savait déjà plusieurs. Pour les mélodies qui nous étaient vraiment inconnues, Gisèle, qui apprenait le piano *à la note* (classique), nous jouait l'air à l'aide de la partition. Jeanne-d'Arc l'apprenait à l'oreille et ensuite, elle nous l'enseignait. Même si je n'avais pas toujours la note juste, je chantais quand même. Mes sœurs qui avaient une oreille parfaite faisaient parfois la grimace en m'écoutant. Pour m'encourager, Papa leur disait : « Laissez-la chanter comme les autres, vous allez voir, elle va finir par apprendre. » Il avait raison, car plus tard, à l'École normale, j'ai été choisie pour faire partie du chœur de chant.

TOTO

À LA MORT DE MARQUIS, à l'été 1946, j'avais 12 ans. Très vieux, notre chien n'avait plus la force de marcher et avait une maladie nerveuse qui le faisait souffrir atrocement. Quand la souffrance était trop aiguë, il tournait en rond et jappait de douleur. Toto, notre nouveau jeune chien, s'amusait à le mordre aux jarrets. Maman a dit : « Ça n'a pas de bon sens de le laisser souffrir comme ça. » Nous nous sommes tous réunis devant la grange. Avec sa carabine 22, Papa a mis fin à ses souffrances. Nous pleurions tous, Maman aussi. Papa et René tentaient de cacher leurs émotions. Les hommes, dans ce temps-là, ne devaient pas pleurer, c'était un signe de faiblesse. Il fallait être fort pour montrer qu'on était un HOMME. Ce jour d'été me revient en mémoire comme une journée très triste que personne de la famille n'a oubliée. Le bruit de ce coup de fusil m'a résonné longtemps dans la tête.

Depuis la mort de Marquis, nous n'avions que notre jeune chien, Toto, âgé de quelques semaines. C'était l'été, Solange et Moi avions la tâche de laver le plancher. Quand Marquis était là, il venait souvent le salir avec ses grosses pattes malpropres. Nous ne voulions pas que la même chose se reproduise avec Toto. Or Solange, toujours des tours plein son sac, me dit : « On va faire peur à Toto pour qu'il ne veuille plus entrer dans la maison. Ce chien-là, on va l'habituer jeune à rester dehors, il a le poil long et épais, contrairement à Marquis qui avait le poil ras. On va cirer notre nouveau *prélart* incrusté et le frotter pour le rendre bien glissant. Puis on va lâcher Toto d'assez haut, pas trop non plus, pour qu'il *s'éjarre*. Il va avoir assez peur qu'on va en être débarrassé dans la maison. » « Mais, lui dis-je, l'hiver il va avoir froid. » « Inquiète-toi pas, il a le poil long. » Entendu ! Nous préparons le plancher, attendons que personne ne soit dans les parages et lâchons Toto sur le plancher. Tel que prévu, en atterrissant sur le prélart ciré, ses pattes s'écartent dans les quatre directions et il glisse, glisse et glisse encore... Il jappait et avait beau essayer de se remettre sur ses pattes, pas moyen. Quand nous avons jugé qu'il avait eu assez peur, nous l'avons sorti dehors. Par la suite, personne n'était capable de le faire entrer dans la maison. Rolande, qui l'avait souvent dans ses bras, aurait tant voulu qu'il entre. Pendant ses multiples essais infructueux, Solange et moi, nous montions dans notre chambre pour ne pas que les autres filles découvrent les coupables. Ça s'est avéré une bonne décision. Toto dormait toujours dehors, près de la porte d'entrée de la maison. L'hiver, il se recroquevillait sur lui-même et devenait comme une boule de neige. Nous ne voyions que ses deux yeux rouges qui brillaient. Il avait si chaud que la neige fondait sous lui. Avec son pelage long et épais, il pouvait supporter les plus grands froids. Un jour, lors d'une promenade chez oncle Ulric, René l'avait enfermé dans l'étable. Toto, qui ne tolérait absolument pas d'être enfermé, avait cassé une vitre pour sortir et s'était blessé à une patte.

~

Encore en 1946, l'idée d'instaurer l'heure avancée durant la saison estivale prenait de l'ampleur, mais portait à controverse. Dans les villes, le transfert s'est fait assez rapidement. Mais dans les campagnes, ça s'est compliqué. Certains cultivateurs s'y opposaient fermement, disant que ça changerait leur horaire pour la traite des vaches et que le matin, la rosée ne tomberait pas plus de bonne heure parce que ce sera l'heure avancée, donc une heure de perdue le matin. Le nouveau premier ministre, Maurice Duplessis, a senti que cette décision était délicate. Pour conserver sa popularité, il en a laissé la responsabilité aux municipalités. Alors les maires ont soumis l'idée à une consultation populaire. Dans le village de Normandin, le vote a été majoritairement *oui*, mais dans la paroisse, le *non* l'a emporté. Tout un fouillis ! L'heure des repas, de la messe, de l'école, du train, de l'autobus, des émissions de radio, de la fermeture des magasins qui fermaient de midi à une heure, etc. Les gens demandaient à chaque fois : « À notre heure ou à votre heure ? » Pour ridiculiser cette situation invraisemblable, les gens du village appelaient l'heure de la paroisse, *l'heure des vaches*. Après quelque temps, les gens de la paroisse ont cédé et l'heure avancée a été adoptée officiellement partout. Mais certains cultivateurs se sont entêtés à conserver *l'heure des vaches*.

L'ÉLECTRICITÉ

AU MOIS D'AOÛT 1946, quand les travailleurs de Saguenay Power ont planté les poteaux pour installer l'électricité dans le Rang 8, René avait quinze ans. Nous avions quatre belles épinettes le long du chemin. Mais dommage ! elles étaient placées tout juste sous la ligne des futurs fils électriques. Le soir, quand Papa et René sont revenus du travail et qu'ils se sont aperçus que les poseurs de poteaux avaient coupé les deux plus petites épinettes et étêté les deux plus hautes, ils leur ont piqué toute une colère. Ces gars-là sont restés très surpris de voir comment ces arbres nous étaient précieux. C'était les seuls arbres que nous avions près de la maison.

En septembre, avec l'installation de l'électricité, nous avons eu une radio. C'était une nouvelle vie pour toute la famille. Nous écoutions les nouvelles à CKAC et apprenions les chansons à la mode, entre autres celles de Félix Leclerc, de Jacques Normand, de Lucille Dumont, d'Alys Robi et de bien d'autres. En fin de semaine et durant les vacances surtout, nous dansions. Là, le surnom « les Toupies », que René nous avait donné s'appliquait vraiment. « Danser en balayant, ça avance pas vite », comme disait René. En effet, c'était très lent comme exécution des travaux, mais Maman était bien patiente. En travaillant, elle écoutait parfois les programmes durant le jour. Quand nous entrions dans la maison pour le dîner, nous entendions chanter « Les Joyeux Troubadours » : Estelle Caron, Jean-Maurice Bailly et Gérard Paradis. Le soir, Maman s'assoyait sur un tabouret près de la radio pour être sûre de ne rien manquer et elle écoutait les nouvelles lues par Albert Duquesne. Une si belle voix ! Il commençait toujours par : « Bonsoir mesdames ! Bonsoir mesdemoiselles ! Bonsoir messieurs ! Ce soir… » Michel peut encore imiter cette voix posée et solennelle.

René avait installé une antenne de la maison au hangar. De cette façon, le soir sur les ondes courtes, il pouvait écouter les Nègres américains au poste Cincinnati One, Ohio. Un poste d'une très grande puissance : 1 000 000 de watts. Il apportait la radio dans sa chambre en se couchant et il s'endormait souvent sans l'avoir fermée. L'été ça grinçait, mais l'hiver c'était très net, surtout par temps clair et froid. De notre chambre, Solange et moi nous pouvions l'écouter en ouvrant la porte de notre garde-robe qui communiquait avec la sienne. René adorait la musique de jazz blues de Louis Amstrong, de Duke Ellington, de Dizzie Gillespie et de plusieurs autres. Ainsi que les grands orchestres de Benny Goodman, de Glen Miller, de Artie Shaw, de Charlie Parker et d'autres. Ces musiciens étaient renommés pour leur sens musical extraordinaire, leur phrasé envoûtant et leur rythme exceptionnel. Ce qui a donné naissance aux enfants du *swing*. Heureusement, depuis la fin de la guerre, l'interdiction de produire des disques était levée et leur musique a pu se faire entendre partout.

En plus de cette musique qui nous ravissait, nous avions de l'éclairage partout dans la maison. Pour nous, c'était presque un miracle, même si les installations étaient rudimentaires. Pour l'éclairage de la cuisine et dans le salon, la lumière s'allumait avec un commutateur. Mais dans nos chambres, c'était un *socket* (douille de lampe) fixé au bout d'un fil électrique qui pendait du plafond. Nous n'avions qu'à tirer sur une petite chaîne et la lumière illuminait toute la pièce. Quelle merveille! De plus, pour nous c'était extraordinaire d'avoir les mêmes services à l'extérieur de la maison, dans la cour, dans le hangar et dans l'étable. Une pompe à eau électrique a remplacé le bélier hydraulique. Enfin un peu de confort! Ce n'était pas trop tôt, nous étions neuf enfants.

Tous les soirs de la semaine, l'émission radiophonique «Séraphin Poudrier, Un Homme et son Péché», passait sur les ondes de Radio-Canada, de 7 h à 7 h 15. L'Église catholique condamnait cette émission qui mettait en vedette un avare caricaturé au maximum. Pour essayer d'empêcher ses fidèles de l'écouter, tous les mêmes soirs, Monseigneur Paul-Émile Léger, archevêque de Montréal, récitait le chapelet à la même heure, mais sur les ondes de CKAC, diffusé aussi à travers toute la province. Plusieurs très fervents catholiques se faisaient un devoir de se mettre à genoux et de réciter le chapelet en même temps. Chez nous, visiteurs ou pas, à 7 h, c'était le chapelet. Mais peu de gens acceptaient de devancer ainsi l'heure de leur prière du soir en famille qu'ils récitaient habituellement juste avant d'aller se coucher. La majorité des gens ne voulaient pas manquer Séraphin. La cote d'écoute de l'émission du chapelet n'était pas forte. La deuxième année, l'archevêque s'est résigné à réciter son chapelet à 7 h 15, après l'émission de Séraphin. La cote d'écoute est montée un peu. Quand nous étions au Rang 8, tous les enfants de notre famille, sauf René qui s'en sauvait très souvent, nous étions forcés de dire cette prière en commun au début de la soirée. Mais rendus au Rang Nord en 1953, avec le magasin, c'est devenu très difficile de continuer cette pratique religieuse. J'ai fait comprendre à Papa que nos dévotions, nous pouvions les faire à n'importe quelle heure et que nous pouvions être de très bons catholiques sans en faire une démonstration. Ensuite, Papa ouvrait quand même la radio à 7 h 15, au chapelet, mais personne ne l'écoutait.

AU PENSIONNAT DE NORMANDIN

Au début d'août 1946, Jeanne-d'Arc, 14 ans, est entrée au juvénat de Roberval pour faire sa 11e année (elle a sauté sa 10e année). Elle ne reviendra à la maison qu'à la fin juin de l'année suivante. Donc nous n'avions plus son aide pour faire nos devoirs et étudier nos leçons. En plus, au Rang 8, les belles années des maîtresses d'école Milot étaient terminées. Pour l'année scolaire qui s'en venait, ce serait une maîtresse non diplômée qui enseignerait à notre petite école. Mes parents étaient bien déçus de cela. Rolande serait en 5e année, ce n'était pas trop grave. Pour ne pas prendre le risque que Solange manque sa 7e année, mes parents ont décidé qu'elle viendrait au couvent de Normandin avec moi qui serais en 8e. Comme Jeanne-d'Arc l'avait été, nous serions pensionnaires, du lundi au vendredi. L'adaptation scolaire n'a pas été facile. J'avais pris du retard dans les études au cours des années précédentes : en 4e année, je me suis brûlée et j'ai manqué presque deux mois d'étude ; en plus, j'ai sauté ma 5e année ; en 6e année, j'ai fait ma communion solennelle, un mois de perdu, et en 7e j'ai eu la scarlatine, encore un mois et demi d'études en moins. Ce qui explique qu'aux examens du premier mois au couvent je me suis classée 16e sur 22. Mes parents ne trouvaient pas ça fort comme résultat. Au lieu de me réprimander, Papa a préféré m'encourager à travailler encore plus fort en me lançant ce défi : « Si tu arrives à la tête à la fin de l'année, je t'achèterai une montre-bracelet. » Pauvre comme il était, m'acheter une montre-bracelet ! C'était mon rêve et il le savait. Lui aussi, il trouvait cela bien beau. Heureusement, l'électricité venait d'être installée chez nous. En fin de semaine, Solange et moi nous pouvions étudier tranquilles dans nos chambres respectives. Sans perdre de temps, je me suis mise à l'œuvre, si bien, qu'au mois de février j'étais première de classe. Quelle surprise ! Et, Papa a tenu parole. J'ai eu ma montre-bracelet en or rose, payée 12 $ à la bijouterie Gérard Simard. Une fortune pour l'époque. J'en étais tellement fière et mes compagnes me disaient : « Que tu es donc chanceuse ! » Ça m'a donné du prestige. Ensuite, j'ai conservé la première ou la deuxième place tout le reste de l'année. Par ce cadeau prestigieux, Papa avait fait un calcul qui s'est révélé lucratif par la suite. Vous verrez...

Malgré que tous mes efforts aient été couronnés de succès scolaires, j'avais un problème. La sœur enseignante de 8ᵉ année, Agnès-de-Jésus, avait des préférées et je n'étais pas de celles-là. Une de ses chouchous se classait parfois première de classe. Après la promesse de Papa, je voulais ardemment cette place convoitée par plusieurs élèves. Une de mes amies, dont le pupitre était jumelé à celui de cette élève préférée, s'est aperçue que sa voisine bénéficiait de notes pas toujours méritées. Lors d'une récréation, elle en a fait part à notre groupe d'élèves. La rumeur s'est répandue et après ça, quelques filles surveillaient les copies corrigées de cette rivale. Cela ne m'a pas aidée, loin de là. La sœur l'a su et m'a prise en grippe par la suite. Un jour, cette religieuse donne un problème d'arithmétique à résoudre à toute la classe. Je suis la seule à avoir la réponse juste. Elle me dit : « Si vous êtes si fine que ça, allez nous l'expliquer au tableau. » J'écris toute la solution au tableau noir et je me tourne vers elle. D'un ton sec, elle me dit : « Maintenant, expliquez-nous-le. » Intimidée, je lis la solution que j'avais écrite. Pour moi, ça semblait si évident que je ne voyais pas comment je pouvais l'expliquer. Mais par son air, c'était facile à voir qu'elle ne le comprenait pas elle-même. Elle reprend : « Si vous ne savez pas comment l'expliquer, allez-vous-en à votre place. » Le problème est resté inexpliqué et elle est passée au suivant. (En ce temps là, les professeurs et les élèves se vouvoyaient mutuellement.)

Comme composition française de la fin de semaine, cette religieuse nous avait demandé d'écrire une lettre à une parente qui habitait à l'extérieur. J'adresse ma lettre à Sr Jeanne-d'Arc Fortin, Juvénat de Roberval. Comme d'habitude, après avoir corrigé toutes les compositions des élèves, elle en critiquait quelques-unes devant toute la classe. Elle commence par la mienne, en disant sur un ton sec : « Marie-France Fortin, qu'est-ce que c'est ça, Sœur Jeanne-d'Arc Fortin ? » Et elle appuie sur le mot *sœur*. « C'est pas un nom de religieuse, ça. Est-elle religieuse ou non ? » Je réponds : « Elle est juvéniste, et les élèves s'appellent sœurs entre elles. » Elle reprend : « Comme ça, elle n'est pas religieuse. Pour s'appeler sœur, il faut être une religieuse et pour être religieuse, il faut avoir prononcé des vœux. Vous n'avez pas d'affaire à l'appeler sœur. » Devant toutes les élèves, sans lire ma lettre, elle la lance sur le coin de son bureau. Quand j'ai reçu ma copie, avec mes amies j'ai pu constater qu'elle ne m'avait donné que 60 %, soit la note de passage. Mes amies essayaient de me consoler en disant : « Tu vois bien que c'est une bonne façon de favoriser encore sa chouchou. »

Cette année-là, un tricot était au programme du cours d'économie domestique. La plupart des filles avaient apporté de la belle laine fine achetée et de couleur pâle. Parmi les filles des rangs, quelques-unes, dont moi, avaient apporté de la laine d'habitant. Encore pour économiser, Maman avait utilisé la teinture turquoise qu'elle avait déjà. La couleur ne me plaisait pas beaucoup, mais je n'ai pas parlé. En plus, elle n'avait pas bien réussi sa teinture, la laine était sortie toute nuancée, il y avait même des bouts restés blancs. Pas très beau ! Quand la sœur enseignante a vu cela, elle a ri de ma laine, en disant avec mépris : « Je ne peux pas vous aider, c'est trop rude pour mes doigts. » Heureusement, mes amies et Maman m'avaient donné un coup de main et j'ai réussi à me tricoter un chandail sans manches, décolleté en V. La mode des couleurs nuancées est venue plus tard…

Plusieurs autres élèves ont subi les foudres de cette sœur enseignante. J'ai gardé un très mauvais souvenir de cette religieuse injuste, colérique, partiale, hypocrite et laide en plus. Je racontais cela à mes parents en fin de semaine. Ils me répondaient : « Tu vas en rencontrer d'autres obstacles comme ça dans la vie. Il faut que tu obéisses quand même et que tu étudies pour avoir de bons résultats. Montre-lui que tu es plus forte que ça, que tu ne te laisses pas abattre pour si peu. Tu vas en sortir grandie et prête pour faire face à d'autres problèmes peut-être encore plus graves. » C'est ce que j'ai fait et ç'a porté fruits. Pour l'année suivante, il manquait deux élèves pour justifier un professeur pour la 10e et la 11e année réunies. Il fallait deux élèves fortes de la 8e année qui soient capables de sauter leur 9e année et passer directement en 10e année. Une bonne amie, Carmen Bolduc, et moi avons été les heureuses élues. Papa était plutôt sceptique, mais les sœurs l'ont rassuré. Durant toutes les vacances, j'ai étudié la matière au programme de français et d'arithmétique qu'elles m'avaient donnée. Jeanne-d'Arc, en vacances pour le mois de juillet seulement, était ma professeure à la maison. Toutes les semaines, j'allais présenter mes devoirs à la sœur supérieure, Mère Sainte-Hélène. Tout était parfait. C'est là que la montre-bracelet que Papa m'avait offerte commençait à prendre de la valeur.

Toujours au couvent de Normandin. En septembre 1947, Solange était en 8e année et moi, dans la classe de 10e et de 11e année réunies. En 10e, nous n'étions que trois élèves : Marguerite Guillemette, Carmen Bolduc et moi. En 11e, elles étaient quatre : Marthe Mailloux, Colette Poisson, Aline Villeneuve et Jacqueline Cloutier. Comme je tenais de Maman un talent pour le dessin, sœur Madeleine-de-la-Croix, qui n'avait pas de facilité dans ce domaine, me demandait parfois de faire, au tableau noir, les dessins qui servaient de modèles pour mes compagnes de classe le vendredi après-midi. De plus, comme elle s'était aperçue que j'adorais cela, elle me confiait la responsabilité de faire tous les dessins décoratifs dans les coins des tableaux noirs. J'appréciais cette marque de confiance. Ça me valorisait. J'étais la seule pensionnaire de ma classe de 10e, la plus jeune du groupe, la plus grande et, même, j'arrivais souvent la première aux examens. Les pupitres étaient placés deux par deux. J'étais assise seule en arrière, le problème des grandes. Je n'avais pas de compagne de bureau pour jaser. En voulant tout faire à la perfection, je m'étais imposé moi-même un stress inutile. Ce qui a eu comme conséquence que j'avais beaucoup de difficulté à lire à haute voix, je déformais les mots. Toute une humiliation !

Mais en dehors de cela, tout se passait très bien. Même, j'ai été choisie pour présenter les vœux au curé lors de sa fête. Je portais une belle robe longue blanche que les sœurs avaient empruntée à Marie-Claire Guimond qui venait de se marier. Comme j'étais grande, cette toilette de reine m'allait comme un gant. Les sœurs étaient ravies. Huguette Gobeil et Aurélie Larouche jouaient les rôles secondaires. Elles cueillaient des pâquerettes dans un décor tout garni de fleurs de soie. Au cours de ma déclamation, je disais : « De corolle en corolle. » Selon les sœurs, cette séance avait été très réussie. Pour montrer leur savoir-faire aux frères du collège, elles eurent la charmante idée de faire une représentation spéciale pour leurs élèves. Pour les garçons, *les corolles*, c'était plutôt drôle. Par la suite, quand ils me rencontraient sur le trottoir, ils se moquaient de moi en disant : « de corolle en corolle ». Michel était au collège, cette année-là. Je ne me souviens pas, lui non plus, s'il s'est moqué de moi, lui aussi.

À part ces petits problèmes, j'ai aimé ma 10ᵉ année. Pour la classe des grandes, les 10ᵉ et 11ᵉ années, nous n'étions que trois pensionnaires, Aline Villeneuve, Marthe Mailloux et moi. Nous jouissions de bien des faveurs. Notre professeure, sœur Madeleine-de-la-Croix, était compétente, juste, compréhensive, quoique se donnant un air sévère. En plus, elle était généreuse. Au cours d'économie domestique, comme travail de l'année, elle m'avait suggéré de broder un couvre-lit. Je voulais tellement que ce soit parfait qu'à Pâques je n'avais que le quart du travail de fait. Elle m'a prise en pitié. Chaque soir et chaque fin de semaine, elle apportait mon couvre-lit et le brodait durant ses heures de récréation en communauté. Mais je trouvais qu'elle allait un peu trop vite et que ses points n'étaient pas tous égaux, contrairement aux miens. Je n'osais pas parler, de peur qu'elle abandonne son bénévolat. Grâce à son aide précieuse, j'ai réussi à le terminer à temps pour l'exposition des travaux domestiques de la fin juin. Jeanne-d'Arc, déjà en vacances, était venue admirer nos efforts dans l'art ménager. Elle se souvient que c'est moi qui avais écrit au tableau noir : « Elle fila la laine et garda la maison. » Ce n'était certainement pas une phrase de mon cru. En 10ᵉ année générale, nous apprenions plusieurs matières différentes de celles de la 9ᵉ. C'était très intéressant. J'y ai appris entre autres la sténo et la dactylo. Ça m'a servi toute ma vie, particulièrement maintenant où je peux travailler plus facilement sur l'ordinateur (photo nº 23).

Malgré que j'appréciais de pouvoir poursuivre mes études, au début, je trouvais la vie de pensionnaire difficile. Mais je ne m'en plaignais jamais. Ce que je trouvais le plus dur, c'était au dortoir où, même si nous étions une trentaine de filles de six à seize ans, nous logions toutes dans la même grande pièce. Nous n'avions aucune intimité. Nos lits étaient placés en rangées et n'étaient séparés que par des allées très étroites. Toutes les filles espéraient être placées le long d'un mur qui les protégeait des regards, au moins de ce côté-là. Pour nous dévêtir, nous étions toutes tournées dans la même direction afin d'éviter de voir ce qui se passait chez notre voisine d'en arrière. Le premier soir de l'année scolaire, plusieurs nouvelles pensionnaires étaient embarrassées. Elles s'assoyaient sur leur lit et attendaient pour observer celles qui avaient déjà de l'expérience. Solange et Moi, nous connaissions un peu la méthode à suivre pour nous dévêtir avant de nous mettre au lit. Jeanne-d'Arc nous l'avait expliquée, elle avait l'expérience de l'année précédente. Mais me déshabiller et mettre ma *jaquette* à manche longue tout en gardant ma robe de chambre toujours instable, seulement déposée sur les épaules, ce n'était pas évident. Ça prenait de la pratique. Même après plusieurs exercices, ça demeurait un tour de force. En plus, comme j'étais parmi les plus grandes filles, je devais porter le fameux corset (je vous l'expliquerai au prochain paragraphe). L'enlever, ce n'était pas trop compliqué. Après l'avoir dégrafé, je n'avais qu'à le laisser tomber par terre. Après toute cette gymnastique intime, il fallait m'endormir dans une très grande pièce entourée de fenêtres que les lampadaires de la rue éclairaient. Vu que j'étais habituée à dormir à la noirceur, c'était difficile au début, mais à la longue, je m'y suis faite. Très tôt le matin, vers 6 h, nous étions réveillées au son d'une grosse cloche que Sr Sainte-Cécile agitait tant que nous n'étions pas toutes assises dans notre lit pour réciter la prière du matin que nous marmonnions, les yeux encore clos par le sommeil. Ensuite, nous passions chacune notre tour au lavabo avant de nous habiller. Toujours sous ma robe de chambre seulement déposée sur les épaules, je devais d'abord enlever ma *jaquette*, agrafer mon corset, mettre mon soutien-gorge, ma blouse à manches longues et mon *jumper* à plis. Toute une acrobatie. Au moment où ça devenait le plus compliqué, parfois ma robe de chambre tombait par terre et c'était l'étalage de mon intimité qui était mise à nu. Toute une disgrâce, surtout à l'adolescence où ma pudeur prenait soudainement le dessus.

Un corset, vous connaissez? C'était un étui d'environ seize pouces de long où étaient enchâssées, tous les deux pouces, des baleines de métal de ½ pouce de largeur, et très minces. Cette armature était placée de haut en bas. Cet étui de tissu renforcé, de couleur rose, se portait à la taille directement sur la peau ou par-dessus notre camisole de coton. Ce corset, qui devait être bien serré, nous formait une taille aussi fine qu'un fuseau de fil vide. Le lacet qui le parcourait de haut en bas servait à l'ajuster en le serrant jusqu'à l'intolérable. Après cet ajustement, on pouvait le mettre et l'enlever au moyen d'une série de petits crochets fixés sur les bandes de métal qui bordaient les deux côtés de la fermeture placée au centre, en avant. Pour l'attacher, il fallait prendre une grande respiration et la garder jusqu'à ce que le tout nous tienne le corps rigide comme la justice. Ce corset faisait partie des vêtements de base que nous devions porter toute la journée. Quand nous nous assoyions, les baleines de métal s'enfonçaient dans le haut des cuisses et sous les seins. Avec cette série de tuteurs de métal, il fallait rester assises, bien concentrées, pendant toute une heure de cours avec une cuisse endolorie... ou patiner... ou jouer au tennis... ou sarcler le jardin... Le but de ce sous-vêtement de torture? *Ramasser* notre corps de femme afin d'éviter que nos formes féminines *brassent*, surtout en dansant. Des formes de femmes, quand ça *brassait*, ça excitait trop les hommes. Selon certaines autorités de l'Église catholique, ça conduisait au péché...

Heureusement, dans les années 1950, le corset a fait place à une gaine élastique. Une annonce à la TV disait : « Ma gaine me fait mourir. » Quand je me suis mariée en 1960, il y avait encore des gaines-culottes, quoique moi, je ne portais plus que des jarretelles pour tenir mes bas. Mais en 1967, avec l'arrivée des bas culottes, tout cet attirail a disparu. Les médecins se sont aperçus que porter ce *cilice* était dommageable à la santé des femmes. Leurs muscles, ne pouvant plus bouger, s'affaiblissaient et rendait leur colonne vertébrale vulnérable. La gaine et le corset ont été mis au rancart. Après cela, les femmes ont pu marcher et respirer librement, même si leurs fesses bougeaient. C'était les hommes qui étaient contents! Ils pouvaient se rincer l'œil allègrement.

Au pensionnat, j'appréciais les périodes d'étude. Nous étions dans nos classes respectives et nous devions garder le silence. L'atmosphère était à la concentration et nous permettait de bien nous préparer pour le lendemain. J'aimais aussi le temps des cours et je réussissais bien. Cependant les récréations étaient plutôt ennuyeuses. Nous n'avions aucun sport à pratiquer. Dans la cour du couvent et en avant du presbytère, nous nous promenions d'avant et de reculons en compagnie de la sœur surveillante. Au réfectoire, pour les pensionnaires, la nourriture était généralement acceptable. Là comme ailleurs, c'était le silence qui était difficile à observer. Nous pouvions parler seulement quand la surveillante nous en donnait la permission. S'il nous arrivait de parler trop fort, elle nous imposait de nouveau le silence pour toute la fin du repas. Sœur Saint-Alfred était âgée et je crois que sa patience était émoussée. Après notre repas, chacune notre tour, nous devions laver notre vaisselle personnelle dans un petit bassin. Souvent nous mangions à la hâte pour laver notre vaisselle parmi les premières, avant que l'eau de ce bassin ne soit trop sale et refroidie.

Après avoir vendu leur commerce de Saint-Edmond en 1947, Oncle Armand et tante Antonia, ainsi que leur fille Cécile, ont déménagé à Normandin dans une belle grande maison achetée de l'agronome L.H. Brouillard. Oncle Armand n'avait pas encore 50 ans, mais ses moyens financiers lui permettaient d'être rentier. Ils y menaient une vie confortable, mais modeste. Ils avaient vendu leur automobile. L'été, quand oncle Armand ne jouait pas aux cartes avec ses frères ou ses amis dans son kiosque à côté de sa maison, il cultivait son potager avec beaucoup d'attention. Il n'y avait pas une seule mauvaise herbe qui avait le droit de pousser dans cet espace privilégié. Tous les tuteurs à tomates étaient de la même hauteur et bien alignés. Il avait toujours été très actif et il voulait continuer à se tenir occupé. Après notre semaine au pensionnat, Solange et moi nous allions attendre Papa chez eux. Cette courte visite nous était toujours agréable. Pour nous mettre à l'aise, oncle Armand nous parlait d'actualité et s'informait de notre vie courante. Il était heureux que nous poursuivions nos études et que nous y réussissions bien. Solange était sa filleule et il lui donnait toujours des cadeaux de Noël en argent. Sa générosité et son aisance matérielle lui ont permis d'aider discrètement plusieurs associations et quelques membres du clan Georges Fortin. Il allait à la messe tous les matins et consacrait une grande partie de ses temps libres à réfléchir, à lire le journal et surtout la Bible et l'Apocalypse. La jeune Cécile, très enjouée, nous faisait la jasette. Tante Antonia nous recevait chaleureusement et s'intéressait à nous et à nos études. Elle nous écoutait attentivement, discutait et donnait délicatement son opinion sans jamais l'imposer. Elle était toujours prête à aider ceux qui en avaient besoin. À la voir agir, on pouvait croire qu'elle n'existait que pour faire plaisir aux autres. Pour moi, tante Antonia, c'était la grande dame distinguée, instruite et bilingue qui avait fait ses études dans les écoles réputées de Québec. Je l'admirais pour sa grande culture, c'était mon idole. J'observais avec quelle minutie elle faisait chaque geste. Elle était joyeuse, aimait les gens et riait de bon cœur.

L'UNIFORME

Toutes les religieuses portaient un costume austère très distinctif. Les religieuses enseignantes étaient vêtues d'une longue robe noire qui descendait presque jusqu'au sol. Elles portaient des manches longues, bien entendu. Un long voile noir opaque leur couvrait la tête qui était entourée d'une cornette blanche qui leur cachait les côtés du visage et le front jusqu'aux sourcils. Le tout relié à une guimpe, un grand cache-col blanc qui leur couvrait le cou, les épaules et qui descendait jusqu'aux seins. La guimpe des Sœurs du Bon-Conseil était en piralin. Une matière rigide qui irritait le cou. Une vraie torture. Leur long chapelet noir, suspendu à une ceinture de cuir noir, faisait un léger cliquetis qui nous était bien utile pour nous prévenir de l'arrivée de la surveillante au pensionnat. Ce costume très sévère était complété par une croix couleur argent suspendue à leur cou (photo n° 23).

Ces religieuses exigeaient que nous soyons aussi habillées très modestement. Notre uniforme composé d'une blouse blanche, collet au cou et manches longues, sous un *jumper* bleu-marine avec une jupe *craquée*, satisfaisait à ces exigences. Pour s'assurer que la jupe de notre *jumper* soit assez longue, elles avaient établi un règlement. Quand nous étions à genoux, le bas de notre jupe devait toucher le plancher. Toutes les élèves se conformaient à cette règle sauf Wilda Johnson, une petite pensionnaire du primaire. Pour elle, les sœurs étaient indulgentes. Elle était si petite et ses parents habitaient si loin...

Les sœurs s'étaient donné comme mission de nous apprendre les manières de grandes demoiselles. Elles exigeaient que notre tenue soit toujours très digne. Debout, bien droite, nous devions avoir les deux mains placées l'une dans l'autre à la hauteur de la taille. Il fallait avoir les jambes bien jointes, un pied placé un peu en avant de l'autre, mais en diagonale, le talon du pied droit appuyé à l'arche du pied gauche. Assises toujours bien droites, la jupe descendue en bas des genoux, les jambes bien collées et inclinées un peu de côté, nous ne devions pas nous adosser si nous étions en conversation avec un supérieur. Comme nous prenions ces habitudes, il nous était difficile de les oublier même quand nous étions à l'extérieur du couvent. Alors les garçons détectaient facilement les filles qui allaient à l'école des bonnes sœurs. En général, c'était à notre avantage. Nous appréciions d'avoir acquis plusieurs de ces bonnes manières, mais nous voulions nous départir de celle de se tenir les deux mains ensemble à la hauteur de la taille. Nous ne voulions pas que les garçons nous qualifient de bonnes sœurs. En dehors du couvent, après avoir vu quelques films d'Hollywood, nous imitions plutôt les stars en nous assoyant comme elles : les jambes croisées, mais ramenées ensemble et inclinées un peu sur le côté. Là, nous nous trouvions très élégantes, quoiqu'il ne fallait pas avoir l'air trop guindé, ça faisait fuir certains garçons. Tout était dans le choix de celui dont nous voulions attirer l'attention.

~

En 1947, j'avais quatorze ans. Pour cadeau de Noël, j'avais demandé un *Kodak*. C'était quoi à cette époque ? Une boîte noire d'environ six pouces sur trois pouces sur quatre pouces. Son fonctionnement était d'une très grande simplicité. Il n'y avait pas d'objectif, seulement un trou rond au centre de l'avant de la boîte. En pesant sur une *clenchette*, un obturateur ouvrait et refermait rapidement ce trou pour laisser passer la lumière directement sur le film au fond de la boîte. Ça donnait un négatif, puis une photo en noir et blanc de la dimension du fond de la boîte. Il n'y avait pas d'ajustement pour la distance focale, mais nous pouvions ajuster l'entrée de la quantité de lumière en déplaçant un indicateur pour : ombre, semi-ombre et soleil. Ce qui agrandissait l'ouverture au besoin. Le sujet à photographier devait être complètement immobile pour obtenir une photo nette. Ce cadeau, quelle bonne idée ! Toute la famille en a bénéficié. Pour profiter de mon nouvel appareil, j'organisais des mises en scène pour changer le décor. Un exemple : Diane et Lucie, à genoux sur le bureau de notre chambre, complètement drapées dans une couverture de laine rouge vin, ne laissant voir que leurs visages et leurs mains placées en forme de « A ». Une rose placée au premier plan ajoutait une note romantique à la scène. À deux ans, Louisée était agitée et *ratoureuse*. Pour l'amadouer, je lui avais confectionné une salopette beige décorée d'un galon rouge. Je l'ai photographiée devant notre épinette et le champ d'avoine comme fond de scène. Vêtue seulement de ma nouvelle création, elle tient dans ses mains un beau bouquet de fleurs sauvages fraîchement coupées. Je me voyais déjà photographe de mon premier modèle. Une photo très réussie que j'ai encore dans mon album (photo n° 17).

RENÉ ET LE HOCKEY

À SIX ANS, RENÉ VOULAIT PATINER, mais c'était en 1936, durant la crise, et Papa n'avait pas d'argent pour lui acheter des patins. Alors, René s'est dit : « Je vais m'en faire, des patins. » Avec l'aide de Papa, il a découpé une planche de bois d'un pouce d'épaisseur et s'en est fait des lames qu'il attachait à ses bottes avec de la corde à moissonneuse. Mais ces lames de bois s'usaient très vite. Donc, pour en prolonger la durer, il en a protégé la base avec de la tôle. Pour l'encourager à profiter de son invention, nous allions jouer dehors avec lui et, au début, nous l'aidions à garder l'équilibre. Il a vite pris de l'assurance et il s'entraînait sur la glace dans le fossé près de la maison. Marquis Jaune nous suivait et nous nous amusions tous ensemble. Deux ans plus tard, Papa trouvait que déjà, à huit ans, René avait fait beaucoup de progrès. Donc, il lui a acheté des patins en métal, mais sans bottines. Papa les avait achetés de Dollard Doucet et les avait payés 25 cents. C'était une lame de patin soudée à une plaque de métal que René fixait à sa botte avec des *straps* de cuir. Il utilisait des branches d'aulne avec un bout recourbé pour se faire des *hockeys* ainsi qu'à Jeanne-d'Arc et à moi. Ensuite il jouait avec notre cousin Antoine Fortin, et nos deuxièmes voisins Gérard et André Théberge. À onze ans, il était devenu très habile sur ses patins plutôt instables et il maniait le hockey avec adresse. Comme il était grand pour son âge, il chaussait déjà des pointures d'adulte. Alors, Papa a payé 1,25 $ à Ti-Pit (Philippe) Langevin pour de vrais patins à tuyaux, mais ceux-là, ils avaient des bottines, semblables à ceux des vrais joueurs de hockey. René était tellement content. Enfin, il serait bien équipé pour patiner. Pour plus de stabilité, il mettait des protège-chevilles et il solidifiait ses bottines avec des *straps* de cuir qu'il croisait autour de ses chevilles pour ne pas se tordre les pieds, une pratique habituelle des joueurs de hockey du temps. Ces patins étaient froids et il devait entrer souvent dans la maison pour se réchauffer. Parfois il se gelait les pieds sans s'en apercevoir tellement il avait les pieds serrés dans ses bottines. Il ne voulait pas mettre trop de paires de bas de laine, il disait que ç'était moins solide.

Avec ses nouveaux patins, il était fier d'aller jouer au hockey avec ses cousins et ses amis du Rang Nord. Ils ont formé une équipe et ils se sont fait une première patinoire sur la rivière Ticouapé en dessous du pont chez oncle Ulric ; plus tard, une deuxième dans la cour chez oncle Roland et quelques années après, une troisième en face de la fromagerie, chez oncle Gérard. À chaque endroit, ils avaient un système d'éclairage qui leur permettait de jouer le soir. Il y avait des heures réservées seulement au patinage, pas de hockey, où les filles venaient se joindre aux garçons pour patiner elles aussi. C'est là que quelques amourettes ont commencé.

René avait maintenant seize ans. Depuis longtemps, il admirait les joueurs de hockey des Canadiens de Montréal. Les murs de sa chambre étaient couverts de posters de ses idoles : Maurice Richard, Toe Blake, Elmer Lach, la *punch line*. Il admirait aussi le grand gardien de but Bill Durnam. En plus d'être plus fort que la moyenne des garçons de son âge, René était devenu un très bon joueur de hockey. Il avait le compas dans l'œil. Il était très habile à toutes les positions du jeu, assez que les joueurs de l'équipe du village lui ont offert le poste de gardien de but (photo n° 20). René, enchanté de cette marque de confiance, s'est acheté une bonne paire de patins et est devenu un des meilleurs, sinon le meilleur gardien de but de leur ligue. Il a occupé ce poste pendant un an. Pour s'améliorer davantage, il s'était fait une patinoire en arrière de notre garage entre les deux gros bancs de neige. Pour l'arroser, il charroyait l'eau à la tonne à partir du ruisseau. La glace était plus belle avec de l'eau douce. C'était toute une tâche, mais il aimait tellement le hockey et surtout qu'il était glorifié par les *jeunesses* du coin et par tous les sportifs de Normandin. Mais gardien de but, ça prend des *pads* (jambières et plastron). Comme il ne pouvait pas apporter chez nous ceux de la ligue de Normandin, j'en ai fabriqué avec de la poche de jute bourrée d'étoupe. Je les ai capitonnés pour tenir toute la bourrure en place. Ça lui permettait de s'entraîner avec Gérard, André et Émile Théberge qui lui lançaient des rondelles. Il était bien en forme et de plus en plus fort. Les années suivantes, il participait encore aux joutes avec l'équipe mais pour les tournois seulement. J'ai une photo de René avec ces *pads* confection maison. En plus je l'avais dessiné en *goaleur* et il est très ressemblant. J'ai encore ce dessin (photo n°s 21, 22).

Pendant ce temps, dans l'équipe de Rang Nord, c'était ma cousine Marie-Louise, treize ans, qui le remplaçait. Elle *goalait* avec une pelle. Elle était championne. Les garçons du secteur la considéraient bien meilleure que plusieurs *goaleurs* des environs. Quand ils jouaient dans les tournois et qu'ils perdaient, ils disaient : « Si on avait eu Marie-Louise avec sa pelle, on n'aurait pas perdu. »

Avec les frères Maristes, des enseignants très sportifs, les garçons du collège du village avaient construit une patinoire réglementaire dans leur cour de récréation. Ces jeunes s'entraînaient beaucoup en espérant être recrutés plus tard par la ligue de hockey locale qui avait sa patinoire près du Foyer, un centre de sport et de cinéma. Le curé Joseph-Edmond Tremblay détestait les sports. Pour ridiculiser le hockey, un jour, il a dit en chaire : « C'est de voir ces grands hommes, juchés sur des patins, qui courent tous après un petit morceau de caoutchouc noir. Donnez-leur en donc chacun un, ils vont arrêter de courir après ça. » Comme d'habitude, tous les paroissiens faisaient comme s'ils n'avaient rien entendu. Oui, tous, sauf les religieuses. Pour ne pas déplaire au curé, nous n'avons jamais eu de patinoire pour les filles du couvent. Heureusement, car je ne savais pas patiner. Aucune fille chez nous n'avait de patins. Mes parents réservaient l'argent pour nos études.

Le hockey était le sport d'hiver le plus populaire au Canada. Le samedi soir, c'était *La Soirée du Hockey* à Radio-Canada animée par Jean-Maurice Bailly. Charlie Maillé et Paul-Marcel Raymond étaient analystes entre les périodes. Les trois étaient réunis autour d'un vieux poêle à bois et étaient connus comme les membres de La Ligue du Vieux Poêle. Michel Normandin faisait les commentaires sur le jeu. La très grande majorité des gens qui ne pouvaient pas aller au Forum à Montréal, écoutaient la joute à la radio. C'était le principal sujet de conversation des hommes et de certaines filles. Mais chez oncle Ulric, c'était spécial. À 8 h, toutes les lumières s'éteignaient dans la maison. La famille au complet était regroupée autour du poste de radio placé près du *sideboard* dans la grande cuisine. Il fallait garder le silence pour ne manquer aucune des prouesses des joueurs de la Sainte-Flanelle. Un samedi soir, Papa était arrivé là vers 8 h 30. En entrant dans la cour, il était intrigué qu'il n'y ait pas de lumière dans la maison. Il s'approche, regarde par la fenêtre et voit que la maison est pleine de monde. En entrant dans la maison, pour faire son drôle, il dit : « Il fait bien noir ici. » Il s'est fait recevoir par une avalanche de chut ! Bien docilement, il s'est assis à la table de la cuisine et a surveillé le spectacle éclairé seulement par la lueur du poêle à bois et le reflet de la radio. D'une voix chaude et forte, Michel Normandin décrivait la joute. Tout à coup le ton de sa voix montait, pour bien faire sentir l'excitation du moment. Avec un crescendo qui lui était propre, il suivait les mouvements des joueurs : « Maurice Richard saute sur la glace, s'empare de la rondelle, passe à Elmer Lach, à Richard, à Blake, à Richard qui contourne le but, à Toe Blake à Richard qui lan.........ce et compte ! » Une clameur s'élève dans la maison. Tous les membres de la famille sont debout, les bras en l'air, et crient: Richard, Richard, Richard. Mais ce qui avait bien impressionné Papa, c'était de les voir suivre la montée au but de Richard en se levant de leur chaise graduellement, mais toujours en silence en attendant le célèbre LANCE ET COMPTE qui les faisait bondir dans les airs en criant. Papa nous disait: « C'est drôle, ç'a pas de bon sens. Ça vaut la peine de voir ça. »

TANTE CLÉMENCE

LE 18 OCTOBRE 1947, tante Clémence, toujours célibataire, a eu quarante ans. Au printemps précédent, elle avait souligné cela en entrant au couvent chez les sœurs Augustines à Roberval où, depuis un an, Jeanne-d'Arc étudiait au juvénat. Nous avons eu beaucoup de peine à la voir partir. Sa sœur Éléonore aussi a eu bien du mal à accepter son départ. Maman et tante Clémence s'aimaient beaucoup, elles se comprenaient. Cette chère tante aimait cela venir aider Maman. Elle disait: « Cécile n'était tellement pas exigeante. Elle était toujours contente de tout ce que je faisais. » Nous n'avons pas cessé de l'aimer beaucoup, cette tante en or. Elle a eu tant soin de nous dans les moments les plus difficiles. Nous étions à l'aise avec elle comme avec notre mère.

Tante Clémence entrait au couvent pour la deuxième fois. La première fois, c'était en 1929, elle avait vingt-deux ans. Alors fiancée à Alexandre Painchaud, elle devait se marier en même temps que mes parents. Quelque temps avant la daté fixée pour son mariage, tante Clémence a changé d'idée et est entrée au couvent. Sa mère, Marie-Louise Vézina, était décédée en 1926 à l'âge de 52 ans, mais son père était encore là. Quelques mois après son entrée chez les religieuses, son père est tombé gravement malade et elle est revenue à la maison pour avoir soin des ses quatre jeunes frères et sœurs: Antonio, Thérèse, Gérard et Éléonore. Tante Clémence a vécu une vie de renoncement et de dévouement envers les autres. Elle est décédée mardi le 25 juin 2002. Durant les dernières années de sa vie, elle était aveugle, donc elle écoutait de la musique, chantait, riait et priait. Elle se souvenait de tous les mots des chansons de sa jeunesse. Elle disait: « Je suis chanceuse, le bon Dieu m'a enlevé mes yeux, mais il m'a laissé mes oreilles. Le bon Dieu m'a donné les yeux du cœur. » Comme Maman a vécu les derniers moments de sa vie au Gîte des Sœurs Hospitalières de Roberval où tante Clémence vivait, celle-ci était là à la mort de Maman, le 28 août 1999. En arrivant près du corps de Maman, elle a posé doucement sa main droite sur les mains inertes de Maman. La tête inclinée, elle s'est recueillie un moment.

Ensuite elle a demandé : « Est-ce que je peux l'embrasser ? Cadeau du ciel ! Cécile, on avait dit qu'on mourrait ensemble, mais tu m'as joué un tour. » Puis elle a défilé toutes ses invocations habituelles : Dieu est amour, l'amour n'a pas de distance, etc. Ensuite tante Clémence s'est mise à chanter en tapant du pied : « Tout le monde veut aller au ciel, mais personne ne veut mourir ». La Supérieure, sr Irène Plourde, un peu gênée de cette attitude, a voulu l'arrêter, mais Jeanne-d'Arc lui a dit : « Non, non, laissez-la faire. » Tante Clémence a enchaîné : « Vous savez, pour aller au ciel, il faut commencer par mourir. On ne peut pas y aller en vie. » Tout le monde riait dans la chambre, mais tante Clémence qui était aveugle, n'a rien vu. Ça a détendu l'atmosphère et nous sommes tous restés déconcertés devant une telle sérénité.

TANTE ÉLÉONORE

Tante Éléonore était la petite dernière du clan Georges Fortin. Elle est devenue orpheline de mère à neuf ans et orpheline de père à treize. Quand je suis née, elle avait seize ans. Ses beaux cheveux noirs épais et brillants, toujours bien coiffés, contrastaient avec son visage fin qui paraissait toujours bronzé. Elle était toute menue, même enrobée de plusieurs chandails, elle paraissait encore frêle. Sa santé délicate l'obligeait à prendre beaucoup de repos. Je la vois encore, enveloppée de plusieurs couvertures, allongée dans sa belle chaise longue, à l'ombre des cerisiers du grand jardin potager entouré de lilas et de rosiers sauvages. Elle avait souvent un livre entre les mains. Par ses nombreuses lectures, elle avait cultivé sa psychologie naturelle et aurait bien aimé en faire profiter les autres, mais les forces lui manquaient pour occuper un emploi régulier. Ne pouvant pas lire longtemps, elle s'endormait, la tête inclinée sur son bouquin ou sur ses cahiers remplis de notes. Elle y inscrivait tous les événements importants vécus dans les familles de ses sœurs et ses frères déjà mariés. Vu qu'elle était demeurée célibataire, elle déversait son trop-plein d'amour sur ses neveux et nièces dont elle connaissait toutes les dates d'anniversaire de naissance, soit plus de cinquante dates, et cette liste s'allongeait continuellement. Après qu'elle eut son appartement au village, elle nous invitait à venir manger notre gâteau d'anniversaire avec elle. Si nous arrivions à l'improviste, elle était toujours heureuse de nous faire partager son sucre à la crème qui était d'une onctuosité et d'une saveur inégalées. Elle venait parfois nous faire des patates pilées auxquelles elle ajoutait beaucoup de beurre et des assaisonnements qui leur donnaient le petit goût fin dont elle était la seule à connaître le secret. Nous adorions cela, surtout que Maman n'en faisait pas souvent, il lui aurait fallu peler deux fois plus de patates et le temps lui manquait parfois pour faire de la fantaisie. Elle avait tant de bouches à nourrir.

~

Malgré leurs multiples occupations, mes parents accordaient beaucoup de temps à la pratique religieuse. À l'automne, quand les gros travaux de la ferme étaient terminés, ils allaient parfois faire une retraite fermée de quelques jours au centre Val Racine à Chicoutimi. Plusieurs pères Jésuites y consacraient leur vie à prêcher la doctrine sociale de l'Église *à la jésuite*. Cette année-là, c'était le tour de Maman. Louisée avait un an et demi. Papa la trouvait bien gâtée cette petite dernière. D'avance, il s'était dit : « Je vais en profiter pendant que Cécile n'est pas là pour lui faire passer ses caprices. » Aussitôt Maman partie, voilà Louisée très malade. Elle fait de la haute température et elle demande beaucoup d'attention de toute la maisonnée. Son beau plan d'éducateur a échoué. Plus tard, il nous racontait ses intentions secrètes et il éclatait de rire.

PAPA SUPPOSÉMENT EN DANGER DE MORT

En février 1948, les chemins n'étaient pas encore ouverts aux automobiles au Rang 8. Papa était au village chez son frère Armand, quand un terrible mal de rein l'a terrassé. Son frère lui a dit : « Conrad, reste ici, on va avoir bien soin de toi et au moins tu vas être proche des docteurs. » Papa avait souvent mal aux reins, mais cette fois c'était beaucoup plus souffrant que d'habitude. Les calmants administrés n'étaient pas d'un grand secours. Papa croyait en mourir. Oncle Armand et tante Antonia étaient très attentifs. Malgré tous leurs bons soins, les douleurs de Papa augmentaient d'une manière inquiétante. Le vendredi après-midi, oncle Armand est venu nous avertir, Solange et moi, pensionnaires au couvent, que Papa était en danger de mort et de venir au plus vite chez lui. Arrivées à la hâte dans la chambre d'en avant, nous apercevons Papa, les yeux abattus, la respiration difficile, qui fait un effort pour nous dire d'approcher. Nous tremblions d'inquiétude. Nous étions là, impuissantes devant tant de douleurs. Après quelque temps, ses souffrances ont diminué. Nous avons passé toute la soirée, assises près de lui, muettes d'angoisse. Tard dans la nuit, nous tombions de fatigue, tante Antonia nous a conseillé d'aller dormir en haut dans la chambre d'amis. Quand nous nous sommes levées le lendemain matin, Papa allait un peu mieux. René était venu prendre de ses nouvelles et nous a ramenées à la maison. Oncle Armand et tante Antonia veillaient toujours. Mais dans la nuit du samedi au dimanche, ils ont jugé que Papa était de nouveau vraiment en danger. Oncle Armand a téléphoné au Dr Jean-Marie Lévesque de Saint-Félicien et a envoyé chercher Maman par Didyme Sénéchal qui faisait du taxi d'hiver avec son *snow*. Quand Maman a entendu le grondement sourd de cette grosse machine avec cabine fermée qui roulait sur de larges chenilles à neige, elle a tout de suite compris que Papa avait empiré. Elle s'est levée en vitesse. Quand Sénéchal a frappé bruyamment à la porte, elle était déjà là. Ce vacarme a réveillé presque toute la maisonnée. Ces gros phares allumés et le bruit du moteur qui tournait encore devant la porte rendaient l'atmosphère lugubre. Sénéchal et Maman sont partis en vitesse. Solange et moi sommes descendues coucher dans le lit de Maman pour garder Louisée qui dormait encore dans sa couchette. Nous étions incapables de dormir, nous étions mortes d'inquiétude. Maman est arrivée au chevet de Papa en même temps que le docteur Lévesque, venu d'urgence. Il a tout de suite diagnostiqué une pierre au rein qui s'était engagée pour passer. Il a administré à Papa un calmant puissant qui l'a détendu et la pierre est passée. Quel soulagement! Après que Papa fut remis sur pieds, il disait: «Le docteur Lévesque m'a donné une piqûre pour la vie ou pour la mort. Je ne sais pas trop ce que c'est, mais ça m'a sauvé la vie!»

Son mal de dos chronique provenait principalement d'un nerf coincé entre deux vertèbres. Souvent, quand son dos *barrait*, Papa restait courbé et était incapable de se redresser. À cette époque, pour guérir ce mal, les gens faisaient appel à un *ramancheur* appelé aussi un *rebouteux*. La méthode d'intervention était plutôt rudimentaire. Le malade se couchait sur le ventre dans un lit. Avec son pouce, le *ramancheur* faisait des pressions tout le long de la colonne vertébrale du malade. Quand il y avait une irrégularité dans la colonne, un *crouc* se faisait entendre et la vertèbre était replacée. C'était douloureux sur le moment, mais souvent ça réglait le problème jusqu'à la prochaine fois.

∾

Malgré tous ses maux de dos et sa santé fragile, Papa trouvait toujours l'énergie pour s'occuper d'élections. Grand-papa Georges avait inculqué ce sentiment d'appartenance politique à ses enfants. Les Fortin étaient des libéraux, parce que, selon Papa, ce parti faisait évoluer la société. Par contre, nous, de la génération suivante, nous ne nous intéressions pas tellement à ces luttes politiques entre *rouges* et *bleus,* mais nous suivions ses conseils quand il s'agissait d'aller voter. Papa critiquait régulièrement le premier ministre *bleu*, Maurice Duplessis. Mais quand, le 21 janvier 1948 à 15 heures, sans avertir personne, Duplessis a fait hisser le drapeau fleurdelisé sur le toit du Parlement en pleine session parlementaire, ah! là, Papa a dit: «C'est une bonne idée que nous ayons notre symbole canadien-français au Québec.» Les membres de la société secrète, L'Ordre de Jacques-Cartier, surnommée La Patente, ont considéré l'adoption de ce drapeau fleurdelisé comme une grande victoire. C'était presque leur drapeau, mais avec les fleurs de lys placées à la verticale au lieu d'en diagonale comme sur leur drapeau. D'autre part, il a fallu attendre en 1965 pour que le gouvernement libéral fédéral de Lester B. Pearson adopte notre drapeau canadien, l'unifolié.

J'AIMAIS CONDUIRE L'AUTOMOBILE

Papa ne voulait pas m'acheter de bicyclette, il disait: «Les chemins ne sont pas assez beaux ici et c'est un sport pour se morfondre.» Plutôt, il m'a montré à conduire l'automobile à douze ans. J'étais très fière de cela. Au début, je conduisais très peu, et toujours avec lui à mes côtés. Peu à peu, je prenais de l'assurance et je m'aventurais parfois jusqu'au village, toujours sans permis de conduire. Mais il fallait faire attention pour que la *police provinciale*, Poliquin, que nous appelions le *spotteur*, ne soit pas dans les parages. Notre automobile avait une transmission manuelle. Mon oncle Antonio en avait une semi-automatique. Ça m'intriguait. Quand *j'embarquais* avec lui, j'observais ses manœuvres. Un jour, j'avais environ quinze ans, oncle Antonio vient rejoindre Papa, pour aller à une assemblée, et laisse son auto près du garage. J'attends d'être sûre qu'ils sont bien rendus assez loin et je monte dans l'auto d'oncle Antonio. Je fais plusieurs tours dans la cour, pour vérifier si j'avais bien compris son fonctionnement, et je la remets exactement où elle était. Environ une demi-heure plus tard, Normande Langevin arrive chez nous en pleurant. Elle gardait et sa jeune sœur, Rogère, était blessée. Un cheval parti en peur lui avait piétiné le corps. Elle venait demander de l'aide et il fallait absolument aller chez le médecin. Je ne me pose pas de question et je lui dis: «L'auto d'oncle Antonio est là, je vais aller te mener.» De retour à la maison, je remets l'auto toujours au même endroit. Là, je réfléchis. Est-ce que je le dis ou non? De toute façon, ça va se savoir. Papa et oncle Antonio reviennent de leur assemblée. Je leur raconte mon aventure. Bouche bée, ils se regardent ne sachant quoi dire. J'ajoute:

«Rogère était gravement blessée et avait absolument besoin de soins. » Papa a repris aussitôt : « Tu as bien fait. » Mon oncle Antonio a froncé les sourcils et est reparti dans son auto semi-automatique.

J'aimais conduire l'auto (photo n° 24), tous les prétextes étaient bons pour aller faire des tours. Mais Papa m'avait bien défendu d'emmener les jeunes enfants quand je conduisais seule. Un jour, je me préparais à sortir l'auto du garage à reculons. Louisée entre en vitesse par la portière arrière de l'auto. Je la fais descendre tout de suite. Elle sort, mais ne referme pas la porte. Je recule l'auto sans vérifier et crac ! J'arrache la porte du garage et tout un pan de mur. René arrive sur-le-champ, bien fâché, et il me dit : « Si t'es pas capable de *chauffer* laisse-la là, la *machine*. » Je pars quand même. Ce qui a surtout fâché René, c'est que très peu de gens savaient que je commençais à conduire l'automobile. Alors, quand ses amis verraient la porte et le mur du garage arrachés, ils ricaneraient et diraient que René ne savait pas conduire. Le lendemain matin, René avait tout réparé.

Comme encore aujourd'hui, pour plusieurs personnes, l'automobile était un signe de réussite. Même ceux qui n'avaient pas les moyens en avaient une pour faire comme les autres. C'était devenu le sujet de discussion de tous les garçons, même de plusieurs filles. La vanité au sujet des chevaux, c'était fini. Les garçons se promenaient au volant du *char* de leur père, la tête en l'air, la radio ouverte au plus fort et le coude sorti par la vitre ouverte. C'était indispensable pour être *bons* avec les belles filles du coin. Un garçon pas d'automobile, ça ne *pognait* pas. Il fallait avoir son *char*. De plus, le *char*, il fallait le décorer. Certains garçons attachaient une queue de renard argenté à l'antenne de l'auto et mettaient un grand coussin brodé sur la tablette de la vitre arrière. Ils fixaient une boule de verre toute luisante au volant pour le tourner plus facilement quand l'auto avait le *chimi* (de l'imprécision dans la conduite, due à l'usure). Il fallait avoir des *seat-cover* en plastique pour protéger les sièges. Plus il y avait de chrome sur la carrosserie, plus c'était beau. Pour les gens qui pouvaient s'offrir des *chars* neufs, la mode était de changer à tous les ans, ou au plus tard à tous les deux ans. Ç'était un signe de richesse et ça se parlait dans la place. Quand les garçons entraient quelque part où ils n'étaient pas très connus, ou qu'ils voulaient impressionner les filles, souvent ils gardaient leurs clefs dans leurs mains et les brassaient de temps en temps pour montrer qu'ils avaient un *char*.

JE TROUVE LES GARÇONS DE MON GOÛT

COMME TOUT LE MONDE DU SECTEUR, durant le mois d'août, nous allions aux bleuets. Papa et René avaient bâti un pont sur le ruisseau pour accéder à cette manne bleue qui poussait dans les clairières de la forêt. En plus, ils nous avaient construit un abri où nous allions dîner et ranger notre équipement de cueillette. Oncle Armand n'allait pas aux bleuets, ses moyens lui avaient permis d'être rentier avant cinquante ans. Comme il avait vécu toute sa vie avec le public, il s'intéressait encore à tous. Il aurait voulu le bien pour tout le monde, surtout le bien spirituel et moral. Un midi, cet oncle, que nous appelions notre « Patriarche digne », s'en vient dans le champ de bleuet, la tête baissée, l'air songeur et très sérieux comme d'habitude. Nous étions tous réunis pour le dîner. En voyant venir son frère, vêtu en habit bleu marine, Papa nous dit en riant : « Habillé comme ça, il ne vient certainement pas ramasser des bleuets avec nous autres. Ça doit être sérieux et urgent si Armand, qui n'a pas de *machine*, vient nous voir ici en pleine semaine. » Après s'être informé d'un peu tout le monde, oncle Armand dit à Papa : « Conrad, j'ai quelque chose de très important à te dire *dans le particulier*. » Après s'être éloigné un peu de nous, oncle Armand dit à voix basse : « Conrad, t'es-tu aperçu que ta fille Marie-France commence à trouver les garçons de son goût ? » Papa, en éclatant de rire, lui répond : « Je suis bien content d'apprendre ça, ça veut dire qu'elle est normale à quinze ans, que je n'aurai pas besoin de la faire soigner. » Oncle Armand, bien insulté, tourne les talons et repart rapidement d'où il était venu. Quand Papa nous a raconté cela, il riait tellement que son rire communicatif nous a fait rire tout l'après-midi. Nous en avons ri très longtemps, même nous en rions encore.

C'est sûr que les garçons m'intéressaient de plus en plus. Après cette réaction amusante de Papa, j'étais bien rassurée que mes parents approuvent mon intérêt et me permettent d'aller danser et de sortir normalement. Au fond, je le savais, puisque lorsque nous étions encore jeunes, Papa nous avait appris à danser et nous adorions cela.

Quand nous allions chez grand-maman Girard, elle n'avait ni piano, ni violon, mais elle avait un gramophone. Ce tourne-disque manuel nous amusait beaucoup. Cet appareil fonctionnait uniquement d'une façon mécanique, sans aucune aide électronique, sans amplificateur. L'aiguille agissait directement sur un diaphragme fixé sur un long tube conique qui tenait lieu de haut-parleur. Ce tube était dissimulé dans un meuble en bois brun. Juliette se faisait un plaisir de nous montrer qu'elle savait faire fonctionner cet appareil. Elle remontait le ressort avec une manivelle, dépliait le bras, support de l'aiguille, et le plaçait sur le début du disque 78 tours RCA Victor, *His Master's Voice*. Les disques étaient faits d'un matériau très fragile. Souvent, Juliette faisait tourner des disques même s'ils avaient une fissure. À chaque tour, un petit « clic » venait rompre le charme de la musique. Le son était plutôt médiocre. Les disques et les aiguilles s'usaient très vite et la poussière causait des bruits de fond. Ça grinçait, mais nous n'avions pas mieux à l'époque. Elle pouvait ajuster la vitesse par une manette. Si le disque tournait trop vite, les voix étaient très aiguës et étaient méconnaissables. Grand-maman et mes oncles avaient surtout des disques de *reels* : le *reel* de l'oiseau moqueur, le *reel* du pendu, le reel de Pointe-aux-Pics, le *reel* de sainte Anne, etc. Ils avaient aussi des chansons de la Bolduc, de Jean Lalonde et du français Tino Rossi. Quel chanteur ! Sa voix, d'une douceur exceptionnelle, en a fait, dès ses débuts, un chanteur de charme reconnu mondialement. Les femmes l'adoraient et rêvaient en l'entendant chanter *Maman, tu es la plus belle du monde, Femmes, que vous êtes jolies, Parlez-moi d'amour, Cerisiers roses et pommiers blancs, Le plus beau tango du monde...*

À cela s'ajoute un longue liste de chansons toutes aussi envoûtantes les unes que les autres. Quand un garçon avait une belle voix, il n'avait qu'à chanter une de ces chansons et il gagnait bien des cœurs de jeunes filles.

L'ÉCOLE NORMALE DE CHICOUTIMI

Mes parents ont investi beaucoup d'argent dans notre instruction. Pour septembre 1948, il leur a fallu préparer trois trousseaux de pensionnaires pour la rentrée scolaire. Jeanne-d'Arc entrait au couvent, comme postulante, chez les Sœurs Augustines de l'Hôtel-Dieu de Roberval ; moi, à l'École Normale du Bon Conseil de Chicoutimi et Solange, en 9ᵉ année au juvénat des Augustines de l'Hôpital de Roberval. Mais, parmi les trois filles qui allaient étudier à l'extérieur, j'étais la seule dont Papa aurait à payer les frais d'études en plus d'une pension mensuelle de 15 $ plus 1 $ pour avoir du lait aux repas. Les frais des fournitures et livres scolaires étaient en sus. Rolande faisait sa 7ᵉ année, au Rang 8. Sa maîtresse d'école diplômée ? Notre cousine, Gisèle Fortin.

Heureusement, je commençais à être un peu plus habile en couture, j'ai pu confectionner une bonne partie de ces trois trousseaux. Papa a dû emprunter de l'argent pour défrayer tous ces préparatifs.

Il faut noter qu'en 1948, le salaire moyen d'un ouvrier était de 1 $ l'heure et que le dollar canadien était à peu près à parité avec le dollar américain.

Papa ne cherchait pas à accumuler de l'argent. Ce qu'il voulait, c'était de faire instruire ses filles. Optimiste, il disait : « Dans deux ans, Marie-France va faire l'école et gagner un bon salaire, on va pouvoir se replacer du côté argent. » Il savait que je serais reconnaissante pour les sacrifices que tous les membres de ma famille s'étaient imposés pour me faire instruire et que je mettrais mon salaire à leur service. J'étais heureuse de le faire, même si la majorité de mes amies pouvaient conserver leur salaire et en disposer à leur guise.

Mais un qui trouvait cela moins drôle, c'était René. Il n'avait pas pu profiter de l'instruction et fréquentait sérieusement Jeannine Painchaud. Il se demandait bien ce qui l'attendait.

Malgré que j'aurais pu aller à l'École Normale des Ursulines de Roberval, mes parents avaient accepté que j'aille à l'École Normale du Bon Conseil de Chicoutimi fondée deux ans auparavant. Les sœurs faisaient beaucoup de propagande pour leur nouvelle École Normale et en décrivaient tous les avantages. Un détail qui m'attirait beaucoup, c'était qu'au dortoir, chaque élève avait sa cellule personnelle fermée par des rideaux alors qu'à Roberval, c'était encore le système du grand dortoir commun comme à Normandin où je souffrais du manque d'intimité. En plus, cette nouvelle école, dirigée par la même congrégation de religieuses enseignantes qu'à Normandin, avait les mêmes méthodes d'enseignement. Voilà qui avait une importance non négligeable. Il y avait beaucoup de compétition entre ces communautés. Les Ursulines de Roberval n'acceptaient pas toujours de reconnaître la 10e année générale faite dans des écoles concurrentes, pour classer une élève en 2e année à leur École Normale. Alors mes parents étaient conscients qu'une année de scolarité de plus, c'était très important. Ça développait davantage la culture et ça me donnerait un meilleur salaire, quand j'enseignerais. De plus, ils étaient fiers de dire que leur fille faisait ses études à Chicoutimi.

Depuis que je fréquentais l'école, j'avais toujours eu des femmes comme professeurs. Mais à cette école supérieure, les sœurs nous avaient dit que nous aurions deux hommes parmi nos professeurs. M. Didier-Maximin Caron, marié et père de famille, nous enseignerait les mathématiques. Notre principal, l'abbé Louis-Joseph Aubin, se chargerait de la morale et de la philosophie. Ces deux hommes plutôt timides, pas grands et assez gros, n'avaient rien pour charmer nos cœurs de jeunes filles pensionnaires.

Quand je suis partie pour aller à l'École Normale de Chicoutimi, j'avais quatorze ans. Papa est venu me conduire en automobile. La rentrée scolaire, c'est toujours une journée remplie d'émotions. Chaque élève arrivait avec sa grosse malle. Nous devions toutes être pensionnaires à plein temps, c'était obligatoire. Cette fois-là, je ne reviendrais pas chez nous les fins de semaine. Je partais pour ne revenir qu'au congé de la fête de la Toussaint, au début de novembre. Plusieurs filles pleuraient, j'avais le cœur serré, mais j'étais plutôt fière d'en être enfin rendue là, j'achevais mes études. Quand Papa et moi nous nous sommes présentés devant la directrice, Sr Marie-de-Lorette, Papa se tenait bien droit, fier de conduire sa fille aux études, considérées comme supérieures dans ce temps-là. Il n'a pas manqué de mentionner à la directrice qu'il était allé au Séminaire de Chicoutimi dans sa jeunesse. Par là, il voulait montrer qu'il avait de l'instruction lui aussi. Il était particulièrement heureux que je sois classée directement en 2e année, vu que j'avais fait ma 10e année à Normandin. Ainsi je pourrais obtenir mon diplôme complémentaire après deux ans seulement. Si je n'avais eu que ma 9e année d'école régulière, j'aurais été classée en 1re année et je n'aurais obtenu qu'un diplôme élémentaire.

Cette École Normale étant située à 100 milles de chez nous, je ne m'attendais pas à avoir de visite au parloir. J'écrivais à mes parents régulièrement. Je m'ennuyais beaucoup de ma famille, surtout en fin de semaine quand je voyais mes compagnes, qui habitaient les environs, avoir de la visite régulièrement. À l'occasion d'un voyage d'affaires à Chicoutimi, Papa arrive au parloir un jeudi soir durant l'étude, une exception. Les visites n'étaient permises qu'en fin de semaine. Vu qu'il ne m'avait pas prévenue, je suis restée figée par la surprise. J'avais la gorge tellement serrée que je n'ai pas été capable de lui dire un seul mot au début. Papa me questionnait : si j'aimais cela, si ça allait bien dans mes cours, si la nourriture était bonne, etc. Je lui répondais oui, mais seulement par un signe de tête. Il me donnait des nouvelles de tout le monde. Il essayait de me détendre en faisant des farces. Il a réussi à me faire rire, ensuite j'ai pu lui parler, ce qui l'a rassuré. Après environ vingt minutes, il était reparti après m'avoir donné 5 $ pour mes dépenses. Je dépensais très peu, j'étais très consciente que l'argent était rare à la maison.

J'écrivais souvent à mes parents, mais je ne pouvais pas m'exprimer librement dans mes lettres. Pour les faire poster, il était interdit de les cacheter et il fallait les déposer dans une boîte spéciale, placée près du bureau de la directrice. Sr Marie-de-Lorette se permettait de lire tout le courrier qui sortait et celui qui entrait dans l'école. Cette censure servait à surveiller l'esprit qui prévalait parmi ses ouailles. Il était interdit de recevoir des lettres de nos *chums*. N'étant pas au courant de cette interdiction, un jour, un amoureux a adressé une lettre à une élève. La missive ne s'est jamais rendue à sa destinataire. À la grande réunion du samedi après-midi, cette directrice en a cité quelques passages en les ridiculisant devant toutes les élèves réunies. Elle a donné assez de précisions pour que la fille impliquée se reconnaisse. C'était pénible à entendre et ça nous convainquait d'être prudentes avec nos amourettes pendant nos études.

À la fête de la Toussaint, le 1er novembre, nous avions un congé qui nous permettait d'aller chez nous trois jours. C'était la première fois que je prenais le train. J'étais avec mes compagnes du Haut-du-Lac. Papa est venu m'accueillir à la gare de Normandin. J'étais bien contente de revoir toute ma famille. Maman avait fait un spécial pour bien me recevoir. Le souper avait été très animé par toutes les questions qui m'étaient adressées. René, l'aîné de la famille, était silencieux. C'était la première fois que je me sentais comme l'aînée des filles. Jeanne-d'Arc venait d'entrer au couvent, Solange était au juvénat, Rolande n'avait que onze ans. Entourée de toutes mes jeunes sœurs, je me sentais beaucoup plus importante tout à coup. Ça m'avait fait sentir toute la responsabilité qu'une fille aînée peut porter sur ses épaules. J'ai conservé ce sentiment très longtemps, même après mon mariage.

Je suis retournée à l'École Normale le cœur serré de laisser les miens. Je ne reviendrais qu'à Noël. Heureusement, là-bas j'avais de bonnes amies : Carmen Bolduc, Collette Poisson, Jacqueline Vincent, Monique Painchaud, Laurette Girard et Marthe Gill. C'était toutes des filles du Haut-du-Lac-Saint-Jean. J'avais aussi de bonnes compagnes de classes, quoique j'aie été la seule du Haut-du-Lac dans ma classe. Carmen Bolduc et Colette Poisson étaient dans l'autre classe de 2e. Les autres filles du Haut-du-Lac étaient toutes en 1re année. J'avais une bonne professeure, Sr Sainte-Théophanie (Irène Lachapelle), et je me classais dans les cinq premières. Mes parents étaient très satisfaits de mes résultats et je n'avais pas la pression de la première de classe. À Chicoutimi, c'était les meilleures élèves de la région, ce n'était pas facile (photo n° 25).

À cette école, où nous étions formées pour enseigner, les sœurs nous inculquaient l'esprit de l'étude permanente. Elles nous disaient : « Si vous cessez d'étudier et de lire, il faut cesser d'enseigner. » Elles nous encourageaient beaucoup à lire. Dans notre horaire scolaire, il y avait une heure par semaine réservée uniquement à la lecture. En plus, nous avions la permission de lire dans notre cellule, en fin de semaine et durant l'étude si tous nos travaux scolaires étaient terminés. Nous devions faire le résumé de notre livre et le présenter à notre titulaire. Elle évaluait notre compte rendu et les notes comptaient sur notre bulletin. C'était généralement des biographies de saints et de saintes, de missionnaires, de savants ou de personnages historiques. Tous ces livres avaient reçu l'imprimatur du pape. Nous en avions la preuve par le symbole imprimé au début du livre : une petite croix suivie d'un numéro. Par ce signe, nous concluions qu'il n'était pas à l'Index. L'Index, c'était la liste des livres interdits à tous les catholiques par ordre du concile de Trente. Par exemple, toute l'œuvre de Victor Hugo était à l'Index. Ces livres jugés immoraux par l'Église ne circulaient qu'en milieu fermé et à l'insu des dirigeants de l'Égise catholique. Ceux qui étaient pris à lire ces livres défendus étaient passibles d'excommunication par le pape. En province, très rares étaient les librairies qui osaient en garder dans leurs rayons. Le libraire qui prenait ce risque les gardait sous clé et les vendait seulement à ceux à qui il faisait confiance pour ne pas être dénoncé. À Montréal, c'était plus facile de s'en procurer. Vu qu'il y avait aussi des protestants, pour l'Église catholique c'était plus difficile de garder le contrôle.

Comme il n'y avait aucun sport organisé à cette École Normale nouvellement construite, j'étais bien contente d'être choisie, avec une trentaine d'autres élèves, pour faire partie de la chorale. Ça faisait passer agréablement les récréations du midi, surtout l'hiver où il faisait un froid sibérien en haut de ce rocher sur le bord du Saguenay. J'ai aussi adoré jouer le rôle d'une institutrice dévouée dans une pièce de théâtre intitulée *Si j'étais riche*. Cette pièce avait été écrite par le Principal de notre École Normale : l'abbé Louis-Joseph Aubin.

NAISSANCE DE FLORENT ET DE FLORENCE

JEANNE-D'ARC ÉTAIT ENTRÉE EN RELIGION à 16 ans (photos n°s 26, 27, 28). Pour nous tous, ç'a été difficile de la laisser partir. Chez nous, elle était comme une deuxième mère et était douée pour tous les rôles autant affectifs, intellectuels que manuels. Son départ a creusé un grand vide. J'étais fière de la voir atteindre son idéal si jeune, mais elle me manquait beaucoup. C'était si rassurant d'avoir une grande sœur pour discuter de sujets de filles. Nous allions la visiter au parloir des sœurs hospitalières de Roberval aussi souvent que c'était possible. Lors de sa dernière visite, Maman lui avait confié : « Je crois que le bébé que j'attends pour la mi-juin sera un garçon. Je suis bien plus grosse que pour mes huit filles. » Jeanne-d'Arc, toute surprise, lui répond : « Un garçon ? Quelle nouvelle ! Espérons qu'il ne se pas trop gâté par toutes ces filles et surtout par René qui a tant hâte d'avoir un frère. Aussi Maman, est-ce que je pourrais vous demander une faveur ? Si c'est un garçon, j'aimerais ça qu'il s'appelle Florent. » Maman lui a répondu : « Bien sûr ! Mais pourquoi, ce nom-là ? » « Maman, c'est que le frère d'une de mes compagnes religieuses s'appelle comme ça, et je trouve ça beau. Elle nous parle de lui, et elle nous dit qu'il est gentil et brillant. »

Quand je suis arrivée pour mes vacances de Pâques, j'ai bien vu que Maman attendait un bébé. Le lendemain, Vendredi-Saint, 15 avril, vers midi, elle savait qu'une délivrance prématurée s'en venait rapidement. Papa est immédiatement parti avec les cinq plus jeunes enfants pour les conduire au Rang Nord. En même temps, il a averti tante Léontine et tante Évana de venir assister Maman qui était restée seule à la maison avec moi. Il a continué par le Rang Nord, le Rang 8 n'étant pas encore ouvert à la circulation automobile. Il s'est rendu au village pour aller téléphoner au Dr Dionne qui habitait à Saint-Edmond. Après que Papa eut quitté la maison, j'ai presque paniqué. Mais il ne fallait pas que je le laisse voir à Maman. Je n'avais jamais assisté à un accouchement et c'était à celui de ma mère! J'ai dû apprendre vite, il va sans dire. Ses contractions étaient déjà fortes et rapprochées. À quinze ans, comme la très grande majorité des personnes qui ne sont jamais passées par là, je n'avais aucune idée de ce que pouvaient être les douleurs d'un accouchement, même si je voyais bien que Maman souffrait énormément. Elle était assise sur le bord du tabouret près de la table de la cuisine. Elle avait un pied au plancher et l'autre sur le barreau. Je gardais mon bras autour de ses épaules et lui mettais une serviette mouillée sur le front. À chaque contraction, elle gémissait et se cambrait, en serrant les dents et en s'agrippant au tabouret. Je me sentais très impuissante, surtout que je ne savais pas quoi faire. J'avais du mal à retenir mes larmes, j'essayais d'être utile. Je lui ai demandé, une fois: «Voulez-vous aller vous coucher?» Elle me répondit: «Non, non, si je bouge d'ici, c'est sûr que le bébé va arriver.» Elle savait de quoi elle parlait, c'était son dixième accouchement. Elle avait peine à respirer et me disait souvent: «Mais ça leur prend donc du temps. Qu'est-ce qu'elles font, Léontine et Évana?» Après trois heures d'attente, je voyais que sa résistance était à bout. Très inquiète, je jette un dernier coup d'œil vers la route et je lui dis: «Enfin, Maman, elles s'en viennent, je vois l'auto de mon oncle Roland au coin chez Ernest.» Maman, à bout de souffle, en gémissant, me dit: «C'est le grand temps, là j'en peux plus.» Les deux femmes sont entrées en vitesse dans la maison et ont couru auprès de Maman. Je suis repartie en automobile avec mon oncle Roland. Je n'ai pas dit un mot du trajet, j'en étais incapable, j'avais la gorge trop serrée. Cette expérience m'a bouleversée et m'a laissée songeuse très longtemps.

Quand je suis revenue le soir, Papa m'a raconté que peu de temps après que le Dr Dionne fut arrivé, un bébé garçon s'est présenté. Tante Léontine a dit au médecin: «Mais, il y en a deux!» Quelle surprise! En entendant cela, Papa essayait de se calmer en se disant: «C'est pas de mon affaire, la Providence va s'en occuper.» Une fille arrive toute frêle. À la vue de ces jumeaux inattendus, le docteur a flairé une bonne occasion. En ramassant ses instruments, il réfléchissait et attendait. Quand Maman a commencé à se réveiller, elle était entourée de Papa, tante Léontine et tante Évana. Maman leur a demandé: «Dites-moi donc, c'est un garçon ou une fille?» Papa a répondu: «C'est ni un garçon, ni une fille.» Maman a repris: «Mais, voyons, vous me cachez quelque chose.» Avant qu'elle ne se tracasse, Papa, moqueur, a repris: «C'est les deux.» Maman dit: «C'est pas vrai! Bien apportez-moi-les!» Quand elle a vu ces deux trésors, elle était émerveillée, mais elle n'était pas encore réveillée complètement et elle ne réalisait pas encore très bien ce qui lui arrivait. Papa, tante Léontine et tante Évana sont retournés dans le salon avec les jumeaux. Pendant ce temps là, le Dr Dionne est revenu dans la chambre de Maman et lui a dit: «Madame Fortin, vous devriez me donner la jumelle. Moi je n'ai que des garçons, ma femme serait tellement contente. Vous, des filles, vous en avez déjà beaucoup. Je l'adopterais et on ne le dirait à personne.» Maman, épuisée, lui a répondu : «Demandez ça à Conrad.» Quand le docteur s'est adressé à Papa en disant : «Tu ne paieras pas l'accouchement.» Il a été très mal reçu. Papa, insulté d'une telle proposition, lui a lancé : «Un enfant ça ne se donne pas. Ajoutez trois zéros au bout de votre paye et vous n'aurez pas cette fille-là. S'il y en a pour dix, il y en a pour onze.» Ça s'est arrêté là. Papa nous racontait souvent cet entretien et à chaque fois, il était encore tout ému.

Pendant tout ce temps-là, René a fendu du bois dans la cour, puis s'est occupé du ménage à l'étable. L'accouchement terminé, Papa est allé lui annoncer la belle nouvelle. Ce premier petit frère a été très bien accueilli, même si, avec presque dix-neuf ans de différence, René savait bien qu'il ne jouerait pas souvent avec lui.

Tante Léontine et tante Évana ont couché dans le salon avec les nouveau-nés. Tante Évana avait soin de la fille, tante Léontine, du garçon. En pleine nuit, Papa les entend rire aux éclats. Il va voir ce qui se passe. Elles essayaient, dans des rires étouffés, de lui expliquer qu'après le boire, elles avaient déposé les bébés l'un près de l'autre et ne se souvenaient plus qui était le garçon, qui était la fille. Tante Léontine dit : «Vas-ti falloir qu'on enlève une couche pour le savoir ?» Elles étaient prises d'un fou rire contagieux qui a entraîné Papa à rire avec elles. Elles n'ont presque pas dormi de la nuit, car ces bébés, nés prématurément à sept mois, étaient très fragiles, malgré que le garçon ait pesé huit livres et la fille, six livres. Ces deux mères d'expérience les surveillaient de près et ont dit à mes parents le lendemain matin : «On prendra pas de risque, on les fera baptiser le plus tôt possible.» Selon les croyances de la religion catholique du temps, le baptême à la naissance était très important, car en cas de décès, les nouveau-nés baptisés iraient directement au ciel. Dans le cas contraire, ils resteraient aux limbes pour l'éternité. Tante Évana est allée chez elle chercher un deuxième trousseau de baptême et on s'est préparé pour la cérémonie. Maman nous a fait part du désir exprimé par Jeanne-d'Arc que le garçon s'appelle Florent. Alors pour la fille ce fut Florence.

Mon cousin Antoine Fortin et moi avons été *dans les honneurs* (parrain et marraine) pour la délicate Florence ; René et Gisèle Fortin, notre cousine, pour Florent. Samedi saint, le chemin de terre du Rang 8 étant toujours fermé aux automobiles, il a fallu passer par le Rang Nord qui était vilain, mais ça passait, vu qu'il était gravelé. Tante Léontine et tante Évana avaient si bien emmailloté les bébés que je ne savais plus à quel bout était la tête de Florence. Je l'ai tenue la tête en bas durant tout le trajet, jusqu'à ce que vienne le temps de lui verser de l'eau sur la tête, au baptême. Ça a bien fait rire tout le monde autour de moi.

La veille de Pâques, nous étions parmi les premiers à porter des enfants sur les fonts baptismaux, dans cette église complètement terminée. Quoique ce fût le 28 novembre l'année précédente que la première grand-messe avait été chantée dans cette église, alors que la construction n'était pas encore tout à fait complétée.

Florent et Florence étaient les premiers bébés jumeaux dans les clans Fortin et Bouchard et dans tout le voisinage, sauf les jumeaux chez Ludger Painchaud qui avaient plus de vingt ans. Grande nouvelle! Ce soir de compérage a été encore une plus grande fête que d'habitude à la maison. Les jeunes enfants étaient toujours aussi heureux de manger du bonbon et des peanuts. En l'absence de tante Clémence qui était entrée au couvent en 1947, tante Léontine nous avait fait deux beaux gâteaux crémés comme dessert. Des gâteaux jumeaux! Après le souper, j'en ai profité pour parler un peu avec Maman. C'était difficile de faire parler Maman. Elle gardait tout en secret. Elle n'était pas portée à la confidence. On aurait dit qu'elle ne voulait pas me faire peur avec le phénomène de l'accouchement. Mais quand elle m'a dit que cette naissance avait été moins difficile que les précédentes, j'ai été très surprise. À mon âge, je n'osais imaginer les autres. Quel courage! C'est vrai qu'elle était moins faible qu'aux autres naissances et nous pouvions nous laisser aller un peu plus. Le lendemain, dimanche de Pâques, encore la fête. En plus, il y a eu beaucoup de va-et-vient dans la maison. Quelques frères et sœurs de mes parents ainsi que les voisins et voisines sont venus faire leur petit tour pour féliciter mes parents, voir ces jumeaux et offrir leurs cadeaux. Maman a pu s'asseoir dans son lit et profiter un peu de toute cette effervescence qu'elle avait provoquée bien malgré elle. Tante Léontine et tante Évana s'occupaient des bébés et des repas. Papa a joué quelques airs de violon accompagné au piano par Solange qui venait de revenir du juvénat pour aider Maman. Les petites filles étaient tout énervées, surtout les plus jeunes, elles ne tenaient pas en place. Elles demandaient à tout moment pour voir les jumeaux et pour les bercer. À deux bébés, ça en contentait plus à la fois. Elles les considéraient comme des poupées. Tante Léontine avait beau leur expliquer qu'ils étaient fragiles, rien à faire, chacune voulait avoir son tour.

Mais cette double naissance n'a pas fait que des heureux. Habituellement, avant la naissance d'un nouvel enfant, Maman préparait la petite dernière pour cet événement. Environ un mois d'avance, elle la faisait coucher en haut avec les autres pour qu'elle soit moins traumatisée de perdre sa place. Mais cette fois-là, les bébés sont nés deux mois avant terme et, en plus, ils étaient deux. Alors, Louisée, trois ans, couchait encore dans sa petite couchette près du lit de mes parents. Quand elle a aperçu les deux bébés couchés dans SA couchette, oh! là! là! Ça ne faisait pas son affaire, mais pas du tout. Furieuse, elle brassait la couchette de toutes ses forces et criait: « e'lé tue, e'lé tue ». Ses yeux, d'un noir perçant, étaient menaçants et décidés. En plus, coucher en haut avec les autres, ça ne lui plaisait pas du tout. C'était dur de la faire monter et difficile de l'endormir. Ces nouveaux venus lui avaient enlevé sa place. Une place de choix, car Maman cédait souvent à ses caprices les plus saugrenus. De plus en plus de mauvaise humeur, Louisée les regardait de travers et bougonnait. Papa, pour *faire son drôle*, dit à Louisée : « Ces jumeaux-là, veux-tu on va les jeter aux cochons ? » Louisée, sans hésiter, lui répond : « Oui ! Oui ! Oui ! » Avec le temps, cette frustration s'est estompée. On en a la preuve sur une photo prise l'année suivante où Louisée, assise dans la petite *waguine* remplie de foin, tient Florent dans ses bras (photo n° 33).

Le lundi de Pâques, je suis retournée à l'École Normale de Chicoutimi. En quittant la maison, j'étais inquiète de voir Solange, quatorze ans, en charge de toute cette maisonnée de onze personnes. Elle en avait plein les bras. Cependant, Solange était très débrouillarde. Aussi, dans la famille, nous avions l'habitude de nous entraider dans les moments difficiles. Même tout jeune, chaque enfant faisait sa part pour le bon fonctionnement de la vie familiale. Le partage nous a été inculqué très tôt, ce qui facilitait l'égalité des chances. Dans de telles conditions, Solange a pu passer à travers ces difficultés. Mais ce qu'elle a trouvé le plus difficile au début, c'était d'avoir soin des jumeaux. Aussitôt qu'elle avait réglé le problème de l'un, c'était l'autre qui pleurait. Quand Maman a repris un peu de force, elle s'occupait des bébés, mais, pour Solange, il lui restait encore toutes les autres tâches : l'entretien de la maison, la préparation des repas et l'organisation des jeunes pour l'école.

Toutefois, Papa trouvait que Maman ne se remontait pas vite. Un jour, il lui demande : « Cécile, qu'est-ce qu'il faudrait que je fasse pour que tu reprennes des forces ? » « Conrad, retourne Solange au juvénat de Roberval », lui répondit-elle. Maman était incapable de supporter que Solange ne continue pas ses études. Pour elle, l'instruction de toutes ses filles sans exception, c'était sa fierté et elle y tenait à tout prix. Malgré que Solange ait eu de la facilité en classe, à cause de cette longue absence de l'école, elle était très inquiète et ne se sentait pas prête pour passer ses examens finals de 9e d'année, mais elle les a réussis.

L'année suivante, elle est retournée au juvénat de Roberval pour y faire sa 10e année. Pour continuer ses études en septembre 1950, Solange avait choisi d'aller à l'École Normale des Ursulines de Roberval afin de rester avec ses amies. Pour des raisons inexpliquées, les membres de la direction de cette École Normale n'ont pas reconnu la validité des certificats de 10e année obtenus par toutes les nouvelles élèves qui leur venaient du juvénat des Hospitalières, bien que celles-ci aient obtenu ces certificats après avoir réussi les examens officiels préparés par le Département de l'Instruction publique de Québec. Donc, elles avaient réussi les mêmes examens que toutes les autres nouvelles élèves admises chez les Ursulines. À cause de cette injustice, Solange et toutes ses compagnes qui venaient du juvénat ont été privées d'un diplôme complémentaire d'enseignement parce qu'elles ont été admises en 1re année au lieu d'en 2e. Alors, en juin 1952, Solange a obtenu son diplôme élémentaire, à l'âge de dix-sept ans.

Quand je suis revenue pour les vacances d'été, j'avais hâte de savoir comment elle s'était débrouillée. Je lui demande : « Solange, comment ç'a été ? » Avec enthousiasme, elle me répond : « Assez bien, j'ai fait un ragoût, il était tellement bon qu'il a duré une semaine. » En entendant cela, les jeunes éclatent de rire. Solange fronce les sourcils, mais ne dit pas un mot.

Un peu plus tard, en l'absence de Solange, Rolande m'a raconté la vraie histoire du ragoût. Un jour, avec l'encouragement de Papa, Solange décide de faire du ragoût. Vient le temps de servir sa nouvelle expérience culinaire, les enfants étaient plutôt prudents. Pour donner l'exemple et pour encourager Solange, Papa en mangeait et leur disait : « Hum ! Que c'est bon ! » Les jeunes prennent leurs premières bouchées, se regardent les uns les autres, mangent leurs patates et laissent le ragoût de côté. Papa leur faisait les gros yeux pour ne pas qu'ils passent des remarques désobligeantes. Solange, tellement occupée par sa tâche qui la dépassait de beaucoup, ne s'aperçoit pas de ce manque d'intérêt pour son plat principal. Elle en avait fait une grosse recette et était contente qu'il lui en reste pour les jours suivants. À chaque jour, le fameux ragoût revenait au menu. Tous en prenaient un peu, mais mangeaient surtout des patates. Ensuite, ils ont pensé d'en prendre beaucoup et de le laisser dans leur assiette. De cette façon, le menu changerait plus vite. Il s'en est mangé des patates cette semaine-là !

Moi aussi, j'ai eu mes essais culinaires désastreux. C'était le temps des Fêtes. J'avais envie de gâteau. Maman me dit : « Si tu veux un gâteau, fais-en un. » Croyant avoir bien écouté ses instructions, je me mets à l'œuvre. J'avais même fait de la fantaisie en mettant un verre au centre pour faire un gâteau en couronne. J'enfourne ma préparation en salivant à la pensée de ce régal. Le temps de la cuisson écoulé, je me prépare à sortir mon gâteau du fourneau. Surprise ! Il n'a pas levé. Croyant que je ne l'ai pas laissé assez longtemps, je referme le fourneau et attends. Une demi-heure plus tard, Maman se lève et dit : « Ça sent le brûlé » « Ah ! Mon gâteau ! » Je sors du fourneau une couronne brûlée, noire et plate. Solange, riant à gorge déployée, s'exclame : « Il n'y aura pas seulement mon ragoût de ridiculisé à l'avenir. » Pour empirer la situation et me faire fâcher, Solange et Rolande, tout en riant aux éclats, se sont mises à jouer avec mon gâteau manqué, en l'étirant et en se le lançant. Puis, Solange l'a fait rouler par terre et il s'est arrêté sous la table juste au moment où Papa arrivait de travailler. Solange a repris cette croûte noire durcie et l'a lâchée par terre. En entendant le bruit, elle dit : « Marie-France nous a fait une belle couronne de Noël. » Papa n'a pu s'empêcher de rire aux éclats lui aussi et d'ajouter aussitôt : « Garde-le, après Noël, on en fera une roue de *barouette*. »

J'étais bien meilleure à l'école qu'à la cuisine. À la fin de ma première année d'École Normale, j'ai eu de très bons résultats. C'était encourageant de retourner terminer le cours complémentaire. Ce fut la plus belle année de toutes mes études. Mère Marie-Agnès (Armandine Côté) était une professeure extraordinaire. Toutes ses élèves l'aimaient. Vu que nous étions peu nombreuses dans notre classe, nous profitions de bien des faveurs spéciales. Elle était attentive et respectueuse de chacune. Elle traitait toutes ses élèves également. Aussi j'adorais faire partie de la chorale et des pièces de théâtre. Maintenant habituée à être loin de ma famille, ce n'était plus aussi lourd. Comme au cours de la première année, je sortais toutes les deux semaines pour aller faire laver mon linge par tante Kilda. J'allais aussi chez tante Laétitia et oncle Ludger Bouchard, le frère aîné de Maman. Je ne rencontrais pas souvent leur fils aîné, Lucien, il était marié à Solange Morissette et habitait Chicoutimi Nord, mais je voyais parfois Yvonne, Laurent et Rachel qui étaient aussi mariés mais qui vivaient sur la Côte de la Réserve, près de la résidence de leurs parents. Robert, Lionel, Roger, Jean-Marie, Huguette, Gérard et Yvan vivaient encore chez leurs parents. Nos rencontres étaient toujours très agréables et j'ai appris à mieux les connaître et à les aimer, quoique j'étais particulièrement attachée à Yvan qui venait partager nos jeux durant les vacances d'été.

Cette permission spéciale d'aller chez tante Kilda et oncle Jean-Louis me permettait de sortir plus que mes compagnes. J'en profitais pour rencontrer mon *chum* Normand Painchaud, malgré que ce soit interdit par le règlement de l'École Normale. Ensemble, nous allions prendre un café au restaurant Richelieu ou au comptoir du Woolworth en bas de la côte de la rue Racine. Normand, le plus beau garçon du Séminaire de Chicoutimi, était très fier de ses beaux cheveux ondulés. Il allait toujours nu-tête, même par les plus grands froids. Je ne comprenais pas comment il faisait pour supporter de geler autant. Mais un soir d'automne 1949, Monique Painchaud, ma compagne d'école, m'apprend que son frère Normand est hospitalisé à l'Hôtel-Dieu. Les médecins ont diagnostiqué une méningite. J'étais très inquiète. Dans son délire, il me réclamait sans cesse. Monique avait obtenu de la directrice, Sr Marie-de-Lorette, la très grande faveur que j'aille visiter Normand à l'hôpital. La directrice m'avait accordé la permission, mais m'avait avertie très sévèrement d'y aller mais sans me faire voir et surtout de n'en parler à personne. L'hôpital, voisin de notre École Normale, était construit en haut du rocher par où passait un sentier en raccourci que je connaissais très bien. Alors je suis partie à la noirceur. Arrivée à la chambre où Normand gémissait et délirait, j'avais le cœur comme dans un étau. Monique et sa famille étaient autour de lui. Seule une petite veilleuse éclairait la chambre. J'étais à la fois intimidée par tout ce monde et terrifiée de voir Normand dans cet état. Quand je lui ai pris la main, il a murmuré des mots incompréhensibles. Je lui ai dit: «Je suis là.» Les larmes me coulaient sur les joues. Ç'a été la dernière fois que je lui ai parlé et je n'ai pas eu de réponse. Aux funérailles de son oncle Onésime Painchaud, décédé le 13 août 1956, j'ai revu Normand. Il était blême et maigre. Ses yeux étaient exorbités et cernés. Il n'avait plus de cheveux. Lentement, il suivait sa mère qui le tenait par la main. En montant l'escalier à la résidence de son oncle défunt, il s'est retourné et m'a regardée longuement sans dire un mot. En le voyant dans cet état j'ai eu un vrai choc. J'ai revu la scène de ma visite à son chevet à l'hôpital sept ans auparavant. Je n'ai pas eu le courage d'aller lui parler. Qu'était devenu le plus beau garçon du Séminaire de Chicoutimi? Il est mort le 21 mars 1958. Il avait 26 ans.

J'AIMAIS DESSINER LE PORTRAIT DES GENS

JE DEVAIS AVOIR AUTOUR DE QUINZE ANS, durant l'été, Papa avait invité à coucher chez nous un nouveau propagandiste de l'UCC, Louis-Joseph Laberge, un jeune homme d'une vingtaine d'année. René lui avait prêté sa chambre. Durant la soirée, en écoutant leur discussion, j'observais attentivement ce beau jeune homme, bien peigné, bien habillé et qui s'exprimait très bien. Il avait l'air d'un *vrai messieu*. Je l'avais si bien dans la tête qu'avant de me coucher, je l'avais dessiné. C'était très ressemblant. Bon! Maintenant comment vais-je m'y prendre pour lui montrer mon chef-d'œuvre? Je songeais à cela avant de m'endormir. La nuit porte conseil. En m'éveillant, il m'est venu une idée. Je me lève en vitesse pour mettre mon plan à exécution. Heureusement, toute la maisonnée avait fini de déjeuner et j'avais eu le temps de mettre une nappe. Je mets deux assiettes à la place que je lui avais désignée. Je dépose mon dessin dans la grande assiette plate et renverse l'assiette creuse par-dessus. Quand M. Laberge arrive dans la cuisine, tout est prêt. Je tenais à le servir moi-même. En lui demandant s'il veut du gruau, j'étais un peu nerveuse. Avec son assiette creuse, je me dirige rapidement vers le poêle pour le servir. Il aperçoit dans son assiette plate ce qu'il croit être sa photo. Quand j'arrive pour déposer son assiettée de gruau, il me dit: «Où as-tu pris ma photo?» — «Je n'ai pas pris votre photo. Je vous ai dessiné de mémoire hier soir avant de m'endormir.» Il a montré mon dessin à Papa et à Maman et m'a dit: «Tu as des talents prometteurs, continue et cherche si ça ne te sera pas utile un jour?» Très contente de moi, je me sentais rougir de fierté. Mais ce que je n'avais pas prévu, c'est qu'il partirait avec mon dessin. J'aurais bien aimé garder un portrait de ce beau jeune homme. Une flamme de jeune fille qui n'a pas fait long feu...

Après ce fructueux essai, j'ai continué à dessiner ceux et celles qui m'entouraient: René en gardien de but, Jeanne-d'Arc en robe de mariée quand elle a fait ses premiers vœux comme religieuse et mon premier *chum* Normand

Painchaud (photo n° 31 et dessins n° 32). En 1954, à Owen Sound en Ontario, où je suis allée apprendre l'anglais durant les vacances d'été, j'ai dessiné mon amie Shirley Atkins et mon *chum* là-bas, Lloyd Mc Guiggin, animateur au poste de radio local. À l'été 1956, lors d'un congrès de jeunes, j'avais aussi dessiné l'aumônier, le père Vadeboncœur. De ces six-là, j'ai encore mes dessins. Mais c'est surtout à l'École Normale, où j'ai dessiné plusieurs de mes compagnes de chant, que je me suis fait le plus plaisir. Je faisais des caricatures pour les faire rire et souvent je me faisais découvrir par la directrice du chœur de chant. Mais quand les professeurs voyaient mes dessins, ils avaient du mal à se retenir de rire et étaient indulgents, surtout le principal Louis-Joseph Aubin dont j'avais dessiné la tête en forme de boîte de beurre avec des lunettes. Mes voisines du cours de philosophie étaient incapables de se retenir de rire. Le Principal, voyant que j'attirais l'attention, me dit: «Apporte-moi ta feuille.» Bien lentement, je m'approche de son bureau et dépose mon livre de philosophie ouvert à la page où j'avais fait sa caricature. Il regarde mon dessin et me dit: «Tu viendras me voir à 7 h ce soir, à mon bureau.» Hum! Je n'avais pas hâte au soir. Mes compagnes se demandaient bien ce qui m'arriverait. Moi, j'étais encore bien plus inquiète qu'elles. À 7 h, l'heure fatale, je me présente timidement à son bureau. Assise sur le bord de la chaise devant son bureau, j'ai peine à lever les yeux. Il me regarde longuement. Son silence me fait trembler. D'un ton grave, il me dit: «Mademoiselle, vaudrait mieux être attentive au cours de philosophie. Tu as de très bonnes notes dans toutes les autres matières. Tes parents seraient bien déçus si tu manquais ton diplôme pour une légèreté semblable. Retourne à ta classe et continue à bien étudier.» En arrivant dans ma classe, à l'heure de l'étude, toutes mes compagnes avaient les yeux comme des points d'interrogation. Mais je ne leur ai jamais révélé ce qui s'était passé. Je voulais respecter l'indulgence exceptionnelle de ce principal dont j'ai gardé un bon souvenir (photo n° 29 et dessin n° 30).

~

Pendant que j'étais aux études à Chicoutimi, chez nous la vie continuait. Maman était devenue une spécialiste des bébés fragiles. Elle a réussi à nourrir ses jumeaux malgré qu'ils fussent allergiques au lait de vache. L'infirmière Fortin passait régulièrement. Elle s'assoyait d'un côté de la table, face à Maman qui lui faisait part de ses problèmes quotidiens. Après l'avoir écoutée attentivement, garde Fortin la conseillait avec précision et la mettait en garde contre les nouveaux problèmes qui pouvaient surgir. Maman suivait ses conseils minutieusement. Elle avait bien plus confiance en cette infirmière qu'au médecin. Pour suivre les avis de cette précieuse conseillère, elle a dû nourrir ces bébés au lait en poudre Enfalac, un lait qu'il fallait acheter à la pharmacie. En plus, ils souffraient d'entérite et vomissaient presque tout ce qu'ils avalaient, surtout Florence. Après bien des essais, elles ont découvert que des bananes écrasées et de l'eau de riz leur convenaient. Toutes leurs jeunes vies ont été entourées par Dr Maman Cécile. Elle les devinait et savait quoi faire au premier signal de désordre digestif. Elle devait leur donner régulièrement de l'entérovioforme, un médicament contre les désordres intestinaux. Ça tient du miracle qu'elle ait pu les tenir en vie et leur conserver une santé convenable. Maman a dit souvent à Jeanne-d'Arc : « Pendant ces deux années-là, mon univers, c'était ces deux enfants. J'avais juste cela dans la tête. Je m'accrochais à cette idée et je me répétais souvent : je ne veux pas qu'ils meurent. » Les gens des alentours étaient bien épatés de voir qu'elle avait réussi à guérir ces bébés si fragiles. Même qu'après cette expérience, quelques femmes sont venues lui demander conseil quand elles avaient des difficultés avec leur bébé.

Au cours de ce même été, un dimanche après-midi, Monsieur et Madame Milot avaient invité mes parents à aller les visiter au Grand Rang. C'était impensable d'emmener les jumeaux. Même sans eux, ils étaient déjà sept passagers dans l'auto. En plus, avec toute l'attention que ces deux-là exigeaient, Maman aurait été incapable de dire un mot à Madame Milot. Alors pour garder ces deux bébés très fragiles, il fallait toujours être deux. Donc Solange et moi, les plus vieilles, nous avons dû nous sacrifier. Je comprenais la situation, mais j'ai pleuré après le départ de mes parents, de ne pas avoir pu aller visiter Michel, mon compagnon de classe, et ma maîtresse que j'avais tant aimée. J'aurais bien voulu lui dire moi-même qu'il ne me restait qu'une année avant d'obtenir mon diplôme complémentaire d'enseignement. Je savais que, pour cette ancienne maîtresse, c'était le résultat de ses interventions auprès de mes parents pour les encourager à nous faire instruire. Quel hasard ! Faut croire que le destin avait prévu que plus tard, les Milot ne seraient plus de la visite rare, mais de la famille.

MAINTENANT DEMOISELLES

SOLANGE ET MOI, nous étions maintenant des grandes filles et nous nous intéressions de plus en plus à l'apparence de la maison et de la ferme. Papa n'avait pas beaucoup de temps pour s'occuper de ces détails. Les associations des gens de la campagne faisaient beaucoup de pression pour promouvoir l'embellissement rural. Nous étions très réceptives à cette vogue qui suggérait fortement aux cultivateurs de peindre ou de chauler leurs bâtisses, de planter des fleurs, de nettoyer leur cour et de tondre l'herbe. Pour nous, il n'était pas question d'acheter une tondeuse à gazon. Rares étaient ceux qui en avaient et, s'ils en avaient une, c'était une tondeuse manuelle. Alors quand venait le temps des foins, nous en profitions pour demander à Papa de couper l'herbe avec sa faucheuse à chevaux. Le reste du temps, nous le faisions à la main avec une petite faux. Tante Léontine nous avait donné des bulbes de dahlias de plusieurs couleurs. Nous les avons plantés en avant de la maison, agencés avec des soucis jaunes et entourés de roches rondes. Très fière de nous, j'ai pris une photo de Solange, quatorze ans, assise dans le gazon, près de nos décorations horticoles. Elle tient la raquette de tennis de René dans la main. La robe qu'elle porte est une autre de mes créations comme couturière amateure (photo n° 17).

Dans le clan Fortin, comme dans la plupart des familles, on était très sévère sur les fréquentations amoureuses. Les jeunes gens qui se courtisaient devaient toujours être accompagnés d'un chaperon. Ainsi la morale chrétienne serait respectée... Beaucoup de couples d'amoureux de ce temps-là auraient des histoires cocasses à raconter. Rolande, douze ans, prenait tout au sérieux. Quand Maman lui confiait une tâche, elle était certaine qu'elle serait faite et bien faite. Un beau dimanche après-midi d'été, mes parents se préparaient à sortir sans les enfants. Solange était absente. Une automobile entre dans la cour chez nous. Un beau jeune homme, bien connu de la famille, en descend. Après l'avoir accueilli, je l'invite à passer au salon. Tous les deux assis sur la causeuse de velours rouge, les sujets de conversation venaient difficilement. Ce visiteur inattendu dérangeait les plans de mes parents. Pour ne pas se priver de leur sortie, Papa et Maman se consultent puis demandent à Rolande de nous chaperonner durant leur absence. Aussitôt qu'ils ont franchi le seuil de la porte, qui vois-je arriver dans le salon ? Rolande. Elle s'assoit sur la chaise voisine de la causeuse, mais de côté, pour être sûre de bien voir tout ce qui se passe. Bien sérieuse, elle nous regarde. Pour nous, assis bien droits sur le bord de la causeuse, la conversation est de plus en plus difficile. En posant des questions, j'espérais avoir de longues réponses, mais mon visiteur ne me répondait que par oui ou par un non. Les enfants parlaient de plus en plus fort dans la cuisine, même ça se chicanait. Je dis à Rolande : « Va t'occuper des enfants, va les arrêter. » Sans bouger de sa chaise, elle crie : « Les enfants, tenez-vous tranquilles ! » Le tapage continuait avec la même intensité. Je lui redis : « Va t'occuper des enfants. » Toujours rivée à sa chaise, elle leur crie encore : « Les enfants, tenez-vous tranquilles. » Elle ne bouge pas et nous regarde bien sérieusement, comme si elle était en attente d'un événement grave. Mon jeune ami, prévoyant ne pas passer le plus bel après-midi de sa vie, s'est excusé et est parti. Il n'est jamais revenu. Après son départ, je n'étais pas contente, c'est le moins qu'on puisse dire. J'ai expliqué à Rolande qu'elle aurait pu être plus discrète, mais selon elle, elle avait fait ce que mes parents lui avaient demandé. À leur retour, nous avons dû faire une sérieuse mise au point avec Rolande, mais il était trop tard. Aujourd'hui, nous en rions et taquinons encore Rolande pour ses débuts dans le chaperonnage.

C'est certain que le risque d'un écart de conduite était complètement nul dans un salon en plein jour, avec une maison bondée d'enfants. Mais pour se plier aux exigences des convenances, il était d'usage qu'il y ait une personne responsable pas loin des jeunes gens qui se courtisaient. La réputation des filles était très fragile et les parents s'en souciaient beaucoup. Leur grande sévérité venait de la mentalité du temps qui était sans pitié et condamnait les filles qui avaient des enfants hors mariage. Les contraceptifs étaient inconnus du public et interdits par l'Église catholique. On ne devait prendre aucun risque. Si par malheur une fille devenait enceinte, c'était le déshonneur pour toute la famille. Quand son état de grossesse était visible, la future fille mère allait demander refuge à une parente éloignée, soit à Montréal ou à Québec. Ensuite, elle allait accoucher dans un hôpital spécialisé, appelé une crèche, où on ne leur facilitait pas la tâche, selon mon amie Rosanne Lévesque, garde bébé, qui a fait son cours à la crèche de La Miséricorde de Montréal. Dans ces crèches, les religieuses et les étudiantes infirmières s'occupaient de ces filles mères. À la naissance de son bébé, qu'on appelait cruellement enfant illégitime, et de père inconnu, la mère ne pouvait pas le prendre dans ses bras. Le bébé était pris en charge par la crèche où les étudiantes garde-bébés faisaient leur apprentissage. Plus tard, l'enfant était transféré dans un orphelinat où le personnel s'occupait de lui en espérant qu'il serait adopté un jour par un couple de gens mariés.

Pour renforcer cette mentalité, le curé Joseph-Edmond Tremblay interdisait toutes les fantaisies propres aux femmes, entre autres les robes courtes, les manches courtes, les robes décolletées, les bas de soie, le rouge à lèvres, etc. Il en parlait souvent en chaire. Dans le clan Fortin, tous prenaient ces interdictions très au sérieux. Solange et moi, nous avions déjà compris que nous pouvions être très correctes, même en ne suivant pas à la lettre toutes ces règles strictes. Nous ne voulions pas nous faire une réputation de filles démodées qui feraient fuir les garçons intéressants. Surtout que la majorité de nos amics faisaient fi de ces pudibonderies. Cette divergence d'opinion a été la cause de très fortes discussions entre nous et nos parents. Ils ont fini par comprendre, mais ç'a été long et bien difficile.

C'était nouveau et bien beau des bas de soie. Ils étaient luisants et transparents et laissaient voir la peau de nos jeunes jambes bien galbées. Ils montaient jusqu'à mi-cuisse et étaient retenus par quatre jarretelles élastiques fixées à notre corset ou à notre porte-jarretelles. Nous les mettions à l'envers pour que la couture foncée, de haut en bas en arrière, soit bien nette. Mais il fallait faire très attention pour qu'elle soit bien droite. Ce détail était très important. Avant de sortir, il fallait toujours demander aux autres : « Est-ce que mes coutures de bas sont bien droites ? » Entre filles, nous nous observions et critiquions celles qui portaient leurs coutures de bas tout croches.

Maman travaillait comme une abeille, mais était peu portée à exprimer ses sentiments et ses exigences. Papa, au contraire, parlait beaucoup et était très démonstratif. Quand nous avions un problème, c'est surtout avec Papa que nous en discutions. Il savait nous faire voir le côté positif d'une situation et nous aidait à trouver la solution par nous-mêmes. Il nous faisait confiance et nous donnait des responsabilités parfois surprenantes pour notre âge. Il disait vouloir développer ainsi notre sens du devoir et de l'honneur. Pour lui, le côté monétaire n'avait pas une très grande importance. Pourvu que nous ayons de l'argent pour vivre normalement, c'était suffisant. Il n'avait aucune ambition d'en accumuler. Mais la bonne réputation et le sens du devoir accompli prenaient beaucoup de place dans ses recommandations.

Ma marraine, tante Blanche, me donnait toujours des beaux cadeaux à Noël. Elle m'avait dit : « Quand tu auras seize ans, je te donnerai un set de chambre » (c'était ordinairement l'héritage d'une fille à marier). J'avais hâte de voir ce qui se passerait. Vient le temps des Fêtes. Tante Blanche et oncle Philippe arrivent en visite avec une grosse boîte bien emballée, mais quand même pas assez grosse pour contenir un set de chambre. En entrant dans la maison, oncle Philippe, le dos courbé, faisait semblant que la boîte était très lourde. Il s'empresse de me l'offrir. Mon oncle et ma tante avaient peine à se retenir de rire et ils surveillaient ma réaction. Mal à l'aise et sceptique, je déballe avec précaution ce que je craignais être un vilain tour. Je sors du papier, du papier et encore du papier, puis une boîte carrée d'environ deux pouces d'épaisseur. Je l'ouvre lentement. Je lève un carton, plusieurs cartons viennent en même temps et se déplient. Qu'est-ce que c'est ça ? Tous éclatent de rire en voyant apparaître le set de chambre miniature en carton. J'ai mis quelques secondes avant de rire et d'un rire forcé. Avant que je ne sois trop déçue, ma tante Blanche me dit : « Fouille encore dans la boîte. » Tout au fond, elle avait caché une jolie boîte où étaient artistiquement pliés quatre magnifiques mouchoirs de soie peints à la main. Là, j'étais vraiment ravie.

Après les Fêtes de 1949-1950, c'était mon dernier semestre d'études. Depuis que j'étais entrée à l'École Normale, Papa me disait : « À Chicoutimi, il y a de bons dentistes. Va te faire enlever ces deux dents qui poussent par-dessus les autres. Je ne veux pas te voir revenir avec ton diplôme et ces deux dents là encore dans la bouche. » J'avais encore en tête la mauvaise expérience de mon enfance où le Dr Dionne m'avait extrait une molaire sans anesthésie. Durant la dernière semaine de mon cours, j'ai réussi à me décider et j'y suis allée. Ce dentiste consciencieux m'avait extrait les deux prémolaires pour faire de la place aux canines qui se sont replacées dans l'espace resté libre. Il avait opéré avec une telle délicatesse qu'il m'avait presque fait oublier le tourment du Dr Dionne, huit ans auparavant.

Depuis la naissance de ses jumeaux, Maman s'intéressait à tous ceux qu'elle voyait. En lisant le journal, elle aperçoit l'annonce d'un concours de jumeaux. Pour la date prévue, elle envoie une photo de Florent et de Florence. Quelques semaines plus tard, à chaque jour, paraissaient quatre photos, choisies au hasard, parmi ceux qui avaient concouru. Il y en avait de tous les âges, même en costume de religieux et de religieuses. Ça donnait une cinquantaine de couples. Il s'agissait d'identifier les couples. Maman fixait ces photos au mur, elle les observait. Elle regardait surtout les yeux. Elle nous demandait aussi notre avis. Tout en travaillant, elle cherchait les couples. À la date limite, elle poste ses choix. Quelques jours plus tard, la solution du concours a été publiée dans le journal. Maman n'avait fait que trois erreurs. Des erreurs bien compréhensibles d'ailleurs, car ces jumeaux étaient tellement différents l'un de l'autre, que c'était difficile de croire qu'ils pouvaient être jumeaux. Bravo Maman !

Au printemps 1950, à ma dernière année à l'École Normale de Chicoutimi, le boulevard Talbot, appelé aussi le boulevard des Laurentides, a été inauguré. Cette grande route d'environ 225 km, construite dans les montagnes, reliait Chicoutimi à Québec. Enfin la région du Saguenay-Lac-Saint-Jean sortait de l'isolement. Cet événement politique a été souligné par une grande cérémonie à laquelle ont été invités plusieurs dignitaires politiques et religieux, dont notre principal, l'abbé Louis-Joseph Aubin. Comme la plupart des membres du clergé, il nous a vanté les mérites de ce premier ministre, Maurice Duplessis, qui avait permis la construction de cette route attendue depuis de longues années. Le nom Talbot a été donné en l'honneur d'Antonio Talbot, député du comté de Chicoutimi et ministre de la voirie.

JE SUIS MAINTENANT
UNE INSTITUTRICE DIPLÔMÉE

En juin 1950, j'ai obtenu mon diplôme complémentaire d'enseignement avec la note Grande Distinction. Fiers de moi, mes parents sont venus à la collation des diplômes. Ils ne m'avaient pas prévenue de leur visite. Quand je les ai aperçus dans la grande salle, j'étais en avant, dans le chœur de chant. Tellement émue, j'ai eu du mal à chanter. Dans ma partie de la chorale, nous n'étions que trois soprani : Huguette Fortin, Marguerite Fortin et moi (aucune parenté entre nous). Les deux autres se demandaient bien pourquoi je ne chantais pas.

Les religieuses du Bon-Conseil s'évertuaient à donner une atmosphère solennelle à cet événement qui venait couronner nos efforts et les leurs. Mes parents suivaient attentivement tous les détails de cette cérémonie. Après le chant d'entrée, nous les nouvelles diplômées, étions toutes dans la salle, regroupées par classe. De ma place, je surveillais mes parents qui étaient très émus, surtout quand j'ai reçu mon diplôme des mains de M. le Principal qui m'a félicitée chaleureusement. Tous les parents de mes amies du Haut-du-Lac-Saint-Jean étaient aussi présents. Ils se connaissaient déjà et ont pu se féliciter mutuellement pour les succès remportés par chacune de leurs filles.

Nous sommes revenus à la maison, dans la nouvelle auto de Papa, tous très fiers de mon diplôme. Je le tenais serré contre moi. Je détenais enfin ce que toute la famille souhaitait depuis bien longtemps. Ce diplôme, j'aurais pu le donner à mes parents. Ils l'auraient bien mérité, tellement ils avaient travaillé et ils s'étaient serrés la ceinture pour que je l'obtienne. Avec ce précieux papier, je pourrai pratiquer une belle profession et enfin avoir un salaire qui aidera toute la maisonnée. Le bout du tunnel pour tous ! Je sentais enfin la pression tomber, mais une autre s'annonçait.

Maintenant, j'avais seize ans. Avec mon diplôme complémentaire d'École Normale, en poche, j'étais une institutrice diplômée. À l'École Normale, les sœurs insistaient pour que nous nous appelions des institutrices. Maîtresse d'école, ça faisait partie du passé. J'étais une professionnelle, mais il fallait me trouver un poste, au salaire annuel de 600 $. Le secrétaire de la commission scolaire, M. Henri Bernard, était très heureux de m'offrir l'école où il avait toujours beaucoup de problèmes à trouver une institutrice : l'école n° 11, au Rang 8, l'école de mon enfance, à un demi-mille de chez-nous (photo n° 36). Je remplacerais Cécile Rémillard. À la fois contente et inquiète, je réfléchissais. Contente, parce que je n'aurais pas à loger chez des étrangers et que l'argent économisé irait pour payer l'instruction des mes jeunes frères et sœurs. Inquiète, parce que j'aurais à enseigner aux enfants de mon milieu immédiat : à mes trois sœurs, Aline, Diane et Lucie, à mon cousin Luc, à Madeleine la fille d'Arthur Fortin, aux petites voisines que j'avais gardées quand elles étaient encore des bébés : Normande, Gisèle et Rogère Langevin, à Jean-Guy, Céline et Jacques Théberge, Jacqueline Dubois, Raymonde et Georges-Ernest Nugent. Pour la première année d'enseignement, c'est habituellement plus facile d'imposer son autorité avec des étrangers.

Papa, conscient de cette difficulté éventuelle, avait bien averti mes sœurs d'être obéissantes, que sinon c'est lui qui y verrait. Ce n'était pas toujours facile d'être la sœur le soir et l'institutrice le jour. Heureusement, tous ces élèves ont été dociles et très studieux. Avec eux, nous étions comme une petite famille. Quand Papa n'avait pas besoin de l'automobile et que les chemins étaient beaux, j'emmenais mes élèves qui venaient me rejoindre chez nous. Souvent, j'en avais neuf à bord. C'était une auto à transmission manuelle. Au début, je n'avais pas beaucoup d'expérience comme conductrice. Jean-Guy Théberge s'assoyait à côté de moi et me guidait quand j'avais des difficultés dans la côte chez Ernest, une côte difficile, surtout au printemps. Près du pont, une grosse bosse molle, qu'on appelait de la *panse de bœuf,* rendait le passage hasardeux. Il ne fallait pas aller trop vite, ça donnait de gros chocs dans l'auto, mais si on allait trop lentement, le moteur *étouffait.* Jean-Guy, même jeune, avait plus d'expérience que moi dans la conduite automobile et connaissait les manœuvres en cas d'urgence. Il prenait son rôle au sérieux. Quand tout allait bien, il ne parlait pas. Les autres enfants étaient tous entassés sur la banquette arrière. Les ceintures de sécurité n'existaient même pas. Du folklore, quoi!

J'étais proche de mes élèves et les aimais bien. Je comprenais leurs problèmes qui étaient semblables à ceux de ma famille. Un matin, Georges-Ernest Nugent arrive en retard à l'école. Il entre timidement. Je lui demande: «Pourquoi êtes-vous en retard?» En se balançant les épaules, il me répond: «Oua'n truie d'arrivée.» Et, à grands pas, il se dirige vers son pupitre. C'était le silence dans la classe. Pour nous aider à retenir notre fou rire, tous, nous rivons nos yeux dans un livre pour éviter que nos regards se croisent. Confuse, renversée, je ne comprenais pas comment on pouvait demander à un enfant de sept ans d'aider une truie à mettre bas... ou y avait-il une autre raison?

Pour fêter la Sainte-Catherine, le 25 novembre, j'avais organisé une séance avec mes jeunes élèves. Avec les plus grands, Normande, Aline et Luc, j'avais installé, au niveau de la tribune, des rideaux qui séparaient la classe en deux. Nous avions enlevé mon pupitre. La tribune était utilisée comme scène de théâtre. Le jour venu, tous les élèves attendaient derrière ces rideaux pour *acter* leur rôle qu'ils avaient appris par cœur. J'avais composé quelques petits sketches où chacun avait son mot à dire. Les enfants étaient costumés et prenaient leur rôle au sérieux. Pour tous, c'était la première expérience comme comédiens. Plusieurs avaient le trac, assez pour les rendre muets, mais l'auditoire était très indulgent. Tous les parents disponibles étaient présents. Certains avaient amené les plus jeunes, même le bébé. Dans l'école bondée, ça parlait fort. Mais quand le rideau s'est levé, ç'a été le silence. Chaque parent observait son enfant avec attention. Certains élèves étaient naturellement drôles. La pièce terminée, tous applaudissaient avec enthousiasme. Les enfants étaient très contents d'eux. Ensuite, nous avons mangé de la tire en discutant des talents de nos nouveaux acteurs.

En hiver, à la campagne, la nature est belle et reposante. C'était bien beau tout cela, mais à dix-sept ans, nous avions des fourmis dans les jambes. Il fallait de l'action, au moins en fin de semaine. Nous nous sommes dit: «Si nous faisions du ski?» Oui, mais où et comment? J'avais des skis de bois fabriqués chez Arthur Dion qui servaient à la fois à faire du ski de fond et du ski alpin. Les fixations n'avaient aucune flexibilité ni aucun système de sécurité. En général, elles étaient destinées au ski de fond. Si je voulais passer au ski alpin, je mettais le gros ressort arrière dans des crochets placés sur la plaque de métal en arrière des bottines. Les bottines de cuir lacées étaient flexibles et n'étaient pas d'un grand secours pour diriger mes skis lourds et peu glissants. Mais où aller? Les champs étaient là qui attendaient notre visite, mais aucune piste n'était tracée. Les pentes étaient les *écores* de la rivière Ticouapé, pleines d'obstacles et de surprises. Les remonte-pentes? Il ne fallait pas y penser. Avis aux jeunes audacieux et audacieuses et surtout aux jeunes bien en forme. Jeannine, Clément et Dominic Tremblay, ma cousine Marie-Louise et moi, nous passions nos dimanches après-midi à nous mesurer à ces difficultés. Nous n'avions aucune technique de ce sport et personne ne pouvait nous donner de cours. Alors nous descendions les côtes, en ligne droite, dans le fil de pente, les genoux bien raides, espérant que nous pourrions nous rendre en bas tout d'un morceau. Nous descendions chacun notre tour, au cas où la personne qui descendait aurait un problème qui demanderait l'intervention des autres. Arriver en bas de la côte sans tomber était considéré comme l'exploit d'un champion. Nos prouesses passagères finissaient presque toujours par une culbute spectaculaire, souvent tête première dans la neige. Nous rentrions à la maison, mouillés, épuisés, mais contents d'avoir ri.

NAISSANCE D'YVAN, FEU DANS NOTRE FORÊT

DURANT CETTE MÊME ANNÉE SCOLAIRE, Maman attendait son douzième enfant. Le mardi le 15 mai 1951, Yvan est né. Selon la coutume, le baptême et le compérage furent l'occasion d'une fête familiale. Mais cette fois, Maman était très faible, il fallait faire attention au bruit. La seule sœur de Maman, tante Kilda, et son mari, Jean-Louis Goudreault, sont venus de Chicoutimi pour être parrain et marraine de notre nouveau petit frère. Oncle Jean-Louis est arrivé les bras chargés de cadeaux. Lui qui adorait les enfants, il n'en avait pas réchappé un, malgré les trois grossesses de tante Kilda. Il regardait Yvan avec une tendresse émouvante. Il nous disait: «Un bébé, c'est si beau!» Tante Kilda jasait avec Maman, mais ils ne sont pas restés longtemps, nous n'avions pas de place pour les loger, nous étions déjà onze dans la maison.

Épuisée, vraiment au bout de ses forces, Maman était en hémorragie constante. Comme si elle n'en avait pas assez comme cela, un voisin éloigné a fait un feu de broussailles sur sa ferme. Il a perdu le contrôle et l'incendie s'est propagé à toute la forêt environnante dont la nôtre faisait partie. Un dimanche après-midi, nous étions tous allés chez mon oncle Ulric, sauf Rolande qui gardait avec Maman et le bébé Yvan, ainsi que Florent et Florence. Tout à coup, Rolande sort dehors et voit une fumée noire en arrière de la grange chez Ernest Langevin et celle de chez Julien Nugent. Elle va dire à Maman : « Il faudrait que Papa s'en vienne, c'est très dangereux. » Maman est venue voir par la porte et lui a répondu : « Jamais je croirai qu'il ne le verra pas, il va s'en venir. » Rolande s'est placée près de la clôture de broche et a regardé avancer l'incendie qui faisait rage. Elle trouvait que Papa prenait bien du temps à arriver. C'est que lorsque nous sommes arrivés près de la côte chez Ernest, le feu montait dans les airs et traversait par-dessus le chemin. C'était impossible de passer. Il a fallu faire demi-tour et repartir vers le Rang Nord pour aller passer par la route régionale et revenir par le Rang 8. Quand nous sommes arrivés à la maison, le feu était presque rendu vis-à-vis de notre grange qui n'était séparée de la forêt que par notre petit ruisseau dans le bas de la côte. C'était alarmant. Même si un soleil ardent réchauffait l'atmosphère, nous sentions une forte chaleur qui venait de ce brasier. Malgré qu'il ne ventait pas, les étincelles virevoltaient partout. Si le feu se propageait à la grange, tous les bâtiments y passeraient. La grange avait un comble français. Bien que la partie du haut du toit ait été en tôle, les deux parties du bas et celles des rallonges étaient en bardeaux de bois, ce qui la rendait particulièrement vulnérable. On entendait crépiter le feu qui dévorait les épinettes et les cyprès. On voyait monter les flammes très haut dans les airs et une pluie d'étincelles volait partout. C'était infernal. Ce feu grondait avec force. Des nuages de fumée noire et épaisse couvraient tout le secteur. Papa avait fait monter Aline, onze ans, sur le toit de la *shed* à bois avec une grande chaudiérée d'eau en lui disant : « Si tu vois une étincelle qui tombe sur le toit de bardeaux de bois, tu lances ta chaudiérée d'eau dessus. » Aline surveillait attentivement, malgré la fumée qui lui voilait la vue. Elle voit venir un petit nuage de brindilles noires qui s'abat près d'elle. Vite, elle lance sa chaudiérée d'eau dessus, mais heureusement elles étaient déjà éteintes. Ça a été comme ça une bonne partie de la journée. Papa et les voisins, Julien Nugent et Ernest Langevin, surveillaient de très près. En plus, il fallait rassurer Maman, les mots ne venaient pas facilement, car nous étions terrifiés nous-mêmes. Je revivais en silence le cauchemar de ma brûlure, encore frais à ma mémoire. Maman n'était pas capable de faire autre chose que de pleurer et de prier en regardant son nouveau-né couché à ses côtés. Heureusement, le feu s'est dirigé vers chez Polon. Dans cette partie, le ruisseau s'éloignait des bâtisses. Le grand danger était passé, mais tous demeuraient vigilants. Les cendres couvaient la nuit, mais le jour, avec le soleil, le feu reprenait de la vigueur. Toute la forêt y est passée.

Cette épreuve a été très dure à accepter. Dans les situations les plus difficiles, Papa s'en remettait toujours au bon Dieu. Il a encore dit : « La Providence était là, et nos bâtiments ont été épargnés». Nous étions tous ébranlés, ainsi que les voisins qui ont eu les mêmes inquiétudes. Malgré ce désastre, les gens ont été très indulgents envers le cultivateur imprudent. Ils ont dit : « C'est un accident, il ne l'a pas fait exprès. » Une grande perte pour tout le voisinage. De plus, nous n'avons pas eu de bleuets près de chez nous cet été-là. Tout ce bois brûlé, il fallait maintenant le couper avant qu'il ne se détériore. René, Papa et quelques employés se sont mis à l'œuvre et ont travaillé très dur tout l'été. Ils revenaient noirs comme des mineurs. En fait, ils travaillaient dans le charbon de bois.

Papa gardait toujours son côté positif. Il a dit : « Il n'arrive rien pour rien. L'année prochaine, ce sera très bon pour les bleuets. » Il a eu raison, ce fut une année record. En plus, l'argent gagné rapidement de la coupe du bois brûlé a servi à acheter une partie de la ferme des voisins où René pourrait s'établir. Pour lui, c'était une consolation. Il se préparait à se marier l'année suivante à Jeannine Painchaud.

Aussi, il avait fallu trouver quelqu'une pour remplacer Maman qui venait d'accoucher. J'enseignais toujours à la petite école. Solange, seize ans, était en 1re année à l'École Normale des Ursulines de Roberval, il ne fallait pas la déranger. De toute façon, elle avait déjà fait plus que sa part aux naissances précédentes. Rolande, treize ans, était en 9e année au couvent de Normandin. Alors, Jeannine Tremblay, une jeune fille de quinze ans, voisine de l'école, est venue s'occuper d'une maisonnée de onze personnes. Quelle tâche pour cette jeune fille ! La dernière d'une famille de trois enfants, elle était complètement dépassée par l'énorme tâche à accomplir. Qui ne l'aurait pas été ? Elle faisait son possible. Le matin, avant de partir pour l'école, j'aidais du mieux que je pouvais. Jeannine arrivait à bicyclette, mais très lentement. Elle avait hâte de finir de laver la vaisselle du souper pour déguerpir. J'essayais bien de l'aider, mais j'avais mes cahiers de devoirs à corriger et ma classe à préparer pour le lendemain. Comme j'étais à ma première année d'enseignement, sans grande expérience, je ne pouvais pas trop improviser en classe. Les élèves ne devaient pas souffrir des problèmes de ma famille. Aussi, il fallait que je pense à ma réputation d'institutrice. En fin de semaine, avec Rolande qui revenait du pensionnat, nous nous chargions de tout le travail. Les plus jeunes faisaient aussi leur part pour aider. Des situations comme cela, c'est difficile à imaginer pour ceux qui ne les ont pas vécues. Ça frôlait l'impensable !

Avec la fin de juin, les classes terminées, nous étions plusieurs pour aider Maman. Solange et Rolande étaient de retour du pensionnat. Moi, j'étais toujours là. Le chantier du bois brûlé battait son plein. L'action ne manquait pas, mais Maman était toujours à bout de forces. Nous faisions de notre mieux pour que la vie soit acceptable à la maison. Pendant que Solange et Rolande s'occupaient des enfants, des repas et de l'entretien de la maison, je faisais la couture.

Et puis, nous étions si jeunes, j'avais 17 ans et Solange 16. Nous voulions sortir un peu pour nous distraire. Maman était tellement peu exigeante, elle préférait nous laisser nous divertir plutôt que de nous voir nous ennuyer à la maison. C'est vrai que cet été-là, à part d'aller à la messe, nous ne sortions pas souvent, sauf pour aller danser à l'occasion le samedi soir ou jouer au tennis le dimanche après-midi.

Pendant ses deux années d'études à l'École Normale, Solange occupait toutes ses récréations à jouer au tennis. Devenue la meilleure de l'école, elle nous a transmis son goût pour ce sport. Les jeunes Boulanger, qui habitaient le Rang Nord de Saint-Méthode, à environ trois milles de chez nous, avaient construit un court de tennis sur leur ferme joliment décorée de fleurs et toujours d'une propreté impeccable. C'était un centre de rencontre de bien des *jeunesses* du secteur. Les jeunes Boulanger étaient six : Lucille, Raymond, Gisèle, Marcel, Pierrette et Émile. Nous étions bien amis avec ces gens très gentils (photos n°s 34, 35). Solange et Marcel qui jouaient au tennis très souvent ensemble, étaient devenus imbattables. Un été, ces deux champions lancent un défi aux séminaristes de Chicoutimi qui revenaient dans leurs familles à Saint-Méthode pour les vacances. Tous acceptent à la condition de jouer sur un terrain neutre, soit le tennis du village de Saint-Méthode. Le jour venu, il fait un soleil de plomb, mais Solange et Marcel sont bien en forme et prêts pour la compétition. Les séminaristes aussi. Nous, les spectateurs, sommes nombreux et attentifs. Plusieurs parties de tennis se jouent. Solange et Marcel sont toujours gagnants, donc toujours sur le court. Les meilleurs joueurs du côté des séminaristes sont éliminés. Ne voulant pas se faire humilier à leur tour, les autres séminaristes refusent de se mesurer à Solange et Marcel. Ces deux joueurs du Rang Nord, proclamés grands vainqueurs, n'osent pas triompher trop bruyamment. Leurs adversaires étaient déjà assez humiliés comme ça. Surtout que du côté des séminaristes, c'était uniquement des garçons opposés à une fille et un garçon. Ouf! Humiliation suprême! Entourés de plusieurs admirateurs, Solange et Marcel se sont quand même permis une belle marche triomphale dans le village de Saint-Méthode pour savourer leur victoire. Les étudiants du Séminaire étaient tellement sûrs de gagner qu'ils avaient organisé tout un *party* pour fêter une victoire qui n'est jamais venue. Solange et Marcel ont été reconnus dans le secteur comme les jeunes imbattables au tennis.

René aussi était bon joueur de tennis. Il s'était acheté une raquette qui servait à toute la famille. Dans la cour chez nous, avec une seule raquette, nous ne pouvions pas avoir d'opposition, alors nous frappions des balles en nous servant du mur de la grange comme adversaire. Sur un sol inégal, ce n'était pas facile, mais c'était mieux que rien. Nous n'avions personne pour nous enseigner la technique et chacun y allait selon son inspiration. Nous apprenions en regardant jouer les meilleurs et essayions de les imiter. Je n'avais pas beaucoup de talent naturel pour les sports, mais j'aimais tellement cela qu'à force de jouer, je finissais par réussir.

~

René aimait beaucoup les jumeaux et s'en occupait aussi souvent qu'il le pouvait. Parfois, le soir, silencieux, il se berçait près de la porte du salon, Florent et Florence assis de chaque côté de lui, sur les bras de sa chaise berçante. Durant la journée, il les amenait avec lui en automobile ou en voiture à cheval. Florent et Florence adoraient cela. Un jour, il les avait amenés en automobile en haut du champ. En passant dans un fossé, l'auto s'était enlisée. On l'a vu revenir à pied avec un enfant dans chaque bras. Les deux jeunes riaient. René, en arrivant, dit : « Ouf ! J'ai les bras morts. » À chaque fois que René se préparait à partir en voiture, les jumeaux, surtout Florent, voulaient aller avec lui. René les amenait aussi souvent que possible.

Florent suivait son grand frère quand il travaillait dans la cour. Si René changeait d'endroit, on voyait passer Florent assis sur les épaules de René, ses deux petites mains sur le front de son parrain (photo n° 38).

Pour son filleul, Florent, dix-huit mois, René avait acheté un beau petit casque d'aviateur avec la *palette* en avant et les cache-oreilles doublés en fourrure. René avait hâte de le lui faire essayer. Il lui met le casque, Florent se met à pleurnicher. René lui enlève, Florent se tait. René lui remet le casque, Florent recommence ses larmes. Quelle déception pour René ! Florent avait peur du poil qui lui couvrait le front et les oreilles.

Très jeune, Florent était dédaigneux et prudent. Quand ça ne faisait pas son affaire, il pleurnichait. Aussitôt, Florence allait le prendre par le cou, sans dire un mot. Florent était consolé. Quand Florence pleurait, Florent allait s'asseoir à côté d'elle et pleurait avec elle. Vu qu'elle était plus grande que lui, elle le protégeait, lui ouvrait les portes ou sautait sur le comptoir de la cuisine pour lui donner de l'eau.

J'aimais beaucoup photographier les jumeaux. Je leur mettais les nouveaux petits costumes que je leur avais confectionnés et j'essayais de trouver un nouveau décor dans la nature pour prendre un beau *portrait*. À chaque fois que je les plaçais debout l'un près de l'autre, Florent, qui était moins grand que Florence à cet âge, lui mettait la main sur la tête et lui disait : « Florence, baisse ta tête. » Un garçon, il faut que ce soit plus grand qu'une fille du même âge, voyons ! Surtout quand il s'agit de laisser des souvenirs pour la postérité (photo n° 37b).

Tante Évana était venue visiter Maman qui avait besoin de soins après son accouchement. Oncle Ulric et les filles, Rachel et Alberte, l'accompagnaient. Le bébé Yvan était le douzième enfant de la famille et Maman était toujours très affaiblie. Elle ne s'en remettait pas. Alors le Dr Jean-Charles Lavoie a été rappelé à son chevet. Après avoir accompagné le médecin dans la chambre où Maman était alitée, Papa revient dans la cuisine et me dit : « Rassemble les enfants, il faut que vous sortiez de la maison. Allez tous vous asseoir dans notre automobile et dans celle d'Ulric en avant de la maison et attendez que j'aille vous chercher. » Rachel, Alberte, Rolande et moi étions très conscientes qu'il se passait quelque chose de grave. Tous les enfants, nous étions entassés dans les deux autos. Après quelques minutes, nous avons entendu Maman qui criait. Un cri de douleur que nous n'oublierons jamais. Nous avions tous le cœur serré et la larme à l'œil. Subir un curetage à domicile, ce n'était certainement pas une caresse. L'attente nous a paru une éternité. Aussitôt revenus dans la maison, nous nous sommes tous dirigés vers la chambre de Maman pour la trouver exténuée et les larmes aux yeux. Les plus jeunes voulaient monter sur son lit. Papa essayait de les retenir en leur expliquant que Maman avait besoin de repos. Les plus vieilles, nous avions le souffle coupé d'inquiétude. Nous avions raison. Sa convalescence a été très longue. Elle devait se reposer, mais c'était difficile avec un nouveau-né, tous ces hommes qui venaient bûcher le bois brûlé et cette maisonnée qui bourdonnait d'activités. En plus de cela, elle n'avait qu'une jeune fille de quinze ans, sans expérience, pour s'occuper de la routine de la maison.

Alors l'hystérectomie s'imposait. Mais cette fois-ci, à 42 ans, Maman avait confiance dans les nouvelles techniques médicales bien expliquées par Jeanne-d'Arc qui, religieuse à l'Hôtel-Dieu depuis trois ans, travaillait comme aide technicienne au laboratoire en attendant d'aller poursuivre ses études à Chicoutimi. Elle a pu rassurer Maman, vu qu'elle connaissait personnellement les meilleurs médecins en la matière. Le docteur Fernand Lemelin lui a d'abord prescrit des médicaments et des vitamines pour qu'elle regagne des forces durant l'été afin qu'elle puisse subir la *grande opération* en septembre.

Dans la famille de Papa, tous les frères et sœurs étaient très solidaires. Quand Papa leur a appris que Maman devait partir pour l'hôpital de Roberval sous peu, tout de suite, ceux qui avaient des disponibilités ont offert de garder les enfants qui n'allaient pas encore à l'école. Oncle Lionel et tante Angélina ont accueilli Florent et Florence qui n'avaient que deux ans. Ces deux enfants, il ne fallait pas les séparer. Ils se seraient bien trop ennuyés l'un de l'autre. Sur leur ferme du Rang 10, oncle Lionel et tante Agélina avaient bien des *jeunesses* pour les aider à s'occuper de nos jumeaux : Marcel et sa femme Florence, Éliette, Carmen et Georgette. Sylvio était entré en communauté chez les Clercs de Saint-Viateur à Joliette. Colombe allait à l'école. Avec toute l'activité de cette maisonnée, les deux jeunes invités se sentaient comme chez eux. Pour leur part, oncle Armand et tante Antonia ont été très heureux de s'occuper de notre dernier petit frère, Yvan, qui n'avait que trois mois et demi. Ils étaient à leur retraite avec leur fille unique de treize ans, Cécile. Tante Antonia a gardé ce jeune bébé pendant dix mois. Elle le nourrissait avec toutes les précautions dues à son âge, tout était fait à la perfection. Cécile me rappelait dernièrement comment sa mère a adoré cet enfant-là. Ce beau bébé qui lui faisait des finesses, qui mangeait avec ses mains et qui la faisait rire aux larmes. Elle a ajouté : « C'est moi qui lui ai montré à marcher et à parler », car deux ans plus tard, elles l'ont gardé encore pendant cinq mois. Cécile a renchéri en disant : « On s'est tellement ennuyé de ce beau poupon après qu'il a été parti » (photo n° 39).

UNE OFFRE D'EMPLOI INATTENDUE

C'ÉTAIT PRÉVU que durant le séjour de Maman à l'hôpital, les autres jeunes qui resteraient à la maison, Aline, Diane, Lucie et Louisée, iraient à l'école où je devais enseigner. Donc je pourrais m'occuper d'elles durant la journée ainsi que le soir. Mais au mois d'août, les plans ont changé. Nous n'avions pas encore le téléphone à la maison. Quelqu'un vient nous avertir que Jeanne-d'Arc a téléphoné de Roberval. Elle veut parler à Papa, mais aussi à moi. Très intrigués, nous partons tout de suite pour le village. Maman, qui avait peine à marcher, n'est pas venue avec nous. Au téléphone, Jeanne-d'Arc dit à Papa : « Mademoiselle Bilodeau, l'institutrice qui enseignait au juvénat, vient d'entrer au sanatorium. Les religieuses ont absolument besoin d'une institutrice qui a au moins son diplôme complémentaire pour la remplacer. J'ai pensé tout de suite à Marie-France. Elle l'a, son diplôme complémentaire, croyez-vous qu'elle voudrait venir ? Les sœurs la payeraient 1000 $ par année, logée et nourrie. » J'ai vu le visage de Papa s'illuminer, il entrevoyait enfin la sortie d'un long tunnel. Enchanté, Papa s'empresse de répondre : « Bien ça devrait, on va en discuter, on va aller te voir à Roberval tout de suite. »

Tout le long du trajet vers Roberval, Papa et moi causions de cette occasion qui m'était offerte et de Maman épuisée qui devait être opérée en septembre. Rendus à destination, nous avons d'abord rencontré Jeanne-d'Arc qui nous a expliqué la situation et m'a encouragée à accepter. Elle a ajouté : « Je vais être là pour t'aider et le comptable de l'hôpital, Gilles Gaudreault, est prêt à te donner un coup de main pour les mathématiques si tu en as besoin. » Puis elle nous a présentés à la sœur supérieure, Mère Marie-de-Jésus, et à sœur Sainte-Madeleine, la directrice du juvénat. Nous avons discuté longuement des tâches qui m'attendaient. Les religieuses n'ont rien ménagé pour me convaincre d'acquiescer à leur demande. J'écoutais leur proposition attentivement. Sur le coup, j'étais inquiète. Je craignais de ne pas être à la hauteur de la situation : il s'agissait d'enseigner à des élèves de la 9ᵉ, 11ᵉ et 12ᵉ générale. Oui vous avez bien lu! Le défi était de taille. Je venais à peine de décrocher mon diplôme complémentaire d'enseignement. J'avais une 12ᵉ année d'études spécialisées qui m'avaient préparée à enseigner uniquement au niveau primaire. J'étais bien consciente que pour enseigner au niveau secondaire, il m'aurait fallu une formation spécialisée beaucoup plus poussée. Je n'avais que 17 ans et seulement une année d'expérience dans l'enseignement et c'était dans une école à divisions multiples qui ne comptait que 14 élèves du primaire. De plus, enseigner à des adolescentes et à des religieuses, dont plusieurs étaient plus vieilles que moi, ça exigeait beaucoup d'expérience et une grande compétence que je savais ne pas avoir encore acquises. Si j'acceptais, je devrais enseigner à trente élèves, trois divisions, toutes les matières, y compris la chimie que je n'avais jamais étudiée. Pour remédier à cette lacune, les religieuses nous paieraient, à Jeanne-d'Arc et à moi, des cours privés en chimie donnés par le frère Rodrigue du Collège des Clercs de Saint-Viateur de Roberval. Les sœurs insistaient beaucoup. Elles m'ont assurée que j'étais capable, tellement que je trouvais qu'elles me prenaient pour une fille hors de l'ordinaire, alors que moi, je n'avais aucunement cette prétention. Elles voulaient me donner l'impression que tout serait facile. J'hésitais et en même temps l'expérience me fascinait. Avec les sœurs, je savais que je serais bien secondée, que cette école faisait une sélection des élèves et que les sujets indésirables seraient mis à la porte. En regardant le visage de Papa qui avait l'air de me dire: «Accepte, ma fille, accepte, tu es capable», j'ai finalement dit oui, mais à la condition de ne pas enseigner ni l'anglais ni la religion. Papa était au paradis. Très excité et fier de moi, il parlait sans arrêt. Heureusement que je n'étais pas pleinement consciente de l'ampleur de la tâche qui m'attendait. Ce qui m'a surtout motivée à accepter cet emploi, malgré la lourdeur du travail imminent, c'est que je voulais à la fois aider mes parents à faire instruire mes frères et sœurs et leur témoigner ma reconnaissance pour tous les sacrifices qu'ils s'étaient imposés pour me faire instruire.

C'est là que la montre-bracelet que mon père m'avait offerte en 8ᵉ année a valu son pesant d'or. Un salaire de 1000 $ par année, logée et nourrie, presque le double de ce que je gagnais à enseigner à la petite école, je trouvais cela très alléchant.

Mais ouvrons une parenthèse. Aujourd'hui, je trouve ce salaire moins extraordinaire si je me réfère au livre *Histoire populaire du Québec* de Jacques Lacoursière où il écrit: «Les salaires des enseignants varient selon la religion, le sexe, la condition sociale et le niveau d'enseignement. Ainsi, pour l'année scolaire 1946-1947, dans les écoles catholiques urbaines, au niveau élémentaire, un instituteur laïque gagne 2124 $ pour l'année. S'il est religieux, il ne reçoit que 793 $. Le salaire d'une institutrice laïque est de 1034 $ et celui d'une religieuse de 633 $. En milieu rural, l'instituteur reçoit 1390 $ et l'institutrice, 635 $. Les membres du corps enseignant protestant sont beaucoup mieux rémunérés: en milieu urbain, un homme obtient 3624 $ et une femme, 1773 $; en milieu rural, le premier reçoit 825 $ et la seconde 955 $. » Fermons la parenthèse.

Revenons à mon engagement inattendu. Après avoir accepté l'offre des religieuses du juvénat de Roberval, j'avais un problème délicat à régler. J'avais signé un contrat avec la commission scolaire de Normandin pour enseigner à la petite école du Rang 8. L'école où c'était habituellement difficile de trouver une institutrice. Pour annuler mon contrat, Papa et moi nous nous sommes présentés devant le secrétaire de la commission scolaire de Normandin, M. Henri Bernard. Il ne nous a pas trouvés drôles, mais pas du tout. Bien calmement, Papa lui a expliqué les conditions qui m'étaient offertes à Roberval. Il a insisté sur le fait que pour moi et pour toute la famille, je ne pouvais pas refuser une offre aussi alléchante, que j'avais un diplôme complémentaire et que j'étais plus qualifiée que la majorité des institutrices de la commission scolaire de Normandin. M. Bernard, un ami de Papa, a fini par accepter, mais à regret, d'annuler mon contrat. En effet, ma remplaçante a été difficile à trouver, vu qu'il ne restait que trois semaines avant la rentrée scolaire. En plus, les autres parents de l'arrondissement n'étaient pas contents du tout de mon départ précipité. Le gros problème, pour mes parents, était qu'ils avaient quatre jeunes enfants qui allaient à cette école. Ils n'étaient pas indifférents au choix de la remplaçante. À la dernière minute, Jeanne-d'Arc Valois a été engagée pour me remplacer. Je suis donc partie enseigner au juvénat de Roberval.

~

En écrivant ce livre, j'ai revécu la première partie de la vie de notre famille. Je crois que c'est un bon exercice de mémoire d'abord, puis, avec le recul, cela a servi à me réconcilier avec la souffrance engendrée par la pauvreté. J'ai constaté que durant la crise économique, grâce à la ferme, nous avons toujours été bien nourris, contrairement à plusieurs familles qui habitaient dans les villes. Aussi, j'ai pu me rappeler comment nous jouissions d'une grande liberté et qu'avec de très modestes moyens, nous développions notre dextérité, notre audace, notre initiative, notre imagination et notre créativité. Notre grande liberté de parole nous a aidés à faire notre chemin dans la vie sans avoir peur de la discussion. Nous avons appris à avoir confiance en nous-mêmes et à foncer. La vie dans une famille nombreuse nous a appris le partage et l'entraide qui nous ont marqués pour la vie. Ainsi, notre famille est une preuve que, *dans ce temps-là*, avec l'aide appropriée, les membres d'une famille nombreuse pouvaient vivre selon leurs aspirations et réaliser leur idéal dans la vie.

Maman, Papa, sans avoir fait le tour de votre jardin, est-ce possible que nous ayons compris un peu ?

ANNEXE

Voici quelques détails extraits du livre écrit en 1949 par l'abbé Yvon St-Pierre, vicaire.

Longueur totale de l'église :		228 pi
Nef :	Longueur :	128 pi
	Largeur :	82 pi (au transept : 122 pi)
	Hauteur intérieur de la voûte :	55 pi
Hauteur intérieur à la coupole :		68 pi
Hauteur, aux sommets des 2 clochers :		225 pi
Hauteur des fenêtres :		28 pi
Baldaquin :	Hauteur (au pied de la statue) :	36 pi
	Hauteur de la statue de Saint-Cyrille :	6 pi
	Largeur entre les colonnes, en avant :	15 pi
Sainte Table :	Longueur : 72 pi (balustrade de communion)	
Chœur :	Longueur totale :	52 pi
	Largeur :	44 pi
	Largeur de l'escalier :	28 pi
Transept :	Largeur :	26 pi et 42 pi
	Longueur :	24 pi
Bancs dans la nef :		290 bancs = 1160 places
Bancs dans les jubés et les transepts :		185 bancs = 740 places
Total :		475 bancs = 1900 places

Les cloches	Poids	Représentation	Nom
Mi bémol	4000 livres	Le Calvaire	Saint-Lambert
Fa	2800 livres	L'Immaculée-Conception	Marie
Sol	2100 livres	Christ en Croix	Saint-Cyrille

BIBLIOGRAPHIE

Yvon St-Pierre, vicaire, 2 mai 1949, *Saint-Cyrille de Normandin 1878-1949*

Comité du Centenaire de Normandin, *Centenaire de Normandin 1878-1978*

Écrit sous la direction de Craig Brown, édition française dirigée par Paul-André Linteau, *Histoire générale du Canada français*, Édition Boréal Compact

Jacques Lacoursière, *Histoire populaire du Québec 1896 à 1960*, Septentrion

Jean-Guy Genest, *Godbout*, Édition Septentrion

Conseil du statut de la femme, *La constante progression des femmes*, Gouvernement du Québec

TABLE DES MATIÈRES

MEMBRE DE SCABRINI MEDIA

Québec, Canada
2003